통通트랙스 7

Tong Tracks 7

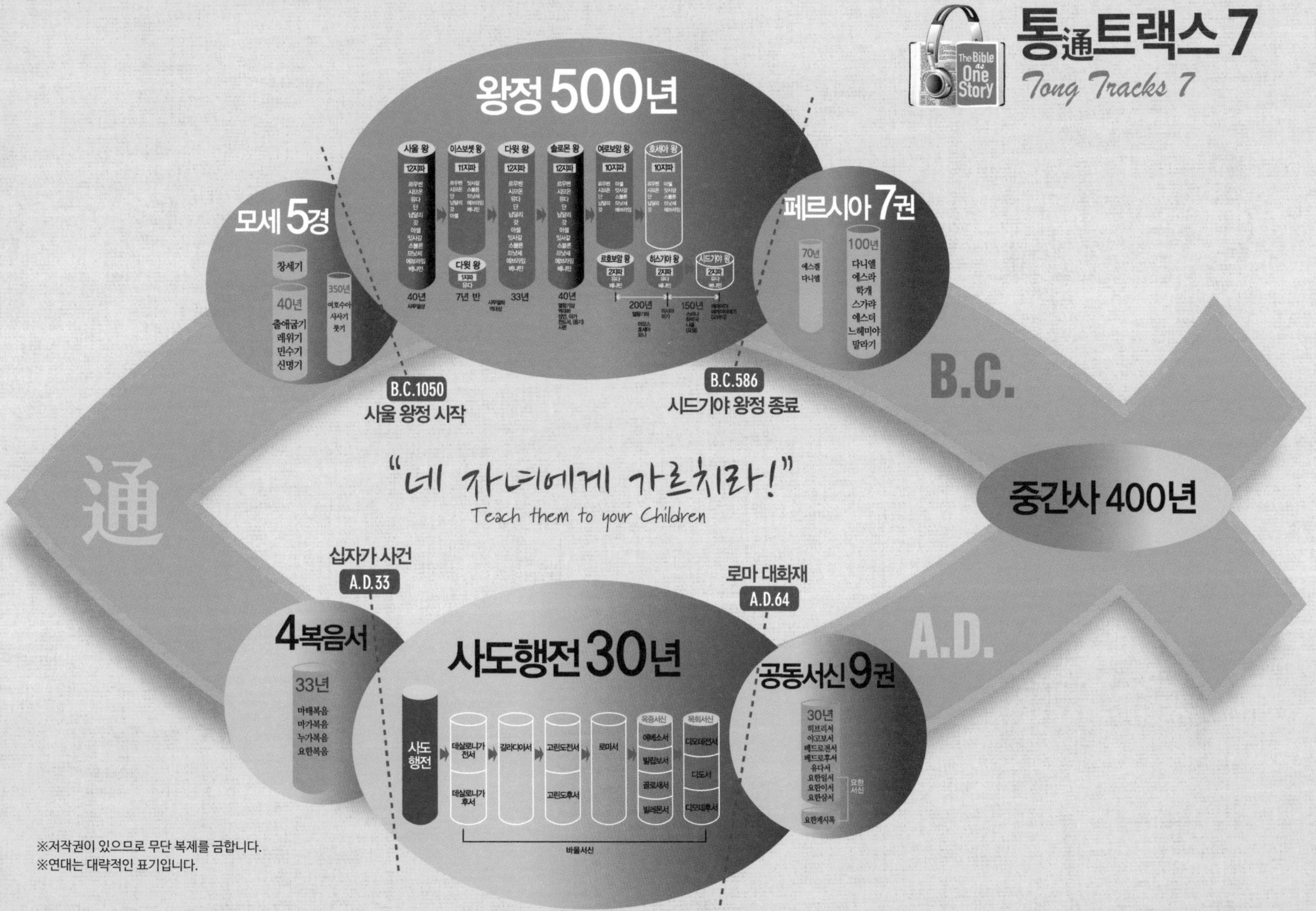

※연대는 대략적인 표기입니다.

성경은 '제사장 나라, 하나님 나라' 이야기이다!

통성경 길라잡이

TONGBIBLE GUIDE

《52과 성경통독 교재》

통通성경 길라잡이

초판   1쇄   2012년 4월   1일
개정3판   1쇄   2015년 11월 25일
개정증보판 1쇄   2020년 9월   8일
            7쇄   2024년 9월 30일

지은이 · 조병호
펴낸곳 · 도서출판 통독원
디자인 · 전민영

주소 · 서울시 강남구 선릉로 806
전화 · 02)525-7794   팩 스 · 02)587-7794
홈페이지 · www.tongbooks.com
등록 · 제21-503호(1993.10.28)

ISBN 979-11-90540-17-9 03230

성경은 '제사장 나라, 하나님 나라' 이야기이다!

통성경 길라잡이

通

TONGBIBLE GUIDE

{ 52과 성경통독 교재 }

조병호 지음

통독원

"성경은 하나님의 계시의 말씀입니다."

"성경은 하나님의 선물입니다."

"성경으로 개인, 가정, 나라가 살 수 있고,
성경으로 전도하여 교회가 살 수 있습니다."

그러면 성경은 어떤 책입니까?

성경은 얇은 책입니다.
성경은 하늘을 두루마리 삼고 바다를 먹물 삼아도 다 기록할 수 없는 그 무한한 사랑과 진리를 담은 책의 두께치고는 무척 얇습니다. 그래서 부분이 아닌 전체로 읽습니다.

성경은 소리 내서 읽을 책입니다.
성경은 하나님의 음성을 문자로 담아낸 책입니다. 그래서 문자로 읽고 음성으로 들어야 합니다. 성경을 소리 내어 읽으면 말씀이 더욱 생생하게 느껴집니다.

성경은 1년 10번 들을 책입니다.
성경을 들으면 들을수록 우리의 믿음이 자랍니다. 그래서 1년에 10번은 반복해서 들어야 합니다.

성경은 하나님의 마음이 담긴 책입니다.
성경은 온 세상을 담고 있으며 각 시대마다 함께하신 하나님의 마음이 담겨 있습니다. 그래서 성경 전체를 그 흐름에 따라 통(通)으로 읽어야 합니다. 또한 통시적(通時, diachronic), 공시적(共時, synchronic) 성경 읽기를 통(通)으로, 서양의 분석적, 동양의 직관적 해석을 통(通)으로 살펴 성경을 정경적이며 동시에 심정적으로 해석해야 합니다.

성경은 개인, 가정, 나라 이야기를 담은 책입니다.

성경은 2,000여 년 시간, 1,500여 공간, 5,000여 인간을 통(通)으로 그리고 한 개인을 먹이시고, 고치시고, 가르치시고, 용서하시고, 기도해주신 내용부터 가정, 그리고 제사장 나라, 5대 제국, 하나님 나라를 통해서 세계를 경영하신 이야기까지 통(通)으로 읽어야 합니다.

통(通)으로 성경을 공부하는 '통通성경 운동'이 널리 퍼졌으면 합니다.
개인, 가정, 동시에 나라 이야기인 성경을 통(通)으로 보아
하나님의 마음을 헤아리고, 자녀에게 성경을 가르치는
실력 있는 그리스도인이 점점 많아지기를 꿈꿉니다.
성경 한 권이면 충분합니다.

열방의 모든 사람이 통通성경하는 날을 꿈꾸며

• 차례 •

통通트랙 4 - 중간사 400년

통通트랙 5 - 4복음서

1. 통通성경(通聖經)이란?

통通성경은 성경 66권 전체를 파편화(fragmented books and multiple disconnected stories)하지 않고 하나의 이야기(One Story)로 소리 내서 읽는 것입니다.

● 시간 · 공간 · 인간을 통(通)으로

성경에는 대략 2,000여 년의 시간과 1,500여 곳의 공간, 그리고 5,000여 명의 인간이 들어 있습니다. 먼저 성경 속의 시간에는 '태초'로부터 시작하여 '종말'에 이르기까지, 알파와 오메가 되시는 예수님의 시간인 '처음'과 '끝'이 모두 들어 있습니다. 그리고 성경 속의 절기와 명절로는 안식일, 안식년, 희년, 그리고 유월절, 오순절, 초막절 등이 있습니다. 또한 성경에는 아브라함부터 다윗까지 1,000년의 시간, 다윗부터 예수님까지 또 1,000년의 시간이 들어 있습니다. 이처럼 성경에는 2,000여 년의 '시간'이 들어 있습니다. 그리고 성경에는 1,500여 곳의 공간이 들어 있습니다. 성경 속 공간은 일정 지명들을 포함해 '보여줄 땅'에서부터 '땅끝까지' 약 1,500곳에 이릅니다.

성경에서의 공간은 시간만큼이나 중요합니다. 공간은 하나님의 사람들이 일한 곳이고, 나아갈 방향으로 제시된 곳이기 때문입니다. 하나님께서 보여주신 땅에 집중한 하나님의 사람은 아브라함부터 시작하여 이삭, 야곱, 요셉, 그리고 모세, 여호수아와 갈렙, 다윗 등 참으로 많습니다. 반면 하나님께서 지시하신 땅을 삶의 방향으로 따르지 않은 사람들은 여호수아와 갈렙을 제외한 가나안 정탐 열 명을 비롯해 여로보암, 예후, 그리고 바벨론 포로로 끌려가지 않고 오히려 애굽으로 도망했던 사람들 등이 있습니다. 이렇게 성경은 시간과 공간과 함께 5,000여 명의 인간을 담고 있는데 그들은 하나님의 뜻에 따라 살았던 사람들과 하나님의 뜻을 거역했던 사람들로 크게 나뉩니다.

이처럼 성경에는 시간과 공간과 인간이 공존하고 있는데 그 시간과 공간과 인간은 각각 별개로 보아서는 안 되고 반드시 통(通)으로 함께 보아야 합니다. 예를 들어 안식일, 안식년, 희년, 그리고 유월절, 오순절, 초막절 등은 성경 속의 시간이지만 동시에 그 절기가 행해지는 장소가 있고, 그 시간과 장소에는 인간이 있기 때문입니다.

그러므로 성경 속의 2,000여 년의 시간과 1,500여 곳의 공간과 5,000여 명의 인간을 시간 따로, 공간 따로, 인간 따로, 파편처럼 별개로 보지 않고 그 시간, 그 공간에서, 그 사람이 어떻게 하나님의 이야기를 펼치고 있는지 통(通)으로 보아야 합니다. 그렇게 성경을 통(通)으로 보는 것이 통(通)성경입니다.

● 개인 · 가정 · 나라를 통(通)으로

모세가 태어난 지 3개월째 되던 시점에 갈대 상자에 놓인 것은 모세 개인의 일입니다. 한편 모세의 아버지가 갈대 상자를 만들었고, 어머니가 그를 그 안에 태웠으며, 누나가 강에 띄운 갈대 상자를 따라가면서 망을 보았습니다. 이처럼 모세의 갈대 상자 이야기는 완벽하게 뜻이 잘 맞고 화목한(?) 모세의 가정 이야기이기도 합니다. 그렇다면 그렇게 가정 내에서 문제가 없고 마음이 하나였던 가정이 어린 모세를 죽을 확률 99.9%인 갈대 상자에 태워 나일강에 떠내려 보낸 이유는 무엇입니까? 그것은 모세의 가정이 히브리 민족이라 불릴 만큼 하나의 민족은 이루고 있었으나 나라를 가지지 못했기 때문입니다.

예수님의 베들레헴 탄생 이야기도 마찬가지로 개인 · 가정 · 나라에 관한 이야기입니다. 예수님께서 베들레헴에 태어나신 것은 예수님 개인 이야기이지만, 동시에 예수님의 육신의 부모인 요셉과 마리아가 함께한 가정 이야기입니다. 동시에 아기 예수님이 베들레헴에서 탄생하게 되신 것은 로마 제국이 다스리는 모든 식민지 백성에게 고향에 가서 호적하라고 했기 때문입니다. 즉 로마 제국과 유대 민족 이야기가 예수님의 베들레헴 탄생 이야기와 함께한다는 것입니다. 이처럼 성경 속 모든 이야기는 하나님의 사람들의 개인 · 가정 · 나라 이야기로 함께 통(通)으로 보아야 합니다. 이것이 통(通)성경입니다.

● 제사장 나라 · 5대 제국 · 하나님 나라를 통(通)으로

우리나라 헌법 제1조 1항과 2항은 "대한민국은 민주공화국이다. 대한민국의 주권은 국민에게 있고, 모든 권력은 국민으로부터 나온다."입니다. 마치 대한민국 헌법 제1조처럼, 제사장 나라의 법 제1조는 "나는 너를 애굽 땅, 종 되었던 집에서 인도하여 낸 네 하나님 여호와니라"(출 20:2)입니다. 이는 제사장 나라가 여타 제국들처럼 다른 나라를 종으로 두어서는 안 되는 나라임을 뜻합니다. 제사장 나라는 하나님과 모든 민족 사이에서 평화를 만드는 나라이지 제국들처럼 다른 나라를 수직적으로 아래에 두고 지배하는 나라가 아니기 때문입니다. 하나님께서는 제사장 나라의 법을 모세 시대에 하나님과 제사장 나라의 언약을 맺은 아브라함의 후손들에게 주셨습니다.

그런데 아브라함의 후손들은 약속의 땅 가나안에 들어간 이후 하나님과 맺은 제사장 나라의 법을 지키지 않고, 거룩한 시민의 일도 하지 않을 때가 많았습니다. 그러자 하나님께서는 이스라엘에 선지자들을 보내셔서 하나님과 맺은 언약인 제사장 나라의 사명을 감당하라고 경고하셨습니다. 이 과정에서 하나님께서는 5대 제국을 하나님의 세계 경영에 들어 사용하셨습니다. 그러므로 〈이사야〉는 앗수르 제국을, 〈예레미야〉는 바벨론 제국을, 〈에스라〉는 페르시아 제국을 알지 못하면 이해할 수 없습니다.

또한 성경 속 명절인 수전절은 헬라 제국과 깊은 관련이 있고, 예수님의 십자가는 로마 제국의 사형 틀이기에 신약성경과 로마 제국은 떼려야 뗄 수 없을 정도입니다. 하나님께서는 이렇게 제사장 나라에서 하나님 나라로 가는 과정 중에 5대 제국을 들어 사용하시면서 선지자들을 보내셨고, 예수님께서 율법과 선지자를 완전하게 하시면서 마침내 하나님 나라를 도래하게 하셨습니다.

구약성경은 제사장 나라 이야기이고, 신약성경은 제사장 나라를 담은 하나님 나라 이야기입니다. 그리고 그 안에 하나님께서 세계 경영을 위해 사용하신 5대 제국인 앗수르, 바벨론, 페르시아, 헬라, 로마 제국이 들어 있습니다. 이렇게 제사장 나라, 5대 제국, 하나님 나라를 통(通)으로 보는 것이 통(通)성경입니다.

2. 성경통독이란?

● 부분이 아닌 전체로 읽는 것

성경통독이란 성경 66권을 한 권으로 보고, 부분이 아닌 전체로 읽어 내려가는 것입니다. 이를테면 동양의 《삼국지》나 서양의 《로마 제국 쇠망사》를 읽을 때, 순서대로 첫 권부터 마지막 권까지 전체를 다 읽어 내려가는 것처럼 말입니다.

성경 한 구절이 주는 메시지도 있고, 한 장이 주는 메시지도 있고, 성경의 각 권이 주는 메시지도 있지만, 성경 전체의 메시지도 있습니다. 매일 몇 절씩 묵상하는 방법으로는 성경 전체의 메시지를 찾기 어렵습니다. 또한 부분적으로 말씀을 접하는 방식으로 성경을 보면, 보는 부분은 계속 보게 되고, 보지 않던 부분은 계속 보지 않게 됩니다. 영의 양식인 성경을 편식하게 되는 것입니다. 신앙이 한쪽으로 치우치면, 하나님의 마음을 온전히 헤아릴 수 없습니다.

원래 '통독(通讀)'은 동양에서 배움과 지식 연구의 과정 가운데 유용하게 사용하던 방법입니다. 예를 들어 '천자문(千字文)'이나 '사서삼경(四書三經)' 등을 배울 때 동양에서는 책 전체를 여러 번 읽어가는 가운데 자연스럽게 직관(直觀, intuition)에 이를 수 있도록 가르쳤습니다. 이처럼 전체를 반복하여 읽는 것은 텍스트(text) 전체의 큰 흐름을 파악하는 데에 가장 좋은 방법입니다.

이처럼 성경을 읽되, 부분이 아닌 전체로 읽는 것, 즉 66권 전체를 통째로 빠른 시간 내에 읽는 성경통독을 한 번, 두 번, 여러 번 반복하다 보면 성경에 대한 놀라운 직관이 생기는 것을 경험하게 됩니다. 성경을 통독하면, 하루에 5~10구절씩 묵상하는 방법으로 7~8년에 걸쳐 성경을 한 번 읽는 것, 일주일에 한 번씩 주일 설교를 통해서 듣는 몇 구절의 말씀만으로 30년 넘게 신앙생활하는 것과는 차원이 다른 '말씀의 해일, 은혜의 쓰나미'를 경험하게 될 것입니다.

● 역사순으로 재배열해서 읽는 것

성경통독이란 성경 66권을 역사 순서대로 읽는 것입니다. 지금 우리가 보고 있는 성경이 취하고 있는 주제별, 장르별 순서보다는 역사 순서를 따라 읽어가면서 각 부분이 전체 속에서 어떤 흐름 가운데 있는가를 생각하며 읽는 것이 중요합니다. 예를 들어, 구약의 한 권을 읽을 때에는 구약 전체 혹은 성경 전체를 염두에 두며 읽고, 한 장을 읽을 때에는 앞장과 뒷장의 맥락을 고려하며 읽는 것입니다.

현재 우리가 보는 성경은 역사순으로 편제된 측면이 있기도 하지만, 주로 장르별 편제를 따르고 있습니다. 율법서는 율법서대로 따로 모으고, 역사서는 역사서대로, 시가서는 시가서대로, 예언서는 예언서대로 모아놓은 것입니다. 그러므로 성경통독을 할 때에는 성경의 각 권이 가진 저마다의 역사적인 순차성을 고려하여 역사순으로 재배열하여 읽는 것이 효과적입니다.

역사의 주인이시자, 세계를 경영하시는 분이 하나님이시기 때문에, 하나님의 역사 경영을 알기 위해서 성경을 역사순으로 재배열하는 것입니다. 그렇게 되면 성경의 말씀이 역사 속에서 살아 숨쉬는 말씀으로 이해되기 시작하며, 오늘도 역사를 주관하시며 세계를 경영하시는 하나님을 만날 수 있습니다.

● 성경 전체에 흐르는 하나님의 마음을 읽는 것

성경통독은 하나님의 마음을 느끼는 것입니다. 단어, 구절, 문장, 문단, 결국 성경 66권을 읽어가는 동안, 성경 전체에 흐르는 하나님의 마음 또한 읽어가게 됩니다. 그리하여 성경은 펼칠 때마다 우리의 마음을 두근거리게 하는 '하나님의 러브레터'가 되는 것입니다.

성경통독은 지식만을 쌓기 위해 하는 것이 아니라, 하나님의 마음을 헤아리고 하나님과 더 깊은 관계를 맺기 위해 하는 것입니다. 알아가는 것은 기본입니다. 알지 못하면 오해가 쌓입니다. 그러나 거기에서 멈추면 안 됩니다. 성경에 기록된 하나님의 사람들을 인격적으로 만나고, 그들의 삶을 배우고, 하나님의 마음을 헤아려 깨달아야 하는 것입니다.

성경은 우리의 믿음과 삶의 기준이 되는 하나님의 말씀인 동시에, 특정 시대와 상황을 살았던 사람들의 언어로 되어 있습니다. 성경을 통독하면서 바로 이 사실을 확인해가고, 하나님께서 오늘 우리를 통해 성경 말씀에 새로이 부여하시는 의미와 생명력을 파악할 수 있다면 이는 진정한 성경통독이 되는 것입니다.

3. 성경 66권 권별 시작과 끝 이야기

1. **창세기** 시작은 **천지창조**이며(창 1:1), 중간은 하나님께서 아브라함을 선택하신 이야기이고(창 12:1), 끝은 **요셉의 유언**입니다(창 50:25).

2. **출애굽기** 시작은 **모세가 갈대 상자를 탄 이야기**이며(출 2:3), 중간은 시내산에서 제사장 나라 언약을 체결하는 이야기이고(출 24:3), 끝은 **성막을 하나님께 봉헌**하는 이야기입니다(출 40:34).

3. **레위기** 시작은 **다섯 가지 제사**이며(레 1:2), 중간은 아론의 첫 제사장 취임식이고(레 8:33), 끝은 **서원 예물의 값을 정하는** 이야기입니다(레 27:2).

4. **민수기** 시작은 시내 광야에서의 **인구조사**이며(민 1:2), 중간은 가데스 바네아 사건 이야기이고(민 14:29), 끝은 **슬로브핫의 딸 법**입니다(민 36:2).

5. **신명기** 시작은 모압 평지에서 두 달간 율법을 교육하는 것이며(신 1:1), 중간은 "네 자녀에게 가르치라"(신 11:19), 즉 쉐마 이야기이고, 끝은 **느보산에서의 모세의 죽음**입니다(신 34:5).

6. **여호수아** 시작은 여호수아를 향한 **하나님의 명령 "요단강을 건너가라"**이며(수 1:2), 중간은 가나안 땅 분배 이야기이고(수 14:1), 끝은 **요셉의 뼈를 세겜에 장사**하는 이야기입니다(수 24:32).

7. **사사기** 시작은 **유다 지파와 시므온 지파의 땅 정복**이며(삿 1:3), 중간은 길르앗 입다 이야기이고(삿 11:1), 끝은 **베냐민 지파의 쇠락과 총회의 결정**입니다(삿 21:5).

8. **룻기** 시작은 **나오미 집안이 모압으로 이주**하는 것이며(룻 1:2), 중간은 룻과 보아스의 만남 이야기이고(룻 2:3), 끝은 **보아스의 족보**입니다(룻 4:21).

9. **사무엘상** 시작은 **한나의 기도**이며(삼상 1:12), 중간은 다윗의 첫 번째 기름 부음 이야기이고(삼상 16:13), 끝은 **80세 된 사울의 자결**입니다(삼상 31:4).

10. **사무엘하** 시작은 **사울 죽음에 대한 다윗의 애가**이며(삼하 1:12), 중간은 하나님께서 다윗의 성전 건축을 허락하신 이야기이고(삼하 7:13), 끝은 **다윗의 아라우나 타작마당 제사**입니다(삼하 24:24).

11. **열왕기상** 시작은 **솔로몬 왕의 즉위**이며(왕상 1:38), 중간은 솔로몬의 성전 낙성식이고(왕상 8:11), 끝은 아람과의 전쟁에서 **아합이 죽는 이야기**입니다(왕상 22:34).

12. **열왕기하** 시작은 **엘리야와 아하시야 왕이 만난 이야기**이며(왕하 1:2~3), 중간은 북이스라엘의 멸망이고(왕하 17:6), 끝은 **남유다의 멸망**입니다(왕하 25:9).

13. **잠언** 시작은 다윗의 아들 **솔로몬의 잠언**이며(잠 1:1), 중간은 지혜 있는 자의 혀 이야기이고(잠 15:2), 끝은 르무엘 왕의 어머니의 훈계입니다(잠 31:1).

14. **아가** 시작은 **솔로몬과 술람미 여인의 만남**이며(아 1:15), 중간은 나의 사랑이 어여쁘다는 이야기이고(아 4:1), 끝은 **사랑은 죽음보다 강하다**는 솔로몬의 이야기입니다(아 8:6).

15. **전도서** 시작은 **해 아래 모든 수고가 헛되다**는 것이며(전 1:3), 중간은 잔칫집보다 초상집에 가라는 이야기이고(전 7:2), 끝은 **청년의 때 창조주를 기억하라**는 솔로몬의 당부입니다(전 12:1).

16. **욥기** 시작은 **하나님의 자랑 욥** 이야기이며(욥 1:8), 중간은 하나님의 질문이 시작되는 이야기이고(욥 38:1), 끝은 **친구들을 위한 욥의 기도**입니다(욥 42:10).

17. **시편** 시작은 **복 있는 사람의 길**이 무엇인지 알려주는 것이며(시 1:1), 중간은 오직 재판장이신 하나님 이야기이고(시 75:7), 끝은 **호흡이 있는 자마다 찬양하라**는 이야기입니다(시 150:6).

18. **아모스** 시작은 **각 나라의 서너 가지 죄**를 지적하는 것이며(암 1:3), 중간은 바산의 암소들에 대한 이야기이고(암 4:1), 끝은 **남은 자들이 본토에 심기리라**는 예언입니다(암 9:15).

19. **호세아** 시작은 **호세아와 고멜의 결혼** 이야기이며(호 1:2), 중간은 우리가 여호와께 돌아가자는 이야기이고(호 6:1), 끝은 긍휼의 하나님께 돌아오라는 **호세아의 절규**입니다(호 14:1).

20. **요나** 시작은 **다시스로 향하는 배에 오른 요나** 이야기이며(욘 1:3), 중간은 물고기 뱃속에 들어간 요나 이야기이고(욘 1:17), 끝은 **박넝쿨 비유를 통해 하나님의 마음을 깨달은 요나** 이야기입니다(욘 4:11).

21. **이사야** 시작은 **남유다와 예루살렘에 대한 계시**이며(사 1:1), 중간은 히스기야의 예루살렘 성전 기도이고(사 37:1), 끝은 **새 하늘과 새 땅에 대한 하나님의 약속** 선포입니다(사 66:22).

22. **미가** 시작은 **사마리아와 예루살렘에 관한 묵시**이며(미 1:1), 중간은 베들레헴에서 이스라엘을 다스릴 자가 나타난다는 미가의 예언이고(미 5:2), 끝은 남은 자의 허물을 사하시는 **하나님을 찬양**하는 이야기입니다(미 7:18).

23. 스바냐 시작은 **여호와의 날이 가까이 왔다**는 스바냐의 외침이며(습 1:7), **중간**은 공의와 겸손을 구하라는 이야기이고(습 2:3), **끝**은 그날에 **남은 자가 명성과 칭찬을 얻게 되리라**는 하나님의 약속 선포입니다(습 3:20).

24. 하박국 시작은 악인의 형통에 대한 **하박국의 질문**이며(합 1:3), **중간**은 "의인은 믿음으로 말미암아 살리라"라는 하박국의 고백이고(합 2:4), **끝**은 구원의 하나님을 찬양하는 **하박국의 찬양**입니다(합 3:17~18).

25. 나훔 시작은 **니느웨에 대한 중한 경고**이며(나 1:1), **중간**은 야곱의 영광을 회복하신다는 이야기이고(나 2:2), **끝**은 피의 성 **니느웨가 황무할 것**이라는 나훔의 예언입니다(나 3:7).

26. 요엘 시작은 이스라엘의 임박한 환난을 **메뚜기와 황충을 통해 비유**하는 이야기이며(욜 1:4), **중간**은 옷을 찢지 말고 마음을 찢으라는 하나님의 말씀이고(욜 2:13), **끝**은 **그날에 대한 예언**입니다(욜 3:20).

27. 예레미야 시작은 예레미야가 **선지자로 부름 받은 이야기**이며(렘 1:7), **중간**은 바벨론이 예루살렘을 포위하는 이야기이고(렘 32:2), **끝**은 **예루살렘 성전이 불타는 이야기**입니다(렘 52:13).

28. 예레미야애가 시작은 밤새도록 **애곡하는 예레미야**이며(애 1:2), **중간**은 여호와의 분노의 매 이야기이고(애 3:1), **끝**은 "우리의 날을 다시 새롭게 하사 옛적 같게 하옵소서"라는 **예레미야의 기도**입니다(애 5:21).

29. 오바댜 시작은 "에돔이 별 사이에 깃들일지라도 **거기에서 끌어내리라**"라는 하나님의 말씀이며(옵 1:4), **중간**은 에돔이 형제 야곱에게 행한 포학 이야기이고(옵 1:10), **끝**은 **나라가 여호와께 속하리라**는 선포입니다(옵 1:21).

30. 역대상 시작은 **아담과 아브라함의 족보**이며(대상 1:1), **중간**은 다윗이 헤브론에서 열두 지파의 왕이 되는 이야기이고(대상 11:3), **끝**은 **성전 건축을 위한 다윗의 예물 준비** 이야기입니다(대상 28:14).

31. 역대하 시작은 **솔로몬의 기브온 산당 번제**이며(대하 1:3), **중간**은 이스라엘의 남북 분단(한 민족 두 국가) 이야기이고(대하 11:4), **끝**은 **고레스의 예루살렘 성전 건축 명령**입니다(대하 36:23).

32. 에스겔 시작은 그발 강가에서 **에스겔이 부름**을 받는 것이며(겔 1:3), **중간**은 예루살렘의 함락이고(겔 33:21), **끝**은 예루살렘 성읍의 이름을 **여호와 삼마**로 불러주십니다(겔 48:35).

33. 다니엘 시작은 **다니엘의 바벨론 1차 포로**이며(단 1:4), **중간**은 다니엘의 사자 굴 기도이고(단 6:10), **끝**은 **다니엘의 마지막 때에 대한 예언**입니다(단 12:7).

34. 에스라 시작은 **고레스의 예루살렘으로의 귀환 명령**이며(스 1:3), **중간**은 에스라의 예루살렘 귀환이고(스 7:9), **끝**은 **에스라의 제사장 개혁** 이야기입니다(스 10:12).

35. **학개** 시작은 **성전 건축의 시기가 이미 지났다**고 외치는 학개 이야기이며(학 1:2), 중간은 이 성전에 영광이 충만하게 하리라는 말씀이고(학 2:9), 끝은 **스룹바벨을 인장으로 삼으신다**는 하나님의 약속입니다(학 2:23).

36. **스가랴** 시작은 **다리오 왕 때 스가랴가 선지자로 부름받은** 이야기이며(슥 1:1), 중간은 다리오 왕 제사년 아홉째 달 이야기이고(슥 7:1), 끝은 열국에 **남은 자가 초막절을 지킬 것**이라는 예언의 말씀입니다(슥 14:16).

37. **에스더** 시작은 **아하수에로의 잔치**이며(에 1:3), 중간은 금식 3일 후 왕과 대면하는 에스더 이야기이고(에 5:1), 끝은 **부림절이 제정되었다**는 이야기입니다(에 9:22).

38. **느헤미야** 시작은 **느헤미야의 금식기도**이며(느 1:4), 중간은 예루살렘 성벽 재건 이야기이고(느 7:1), 끝은 **느헤미야의 안식일 개혁** 이야기입니다(느 13:18).

39. **말라기** 시작은 **하나님의 사랑 고백**이며(말 1:2), 중간은 온전한 십일조 이야기이고(말 3:10), 끝은 **아버지의 마음**과 자녀의 마음을 위해서 선지자 **엘리야를 보내시겠다는 하나님의 약속**입니다(말 4:5~6).

40. **마태복음** 시작은 **아브라함과 다윗의 족보**이며(마 1:1), 중간은 예수님의 예루살렘 입성이고(마 21:1), 끝은 **예수님의 지상명령**입니다(마 28:19~20).

41. **마가복음** 시작은 **요단강에서의 세례 요한** 이야기이며(막 1:5), 중간은 예수님의 예루살렘 입성이고(막 11:1), 끝은 예수님께서 **하나님 우편에 좌정**하시는 이야기입니다(막 16:19).

42. **누가복음** 시작은 **세례 요한의 출생**이며(눅 1:13), 중간은 예수님의 예루살렘 입성이고(눅 19:28), 끝은 **예수님의 승천**입니다(눅 24:50~51).

43. **요한복음** 시작은 **태초에 말씀이 계시다**는 요한의 증언이며(요 1:1), 중간은 예수님의 예루살렘 입성이고(요 12:13), 끝은 **부활 후 제자들과의 조찬** 이야기입니다(요 21:12).

44. **사도행전** 시작은 **예수님의 승천**이며(행 1:9), 중간은 예루살렘 공회 이야기이고(행 15:11), 끝은 **죄수 신분**이 된 **바울의 로마 도착** 이야기입니다(행 28:16).

45. **데살로니가전서** 시작은 마게도냐와 아가야의 **모든 믿는 자의 자랑**, 데살로니가 성도 소개이며(살전 1:7), 중간은 디모데를 보낸다는 이야기이고(살전 3:2), 끝은 **주의 강림을 강조**한 것입니다(살전 5:23).

46. **데살로니가후서** 시작은 환난 중에 인내와 믿음을 지닌 **데살로니가 교회를 격려**한 것이며(살후 1:4), 중간은 주의 날이 이르렀다고 해서 마음이 쉽게 흔들려서는 안 된다는 이야기이고(살후 2:2), 끝은 **규모 있는 신앙생활을 강조**한 것입니다(살후 3:11).

47. 갈라디아서 시작은 다른 복음은 없다, **오직 그리스도 복음만 있다**는 바울의 선언이며(갈 1:7), 중간은 우리를 아빠 아버지라 부르게 하셨다는 이야기이고(갈 4:6), 끝은 **내 몸에 예수의 흔적을 지니고 있다**는 바울의 고백 이야기입니다(갈 6:17).

48. 고린도전서 시작은 **고린도 교회를 향한 안부**이며(고전 1:2~3), 중간은 자유자 바울이 복음을 위해 모든 사람의 종이 된다는 이야기이고(고전 9:19), 끝은 **예루살렘 교회 성도를 위한 연보**를 강조하는 것입니다(고전 16:3).

49. 고린도후서 시작은 **고린도 교회를 향한 안부**이며(고후 1:1~2), 중간은 우리는 하나님의 성전이라는 이야기이고(고후 6:16), 끝은 **고린도 교회로 세 번째 갈 것을 밝히는 이야기**입니다(고후 13:1).

50. 로마서 시작은 **로마 성도들에게 안부를 묻는 것**이며(롬 1:7), 중간은 생명의 성령의 법 이야기이고(롬 8:2), 끝은 바울의 **동역자들에게 서로 문안하는 것**입니다(롬 16:3).

51. 에베소서 시작은 바울의 **창세전, 하나님의 예정을 찬송**하는 것이며(엡 1:3~4), 중간은 성령이 하나 되게 하신 것을 힘써 지키라는 이야기이고(엡 4:3), 끝은 특별히 너희를 위로하기 위하여 **두기고를 보낸다**는 이야기입니다(엡 6:22).

52. 빌립보서 시작은 빌립보 성도를 위한 **기쁨의 감사와 간구**이며(빌 1:3~4), 중간은 그리스도의 낮아지심 이야기이고(빌 2:6), 끝은 에바브로디도 편에 보낸 **선물에 대한 감사**입니다(빌 4:18).

53. 골로새서 시작은 **골로새 교회를 향한 안부**이며(골 1:2), 중간은 하나님의 비밀, 그리스도 이야기이고(골 2:2), 끝은 **두기고와 오네시모를 보내며** 격려한 바울의 **친필 문안**입니다(골 4:18).

54. 빌레몬서 시작은 **빌레몬에 대한 칭찬**과 감사이며(몬 1:4), 중간은 바울이 갇힌 중에서 낳은 아들 오네시모 이야기이고(몬 1:10), 끝은 **빌레몬을 형제로** 부르며 **오네시모를 부탁**하는 이야기입니다(몬 1:20).

55. 디모데전서 시작은 **믿음의 아들 디모데에게 주는 교훈**이며(딤전 1:18), 중간은 감독의 직분에 대한 이야기이고(딤전 3:1~2), 끝은 믿음의 **선한 싸움을 싸우라는 바울의 당부**입니다(딤전 6:12).

56. 디도서 시작은 **그레데에 디도를 남겨둔 이유**를 밝힌 것이며(딛 1:5), 중간은 범사에 선한 일의 본이 되라는 이야기이고(딛 2:7), 끝은 디도에게 **니고볼리로 급히 올 것을 부탁**하는 내용입니다(딛 3:12).

57. 디모데후서 시작은 외조모 로이스와 어머니 유니게, **디모데 가족 이야기**이며(딤후 1:5), 중간은 하나님의 견고한 터가 섰다는 이야기이고(딤후 2:19), 끝은 **디모데에게 어서 속히 오라는 부탁**입니다(딤후 4:21).

58. 히브리서 시작은 **구약의 선지자들 이야기**이며(히 1:1), 중간은 예수님께서 장래 좋은 일의 대제사장이시라는 선언이고(히 9:11), 끝은 **영문 밖으로 예수님께 나가자**는 것입니다(히 13:13).

59. 야고보서 시작은 흩어져 있는 **열두 지파에게 문안**하는 것이며(약 1:1), 중간은 말에 실수가 없는 자 이야기이고(약 3:2), 끝은 **의인의 간구는 역사하는 힘이 크다**는 선언입니다(약 5:16).

60. 베드로전서 시작은 **부활의 소망을 찬송하는 것**이며(벧전 1:3), 중간은 악을 악으로 갚지 말고 도리어 복을 빌라는 이야기이고(벧전 3:9), 끝은 **함께 장로 된 자들에게 주는 권면**입니다(벧전 5:1).

61. 베드로후서 시작은 나의 **장막을 벗어날 것이 임박한 줄을 알고 있다**는 것이며(벧후 1:14), 중간은 거짓 선생들을 조심하라는 이야기이고(벧후 2:1), 끝은 **성경을 억지로 풀지 말라**는 경고입니다(벧후 3:16).

62. 유다서 시작은 **믿음의 도를 위하여 힘써 싸우라**는 당부이며(유 1:3), 중간은 천사장 미가엘 이야기이고(유 1:9), 끝은 **의심하는 자들을 긍휼히 여기라**는 것입니다(유 1:22).

63. 요한일서 시작은 **하나님과의 사귐**이 무엇인지를 알려주는 것이며(요일 1:3), 중간은 "하나님은 사랑이심이라"라는 선포이고(요일 4:8), 끝은 **그리스도 안에서의 영생**을 **하나님께 속한 자**인 우리에게 알게 하신 이야기입니다(요일 5:19~20).

64. 요한이서 시작은 어느 부녀에게 전하는 **서로 사랑하라는 당부**이며(요이 1:5), 중간은 미혹하는 적그리스도 이야기이고(요이 1:7), 끝은 **가서 대면하기를 원한다는 사도 요한의 소망**입니다(요이 1:12).

65. 요한삼서 시작은 **가이오에 대한 축복**이며(요삼 1:2), 중간은 으뜸되기를 좋아하는 디오드레베를 조심하라는 이야기이고(요삼 1:9), 끝은 **속히 보기를 바라는 사도 요한의 소망**입니다(요삼 1:14).

66. 요한계시록 시작은 **밧모섬으로 요한을 찾아오신 예수님** 이야기이며(계 1:9), 중간은 일곱 인을 떼신 어린양 이야기이고(계 5:7), 끝은 **속히 오리라고 강조해주신 예수님의 약속**입니다 (계 22:20).

결국 성경 66권은 예수 그리스도의 십자가 원 스토리(One Story)입니다.

The Bible; to the cross, from the cross.

모세5경

제사장(왕이 아닌) 중심으로 세워진 제사장 나라

[통으로 본 모세5경 분위기]

'모세5경'은 아브라함에서 시작하여 모세 시대에 형성되는 하나님의 꿈인 '제사장 나라 셋업(setup)' 분위기입니다.

하나님께서는 아브라함의 후손들로 제사장 나라(A Kingdom of Priests)를 세우기 위해 그들을 흉년에 곡식이 풍성한 애굽(이집트)으로 이주하게 하셨습니다. 그리고 그곳에서 그들을 보호하시며 애굽 사람들이 '히브리 민족'이라 부를 만큼 큰 민족을 이루게 하셨습니다.

"세계가 다 내게 속하였나니 너희가 내 말을 잘 듣고 내 언약을 지키면 너희는 모든 민족 중에서 내 소유가 되겠고 너희가 내게 대하여 제사장 나라가 되며 거룩한 백성이 되리라 너는 이 말을 이스라엘 자손에게 전할지니라"(출 19:5~6).

하나님께서는 '민족'은 있으나 '나라'를 갖지 못한 히브리인들에게 제국주의를 꿈꾸던 애굽의 오만과 억압을 민족적으로 체험하게 하십니다. 그리고 그들에게 제국이 아닌 제사장 나라를 세우도록 하나님과 이스라엘 민족 사이에 언약을 맺으시고 이를 훈련시키십니다.

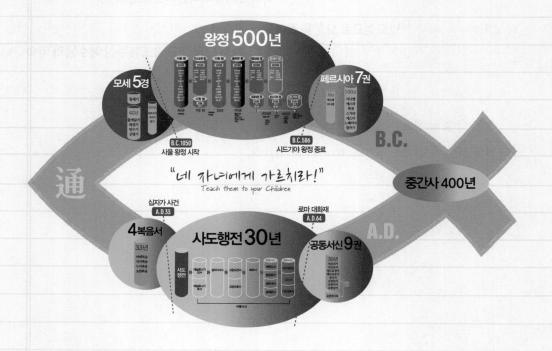

1마당 하나님의 마음
God expresses His Heart

🔍 **통通Map** 1마당 전체의 구조와 흐름을 한눈에 담아봅시다.

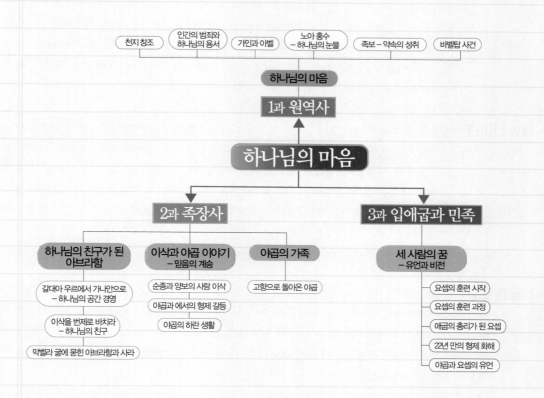

🎓 **1마당-통通 Concept**

'하나님의 마음'을 헤아려봅시다!

'하나님의 마음'을 헤아리는 것은 우리가 성경을 통독하는 최종 목표입니다. '하나님의 마음을 헤아리는 것'은 <창세기>부터 <요한계시록>까지 성경 전체를 통독할 때 가장 중요하게 여겨야 할 관점입니다. <창세기>를 통독해 나가는 가운데 '하나님의 마음'이 어떻게 흘러가는지에 초점을 맞추어 공부해봅시다.

* **숲 둘러보기** 〈창세기〉는 모세오경(토라: 창세기, 출애굽기, 레위기, 민수기, 신명기) 중 첫 번째 책입니다. 모든 것의 시작을 말해주는 〈창세기〉는 하나님의 창조, 인간의 타락, 세상 민족들의 기원, 하나님 께서 이스라엘 민족과 맺은 언약 관계를 묘사함으로써 성경의 나머지 부분에 대한 무대를 설정합니다.

창세기 1장에서 11장까지는 '원역사(primeval history)'로, 그 사건이 일어난 시간과 장소를 명확히 알 수 없는 일들의 기록입니다. 창세기 12장부터는 '족장사'가 이어집니다. 이스라엘 민족 역사, 그 출발을 이루는 아브라함, 이삭, 야곱, 요셉을 향한 하나님의 끝없는 사랑, 그리고 하나님을 향한 그들의 땀과 눈물의 순종이 바탕을 이루고 있습니다.

* **터와 나이테** 에덴 동산의 위치가 아르메니아 고지대의 티그리스강과 유프라테스강 수원지 근처라는 의견이 분분하지만, 아직까지 확실히 밝혀지지 않고 있습니다. 바벨탑 역시, 메소포타미아의 남쪽 고바벨론 지역 시내 평야에 세워졌을 것이라는 의견이 있지만, 이 또한 계속 연구 중에 있습니다. 그러나 아브라함 이야기부터는 사건의 시간과 지리적 배경을 알 수 있습니다. 아브라함은 B.C.2000년경 사람이며, 이어지는 창세기 37~50장 부분의 요셉과 그 형제들의 이야기는 아브라함으로부터 200여 년이 지난 시점의 일입니다. 족장들은 청동기 시대 중반기경인 약 B.C.2000년과 B.C.1700년 사이에 가나안 산악 지방과 그 인근 일대를 기반으로 살았습니다.

* **바람과 토양** 갈대아 우르는 메소포타미아 하류에 있던 도시로, 당시 그곳의 문명은 매우 발달해 있었습니다. 아브라함은 그 문명의 혜택을 뒤로하고, 하나님의 말씀에 순종하여 메소포타미아의 하란을 거쳐 황무지와 다름없는 가나안 지역으로 옮겨온 것입니다. 당시 근동 지방은 잘 발달된 문명을 계승하고 있었습니다. 세계 3대 법전 중 하나인 고바벨론의 함무라비 법전은 족장 시대의 위대한 유산입니다.

족장 시대를 이해하기 위해서는 당시의 상속법과 결혼 계약의 이해가 필요합니다. 당시 상속법에 의하면 자녀가 없는 부부는 이후 자기들을 돌봐주고, 매장해주며, 재산을 상속받을 아들을 양자로 택할 수 있었습니다. 그래서 아브라함은 그의 종 다메섹 사람 엘리에셀을 그의 상속인으로 삼고자 했습니다(창 15:2). 하지만 만약 부부가 이후에 자녀를 낳게 되면, 양자가 된 아들은 상속권을 포기해야 합니다.

이는 다메섹 엘리에셀에게도 동일하게 적용되었습니다. 또한 당시 결혼 계약에 의하면 자식을 낳지 못한 아내는 남편에게 자식을 낳아줄 몸종을 마련해주어야 했습니다. 이 법에 따라 사라는 하갈을 아브라함에게 주었으며(창 16:1~4), 또 라헬은 빌하를 야곱에게 주었던 것으로 볼 수 있습니다(창 30:1~8).

＊ 창세기 *Genesis*

하나님께서는 모든 만물과 온갖 생명체를 만드시고, 마지막에 하나님의 형상을 닮은 인간을 창조하신 후, 심히 좋아하셨습니다. 그러나 인간들이 하나님과의 약속을 저버리고 죄를 지음으로 말미암아 결국 하나님께서는 마음에 근심하시며 땅 위에 사람 지으신 것을 한탄하고 후회하십니다. 하지만 하나님께서는 지으셨던 모든 것을 물로 심판하시는 중에서도 노아의 방주를 통해 구원의 은혜를 베푸시고, 노아의 후손 가운데 아브라함을 택하셔서, 그를 통해 한 민족을 시작하게 하십니다. 이는 아브라함을 통해 세우신 한 민족을 모든 민족을 위한 복의 통로로 쓰시고자 함입니다.

그리고 창세기 12장부터는 믿음의 조상 아브라함과 사라의 이야기, 그의 아들 이삭, 손자 야곱, 증손자 요셉의 삶까지 다루고 있습니다. 〈창세기〉는 야곱의 일가족 70명이 요셉이 닦아놓은 기반 위에서 애굽에 정착하는 장면으로 끝을 맺고 있습니다.

01과 원역사
창세기 1~11장

📖 **큰글자 일년일독 통독성경**

1일 : 좋아, 토브, Good   2일 : 불순종한 아담과 하와   3일 : 노아 홍수, 하나님의 눈물   4일 : 족보, 약속의 성취

📑 **通으로 외우세요**

① 창세기 1~11장을 '원역사'라고 합니다.
② 만물의 처음과 인류의 시작 등 중요한 사항들을 기록하고 있습니다.

💡 **通으로 읽는 센스**

창세기 1~11장, '원역사' 부분에는 우주 만물을 창조하신 하나님의 창조와 인간의 타락, 홍수, 바벨탑 사건 등이 기록되어 있습니다. 그런데 '원역사(primeval history)'는 '역사 이전의 역사'로 그 사건이 일어난 시간과 장소를 정확히 알 수 없는 일들의 기록입니다.

그러므로 우리가 창세기 1~11장을 읽어가면서, 온 세상 우주 만물을 창조하시고 기뻐하셨던 하나님, 하나님의 형상을 닮은 사람들을 지으시고 정말 기뻐하셨던 하나님, 또한 그 사람들이 죄를 짓는 것을 보시고 한탄하시며 눈물 흘리셨던 하나님의 마음을 느낄 수 있다면 원역사를 가장 잘 공부했다고 할 수 있을 것입니다.

◆ **通포인트**

> **하나님의 마음**
> 창세기 1장부터 11장까지는 원역사(primeval history)입니다. '하나님의 마음'을 헤아리는 것을 포인트로 하여 다음의 내용들을 토대로 성경을 통독하기 바랍니다.

1. 천지 창조   창 1장
#큰글자 일년일독 통독성경 | 1~3p

한여름 밤 어느 한적한 시골 들녘에서 가슴속으로 쏟아질 듯 무수하게 반짝이는 하늘의 별들을 보신 적이 있습니까? 상식 있는 사람이라면 이 세

상을 보면서 '이 모든 것을 지으신 분이 계시겠구나! 창조자가 계시구나!'라고 당연히 생각할 수 있을 것입니다. 마치 이 세상에 존재하는 모든 작품을 보면서, 그 작품을 만든 사람에 관해서 생각하듯 말입니다.

하나님께서 태초에 천지를 창조하셨습니다. '최초의 진정한 설계자이시며 디자이너이신 창조주 하나님'이라고 별명을 붙여드릴 만합니다. 첫째 날에는 빛을 만드시고, 둘째, 셋째 날에는 궁창(하늘)과 땅과 바다와 온갖 식물을 만드셨습니다. 넷째 날에는 이미 만들어진 궁창에 해와 달과 별들을 만들어놓으셨습니다. 다섯째, 여섯째 날에는 하늘과 바다와 땅을 살아 있는 생명체들로 채워주셨습니다. 또한 하나님의 형상을 따라 인간을 만드셨습니다. 이렇게 하나님께서 '시간, 공간, 인간'을 모두 창조하셨습니다. 하나님께서는 창조물들이 조화와 균형을 갖추도록 자연스럽고 아름답게 지으셨으며, 지으신 모든 것을 보시고 무척 기뻐하셨습니다.

하나님께서는 천지를 창조하시고, 지으신 모든 창조물에게 복을 주셨습니다. 먼저 물고기들과 새들에게 복을 주시며 생육하고 번성하라고 하셨습니다(창 1:21~22). 그리고 하나님께서는 이 모든 것을 누리며 다스리고 관리하는 책임을 우리 인간에게 주시고, 또 복까지 주시며 기뻐하셨습니다. 이러한 하나님의 마음을 영어로는 '굿(Good)', 히브리어로 '토브(טוב)', 우리말로는 '정말 좋고 기쁘다'로 표현할 수 있습니다. 하나님께서 모든 것을 다 주셨습니다. 우리는 남에게 무언가를 주면서 되받기 원하고, 또 주면서 아까워합니다. 하지만 우리 하나님께서는 주고 또 주시면서 좋아하고 기뻐하시는 분입니다. 온 세상 만물을 만드시고 그 만드신 만물 중에, 특별히 우리를 만들어주시고, 복 주시며 기뻐하시는 하나님의 마음을 창세기 1장에서 흠뻑 느낄 수 있습니다.

천지 창조
· 첫째 날 : 빛을 만드시고 낮과 밤을 구별하심
· 둘째 날 : 궁창(하늘)을 만드심
· 셋째 날 : 땅과 바다와 온갖 식물을 만드심
· 넷째 날 : 해와 달과 별을 만드심
· 다섯째 날 : 새와 물고기들을 각기 종류대로 만드심
· 여섯째 날 : 동물들과 사람을 만드심
· 일곱째 날 : 일곱째 날을 복 주시고 거룩하게 하시고 안식하심

2. 인간의 범죄와 하나님의 용서 창 2~3장
#큰글자 일년일독 통독성경 | 3~6p

하나님께서 아담과 하와를 위해 에덴 동산을 지어주셨습니다. 인생들에게 "생육하고 번성하며 땅에 충만하라"(창 1:28)라는 복을 주시고, 그에 적합한 삶의 터전을 주신 것입니다. 에덴 동산에 있는 많은 나무 가운데 선악을 알게 하는 나무도 있었습니다.

하나님께서는 아담에게 "동산 각종 나무의 열매는 네가 임의로 먹되 선악을 알게 하는 나무의 열매는 먹지 말라 네가 먹는 날에는 반드시 죽으리라"(창 2:16~17)라고 말씀하셨습니다. "동산 각종 나무의 열매는 네가 임의로 먹되…"라는 말씀은 인간에게 자유가 주어졌다는 뜻입니다. 그러나 또 한편으로 하나님께서 금지 항목을 주셨다는 뜻입니다. '임의로 먹되, 먹지 말라'는 명령은 인간의 한계성을 선언하심과 동시에, 인간들에게 자신의 행동에 대한 책임, 그리고 하나님 말씀에 대한 순종을 함께 요구하시는 것이라고 봐야 합니다. 인간이 피조물로서 창조주이신 하나님과는 근본적으로 다르다는 사실, 적어도 아담은 선악과를 볼 때마다 이 사실을 인식할 수 있었습니다. 하나님께서는 선악과를 보면서 피조물인 인간이 창조주 하나님을 생각하고 순종하기를 원하셨던 것입니다. 그리고 그것은 인생들에게 복된 일이었습니다. 그런데 이처럼 큰 복을 받은 인간이 작은 것에 흔들립니다.

어느 날 뱀이 하와에게 다가와 물었습니다. "하나님이 참으로 너희에게 동산 모든 나무의 열매를 먹지 말라 하시더냐"(창 3:1). 뱀의 질문이 참으로 애매합니다. 그러자 하와가 "동산 중앙에 있는 나무의 열매는 하나님의 말씀에 너희는 먹지도 말고 만지지도 말라 너희가 죽을까 하노라 하셨느니라"(창 3:3)라고 대답합니다. 하나님께서 "먹지 말라"라고 하신 것을 두고, 하와는 "먹지도 말고 만지지도 말라"라고 하셨다고 말합니다. 명령에 대한 불만이 담겨 있습니다. 또 하와는 "반드시 죽으리라"라는 말씀을 "죽을까 하노라"라고 약간 비틀어 이야기합니다. 이 말에는 하나님의 말씀에 대한 의심이 담겨 있습니다. 틈을 보이기 시작한 것입니다.

이때 뱀은 "반드시 죽으리라"라는 하나님의 말씀을 "결코 죽지 아니하리라"(창 3:4)라는 정반대의 말로 바꾸어버립니다. 이제 뱀은 "너희 눈이 밝아져 하나님과 같이 되어 선악을 알 줄 하나님이 아심이니라"(창 3:5)라고 말해 하와를 적극적으로 유혹합니다. 이것이 사탄의 전략과 특징 중의 하나입니다. 사탄은 하나님의 말씀을 슬쩍 비슷하게 바꾸어서 하나님의 말씀을 왜곡시킵니다.

"여자가 그 나무를 본즉 먹음직도 하고 보암직도 하고 지혜롭게 할 만큼 탐스럽기도 한 나무인지라 여자가 그 열매를 따먹고 자기와 함께 있는 남편에게도 주매 그도 먹은지라 이에 그들의 눈이 밝아져 자기들이 벗은 줄을 알고 무화과나무 잎을 엮어 치마로 삼았더라"(창 3:6~7).

하나님께서 인류에게 주신 복
·쉼을 주신 것 (창 2:3)
·삶의 아름다운 터전 (창 2:8)
·선택할 수 있는 자유 (창 2:9)
·하나님의 창조 사역에 동역하게 하신 것 (창 2:15)
·서로 도울 수 있는 동역자 (창 2:24)

사망과 생명
아담과 하와의 불순종으로 하나님의 징계가 내려졌다. 아담의 불순종으로부터 시작된 사망의 문제는, 예수님의 갈보리 십자가에서의 승리(아담 후손의 승리)로 해결되며, 이후 새 예루살렘에서의 최후 승리로 이어진다.

죄를 지은 이후, 그들의 마음속에 없던 것이 생겨났습니다. 눈이 밝아짐과 동시에 그들에게 생긴 것은 무엇입니까? 바로 수치와 두려움입니다. 하나님과의 관계가 허물어진 그들은 결국 하나님의 음성을 듣고 두려워합니다. 이렇게 죄는 우리와 하나님과의 사이를 멀어지게 합니다.

뱀의 유혹에 넘어가 선악과를 따 먹은 인간들은 그에 대한 대가를 받습니다. 아담은 노동의 수고를, 하와는 해산의 고통을 경험해야 했으며, 모든 인생은 결국 흙으로 돌아가야만 했습니다. 또한 인간의 범죄로 인해 땅도 저주를 받게 됩니다.

그런데 하나님께서는 인간들의 죄와 그에 대한 벌에 대해 분명히 말씀하신 후에, 죄지은 아담과 하와를 불쌍히 여기셔서 가죽옷을 지어 입혀주십니다. 이것은 죄지은 인간들을 향한 하나님의 용서의 노력이었습니다.

3. 가인과 아벨 창 4~5장
#큰글자 일년일독 통독성경 | 6~9p

아담과 하와의 큰아들 가인이 동생 아벨을 시기하여 인류 최초의 살인 사건이 일어납니다. 천지 창조 후 그렇게 좋아하셨던 하나님의 마음은 악한 인간의 마음 때문에 한탄으로 바뀝니다.

하나님께서는 아담과 하와에게 가인이 죽인 아벨 대신에 또 다른 아들 '셋'을 주심으로써 의인의 계보를 이어가게 하십니다. 이는 하나님의 구원 역사를 이루기 위한 준비셨습니다.

우리는 창세기 5장의 족보를 통해서도 하나님의 크신 은혜를 느낄 수 있습니다. 아담에게 주신 복이 아담 당대로 끝나지 않고, 그 후손들에게 계속 이어지는 것을 확인할 수 있습니다.

공의와 사랑
공의의 하나님께서 인간을 징계하시면서도 끝까지 사랑하심은 <창세기>를 시작으로 성경 전체에 유유히 흐르는 주제이다.

4. 노아 홍수 – 하나님의 눈물 창 6~9장
#큰글자 일년일독 통독성경 | 9~15p

창세기 6장은 아담과 가인의 범죄로 인해 시작된 인간의 죄악이 세상에 가득 차게 되었으며, 인간들이 마음으로 생각하는 모든 계획이 항상 악할 뿐이라고 기록합니다. 이 모습을 보신 하나님께서는 마음에 한탄하시고 근심하십니다.

그런데 하나님께서는 그 속상하신 중에서도 한 사람 노아를 택하시고 그를 통해 중요한 계획을 실행하십니다. 노아에게 커다란 방주를 만들게 하신 것입니다. 노아는 하루 이틀도 아니고, 긴 세월 동안 무거운 고페르 나무를 어깨에 메고 옮기는 힘겨운 작업을 시작했습니다. 주변 사람들로부터 비웃음도 당했을 것입니다. 그 모든 것을 감수하면서 노아는 고페르 나무와 역청으로 엄청난 크기의 방주를

노아의 방주 (뉘른베르크 연대기 1493 삽화)

지었습니다. 완성된 방주 안에는 노아의 여덟 식구와 각종 동물 암수 둘씩 들어갔습니다.

방주
노아가 지은 방주는 길이 135m, 폭 22.5m, 높이 13.5m로 총 3층이었다. 학자들은 이 정도 크기의 선박이라면 43,000톤 이상을 실을 수 있었을 것이라고 추측한다.

드디어 비가 쏟아지기 시작하고 얼마 후 온 땅이 물에 잠깁니다. 주변 사람들의 살려 달라는 비명소리가 온 세상을 메울 때, 아마도 노아는 자기가 살았다는 사실에 안도감과 기쁨을 느끼기도 했겠지만 그보다는 먼저, 수없이 죽어가는 사람들과 동물들을 보며 큰 안타까움을 느꼈을 것입니다. 쉴 새 없이 쏟아져 세상을 뒤덮는 빗방울들은 하나님의 눈물이었습니다. 온 세상이 하나님의 눈물로 가득 찼습니다. 이때 노아는 하나님의 눈물을 그의 이마의 땀으로 닦아냈습니다. 노아 홍수 이야기는 이렇게 하나님의 마음과 하나님의 가슴에 흐르는 눈물을 헤아리며 읽어야 합니다.

드디어 홍수가 그치고 뭍이 드러났습니다. 노아는 방주에서 내린 후, 짐승들 중에 정결한 것을 골라 하나님께 번제로 드렸습니다. 이 땅에 다시 발을 딛게 된 노아 식구들에게 하나님께서는 다시는 홍수로 땅을 멸하지 않겠다는 약속의 표시로 무지개를 보여주시고, "생육하고 번성하여 땅에 충만하라"(창 9:1)라는 복을 내려주십니다. 그리고 노아는 홍수 가운데에서도 살아남아 '족보'를 남깁니다.

5. 족보 – 약속의 성취 창 10장
#큰글자 일년일독 통독성경 | 15~17p

창세기 10장의 내용은 성경 곳곳에서 가끔 볼 수 있는 족보입니다. 창세기 10장을 이해하기 위해 창세기 9장 1절을 읽어본다면, "아하!" 하고 무릎을 치게 될 것입니다. 창세기 10장에 나오는 수많은 사람의 이름, 즉 노아

자손들의 이름을 보면서 우리는 창세기 9장 1절에서 말씀하셨던 하나님의 약속, 즉 "생육하고 번성하여 땅에 충만하라"라고 하신 약속을 기억하게 됩니다. 창세기 10장에 나오는 많은 사람의 이름들은 바로 그 약속의 말씀이 성취된 증거입니다.

6. 바벨탑 사건 창 11장
#큰글자 일년일독 통독성경 | 17~18p

노아 홍수 후 하나님의 뜻은 '가라(go)'였습니다. 그런데 사람들은 하나님의 뜻과는 반대로 흩어지지 않을 계획을 가지고 높은 성읍과 탑을 쌓아 자신들의 이름을 내고, 하늘에 닿을 만큼 높이 올라가고 싶은 계획을 세우고 있었습니다. 하나님께서는 스스로 흩어지기를 거부한 그들을 어쩔 수 없이 강제로 흩으십니다. 이것이 바벨탑 사건입니다. 바벨탑 사건으로 수많은 언어가 세상에 존재하게 된 것입니다. 그런데 놀라운 사실은 온 세계 그리스도인의 언어는 오직 한 가지 '성경'으로 통합니다. 즉, 세계 공용어는 '오직 성경'입니다.

우리는 뒤이어 창세기 11장 후반부에 등장하는 노아의 큰아들 셈의 족보를 통해서 하나님의 견고한 구원 계획을 다시 볼 수 있습니다.

'바벨'의 의미
바벨론을 의미하는 '바벨'에는 '헛소리'라는 뜻이 있다.
헛소리 1 : "탑의 꼭대기를 하늘에 닿게 하겠다"
헛소리 2 : "우리 이름을 내자"
헛소리 3 : "흩어짐을 면할 수 있다"

바벨탑 _ 피터 브뤼겔 作

바벨탑 사건 속에서 준비되는 한 사람, 아브라함을 기대하게 됩니다. 그리고 우리는 셈의 족보를 통해 노아의 번제가 이후 아브라함에게 학습되었다는 것을 충분히 짐작할 수 있습니다.

🔗 **이 과의 내용을 통通 이야기(Tong story)로 적어보고 이야기해 보세요.**

....

....

....

....

....

👤 **이 과의 내용을 자녀에게 가르칠 수 있도록 통성기도(Tongsung Gido)합시다.**

• 너희의 자녀에게 가르치며 집에 앉아 있을 때에든지, 길을 갈 때에든지, 누워 있을 때에든지, 일어날 때에든지 이 말씀을 강론하고 … 너희의 날과 너희의 자녀의 날이 많아서 하늘이 땅을 덮는 날과 같으리라 (신명기 11:19~21)
• 너는 네가 누구에게서 배운 것을 알며 또 어려서부터 성경을 알았나니 (디모데후서 3:14~15)

02과 족장사

창세기 12~36장

큰글자 일년일독 통독성경

5일 : 하나님의 약속과 아브라함의 순종
6일 : 무지개, 할례, 언약궤, 십자가
7일 : 아브라함, 복의 통로
8일 : 모리아산, 2,000년 후 갈보리산
9일 : '다음 세대' 이삭
10일 : 빈손 야곱, 십일조 약속
11일 : 야곱과 에서, 20년 만에 화해
12일 : 야곱, 이스라엘로

通으로 외우세요

① 창세기 12~36장을 '족장사'라고 합니다.
② 족장 시대의 이야기로, 한 사람을 통하여 모든 민족을 복 받게 하시겠다는 하나님의 놀라운 계획 아래 아브라함이 선택됩니다.
③ 아브라함, 이삭, 야곱의 생애를 중심으로 이야기가 전개됩니다.

通으로 읽는 센스

당시 아브라함이 살고 있던 갈대아 우르는 문명이 매우 발달해 있던 곳이었습니다. 그런데 아브라함은 문명이 주는 모든 혜택을 뒤로하고, 황무지와 다름없는 가나안 지역으로 하나님의 말씀에 순종해 옮겨온 것입니다. 하나님께서는 아브라함과 그 후손을 선택하셔서 관계를 맺으시고, 그들을 통해 이 땅의 모든 민족에게 복을 주시겠다는 계획을 가지고 계셨습니다.

아브라함은 믿음의 사람이었습니다. 아브라함은 보지 않고도, 미리 인터넷 검색을 하지 않고도 '보여줄 땅'을 향해 떠나라는 하나님의 말씀을 믿고 떠나는 사람이었습니다. 이삭을 바치라는 하나님의 요구를 들었을 때에도 인간적인 고민으로 주저하기보다는 요구를 내리신 분이 하나님이시라는 데에 집중하여 순종했습니다. 이삭이 태어났던 것부터가 인간적인 방법이 아닌, 하나님의 방법이었습니다. <창세기>를 읽어가는 가운데 아브라함이 긴 삶의 여정을 통해 어떻게 하나님을 경험해가며, 어떤 관계의 기반 위에서 '하나님의 친구'가 될 수 있었는지 살펴볼 수 있습니다.

1. 갈대아 우르에서 가나안으로 – 하나님의 공간 경영 · 창 12장

#큰글자 일년일독 통독성경 | 19~20p

어느 날 하나님께서 아브람(아브라함의 전 이름)에게 찾아오십니다. 그리고 그 땅을 떠나 '보여줄 땅'으로 가라고 명령하십니다. 당시 문명이 매우 발달해 있던 도시 갈대아 우르에 살고 있던 아브람은 하나님의 말씀에 순종하여 고향을 떠나 약속의 땅으로 향했습니다.

하나님께서는 아브람에게 '자손과 땅'에 대한 두 가지 약속을 주셨습니다. 아브람의 자손을 하늘의 별처럼, 바닷가의 모래처럼 많게 해주시겠다는 것이고, 아브람이 머물게 될 가나안 땅을 그의 후손에게 기업으로 주시겠다는 것입니다. 하나님께서 아브람 '개인'과 그의 '가정'을 먼저 선택하신 이유는 결국 의와 공도의 나라인 '제사장 나라'를 가나안 땅에 세우시기 위함입니다. 〈창세기〉에서 말씀하신 하나님의 이 원대한 뜻을 위한 자손의 약속은 이후 출애굽기 1장에서 성취됩니다. 그리고 '자손과 땅'에 관한 약속의 말씀은 모세오경과 〈여호수아〉를 이해하는 데 중요한 핵심이 되며, 하나님의 세계 경영을 이해하는 중요한 기초가 됩니다.

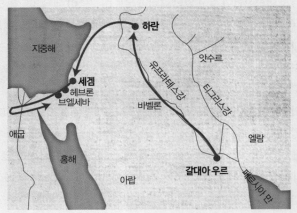

아브람의 여행
갈대아 우르에서 하란까지는 직선거리로 약 1,000km였다. 서울과 부산 사이의 거리(일반열차)가 444.3km임을 생각할 때 굉장히 먼 거리이다. 또한 하란에서 가나안까지는 약 800km였다. 아브람은 총 약 1,800km의 직선거리(실제로는 구불구불 여행했을 것)를 여행한 것이다.

2. 이삭을 번제로 바치라 – 하나님의 친구 · 창 13~22장

#큰글자 일년일독 통독성경 | 20~38p

가나안으로 옮겨온 아브람은 그 후로 약 25년 동안, 후손에 대한 약속을 믿으며 하나님과 깊이 사귀며 살아가는 시간을 갖습니다. 여러 훈련의 과정을 통해 하나님과 동행하며 살아온 아브람은 99세 때 할례를 받고, 이름도 '아브람'에서 '아브라함'으로 바뀌게 됩니다. "너희 중 남자는 다 할례를 받으라 이것이 나와 너희와 너희 후손 사이에 지킬 내 언약이니라"(창 17:10)라고 명하신 할례를 아브라함이 집안의 모든 남자에게 행한 것입니다. 이처럼 언약의 표징으로 주신 할례와 함께 기억해야 할 성경에 등장하는 언약의 징표는 무지개, 언약궤, 그리고 십자가입니다. 아브라함에 이어 하나님께서는 그의 아내 사래의 이름도 '사라'로 바꿔주십니다. 아브라함은 '여러 민족의 아버지'라는 뜻이고 사라는 '여러 민족의 어머니'라는 뜻입니다.

순종의 길
아브라함에게 있어 모리아산으로 가는 길은 예수님께서 갈보리로 향하시던 길처럼 '고통의 길'(Via Dolorosa)이었다. 그는 아무런 불평의 소리 없이 하나님의 말씀에 순종했다.

모리아산으로 가는 아브라함과 이삭 _ 안토니 반 데이크 作

오랜 기다림 끝에 마침내 아들 이삭이 태어납니다. 이삭의 출생으로 하나님의 계획 '모리아산 번제'가 준비됩니다. 아브라함은 100세에 낳은 아들 이삭을 눈에 넣어도 아프지 않을 만큼 사랑하고 아꼈을 것입니다. 그런데 어느 날, 하나님께서 아브라함에게 "네 아들 네 사랑하는 독자 이삭을 데리고 모리아 땅으로 가서 내가 네게 일러 준 한 산 거기서 그를 번제로 드리라"(창 22:2)라고 명하십니다. 이삭은 하나님께서 말씀하신 약속의 아들인데, 하나님께서 그 아들을 내어놓으라고 하시는 것입니다.

하나님께서는 시험장에 아무나 들여보내지 않으십니다. 그런데 아브라함은 그의 아들 이삭과 함께 시험장에 들어갑니다. 그리고 아브라함은 하나님의 말씀에 순종하기로 결심합니다. 하나님의 요구 사항, 내용 자체보다는 그 요구를 하신 분이 하나님이시라는 점에 집중했기 때문입니다.

모리아산에서 아브라함이 이삭을 향해 칼을 잡는 그 순간, 하나님께서 아브라함을 친구로 삼으십니다. 아브라함은 자신의 독자를 하나님을 위해 내어놓았고, 2,000년 후에 하나님께서는 아브라함의 후손들을 위해 갈보리산 십자가 위에서 당신의 독생자 예수 그리스도를 내어주십니다. 가장 아끼는 아들을 서로 내어놓는 경험의 공유를 통해 하나님과 아브라함은 친구가 된 것입니다. 모리아산 사건을 통해 믿음의 사람 아브라함은 '순종의 아이콘'이 되었습니다.

3. 막벨라굴에 묻힌 아브라함과 사라 창 23~25장

#큰글자 일년일독 통독성경 | 38~47p

세월이 지나 아브라함의 아내 사라가 죽습니다. 갈대아 우르에서부터 아
브라함의 믿음의 여정에 동행해온 아내 사라가 죽자, 아브라함은 헤브론에
있는 막벨라굴을 사서 사라를 장사 지냅니다. 그리고 아들 이삭을 위해 아
브라함은 이삭의 아내를 구할 계획을 세웁니다.

아브라함은 그의 종 다메섹 사람 엘리에셀에게 이삭의 신붓감을 구해오
는 일을 맡깁니다. 다메섹 사람 엘리에셀은 아브라함이 믿음의 삶을 사는
동안 아브라함의 충성스러운 종이자, 든든한 믿음의 친구로서 아브라함 곁
에 있었던 사람입니다. 엘리에셀은 아브라함의 기대를 저버리지 않고, 멀리
하란까지 가서 아브라함을 위해 이삭의 아내 리브가를 택해 함께 옵니다.

아브라함, 그도 향년 175세에 하나님의 부름을 받고 아내 사라가 묻혀
있는 막벨라굴에 장사됩니다.

헤브론 땅
아브라함이 사라의 매장지로 구입
한 막벨라굴이 있는 헤브론은 이스
라엘 역사에서 대대로 매우 중요한
땅이 된다. 후일 유다 지파 갈렙의
삶의 근거지가 되고, 다윗이 이스라
엘의 왕으로 기름 부음을 받는 중심
지가 된다.

🔵 通通포인트

이삭과 야곱 이야기 - 믿음의 계승
- **이삭 이야기 (창 25:12~26장)** : 아브라함에서 이삭으로 이어지는 믿음의 계승
- **야곱 이야기 (창 27장~35장)** : 이삭에서 쌍둥이 아들 가운데 형 에서가 아닌 동생 야
곱으로 이어지는 믿음의 계승

4. 순종과 양보의 사람 이삭 창 26장

#큰글자 일년일독 통독성경 | 47~49p

이제 이삭이 아브라함의 믿음과 순종의 삶을 이어받아 그의 시대를 열어
갑니다. 하나님의 꿈이 아브라함에게서 '다음 세대 이삭'으로 계승된 것입니
다. 그런데 이삭이 리브가와 결혼한 지 20년이 지나도록 자식이 생기지 않
았습니다. 드디어 이삭의 나이 60세 때 이삭 부부의 간절한 기도를 들으신
하나님께서 이 가정에 쌍둥이 아들 야곱과 에서를 자녀로 주셨습니다.

아브라함 때처럼 이삭 때에도 가나안 땅에 흉년이 들었습니다. 하나님께
서는 이삭에게도 '자손과 땅'에 대한 약속을 주시며 애굽으로 내려가지 말라

이삭의 순종
- 아버지에 대한 순종
 - 번제물로 묶일 때에(창 22장)
 - 신붓감에 대한 명령(창 24장)
- 하나님에 대한 순종
 - 흉년 때에도 그 땅을 떠나지 말라
  는 말씀에 대해(창 26장)

고 말씀하십니다(창 26:2~5). 이삭은 하나님의 명령을 받아들여 그랄 땅에 그대로 머물면서 척박한 땅에 씨앗을 뿌렸습니다. 극심한 흉년 중에 지은 농사임에도 불구하고 하나님께서 복 주심으로 이삭은 100배의 결실을 맺게 됩니다. 하나님께서 이삭의 순종을 보시고 큰 복을 주신 것입니다.

그런데 그랄 백성이 이삭이 파는 우물마다 흙으로 메우는 사건이 발생합니다. 갑자기 거부가 된 이삭을 향한 시기 때문이었습니다. 이삭은 그들과 다투지 않기 위해 떠나고, 다시 파고, 옮기고, 또다시 파기를 반복합니다. 그 결과, 그들이 이삭의 선함과 하나님의 함께하심을 인정하면서 이삭을 찾아와 계약을 맺습니다. 이처럼 양보의 사람 이삭의 삶의 방식은 하나님의 사람들이 본받아 배워야 할 아름다운 모습 중 하나입니다.

5. 야곱과 에서의 형제 갈등 창 27장
큰글자 일년일독 통독성경 | 49~53p

이삭과 리브가의 자손에 대한 기도가 응답될 때 하나님께서는 "큰 자가 어린 자를 섬기리라"(창 25:23)라고 말씀하셨습니다. 이것은 결코 간단한 문제가 아닙니다. 따라서 이삭과 리브가는 이 문제를 신중하고 성숙하게 처리해야 했습니다. 그러나 이삭은 하나님의 뜻을 소홀히 여긴 채, 큰아들 에서에게 축복하려 합니다. 이 사실을 알아차린 리브가는 하나님의 말씀을 이삭에게 상기시켜주는 옳은 절차를 생략한 채, 아들 야곱으로 하여금 아버지를 속여 축복을 받게 합니다. 야곱은 그런 옳지 못한 방법에 동조함으로 아버지 이삭으로부터 축복을 받습니다. 그러자 지난번에도 팥죽 한 그릇에 자신의 장자권을 가로챘던 동생 야곱이(창 25:29~34), 또다시 자신이 받을 아버지의 축복까지 도둑질했다고 생각한 에서는 야곱을 향해 크게 분노하게 됩니다.

장자권
'장자의 명분'에 해당하는 히브리어 '베코라'는 짐승의 초태생을 가리키며, 장자의 상속권을 뜻한다. 장자는 부모로부터 다른 형제들이 받는 재산보다 두 배 많은 재산을 상속받는 특권이 있었다. 율법에 의하면 비록 미움을 받는 자의 아들이 장자라고 할지라도 그에게 장자의 권한이 있음을 인정하고 자기 소유에서 두 몫을 주도록 되어 있다(신 21:17).

6. 야곱의 하란 생활 창 28~31장
큰글자 일년일독 통독성경 | 53~64p

결국 화가 머리끝까지 난 형 에서를 피해 야곱은 하란에 있는 외삼촌 라반의 집으로 도망쳐야 했습니다. 가나안에서 출생한 야곱은 이후 요셉의 초청으로 애굽으로 향하는 일까지 가나안을 '두 번'이나 떠나는 인생을 살게 됩니다. 하나님께서는 형 에서를 피해 도망가는 빈손 야곱에게 '자손과 땅'에 대한 약속과 임마누엘의 복을 주십니다. 야곱은 라반의 집에서 일을 시작했습니다. 아내와 재물을 얻기 위한 치열한 노력으로, 야곱은 하란에서 네 명의 아내와 열한 명의 아들, 한 명의 딸을 둔 가장이 될 수 있었습니다. 이렇게 하란에서 태어난 열한 아들과 이후에 태어난 베냐민까지 야곱의 열두 아들은 400년 후 애굽에서 열두 지파가 됩니다. 한편 언니와 동생 관계이면서도 서로를 한없이 질투하는 부인 레아와 라헬의 갈등으로 야곱 가정에는 늘 불안과 다툼이 있었습니다. 야곱은 외삼촌이자 장인인 라반과도 재산 문제로 갈등을 일으킵니다. 이를 계기로 야곱은 20년의 하란 생활을 정리하고 고향 가나안을 향해 출발하게 됩니다.

야곱의 삶의 방식
할아버지, 아버지가 살아온 순종과 양보의 삶의 방식, 믿음의 선진들이 다져 놓은 하나님을 섬기는 삶의 방식이 있음에도 불구하고, 이것을 적극 수용하고 계승하지 못한 결과, 야곱의 삶은 갈등과 괴로움이 많이 부딪치게 된다.

◆ 통通포인트

▲ 야곱의 가족

No	이름	뜻	어머니	No	이름	뜻	어머니
1	르우벤	보라, 아들이다		9	잇사갈	고용하다	레아
2	시므온	들으심	레아	10	스불론	후한 선물	
3	레위	연합하다		11	요셉	그가 더하시기를 바란다	라헬
4	유다	그를 찬미하자		12	베냐민	오른손의 아들. 라헬이 지은 이름은 '베노니'로, 슬픔의 아들이라는 뜻	
5	단	심판관	빌하 (라헬의 여종)				
6	납달리	씨름		13	므낫세	잊어버림	므낫세와 에브라임은 원래 요셉의 아들이었으나 야곱이 애굽으로 이주한 후 자신의 아들로 삼았음
7	갓	행운	실바 (레아의 여종)	14	에브라임	풍성함	
8	아셀	기쁨					

7. 고향으로 돌아온 야곱 창 32~36장
#큰글자 일년일독 통독성경 | 64~74p

20년 전 가나안에서 도망 나왔던 야곱이 20년 만에 다시 하란에서 도망치듯 나오게 됩니다. 과거 아브라함에게 가나안은 '보여줄 땅'이었고 이제 야곱이 다시 돌아가는 가나안은 '고향 땅'이 되었다는 것이 큰 발전입니다. 그러나 고향으로 돌아가라는 하나님의 말씀대로 가나안 땅으로 향하면서도 야곱의 마음속에는 형 에서에 대한 두려움이 가득했습니다. 그러나 하나님께서는 이미 에서의 마음을 움직이시고 진심 어린 화해의 식탁을 준비하고 계셨습니다. 하나님의 은혜로 야곱은 에서를 만나 극적인 화해를 이룰 수 있었습니다.

야곱은 벧엘 근처에서 사랑하는 아내 라헬을 잃습니다. 또한 이삭도 기한이 다 되어 헤브론 땅에서 숨을 거두자 에서와 야곱이 함께 이삭을 막벨라 굴에 장사합니다. 이렇게 아브라함에 이어 이삭이 묻히므로 아브라함 가문의 장례식장은 막벨라 굴이 됩니다. 이후 야곱도 이곳에 장사됩니다.

계속해서 이어지는 창세기 36장에 나오는 에서 후손의 족보는 에돔 족속의 기원을 알려주고 있습니다. 성경 전체의 숲에서 보면, 에서 후손의 족보는 이후 예언서 〈오바댜〉 등의 배경이 됩니다.

> **에서**
> 에서는 명분보다도 실리를 챙기는 사람이었다. 그래서 에서는 장자 명분 같은 건 실속에 비해서 의미 없다 하여, 팥죽 한 그릇에 장자권을 팔아버렸던 사람이다. 하지만 창세기 36장에 나오는 에서 후손의 족보는 하나님께서 사람을 차별 없이 사랑하신다는 사실을 다시 한번 증명하고 있다. 에서와 야곱 가운데 하나님께서는 아브라함에게 주셨던 약속을 야곱이 이을 수 있도록 하셨다. 그렇지만 에서에게 무관심하셨던 것은 아니다.

🔗 이 과의 내용을 통通 이야기(Tong story)로 적어보고 이야기해 보세요.

_____

_____

_____

_____

_____

🙏 이 과의 내용을 자녀에게 가르칠 수 있도록 통성기도(Tongsung Gido) 합시다.

- 너희의 자녀에게 가르치며 집에 앉아 있을 때에든지, 길을 갈 때에든지, 누워 있을 때에든지, 일어날 때에든지 이 말씀을 강론하고 … 너희의 날과 너희의 자녀의 날이 많아서 하늘이 땅을 덮는 날과 같으리라 (신명기 11:19~21)
- 너는 네가 누구에게서 배운 것을 알며 또 어려서부터 성경을 알았나니 (디모데후서 3:14~15)

03과 입애굽과 민족

창세기 37~50장

通으로 외우세요

① 창세기 37~50장에는 요셉 이야기가 펼쳐집니다. 그 흐름 가운데 창세기 38장에는 유다가 주인공인 이야기가 들어 있습니다.

② 요셉의 죽음으로 끝나는 창세기 50장과 '요셉을 모르는 새 왕'이 등장하는 출애굽기 1장 사이에는 적어도 400여 년이 넘는 세월의 간격이 있습니다.

通으로 읽는 센스

창세기 37~50장은 요셉과 그 형제들의 이야기로 채워져 있습니다. 하나님께서 아브라함에게 보여줄 땅으로 떠나라고 말씀하셨던 때로부터 대략 200년이 지난 시점입니다. 요셉의 인생은 총 110년으로, 30세에 애굽의 총리가 된 후로 최소한 14년 이상을 재직하였고, 그 후에도 애굽에서 그가 행사한 영향력은 실로 대단했습니다. 요셉의 아버지 야곱은 130세에 애굽에 도착하여 147세에 세상을 떠났는데, 7년 흉년이 끝난 이후로 많은 시간이 흐른 시점이었음에도 야곱의 장례식을 애굽의 국장 수준인 70일장으로 치른 것을 보면, 그때까지도 애굽 내에서 요셉의 영향력이 막강했음을 알 수 있습니다. 그러므로 채색옷을 입었던 17세의 요셉과 30세에 애굽의 총리가 된 요셉의 모습에만 집중하는 것은 요셉 인생의 전체 숲을 본 것이라고 할 수 없습니다. 요셉은 아브라함에서 시작된 그의 가문이 큰 민족을 이루어가는 과정에 중요한 징검다리 역할을 감당했습니다.

通포인트

세 사람의 꿈-유언과 비전
요셉의 이야기는 아브라함 한 명에서 시작한 믿음의 가문이 <출애굽기>에서 민족을 이루는 데 연결이 되는 매우 중요한 이야기입니다. 또한 세 사람, 요셉, 바로, 야곱의 꿈은 입애굽과 민족 만들기 과정 이후 계속되는 하나님의 꿈인 제사장 나라의 핵심 이야기가 됩니다. 야곱의 유언은 요셉의 비전이 되었고, 요셉의 유언은 이후 출애굽의 비전이 됩니다. 예수님의 유언은 당시 제자들은 물론, 오늘 우리에게까지 비전이 됩니다. 성경의 첫 이야기인 '창세기'를 인생들의 마지막인 '유언'과 새로운 시작을 가능하게 하는 '비전'으로 연결해봅시다.

1. 요셉의 훈련 시작 창 37~38장
#큰글자 일년일독 통독성경 | 75~79p

물질과 사랑에 대한 야곱의 집착은 타의 추종을 불허할 정도로 강렬했습니다. 하지만 그 사랑의 대상에서 제외된 다른 가족들에게는 그런 야곱의 행동이 큰 아픔일 수밖에 없었습니다. 야곱은 사랑하는 아내 라헬이 죽자, 라헬이 낳은 아들 요셉에게 집중적 편애를 쏟기 시작합니다. 그 결과, 요셉은 형들의 시기와 질투에 의해 먼 타국 땅 애굽에 종으로 팔리게 되었습니다. 그리고 형들에 의해 요셉이 애굽에 팔린 것이 요셉의 죽음인 줄 알았던 야곱은 그 후에는 요셉의 동생인 베냐민을 집중적으로 사랑하기에 이릅니다. 요셉은 애굽의 친위대장 보디발 집에 노예로 팔립니다. 이때부터 요셉은 약 12년 동안 종의 훈련을 받습니다.

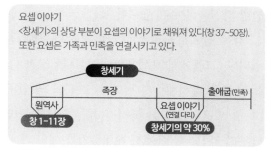

요셉 이야기
<창세기>의 상당 부분이 요셉의 이야기로 채워져 있다(창 37~50장). 또한 요셉은 가족과 민족을 연결시키고 있다.

창세기
원역사 / 족장 / 출애굽(민족)
창 1~11장
요셉 이야기 (연결 다리)
창세기의 약 30%

한편, 아버지의 편애에 맞서 집을 떠나 살던 유다는 두 아들의 죽음 후 아버지 야곱의 마음을 헤아립니다. 이는 유다가 성숙해지는 계기가 됩니다.

유다 이야기
<창세기>를 읽으면서 37장을 읽고 38장 없이 39장으로 넘어가도 이야기 흐름에는 큰 문제가 없다. 그러나 성경 전체 숲에서 볼 때 창세기 38장은 매우 중요한 장이다. 창세기 38장의 주인공 유다의 성숙으로 야곱 가정에 화해가 일어나기 때문이다.

2. 요셉의 훈련 과정 창 39~40장
#큰글자 일년일독 통독성경 | 79~83p

17세의 어린 나이에 시작된 종살이는 고되고 힘들었습니다. 말도 통하지 않았고, 매일매일 몸은 고되었으며, 무엇보다도 고향과 아버지, 동생에 대한 그리움으로 요셉은 밤마다 눈시울을 붉혔을 것입니다. 하지만 요셉은 도대체 영문을 알 수 없는 자신의 고난 속에서도 하나님께서 어떤 계획과 섭리 가운데 자신을 애굽에 보내셨을 것이라고 생각했습니다. 요셉은 하나님을 향한 신뢰와 하나님께서 주신 꿈을 가슴에 품고 있었기에 감당하기 힘든 애굽에서의 노예 생활을 참아낼 수 있었습니다.

요셉 스쿨
·보디발 가정학교 - 실물 경제 교육
·감옥학교 - 정치 행정 교육

어느덧 20대 중반이 된 요셉. 그의 영특함과 성실함, 탁월한 일처리 실력을 알아본 보디발이 요셉에게 그의 모든 소유물을 주관하는 가정 총무의 직책을 맡깁니다. 그러던 어느 날, 용모가 수려한 요셉에게 보디발의 아내가 동침할 것을 청합니다. 요셉은 단호한 말로 거절하고 그와 함께하지도 않습니다. 하지만 자신을 피해 달아나는 요셉에게 앙심을 품은 보디발 아내의 거짓말로 요셉은 그만 감옥에 갇히고 맙니다. 요셉은 보디발의 집과 감옥에서 마치 훈련과도 같은 고난의 과정을 거치는 사이에 더 큰일을 맡을 만한 자질을 갖추게 됩니다.

감옥 안에서도 요셉은 간수의 눈에 띄어 감옥의 모든 일을 맡아서 하게 됩니다. 그곳에서 요셉은 떡 굽는 관원장과 술 맡은 관원장을 알게 되고 그들의 꿈을 해석해주게 됩니다. 요셉의 해석대로 떡 굽는 관원장은 죽게 되고, 술 맡은 관원장은 복직됩니다. 요셉은 술 맡은 관원장이 감옥을 나간 그 날부터 자신을 감옥에서 꺼내주기를 매일 기대했지만 2년 동안이나 아무 연락이 없었습니다.

3. 애굽의 총리가 된 요셉 _{창 41장}
#큰글자 일년일독 통독성경 | 83~86p

그러던 어느 날 아침입니다. 애굽의 왕 바로가 간밤에 꾼 꿈의 풀이를 놓고 궁중이 떠들썩할 때, 2년 전 요셉의 부탁을 까마득하게 잊고 있던 술 맡은 관원장이 아직 감옥에 있는 요셉을 떠올립니다. 드디어 요셉이 30세에 '보디발의 가정학교'와 '감옥학교'를 졸업하게 된 것입니다. 감옥에서 불려 나와 바로 앞에 선 요셉은 바로에게서 꿈에 대한 모든 이야기를 듣고 난 후 한마디로 대답합니다. "바로의 꿈은 하나라"(창 41:25). 그리고 꿈을 일목요연하게 해석합니다. 요셉은 한 걸음 더 나아가 7년 풍년과 7년 흉년에 대한 대처 방안까지 이야기합니다. 요셉이 애굽을 다스리는 국정 파트너로 적합한 탁월한 인재임을 한눈에 알아본 바로는 벌떡 일어나 요셉을 총리로 세우고, 풍년과 흉년에 대한 국가 경영을 그에게

바로의 꿈을 해석하는 요셉 _ 레지날드 아서 作

맡깁니다. 바로의 선택은 요셉이 권력의 몸통이 되고 자신은 권력의 깃털이 되는 것이었습니다. 이때부터 요셉은 애굽의 총리가 되어 14년 동안 '국가 재난 대책 프로젝트'를 이끕니다.

4. 22년 만의 형제 화해 창 42~47장
#큰글자 일년일독 통독성경 | 86~101p

요셉이 총리가 된 지 약 9년이 지났습니다. 흉년은 애굽뿐 아니라 가나안 땅에도 찾아왔고, 야곱 가정 또한 흉년 2년 만에 양식을 찾아 애굽으로 가야만 했습니다.

> **유다와 베냐민**
> • 넷째 형 유다   유다   베냐민   • 막내 베냐민
> • 유다 지파인 다윗   • 베냐민 지파인 요나단
> • 남유다는 유다 지파＋베냐민 지파
> • 멸망의 위기에 놓인 유대인들   • 베냐민 지파인 왕후 에스더
> • 유다 지파인 예수님   • 베냐민 지파인 사도 바울

총리 요셉 앞에 나아온 열 명의 형이 그 앞에 엎드려 절합니다. 한눈에 형들을 알아본 요셉과 달리 형들은 요셉을 알아보지 못했습니다. 요셉은 일행 중에 동생 베냐민이 보이지 않자, 형제 갈등을 더 근원적으로 해결하기 위해 형들을 '정탐'으로 몰아 궁지에 빠뜨립니다. 시므온 형을 그들 앞에서 가두고 "너희 막내 아우를 내게로 데리고 오라."라고 말하고는 나머지 아홉 명의 형을 돌려보냅니다.

아들들이 야곱에게 가서 베냐민을 데려오라고 한 애굽 총리의 말을 전하자, 야곱이 아들들을 나무라며 절대 보낼 수 없다고 말합니다. 베냐민에 대한 집착 때문입니다. 숲에서 보면 야곱이 그 집착을 빨리 버렸다면 아들 요셉을 만나는 날이 훨씬 앞당겨졌을 것입니다.

처음에 장자 르우벤이 설득할 때는 마음을 바꾸지 않았던 야곱이 넷째 아들 유다가 나서서 간절히 설득하자 "내가 자식을 잃게 되면 잃으리로다"(창 43:14)라고 결심하며 집착을 내려놓습니다. 야곱이 자신의 욕심과 집착을 포기했을 때 그 가정의 기초가 다시 세워지게 됩니다.

다시 양식을 구하기 위해 애굽에 찾아온 형들과 동생 베냐민이 요셉을 만났습니다. 요셉은 마지막으로 형들을 시험합니다. 자신이 아끼는 은잔을 베냐민이 훔친 것으로 상황을 만들어 베냐민을 종으로 삼겠다고 위협합니다. 누구도 감히 어길 수 없는 애굽 총리의 명령이었습니다. 이 어찌할 수 없는 상황에서 넷째 유다가 나섭니다. "주의 종에게 노하지 마소서"(창 44:18)라는 말로 시작한 유다의 이야기는 한마디로 아버지와 막냇동생은 단순한 부자지간이 아니라 생명이 결탁된 관계이므로 자신이 막냇동생 대신 종으

로 남겠으니 혐의가 있는 동생은 아버지를 위해서 돌려보내 달라는 것입니다. 동생 베냐민과 아버지에 대한 유다의 진심 어린 사랑, 가족 공동체를 위한 유다의 깊은 헌신의 선택을 확인한 요셉이 드디어 방성대곡합니다. "나는 요셉이라"(창 45:3), 그리고 "나를 이리로 보낸 이는 당신들이 아니요 하나님이시라"(창 45:8)라는 고백으로 형들이 가진 그간의 죄책감을 덜어줍니다. 이 이야기를 하면서 요셉은 그동안 아껴두었던 울음을 다 쏟아놓습니다. 그리고 그 '울음'을 통해 요셉은 형들 앞에서 동생 요셉의 자리를 찾습니다.

5. 야곱과 요셉의 유언 창 48~50장
 # 큰글자 일년일독 통독성경 | 101~107p

야곱의 가족은 요셉의 제안과 하나님의 허락대로 애굽에 이주했습니다. 요셉은 총리의 자리에서 가족 공동체가 고센 땅에 정착하도록 하는 일과 국가적 재난인 7년의 흉년 문제를 풀어내는 일을 훌륭히 수행해갑니다.

어느덧 세월이 흘러 야곱이 생을 마감할 날이 가까워옵니다. 야곱은 지난날 입애굽 때 브엘세바에서 꾸었던 꿈을 생각합니다.

"나는 하나님이라 네 아버지의 하나님이니 애굽으로 내려가기를 두려워하지 말라 내가 거기서 너로 큰 민족을 이루게 하리라 내가 너와 함께 애굽으로 내려가겠고 반드시 너를 인도하여 다시 올라올 것이며 요셉이 그의 손으로 네 눈을 감기리라"(창 46:3~4). 요셉, 바로, 그리고 야곱 이렇게 '세 사람의 꿈'을 합하면 놀랍게도 '하나님의 꿈'의 복인 제사장 나라 밑그림이 나옵니다.

야곱은 아들들을 소집하고, 그동안 자신이 지켜보았던 아들들의 삶을 기준으로 그들을 축복합니다. 그리고 마지막으로 자신을 가나안 땅 막벨라 굴에 장사 지낼 것을 유언으로 남깁니다. 요셉은 아버지 야곱의 장례식을 애굽의 국장 규모로 70일간 거행합니다. 그리고 요셉은 애굽 왕 바로의 허락을 얻어 자신의 가족들은 물론, 애굽의 많은 신하와 함께 가나안 땅으로 아버지 장례식을 치르러 다녀옵니다. 이는 구약성경의 숲에서 볼 때 이후에 있을 '출애굽의 예행연습'과도 같습니다.

요셉도 110세의 나이로 죽음을 맞이합니다. 한평생 하나님과 동행하며 하나님의 꿈과 비전을 실현했던, 머리는 차갑고 가슴은 뜨거운 사람, 요셉.

자손에 대한 약속의 성취
누가 하나님 나라의 후사인가는 창세기 12장에서 처음 등장했던 주제이다. <창세기>가 끝나면서 그 뚜껑을 열어보니 야곱의 70명의 가족으로 귀결되었다. <창세기>와 <출애굽기> 사이에서 하나님 나라의 후사들은 70명에서 200만 명가량으로 늘어난다.

자신의 유골을 고향 땅에 묻어달라는 요셉의 유언은 하나님의 약속이 끝나지 않은 현재진행형임을 보여주는 것이었습니다. 입(入)애굽의 지도자 요셉의 출(出)애굽 준비 세 가지는 고센 땅, 목축업, 교육이었습니다. 그리고 요셉의 인생을 크게 세 가지로 정리하면 재난 극복, 아버지의 장례, 교육(family school)이라 할 수 있습니다.

가나안으로 가는 야곱의 장례 행렬 _ 제임스 티소 作

🔗 **이 과의 내용을 통通 이야기**(Tong story)**로 적어보고 이야기해 보세요.**

👤 **이 과의 내용을 자녀에게 가르칠 수 있도록 통성기도**(Tongsung Gido)**합시다.**

• 너희의 자녀에게 가르치며 집에 앉아 있을 때에든지, 길을 갈 때에든지, 누워 있을 때에든지, 일어날 때에든지 이 말씀을 강론하고 … 너희의 날과 너희의 자녀의 날이 많아서 하늘이 땅을 덮는 날과 같으리라 (신명기 11:19~21)
• 너는 네가 누구에게서 배운 것을 알며 또 어려서부터 성경을 알았나니 (디모데후서 3:14~15)

2마당 열방을 향한 꿈
A Dream for All Nations

🔵 **통通Map** 2마당 전체의 구조와 흐름을 한눈에 담아봅시다.

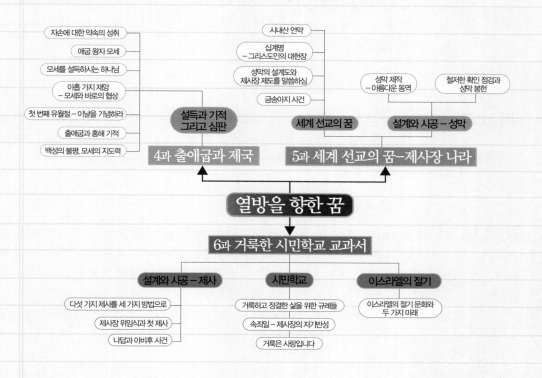

🎓 **2마당-통通 Concept**

· '제사장 나라 거룩한 백성'을 만드시려고 이스라엘 '민족'을 부르심!

<창세기>에서 하나님께서 아브라함 한 개인을 부르셨다면, <출애굽기>에서는 아브라함의 후손이 '민족'으로 부름 받아 바뀌어가는 것을 볼 수 있습니다. 그리고 민족을 이룬 그들에게 세계 선교를 향한 '제사장 나라 거룩한 백성'의 꿈을 제안하십니다. '열방을 향한 꿈'을 기반으로 이스라엘 민족을 향해 꿈꾸시는 하나님을 만나며 공부해봅시다.

· 가장 큰 기초가 놓인 시내산 1년!

출애굽 이후 시내산 1년여의 기간 동안 이스라엘 민족의 가장 중요한 기초가 세워집니다. 십계명부터 각 종 율법들, 성막, 제사 등의 내용들은 '제사장 나라 거룩한 백성'이 되기 위한 콘텐츠(contents)임을 기억하며 공부해봅시다.

＊ 숲 둘러보기 출애굽기 1장 6~7절에는 야곱의 후손들이 노예로 전락하게 된 배경이 설명되어 있습니다. 〈창세기〉에서는 한 개인에 대한 하나님의 부르심이, 〈출애굽기〉에서는 하나님의 세계 경영을 위한 도구로 이스라엘 민족이 드러나고 있습니다. 출애굽 사건은 이후 구약성경의 뼈대를 제공할 만큼 중요한 사건이었습니다.
이 기간 동안 십계명을 포함한 율법들이 주어집니다. 이스라엘은 지금으로부터 3,500여 년 전에 이미 하나님께로부터 직접 교육받고 훈련받는 특권을 누린 것입니다.

＊ 터와 나이테 출애굽 연대에 대해서 성경에 기록된 대로 추정하면, 솔로몬의 성전 건축이 출애굽 이후 480년이라는 열왕기상 6장 1절에 근거해볼 때 출애굽 연대는 성전이 건축되기 시작한 B.C.966년에서 480년 전인 B.C.1446년이 됩니다.

＊ 바람과 토양 B.C.1500~1200년경 애굽의 바로(Pharaoh)들은 자신들을 위한 무덤으로 거대한 피라미드를 건축했습니다. 애굽의 왕자 모세는 그처럼 찬란했던 문명의 계승자 위치에 있었습니다. 왕궁과 신전과 무덤들은 매우 장엄했으며, 장식물들과 예술품들은 아주 독특했습니다. 그러나 이는 수많은 노예를 잔인하게 속박하고 과중한 노동을 부과함으로써 가능한 것이었고, 애굽 문명의 교육과 부귀영화, 권력, 정치적 지위는 특권 계급에 있는 몇 사람만 누릴 수 있었습니다.

＊ 출애굽기 *Exodus*

모세와 바로의 피 말리는 협상이 약 6개월간 진행되고 결국 이스라엘 민족은 출애굽하게 됩니다. 하나님께서는 그들을 시내산으로 이끄시고 그곳에서 약 1년간 훈련시키십니다. 〈출애굽기〉에는 하나님께서 이스라엘 백성을 '제사장 나라 거룩한 백성'으로 삼으시는 언약이 나오며, 그 외에 하나님께서 백성에게 주시는 율례와 규례와 법도가 기록되어 있습니다. 또한 하나님의 임재를 상징하는 성막을 하나님께서 주신 설계도대로 정성껏 제작했던 이스라엘 백성의 아름다운 순종의 모습도 만날 수 있습니다.

＊ 레위기 *Leviticus*

〈레위기〉는 하나님께서 인생들을 향해 보내신 따뜻한 러브레터입니다. 사람을 지으신 하나님께서 그들이 이 땅에서 올바르고 건강하게 살 수 있도록 돕고자 만들어놓으신 설명서와도 같습니다. 이스라엘 백성이 약 6개월에 걸쳐 완성한 성막에서 그들이 하나님과의 깊은 만남을 위해 행해야 할 다섯 가지 제사법과, 그 일을 앞장서서 감당해야 할 제사장과 레위 지파의 책임과 사명이 꼼꼼히 기록되어 있습니다.

이 복잡하고 까다로운 절차들은 사실, 인생들이 하나님 앞에 잘못했을 때 하나님께 나아가 용서를 구할 수 있도록 길을 열어주신 하나님의 사랑입니다. 또한 레위기 11장부터는 인생들을 향해 '거룩함'을 요구하시는 하나님의 요구 사항이 나와 있습니다. 사람과 사람이 서로를 존중하며 그 관계를 아름답게 세워가는 데 필요한 원칙들을 주신 것입니다. 약자를 보호하고 아픈 이들을 돌보며 가난한 자들을 위로하는 것이 진정한 '거룩'이라는 것을 〈레위기〉를 통해서 배울 수 있습니다.

04과 출애굽과 제국

출애굽기 1~18장

🔖 통通으로 외우세요

① 출애굽기 1~4장은 모세의 출생부터 모세가 80세가 되어 호렙산에서 하나님의 부름을 받기까지의 기록입니다.

② 출애굽기 5~11장의 기록은 모세가 애굽으로 돌아와 6개월간 바로와 아홉 번의 숨 막히는 협상을 벌였던 기간의 이야기입니다.

③ 출애굽기 12~13장에는 이스라엘이 영원히 기념해야 할 애굽에서의 첫 번째 유월절과 역사적인 출애굽 이야기가 기록되어 있습니다.

④ 출애굽기 14~18장 이야기는 이스라엘이 출애굽한 후 시내산에 당도하기 전까지 약 3개월간 일어났던 일들입니다.

💡 통通으로 읽는 센스

요셉 시대에 애굽 사람들로부터 귀한 손님 대접을 받았던 이스라엘 자손들이 세월의 흐름에 따라 일어난 애굽 왕조의 변동으로 인해 노예로 전락하고 말았습니다.

역사적인 배경을 좀 더 살펴본다면, 요셉이 애굽에서 활동하던 시대는 애굽이 12왕조일 때였는데 이후 애굽에 힉소스 왕조가 들어서서 이전의 12왕조를 무너뜨리고, 12왕조 때 귀히 여겼던 요셉을 알지 못하는 새 왕이 나라를 통치합니다. 그는 히브리인들의 거주 이동을 제한하고 직업 선택의 자유를 박탈함으로써 그들을 노예화합니다. 그 후 힉소스 왕조가 멸망하고 애굽 역사상 가장 거대했던 18왕조가 세워집니다. 그런데 18왕조는 히브리 남자아이들을 죽이려는 계획까지 세울 정도로 이스라엘 민족을 더욱 괴롭힙니다. 모세가 이때 바로의 딸 하셉수트라는 여인의 손에서 애굽의 왕자로 자라납니다.

통通포인트

▲ **설득과 기적 그리고 심판**

출애굽 전 과정은 '설득과 기적 그리고 심판'으로 요약할 수 있습니다. 협상을 달리 표현하면 '설득'입니다. 그리고 아홉 가지 재앙은 하나님의 '기적'이며 하나님의 '심판'입니다. 하나님의 기적은 기적 그 자체보다 애굽 백성을 설득하는 중차대한 방법이었습니다. 애굽 백성에게도 동일하게 기적을 통해 당신을 알리고 싶으셨던 하나님의 마음을 놓치지 맙시다.

1. 자손에 대한 약속의 성취 출 1장

큰글자 일년일독 통독성경 | 107~109p

야곱과 그의 가족 70명이 애굽의 고센 땅으로 내려온 이후, 점차 이스라엘 자손은 "생육하고 불어나 번성하고 매우 강하여 온 땅에 가득하게"(출 1:7) 되었습니다. 그런데 요셉을 모르는 새 왕은 이스라엘 백성의 이 같은 번성을 두려워하여 이스라엘 백성을 노예로 만들었고, 남자아이가 태어날 경우 모두 죽이라는 무서운 명령을 내립니다. 하나님께서는 말살될 위기에 놓인 이스라엘의 고통을 굽어보시고 출애굽을 준비하십니다. 여기에서 놀라운 사실은 아브라함의 후손들인 히브리 민족이 겪는 애굽에서의 '제국 경험'은 이후 '제사장 나라'를 세우는 데 기초가 된다는 것입니다.

언약과 성취
하나님께서 아브라함에게 하신 약속 중 자손에 대한 약속은 출애굽기 1장에서 5백여 년 만에 성취되고, 땅에 대한 약속은 여호수아 10장 이후에서 실현되는 것을 알 수 있다. 이처럼 하나님의 약속과 계획은 길고 원대하다.

2. 애굽 왕자 모세 출 2장

큰글자 일년일독 통독성경 | 109~111p

이즈음 한 사람이 준비되고 있었습니다. 히브리 남자아이라는 이유로 태어나면서부터 죽을 운명에 처했던 한 아이가 갈대 상자에 담겨 강물에 떠내려갔습니다. 차마 아이를 죽게 할 수 없었던 아이의 부모가 아이를 살리기 위해 마련한 고육책이었습니다. 바로의 공주에 의해 구해진 이 남자아이는 '물에서 건져내다'라는 뜻에서 '모세'라는 이름이 지어졌습니다.

모세는 40세가 될 때까지 애굽의 왕자로 살며 애굽 왕족들이 받는 최고의 교육을 받았습니다. 그러

애굽일보   1면

주목받던 히브리 출신 정치 신인 모세, 애굽인 살해 및 사체유기 혐의 입고 야반도주!

"그의 정치적 생명은 이제 끝난 듯, 믿을 만한 소식통에 의하면 미디안 광야로 몸을 피했다고……."

나 늘 자신이 히브리 사람이라는 생각을 잊지 않았던 모세는 어느 날 궁 밖으로 나갔다가 히브리 사람과 애굽 사람이 싸우는 것을 보고 그 애굽 사람을 죽여 시체를 감추었습니다. 하지만 이 일이 탄로 난 것을 알게 된 모세는 그 밤에 모든 것을 버리고 미디안으로 도망합니다. 생명이 위태로웠기 때문입니다. 그 다음 날 아침 〈애굽일보〉 1면 톱기사는 모세의 망명 뉴스로 가득 찼을 것입니다.

3. 모세를 설득하시는 하나님 출 3~4장
#큰글자 일년일독 통독성경 | 111~115p

애굽의 왕자 신분에서 하루아침에 광야에서 양을 치는 목자가 되어버린 모세. 그렇게 지낸 세월이 무려 40년이었습니다. 그러던 어느 날, 늘 다니는 호렙산에 이르러 양 떼를 돌보고 있던 모세에게 하나님께서 찾아오셨습니다. 호렙산 떨기나무 아래에서 모세는 '하나님의 거룩'을 경험합니다. 그곳에서 하나님께서는 출애굽의 계획을 말씀하시며 이 일을 모세에게 맡기겠다고 하십니다.

하지만 처음에 모세는 하나님의 말씀을 들으려 하지 않았습니다. 모세는 40년 전 자신이 경험한 애굽이 두려웠고, 아직 하나님에 대해서도 잘 알지 못했기 때문입니다. 하나님께서는 광야 생활 40년을 통해 결이 다 썩은 모세를 설득하십니다. 기적을 보이며 말씀하시고 노를 발하기까지 하시며 끝내 설득하십니다. 마침내 모세가 하나님의 뜻에 설득됩니다. 애굽의 힘보다 하나님의 능력이 더 크심을 알게 되었고 믿게 되었기 때문입니다.

4. 아홉 가지 재앙 – 모세와 바로의 협상 출 5~10장
#큰글자 일년일독 통독성경 | 115~128p

40년 만에 지팡이 하나 들고 애굽의 정치 무대에 재등장한 모세의 겉모습은 정말 초라하기 이를 데 없었습니다. 그러나 모세는 뜨거운 감자인 '동족 문제'를 정면으로 마주합니다. 아마도 당시 〈애굽일보〉에서는 모세의 이런 모습을 사회면에 작게 다루었을 것입니다.

애굽일보   사회면

"지난밤 40년 전 미디안으로 망명했던 모세 돌아옴"

그래도 과거 왕궁에 살던 예우로 바로가 모세를 만나줍니다. 모세는 바로에게 '임금 협상이나 노동 처우 개선' 정도가 아닌, 이스라엘 백성은 하나님을 섬기는 자들이므로 사흘 길쯤 가서 하나님께 제사를 드려야 하며, 그렇지 않으면 하나님께서 이스라엘 백성을 전염병이나 칼로 벌하실 것이라고 말합니다. 하지만 장정만도 60만 명이나 되는 노동력을 쉽게 하는 일을 바로가 허락할 리 없습니다.

애굽의 불순종과 하나님의 징계		
내용	바로의 반응	기타 사항
1. 피	말을 듣지 않음	애굽 요술사들도 행함
2. 개구리	말을 듣지 않음	애굽 요술사들도 행함
3. 이	말을 듣지 않음	애굽 요술사들은 행하지 못함
4. 파리	출애굽 허락, 다시 거절	고센 지역은 제외
5. 가축의 죽음	마음이 완강	이스라엘 가축은 제외
6. 악성 종기	마음이 완강	
7. 우박	"여호와는 의로우시고 나와 나의 백성은 악하도다"라고 고백	고센 지역은 제외
8. 메뚜기	장정만 출애굽 허락	
9. 흑암	가축을 제외한 출애굽 허락	고센 지역은 제외
10. 장자의 죽음	이스라엘 전체 출애굽	애굽 전 지역

이때부터 하나님의 능력(하나님의 기적)이 여러 재앙을 통해 나타납니다. 이 하나님의 기적이 바로의 애굽 문명을 대항하는 모세의 협상 카드였습니다. 하나님께서는 입(入)애굽 때에 요셉을 통해 사용하셨던 나일강을 출애굽 1차 협상 때에 다시 사용하십니다. 6개월간 모세는 〈애굽일보〉의 주인공처럼 매일 대서특필되었을 것입니다. 피, 개구리, 이, 파리, 우박 등등 매번 재앙이 있을 때마다 모세는 이스라엘 백성이 하나님께 제사를 드리러 나가야 한다고 말했습니다. 6개월 동안 바로는 세 번이나 사람을 보내 고센 땅에도 재앙이 일어났는지 확인하며 주저했습니다. 바로는 이스라엘 남자들만 가서 제사를 드려라, 아이들까지는 데려가고 짐승들은 두고 가라 등등 어떻게 해서든 이스라엘의 노동력을 놓지 않으려 했습니다. 바로는 계속 버티며 지난날의 야곱의 장례식과 같은 역사 기록이나 들춰내며 잔꾀를 부렸던 것입니다.

5. 첫 번째 유월절 – 이날을 기념하라 출 11장~12:36
#큰글자 일년일독 통독성경 | 129~132p

약 6개월 동안 모세는 하나님의 기적으로, 바로는 애굽 문명으로 '3일 길 제사'를 놓고 아홉 번의 협상을 시도했습니다. 그러나 바로의 거절로 협상은 결국 결렬되었습니다. 이제 마지막 재앙이 남았습니다. 마지막 재앙인 장자 죽음, 이것은 바로에게는 하나님의 말씀을 듣지 않은 것에 대한 책임을 묻는 것이었고, 이스라엘 백성에게는 최소한의 실천적 순종을 요구하시는 것이었습니다. 최소한의 순종이란, 모세가 전하는 하나님의 말씀을 믿고 어린 양을 잡아 그 피를 집 좌우 문설주와 인방에 바르는 일입니다.

유월절
- 유월절은 칠칠절, 초막절과 함께 유대인의 3대 절기 중 하나. 히브리어 '페사흐', 영어 'Passover'로, '넘어간다, 지나쳐간다'라는 뜻.
- 아빕월(태양력 3~4월) 10일에 흠 없고 1년 된 양이나 염소 중 수컷을 취하여 14일까지 간직하고, 14일째 되는 저녁 해질 때에 그 피를 문 인방과 좌우 설주에 바름. 고기는 구워서 무교병, 쓴 나물과 함께 먹는데, 이때 허리에 띠를 띠고 발에 신을 신고 손에 지팡이를 잡고 급히 먹음. 먹고 남은 것은 태움.
- 매년마다 1회 7일간 행하며 첫날과 마지막 날에는 예배를 드림.

'유월절', 이날은 이스라엘 백성이 수백 년 만에 가장 기뻐한 날이었습니다. 유월절 그날! '애굽 제국의 기반'은 무너지고 '제사장 나라의 기반'은 세워집니다. 그리고 애굽에서의 첫 번째 유월절로부터 1,500년이 지난 '마지막 유월절'에 '첫 번째 성찬식'이 시작됩니다. 그렇게 시작된 첫 번째 유월절은 오랜 종살이를 끝내는 새로운 출발의 날로, 오래도록 기억하고 기념해야 할 날입니다. 하나님께서도 이날을 중요하게 여기셔서 이스라엘 역사의 원년으로 삼으십니다.

6. 출애굽과 홍해 기적 출 12:37~15장
큰글자 일년일독 통독성경 | 132~140p

마침내 하나님의 신호가 떨어지고 이스라엘 민족은 신속하게 출애굽합니다. 그런데 얼마 되지 않아 곧바로 애굽 군대가 마병과 병거들을 동원해 이스라엘을 뒤쫓습니다. 이스라엘 백성은 두려워 떨며 모세를 원망합니다.

"여호와께서 너희를 위하여 싸우시리니 너희는 가만히 있을지니라"(출 14:14)라는 말과 함께 모세가 지팡이를 들어 바다 위로 손을 내미는 순간, 이스라엘 백성의 앞을 가로막고 있던 홍해가 갈라져 바다가 마른 땅이 됩니다. 이스라엘 백성은 속히 홍해를 건너갈 수 있었고, 이스라엘이 다 건너자 하나님께서는 바로와 그의 군대를 홍해 한가운데에서 멸하십니다. 입(入)애굽은 나일강 기적으로 시작되었고, 이처럼 출(出)애굽은 홍해 기적으로 끝났습니다. 홍해 기적으로 히브리인

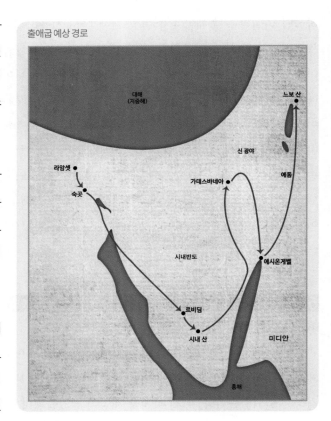

출애굽 예상 경로

들은 더 이상 애굽 제국의 문명을 두려워하지 않게 됩니다.

출애굽기 15장에는 모세와 이스라엘 백성이 하나님께서 행하신 이 모든 일을 지켜본 후 하나님께 감사와 영광을 돌리며 부른 노래가 기록되어 있습니다.

7. 백성의 불평, 모세의 지도력 출 16~18장

#큰글자 일년일독 통독성경 | 140~146p

출애굽한 이스라엘 백성은 한 달 만에 신 광야에 도착합니다. 이는 출애굽한 이스라엘 백성의 '광야 학교' 입학이었습니다. 그런데 여기서 식량이 다 떨어지자, 그들이 모세를 원망합니다. 하나님께서는 이미 만나를 준비하고 계셨는데 이스라엘 백성은 안타깝게도 '원망'이라는 단어를 벌써부터 사용하기 시작합니다.

신 광야를 떠난 이스라엘 백성이 르비딤에 이르러 마실 물이 없자 또 모세를 원망합니다. 이때 하나님께서 모세에게 "지팡이로 반석을 치라."라고 명하십니다. 보통 사람의 생각으로는 이 말씀을 따르기가 쉽지 않습니다. 그러나 모세는 바위를 치라는 명령에 순종하면 물이 나올 것을 믿고 바위를 칩니다. 하나님을 믿어주는 사람, 그가 모세입니다.

모세의 장인 이드로가 출애굽에 대한 놀라운 일들을 확인하고자, 그리고 모세에게 그의 아내와 두 아들을 데려다주기 위해 찾아옵니다. 모세는 이드로에게 출애굽의 모든 과정과 홍해를 육지처럼 건넌 일 그리고 아말렉과의 전쟁에서 이긴 일 등 모든 일을 말해주었습니다. 이러한 출애굽의 과정들은 사실, 모세에게는 피가 마를 정도로 힘든 일이었습니다. 그러니 모세가 이드로에게 한 번쯤은 으스댈 만한 절호의 기회였습니다.

그런데 모세는 이드로에게 자기의 무용담이 아닌 하나님께서 하신 모든 일을 말합니다. 결국 모세의 장인 이드로는 '들음으로' 하나님을 알게 되고, 하나님을 믿게 됩니다. 그러자 이드로가 모세에게 좋은 제안 하나를 말해 줍니다. 이스라엘 백성 가운데 지도자들을 세워 각각의 역할 분담을 주라는 것입니다. 모세는 장인 이드로의 조언을 따라 십부장, 오십부장과 백부장, 천부장 등을 세워 일을 맡겼습니다. 과연 모세는 '불세출의 지도자'라고 불리기에 마땅한 사람이었습니다.

성경에 나오는 하나님의 별칭

- **여호와**
  - 나는 스스로 있는 자 (출 3:14)
- **여호와 이레**
  - 준비하시는 하나님 (창 22:13~14)
- **여호와 라파**
  - 치료하시는 하나님 (출 15:26)
- **여호와 닛시**
  - 여호와는 나의 깃발 (출 17:15)
- **여호와 살롬**
  - 여호와는 나의 평강 (삿 6:24)
- **여호와 삼마**
  - 여호와는 거기 계신다 (겔 48:35)
- **여호와 체바오트**
  - 만군의 여호와 (시 24:10)
- **여호와 치두케누**
  - 여호와는 우리의 공의 (렘 23:6)

이 과의 내용을 통通 이야기(Tong story)로 적어보고 이야기해 보세요.

이 과의 내용을 자녀에게 가르칠 수 있도록 통성기도(Tongsung Gido)합시다.

• 너희의 자녀에게 가르치며 집에 앉아 있을 때에든지, 길을 갈 때에든지, 누워 있을 때에든지, 일어날 때에든지 이 말씀을 강론하고 … 너희의 날과 너희의 자녀의 날이 많아서 하늘이 땅을 덮는 날과 같으리라 (신명기 11:19~21)
• 너는 네가 누구에게서 배운 것을 알며 또 어려서부터 성경을 알았나니 (디모데후서 3:14~15)

제사장 나라와 제국

: 성경과 5대 제국

A KINGDOM OF PRIESTS AND EMPIRES

하나님의 기적 (God's Miracle)　　　　**인간 문명 (Human's Civilization)**

제사장 나라
A Kingdom of Priests
- 하나님의 용서
- 이웃과 나눔
- 민족과 평화

출애굽기
레위기
민수기
신명기

제국
Empires
- 공성전
- 노예제도 (민족우월주의)
- 물질주의

선지자들과 5대 제국

이사야	520년	앗수르 제국 (티글랏 빌레셀 3세)
예레미야	70년	바벨론 제국 (느부갓네살)
다니엘	200년	페르시아 제국 (키루스 2세)
모세오경 세계화	300년	헬라 제국 (알렉산더)
세례 요한	1000년	로마 제국 (율리우스 카이사르)

하나님 나라 복음
The Good News of the Kingdom of God
- 예수 신분 ➡ 하나님의 아들
- 예수 공로 ➡ 십자가 대속
- 예수 가르침 ➡ 하나님은 사랑

마태복음
마가복음
누가복음
요한복음

05과 세계 선교의 꿈 – 제사장 나라
출애굽기 19~40장

 큰글자 일년일독 통독성경

25일 : 십계명, 제국이 아닌 제사장 나라   26일 : 거룩, 시장에 살아 있다!   27일 : 성막의 설계도   28일 : 하늘 보석으로!
29일 : 기도의 향을 사르다   30일 : 용서, 절망 속의 희망   31일 : 낡아진 설계도   32일 : 손으로 지은 성막

통通으로 외우세요

① 출애굽기 19~40장, 레위기 1~27장, 민수기 1장~10장 10절은 모세와 출애굽세대들
  이 시내산에서 약 1년간 머무른 시간의 기록입니다.
② 출애굽세대들은 시내산 자락에 머무르면서 모세를 통해 하나님의 율법을 받고, 성막
  을 지으며 제사장 나라를 배웠습니다.

통通으로 읽는 센스

이스라엘 백성은 출애굽한 후 제3월에 시내산에 도착했고, 이곳에서 약 1년간 머물게 됩
니다. 이때의 사건들이 출애굽기 19장부터 남은 <출애굽기> 전체, <레위기> 전체, 민수기
10장 10절까지에 기록되어 있습니다.

하나님께서 이스라엘 민족을 출애굽시키신 것은, 애굽인들의 핍박과 압제에서 고통당
하는 그들을 건지시고자 하는 목적도 물론 있으셨지만, 더 중요한 목적은 하나님께서 그
들을 '제사장 나라 거룩한 백성'으로 부르시기 위함이었습니다. 이스라엘 백성은 이러
한 하나님의 제안을 받아들이고 언약을 맺습니다. 이 언약을 가리켜 '시내산 언약'이라
고 부릅니다. 하나님과 이스라엘이 감격적으로 언약을 맺은 이후, 시내산에서 머무는
1년여의 기간 동안, 하나님께서는 이스라엘 백성에게 십계명을 포함한 율법들을 가르
쳐주십니다. 그리고 이스라엘 백성과 언제든지 만나시기 위해 성막을 짓게 하십니다.
또한 애굽의 노예 문서에 기록되었던 이스라엘 백성의 이름을 제사장 옷에 박힌 보석에
새기게 하십니다.

◆ 통通포인트

◀ **세계 선교의 꿈**
시내산에서 제사장 나라를 위한 언약이 체결된 후 1년여 기간 동안 하나님의 '세계 선교의 꿈'의 기초가 놓입니다. '제사장 나라 거룩한 백성'은 세계 선교의 초석입니다. 열방을 향한 하나님의 이 꿈은 성경 전체를 통독해가는 가운데 우리가 늘 마음에 품어야 하는 생각입니다.

1. 시내산 언약 출 19장

\# 큰글자 일년일독 통독성경 | 146~148p

이스라엘 백성은 출애굽한 후 제3월에 시내산에 도착합니다. 이제 하나님께서는 이스라엘 백성과 함께 아주 중요한 일을 하려고 준비하십니다.

먼저 하나님께서 이스라엘 백성에게 말씀하십니다. 하나님의 '제사장 나라 거룩한 백성'이 되면 어떠하겠느냐는 것입니다. 이것은 500년 전 그들의 조상인 아브라함 '한 사람'과 맺었던 언약을 이제 아브라함의 후손들인 '이스라엘 백성'과 공식적으로 맺는 것입니다. 하나님의 거룩한 백성이 되어서 모든 민족을 위한 제사장 나라로 하나님의 일에 앞장서 달라고 말입니다. 이것은 이스라엘 백성에게 주신 특권이며 동시에 사명이 되는 것입니다.

참 감사하게도 이스라엘 백성이 "우리가 다 행하리이다"(출 19:8)라고 기쁘게 대답합니다. 이렇게 하여 하나님과 이스라엘 백성 사이에 약속이 맺어집니다. 이 약속을 기반으로 이스라엘이 하나님의 백성으로서 어떤 삶을 살아야 할지 말씀하시는 내용이 출애굽기 19장부터 레위기, 민수기 1~10장에 걸쳐 나옵니다.

열방을 향한 꿈
- 모든 민족(창 12:1~3)
- 세계가 다 내게 속했다(출 19:5)
- 예루살렘과 온 유대와 사마리아와 땅 끝까지(행 1:8)

6개월(열 가지 재앙)　　　　**(시내산에 도착)**

애굽 ──→ 출애굽(라암셋에서 출발) ──→ 시내산

시내산에서 1년간 머무름
(출애굽기 19~40장, 레위기, 민수기 1장~10:10)

2. 십계명 – 그리스도인의 대헌장 출 20장

\# 큰글자 일년일독 통독성경 | 148~149p

하나님께서 이스라엘 백성에게 율법을 말씀하기 시작하십니다. 그 대표적인 것이 바로 십계명입니다. 하나님께서 십계명을 통하여 이스라엘에게 요구하시는 핵심은 '하나님 사랑과 이웃 사랑'입니다. 이는 거룩한 백성이라면 마땅히 지켜야 할 기본 원칙들이며, 더 나아가 인간의 인간 됨을 위한 가장 본질적인 것이라고 할 수 있습니다.

그런데 시내산에서 직접 말씀하시는 하나님의 목소리를 듣고, 백성은 하나님 만나기를 두려워합니다. 백성을 직접 만나고 싶어 하시는 하나님의 사랑을 이스라엘 백성이 깨닫지 못했던 것입니다. 두려워하는 백성의 부탁을 받아, 앞으로는 모세 혼자 하나님의 말씀을 직접 듣고 백성에게 전달해주기로 했습니다. 이때부터 모세는 시내산을 오르락내리락하면서 하나님과 이스라엘 백성 사이에서 중간 역할을 감당하게 됩니다.

율법의 두 줄기
1. 하나님에 대한 태도에 관한 법률
2. 이웃에 대한 태도에 관한 법률

3. 성막의 설계도와 제사장 제도를 말씀하심 출 21~31장
#큰글자 일년일독 통독성경 | 150~173p

이스라엘 백성에게 기다릴 것을 당부하고 시내산에 오른 모세는 하나님과 만납니다. 하나님께서 시내산 위에서 모세에게 전해주신 말씀은 크게 '성막 짓기'와 '제사장의 위임과 사명'으로 요약할 수 있습니다. 하나님께서는 이스라엘 백성과 만날 장소인 성막의 설계도를 설명해주시고, 그밖에도 성막 기구와 관련된 내용, 번제단과 성막 뜰의 식양 등에 대해 자세히 일러주십니다. 하나님께서는 성막을 통하여 이스라엘 백성과 계속적인 만남을 가지려는 계획을 세우신 것입니다. 하나님께서는 안식일, 안식년, 희년의 절기를 지킬 것과 함께 매년 세 차례(유월절, 칠칠절, 초막절)의 명절을 지키라고 명하십니다.

또한 하나님께서는 성막에서 제사를 주도할 사람들로 아론과 그의 아들들을 지명하십니다. 이후 대대로 이스라엘의 제사를 주도할 사람은 제사장 아론과 그 후손들이 됩니다.

제사장이 해야 할 일은 생각보다 많습니다. 양과 소를 잡아 제사를 드리는 일에서부터 정성스럽게 향을 피우는 일까지 다양합니다. 하나님께서는 아론과 그의 아들들에게 이러한 사명을 주시고자 그들을 구별하신 것입니다.

화려한 작업복
하나님께서 아론에게 거룩한 옷을 주시고, 제사장으로서의 직무를 감당하도록 하신다. 아론의 옷은 화려하지만 사실 많은 일을 해야 하는 작업복이나 마찬가지다.

4. 금송아지 사건 출 32~34장
#큰글자 일년일독 통독성경 | 173~180p

● 모세의 40일 vs. 이스라엘 백성의 40일

모세가 하나님의 부르심을 받고 시내산에 올라간 지 40일도 채 되지 않았을 때, 이스라엘 백성이 그만 큰 죄를 짓고 맙니다. 지금 하나님께서는 모세에게 이스라엘 백성에게 주실 하나님의 임재의 상징, '성막'의 설계도를 일러주고 계십니다. 그런데 백성은 이런 하나님의 깊고 소중한 준비를 기다리지 못하고 금송아지 우상을 만들고 만 것입니다.

시내산에서의 모세 _ 장 레옹 제롬 作

산 아래에서 벌어지는 어이없는 광경을 보신 하나님께서는 크게 진노하시며 이스라엘 백성을 진멸하겠다고 하십니다. 그러자 모세는 엎드려 하나님의 긍휼을 구하며 기도합니다. 모세는 하나님께 맹렬한 노를 그치시고 뜻을 돌이켜주실 것을 간절히 기도합니다. 한 걸음 더 나아가 하나님의 체면

금송아지 우상 _ 제임스 티소 作

을 걱정합니다. 애굽 사람들은 이스라엘을 미워하고 이스라엘 백성이 잘못되기만을 바라고 있을 텐데, 이 일로 인해 애굽 사람들이 "여호와가 자기의 백성을 산에서 죽이고 지면에서 진멸하려는 악한 의도로 인도해 내었다"(출 32:12)라며 하나님을 조롱할까 걱정된다는 것입니다.

● 민족과 하나님의 체면을 함께 생각하는 모세의 기도

모세의 간절한 기도를 들으신 하나님께서는 일단 이스라엘을 진멸하겠다는 뜻을 돌이키십니다. 그러고는 모세가 황급히 산 아래로 내려와 보니 도저히 눈뜨고는 볼 수 없는 광경이 펼쳐져 있었습니다. 화가 난 모세는 두 돌판을 던져 깨뜨리고, 금송아지를 불살라 부수어 가루로 만들게 합니다. 그리고 그것을 물에 타서 온 백성에게 '금가루 차'를 마시게 합니다. 또한 그 죄에 대한 벌로 3천 명가량이 죽임을 당합니다.

이튿날 다시 하나님께 나아간 모세는 백성의 죄를 대신 회개합니다. 자신의 이름을 주의 책에서 지워도 좋으니 백성의 죄를 용서해주시라고 간구합니다. 하나님께서 이스라엘 백성을 얼마나 사랑하며 아끼고 계시는지 잘

알고 있는 모세는 그런 하나님의 마음을 붙잡고 용서를 구했던 것입니다. 이에 하나님께서 '여호와'의 이름을 선포하시며 두 번째 돌판을 주십니다. '여호와'의 이름은 '자비롭고, 은혜롭고, 노하기를 더디 하고, 인자와 진실이 많은 하나님'이십니다. 이번에는 이스라엘 백성이 40일 동안 다시 시내산에 오른 모세를 잘 기다려줍니다. 이 일을 통해 하나님과 이스라엘 백성은 다시 가까워질 수 있게 됩니다.

◉ 통通포인트

▶ **설계와 시공 – 성막**
시내산에서의 1년여 기간 동안 두 가지 중요한 것이 세워집니다. 바로 '성막'과 '제사' 입니다. '설계'는 전문가이신 하나님의 작품이요, '시공'은 이스라엘 백성의 순종과 참여, 헌신이었음을 기억합시다. 또한 설계에는 목적이 있습니다. 성막과 제사의 설계는 우리와 '함께'하고자 하시는 하나님의 마음이 담겨 있으며, 앞으로 1,500년을 이어가는 설계입니다.

5. 성막 제작 – 아름다운 동역 출 35장~39:31
#큰글자 일년일독 통독성경 | 180~190p

40일 만에 시내산에서 내려온 모세의 지휘하에 이스라엘의 성막 제작 작업이 시작됩니다. 금송아지를 만들었던 잘못을 뉘우친 이스라엘 백성은 이제 하나님께서 기뻐하시는 일에 자신들의 귀중품을 아낌없이 내어놓습니다. 설계도는 하나님께서 주셨지만 사람들의 순종과 참여, 그리고 실천에 의해 성막이 완성됩니다. 이 일은 하나님과 이스라엘의 아름다운 동역이었습니다.

설계와 시공
• 설계 : 하나님의 섭리, 경영
• 시공 : 인간의 노력, 땀, 헌신, 충성, 봉사

설계	시공	창조 작품
하나님	하나님	→ 에덴동산
	인간	→ 방주
	인간	→ 성막과 언약궤
	인간	→ 성전
	하나님	→ 새 하늘과 새 땅

모세는 하나님께서 말씀하신 대로 성막 짓는 일의 구체적인 책임자이자 실행자로 브살렐과 오홀리압을 세웁니다. 출애굽의 지도자가 모세와 아론이었다면, 성막 건축의 지도자는 브살렐과 오홀리압이었습니다.

그들은 모든 정성을 다하여 성막을 완성합니다. 또한 대제사장인 아론과 그의 아들들

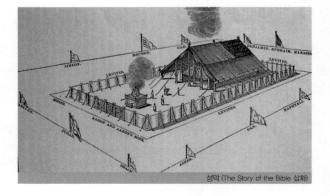
성막 (The Story of the Bible 삽화)

을 위한 옷도 만듭니다. 대제사장 아론의 거룩하고 화려한 옷은 앞으로 땀내 나는 작업복이 될 것입니다. 하나님 앞에 거룩하게 쓰임 받을 제사장들이 입을 이 옷에는 열두 보석이 달린 흉패를 붙이게 하시는데, 그 보석들에 이스라엘 열두 지파의 이름을 새기게 하셨습니다. 하나님께서 이스라엘 백성을 제사장 나라 거룩한 백성으로 삼으시고 그 이름을 보석에 새기도록 하신 것입니다. 그 사랑의 하나님께서 지금 우리의 이름 또한 하늘 보석처럼 귀히 여겨주신다는 사실이 얼마나 감사한지 모르겠습니다.

6. 철저한 확인 점검과 성막 봉헌 출 39:32~40장
큰글자 일년일독 통독성경 | 190-192p

성막과 제사장의 옷 만들기가 모두 끝난 후, 모세는 하나님께서 지시하신 대로 모든 기구가 잘 만들어졌는지 확인 점검하는 시간을 갖습니다. 모세가 마지막 점검을 마치고 "모두 잘 됐다!"라는 한마디를 함과 동시에 온 백성은 서로 얼싸안고 기쁨의 함성을 질렀을 것입니다. 이렇게 해서 약 6개월간의 대장정이 완성되었습니다. 성막을 세운 후부터 구름이 덮이고 여호와의 영광이 '성막'에 충만해집니다. 이제 하나님을 만날 장소인 성막이 완성되었고, 하나님과 사람 사이를 중재할 제사장이 준비되었습니다. 이스라엘 백성이 하나님과 만날 수 있는 공식적인 통로가 열리는 것입니다. 앞으로 제사장의 도움을 받아 하나님께 제사를 드리면 '용서의 길'이 열리는 것입니다.

이쯤에서 시내산에서 1년 동안 있었던 일들을 간단히 정리해봅시다.

성막 제작의 역할
• 하나님 - 성막의 식양을 주심.
• 모세 - 하나님께 받은 식양을 전달하고 성막 제작을 총감독함.
• 이다말 - 재료의 물목을 계산함.
• 브살렐 - 기명들을 만듦.
• 오홀리압 - 수 놓고 조각함.
• 이스라엘 백성 - 각자 자신의 가진 것을 즐거운 마음으로 드림.

● 제1년 3월 ───────── 시내산 도착(출 19:1)
• 모세 등산: 십계명과 함께 종, 살인, 배상, 도덕, 정의와 복지, 절기 등에 관한 율법을 주심(출 20~24:2)
• 모세 하산: 백성과 언약을 맺으심. 언약서 낭독(출 24:3~9)
• 모세 등산: 성막 설계도와 제사장에 관한 규례를 주심(40일간) (출 24:12~31장)
• 모세 하산: 금송아지를 만든 백성 앞에서 모세가 돌판을 깨뜨림 (출 32:1~29)

- 모세 등산: 두 번째 돌판을 받기 위해 시내산에 오름(40일간). 다시 언약을 세워주심(출 34:1~28)
- 모세 하산: 내려올 때 모세의 얼굴에서 광채가 남(출 34:29~35)
- 성막 제작 : 백성으로부터 자원하는 예물을 모으고, 브살렐과 오홀리압 등의 일꾼을 세워 성막과 제사장의 의복 제작 시작. 약 6개월에 걸쳐 완성(출 35~39장)

● 제2년 1월 1일 ———————— 성막 봉헌(출 40:17)
- 성막이 세워진 후 시내산을 떠나기 전까지 1개월 20일 동안 〈레위기〉 말씀을 주심
● 제2년 1월 14일 ———————— 두 번째 유월절(민 9:1~3)
● 제2년 2월 1일 ———————— 1차 인구조사(민 1:1)
● 제2년 2월 20일 ———————— 시내산을 출발하여 바란 광야를 향해 나아감(민 10:11~12)

🔗 이 과의 내용을 통通 이야기(Tong story)로 적어보고 이야기해 보세요.

....

....

....

....

....

👤 이 과의 내용을 자녀에게 가르칠 수 있도록 통성기도(Tongsung Gido)합시다.

- 너희의 자녀에게 가르치며 집에 앉아 있을 때에든지, 길을 갈 때에든지, 누워 있을 때에든지, 일어날 때에든지 이 말씀을 강론하고 … 너희의 날과 너희의 자녀의 날이 많아서 하늘이 땅을 덮는 날과 같으리라 (신명기 11:19~21)
- 너는 네가 누구에게서 배운 것을 알며 또 어려서부터 성경을 알았나니 (디모데후서 3:14~15)

06과 거룩한 시민학교 교과서

레위기

통通으로 외우세요

① 시내산에서 약 1년간 머무르는 동안의 기록이 <출애굽기>에 이어 <레위기>에 계속됩니다.

② <레위기>는 하나님의 러브레터입니다.

③ 레위기 26장은 구약성경 전체를 관통하는 제사장 나라 미래 경영의 '핵심 노트'입니다.

통通으로 읽는 센스

최초의 인간인 아담과 하와의 두 아들 가인과 아벨이 단을 쌓고 하나님께 제사드렸습니다. 그 후 노아가 홍수 후 방주에서 나와 하나님께 단을 쌓고 제사드렸습니다. 믿음의 사람 아브라함은 삶의 장소를 옮길 때마다 그곳에 단을 쌓고 하나님께 제사드렸고, 이삭과 야곱도 하나님께 제사드렸습니다.

<레위기>는 하나님께 나아가 어떻게 제사드려야 하는지, 그 방법이 집중적으로 기록되어 있는 책입니다. 하지만 <레위기>는 제사장들만 읽어야 하는 제사법 참고서가 아닙니다. 하나님께서는 <레위기>에 나오는 여러 제사를 통해 인간들이 범죄했을 때 하나님께 '용서받는 길'을 알려주신 것입니다. 그리고 사람들이 이 세상에서 하나님을 잘 섬기며 건강하게 살아갈 수 있도록 여러 가지 방법을 자세하게 말씀해주신 시민학교 교과서입니다.

✵

🔽 통通포인트

설계와 시공 - 제사

앞서 출애굽기 35~40장에서는 '성막'의 설계와 시공을 살펴보았습니다. 이제 <레위기>를 통해 하나님께서는 다섯 가지의 제사법을 주십니다. 다섯 가지 제사는 하나님과 이스라엘 백성의 더 깊은 만남을 위한 제안입니다. 핵심은 '용서하고 싶어 하시는 하나님'입니다. 제사는 인간들을 괴롭게 하기 위한 것이 아니라, 공의의 하나님께서 죄지은 인간을 용서해주시고 다시 만나주시겠다는 적극적 표현임을 기억합시다.

1. 다섯 가지 제사를 세 가지 방법으로 레 1~7장

#큰글자 일년일독 통독성경 | 193~204p

성막 건축이 완성되자, 이제 본격적으로 하나님께서는 성막에서 행해야할 다섯 가지 제사법에 대해 말씀해주십니다. 다섯 가지 제사법은 쉽게 말해 하나님과 인간들과의 만남의 절차입니다. 제사장 나라의 제사에는 인생들을 향하신 하나님의 마음이 깊숙이 담겨 있습니다. 죄지은 인간은 '제사'를 통해 하나님께 용서를 받을 수 있습니다. 그러므로 제사는 은혜의 통로인 것입니다. 더 놀라운 사실은 하나님의 용서는 '누구든지' 차별이 없다는 것입니다. 그리고 '무슨 허물이든지' 사함을 얻는다는 것입니다. 그러므로 이 제사법 안에 담긴 의미들을 살펴보는 것은 21세기를 사는 오늘의 그리스도인들에게도 꼭 필요한 일입니다.

먼저 번제는 자신의 생명을 드리는 마음으로 하나님께 소, 양, 염소, 비둘기를 가져다가 그 머리에 안수하고 불사르는 제사로, 이는 하나님 앞에 향기로운 냄새를 드리는 것입니다.

곡식을 드리는 소제에는 재산을 바친다는 의미가 있습니다. 성실하게 노력한 결과로 얻은 곡식을 감사하는 마음으로 하나님께 드리는 것입니다.

그런가 하면, 감사한 일이 있을 때나 서원이나 자원할 때 드리는 화목제는 특별히 이웃과의 나눔을 원하시는 제사입니다. 내장은 불살라 하나님께 드리고, 남은 고기는 이웃과 함께 나누어 먹게 하셨습니다.

속죄제는 이스라엘 백성이 죄를 범하여 하나님과의 관계에서 문제가 생겼을 때, 이를 바로잡기 위한 제사입니다. 이는 〈레위기〉를 통하여 전하시는 하나님의 복된 소식, 즉 복음입니다. 우리를 용서하시려는 하나님의 마음을 느낄 수 있습니다.

속건제는 자신도 잘 인식하지 못한 사이에 하나님

다섯 가지 제사
- **번제(燔祭)** (The Burnt Offering)
- 불로 태워서 드림.
- 생명 있는 것으로 자신의 생명을 대속하는 의미(생명 헌신).
- **소제(素祭)** (The Grain Offering)
- 곡식가루에 기름과 향을 넣어 굽거나 부치거나 삶아서 드림.
- 재산을 하나님께 바치는 헌신의 의미(재산 헌신).
- **화목제(和睦祭)** (The Fellowship Offering)
- 기름, 간, 콩팥 등만 불사르고 나머지는 제사장과 제물을 바치는 자가 먹음.
- 감사한 일이 있을 때, 이웃과 나눠먹게 하심.
- **속죄제(贖罪祭)** (The Sin Offering)
- 제물에 안수하고 제사장이 제물의 피를 제단에 뿌림.
- **속건제(贖愆祭)** (The Guilt Offering)
- 하나님의 것이나 이웃의 것에 해를 가하였을 때, 1/5를 더해 바치거나(하나님), 보상하고(이웃) 바침.

제사 _ 루벤스 作

의 말씀을 어기거나 이웃에게 잘못을 하는 등 실수로 저지른 잘못에 대해 하나님께 용서를 구하는 제사입니다. 죄를 회개하면 용서해주시지만, 반드시 보상을 해서 잘못에 대한 책임을 지는 사람들로 교육시켜주신 것입니다. 신약성경을 보면 여리고성의 세리장 삭개오가 속건제를 알고 있었음을 보게 됩니다.

〈레위기〉에 기록된 다섯 가지 제사는 세 가지 방법으로 드려야 합니다. 첫째, '예물'을 가지고 나아가 제사를 드려야 합니다. 둘째, '하나님의 이름을 두려고 택하신 곳'에서 제사를 드려야 합니다. 셋째, '제사장의 도움을 받아' 제사를 드려야 합니다. 제사장 나라의 다섯 가지 제사는 이렇게 세 가지 방법으로 1,500년을 이어갔습니다. 그러다가 예수님께서 하늘 지성소인 십자가 위에서 하나님의 어린 양으로, 왕 같은 대제사장으로 제사장 나라의 제사를 '단번의 제사'로 완성하신 것입니다.

우리는 〈레위기〉에 나오는 다섯 가지 제사법을 통해서 인간과 거룩한 관계를 맺고 싶어 하시는 하나님, 나눔과 섬김을 향기로 받으시는 하나님, 인간의 건강을 생각하시는 하나님의 마음을 읽을 수 있습니다.

2. 제사장 위임식과 첫 제사 레 8~9장
#큰글자 일년일독 통독성경 | 205~209p

제사를 책임질 제사장으로 아론과 그의 아들들이 새로운 지도자로 세워집니다. 군대에 '5분 대기조'가 있듯이, 제사장은 '항상 대기조'입니다. 제사장은 성막에서 항상 대기할 정도로 많은 막중한 임무를 수행해야 합니다. 이제 온 이스라엘이 그들을 따르기로 약속합니다. 하나님과 백성들 사이의 중재자인 제사장으로 세움 받은 아론이 첫 제사를 드립니다. 모세를 비롯한 모든 이스라엘 백성이 손에 땀을 쥐며 아론을 지켜보았을 것입니다. 아론이 첫 제사를 집례하고 나오자 불이 여호와 앞에서 나와 제단 위의 번제물과 기름을 모두 사르고, 백성들은 소리 지르며 엎드립니다. 하나님께서 아론이 집례하는 첫 제사를 기쁘게 받아주신 것입니다. 참으로 감격적인 순간이었습니다.

레위기 9장을 기반으로 제사장 나라의 '첫 번째 대제사장' 아론 이후 1,500년이 지나 예수님께서 십자가 위에서 '마지막 대제사장'으로 우리 모두

리더십 (leadership)
민족을 이끌어갈 지도자가 세워진다는 것은 중요한 문제가 아닐 수 없다. 특히 애굽에서 종살이하던 이스라엘에게는 더욱 그랬다. 그동안 이스라엘은 애굽의 통치하에 있었지, 그들 자체의 어떠한 리더십도 허락되지 않았기 때문이다. 하나님께서는 그들의 지도자로 모세를 부르셨고, 그들을 애굽에서 해방시켜주신 후, 이스라엘의 새로운 지도 세력으로 제사장을 세워주신다.

의 죄를 대신하는 산제사를 집례하셨습니다.

3. 나답과 아비후 사건　레 10장
큰글자 일년일독 통독성경 | 209~210p

　　제사장 위임식과 첫 제사 후, 아론 집안은 물론 이스라엘 전체가 모두 깜짝 놀랄 만한 사건이 일어납니다. 아론의 큰아들과 둘째 아들인 나답과 아비후에게 하나님의 불이 내려와서 그들을 태워버린 일입니다. 정확하게 이유가 나타나 있지는 않지만, 곧이어 나오는 말씀을 통해 추측해보건대, 나답과 아비후가 포도주를 지나치게 마신 나머지 지정된 불이 아닌 다른 불을 들고 성소에 나아간

나답과 아비후의 죽음 _ 제임스 티소 作

것으로 보입니다. 술에 취해서 분별력을 잃고 자신의 책임을 소홀히 하다가 그 벌을 받은 것입니다. 이 사건은 제사장들에게 주어진 사명이 얼마나 큰 책임을 동반하는가를 확실히 알려준 사건이었습니다. 이 사건 후 나답과 아비후 대신 아론의 셋째와 넷째 아들인 엘르아살과 이다말이 '제사장 나라의 모범적인 공직자'가 됩니다.

통通포인트

▶ 시민학교
시내산에서의 1년은 노예 생활에서 이제 막 해방된 이스라엘 백성을 더 이상 노예가 아닌, 책임 있는 시민으로 만들기 위한 교육의 기간이었습니다. 그들에게는 '시민학교'인 것입니다. 학교의 중요한 특징 중 하나는 '교육 내용'이 있다는 것입니다. 성막이 세워진 후 시내산을 떠나기 전까지 1개월 20일 동안 주어진 <레위기>는 거룩한 시민이 되기 위해 지켜야 할 '시민학교'의 최고의 교과서입니다.

4. 거룩하고 정결한 삶을 위한 규례들　레 11~15장
큰글자 일년일독 통독성경 | 210~224p

● 레위기 11장 : 먹어도 되는 음식, 먹지 말아야 할 음식

레위기 11장에는 먹어도 되는 음식, 먹지 말아야 할 음식의 목록이 꼼꼼

하게 적혀 있습니다. 뭐 이런 것까지 세세하게 간섭하시는가 싶겠지만, 지금처럼 음식을 신선하게 냉장 보관할 수 없었던 당시 환경에서는 그들의 건강을 위해 꼭 알아야 할 사항들이었습니다. 인간의 몸을 창조하신 하나님께서 가장 확실한 영양사가 되어주신 것입니다. 놀라운 사실은 레위기 11장이 없었다면, 이후 다니엘 1장은 시작도 할 수 없었다는 것입니다. 다니엘이 바벨론에서 제사장 나라 음식법(레위기 11장)을 지키고 살면서 결국에는 '하나님 나라의 뜨인 돌'(예수 그리스도)까지 보는 영성의 사람이 됩니다(단 2:45).

● 레위기 12장 : 산후조리

하나님께서는 천하보다 귀한 한 생명을 탄생시킨 여인의 산후조리 기간에 관해서도 말씀하십니다(레 12장). 아이를 낳은 여인들이 힘든 일을 하지 않고 편히 쉬면서, 하나님과 생명 탄생의 신비를 묵상할 수 있는 시간을 가질 수 있도록 법으로 정해주셨습니다. 이처럼 산모에게 출산 휴가를 꼭 주는 것이 하나님의 거룩입니다.

● 레위기 13~14장 : 나병 환자에 관한 규례

하나님께서는 나병(악성 피부병)의 경우, 그 증상에 대해 116절이나 되는 긴 내용으로 꼼꼼하게 말씀하시면서, 제사장에게 그 분별의 권한과 의무를 부여하시고 분별 방법을 세밀하게 규정하십니다(레 13~14장). 특히 병이 나았을 때 다시 이스라엘 공동체로 돌아올 수 있도록 그 절차를 규정하신 레위기 14장은 나병 환자들에게는 두말할 나위 없이 귀중한 '복음'이었습니다. 그러므로 제사장들에게 레위기 13장과 14장은 밑줄 치며 반드시 외워야 하는 필수 암기 사항이었습니다. 이후 예수님께서도 제사장 나라 나병 환자 법을 지키신 것을 사복음서 곳곳에서 볼 수 있습니다.

> **나병 환자 진찰**
> 제사장의 여러 가지 역할 중 중요한 역할이 다른 사람이 대하기 꺼려 하는 나병 환자를 만나 진찰하는 일이었다. 진찰하는 데 있어서 한 치의 실수도 있어서는 안 된다. 그 환자의 일생이 달려 있는 순간이기 때문이다.

● 레위기 15장 : 생명을 위한 선물

하나님께서 약속하신 생육과 번성의 복, 그리고 가정의 평화와 안정은 건전한 성생활을 통해서 이루어질 수 있습니다. 하나님께서는 복으로 주신 성(性)이 무분별하게 사용되는 것을 미리 방지하시고자 여러 가지 규례를 말씀해주십니다(레 15장). 이렇듯 〈레위기〉의 모든 규례를 포함해 '모든 성경'은 언제나 굿 뉴스(good news)입니다.

> **약자의 편에 서서**
> 이스라엘 공동체에서 최고위층이라 할 수 있는 제사장이 살이 썩어감으로 인해 고통스러워하는 한 사람의 상처 부위를 주의 깊게 살펴야 하는 장면에 주목하자. 하나님의 마음은 소외된 자, 가난한 자, 약한 자에게 향해 있다. 〈레위기〉에서뿐 아니라 성경 전체를 볼 때 하나님께서는 약자에게 관심이 많으시다는 결론에 도달하게 된다.

5. 속죄일 – 제사장의 자기반성 레 16장
큰글자 일년일독 통독성경 | 224~226p

아론의 두 아들 나답과 아비후는 하나님께서 명하시지 않은 다른 불을 드린 죄로 죽임을 당했고, 이제 아론의 네 아들 중 두 명이 남아 있습니다. 제사장이 하나님께 제사를 드리다가 나답과 아비후처럼 죽는 일이 또 생겨서는 안 되었습니다. 그래서 하나님께서는 제사장이 성소에 들어오기 전에 자신을 위한 속죄제를 먼저 드리도록 하셨습니다. 이는 제사장이 먼저 자기반성을 하라는 뜻입니다. 그리고 하나님께서는 제사장이 1년에 한 번 지성소에 들어가는 날을 매년 7월 10일로 정하시고, 온 백성의 죄를 위해 중보하는 '속죄일'로 지키게 하십니다. 속죄일은 이스라엘 백성이 스스로를 돌아보는 날로, 이날은 백성 전체가 회개하여 깨끗하게 되는 기쁨과 감사의 날입니다. 그러므로 축제 중에 축제는 '대속죄일'입니다.

6. 거룩은 사랑입니다 레 17~22장
큰글자 일년일독 통독성경 | 226~238p

레위기 20장은 '반드시 죽여야 할 죄'의 목록을 보여줍니다. 하나님께서는 과일 상자 속의 썩은 과일을 골라내듯, 이스라엘 공동체가 절대 해서는 안 될 죄악들은 반드시 드러내어 처벌하라고 말씀하십니다. 그렇지 않으면, 썩은 과일 하나 때문에 상자 안의 모든 과일이 썩게 되는 것처럼 이스라엘 공동체 안에 악이 만연해지기 때문입니다. 소극적 방어로는 앞으로 들어가 살아야 할 가나안 땅의 악한 풍속을 이길 수 없습니다.

거룩은 무엇입니까? 한 예로, 하나님께서는 추수할 때 밭모퉁이를 남겨두고, 포도원의 열매를 다 따지 말라고 하십니다(레 19:9~10). 가난한 사람과 타국인을 위해서 말입니다. 참으로 놀라운 사실은 하나님께서 이 율법을 주신 곳이 '광야'라는 사실입니다. 하나님께서는 약속의 땅 가나안에 들어가 지켜야 할 품위 있는 '밭모퉁이 법'을 풀 한 포기 나지 않는 광야 생활 가운데 주셨다는 것입니다. 그리고 이후 보아스가 제사장 나라 밭모퉁이 법을 지킴으로 예수님의 족보에 오르게 됨을 보게 됩니다.

한마디로 거룩은 사랑이고, 그 사랑에는 행함이 따라야 합니다. '거룩'이란 말로만 외치는 것이 아니라, '이웃 사랑'을 통해 행동으로 나타나야 하는

최고의 시민운동 교재
약자를 사랑하는 하나님이시지만, 무조건 약자의 편을 들라는 것은 아니다. 사랑과 함께 공의의 성품을 가지신 하나님께서는 재판할 때 한 쪽으로 치우치지 말고 정도(正道)를 걸으라고 하신다(레 19:15). 그런 의미에서 <레위기>는 이 시대에 꼭 필요한 최고의 시민운동 교재이다.

구체적인 실천임을 꼭 기억해야 할 것입니다.

◆ 통通포인트

▲ 이스라엘의 절기

절기 이름	날짜	관련 구절	의미	절기 예식
유월절(무교절)	1월 14일	출 12~13장	애굽으로부터의 해방을 기념	집 좌우 문설주와 인방에 양의 피를 바르고 무교병을 먹는다.
칠칠절(오순절)	3월 6일	민 28:26	매년의 수확을 경축	시내산에서 율법을 받은 날을 기념하여 <출애굽기>를 통독한다.
나팔절	7월 1일	레 23:23~25	나팔을 불며 기념하는 날	양의 뿔나팔을 불며 꿀빵을 먹는다.
속죄일	7월 10일	레 23:26~32	민족의 죄를 속하기 위한 날	하루 종일 금식하며 죄를 고백한다.
장막절(초막절)	7월 15일	민 29:12~40	광야에서의 나그네 생활을 기념	종려나무나 버드나무로 장막을 짓고 그 안에 거한다.
부림절	12월 14일	에 9:21	유대인이 하만의 학살 음모로부터 구원받음을 기념	<에스더>를 읽는다. 선물을 주고받으며 가난한 사람들을 구제한다.

7. 이스라엘의 절기 문화와 두 가지 미래 레 23~27장
#큰글자 일년일독 통독성경 | 239~253p

레위기 23장에서는 이스라엘이 지켜야 할 여러 절기를 말씀하십니다. 안식일, 유월절, 무교절, 7월 1일 나팔절, 7월 10일 속죄일, 초막절 등의 절기들입니다. 하나님께서 제안하시는 절기 문화는 우선 '쉬는 문화'이고, 그리고 '약자를 위한 문화'입니다. 하나님께서는 절기 기간에는 아무 일도 하지 말라고 명하십니다. 이로써 사회의 약자들까지 충분히 쉴 수 있게 하시고, 또한 모든 이스라엘 백성이 하나님을 깊이 생각해볼 수 있는 시간을 갖도록 하십니다. 레위기 25장에서는 안식년과 희년에 관한 법을 설명하고 있습니다.

이어지는 레위기 26장에서는 이스라엘이 하나님의 말씀대로 준행하며 살 때와 그렇지 않을 때 어떤 일들이 있을 것인지, 두 가지 미래에 대해 기록되어 있습니다. 이제 이스라엘 백성의 선택에 따라 그들이 받을 복과 저주가 결정될 것입니다. 하나님과 '제사장 나라 거룩한 시민' 언약을 체결한 이스라엘 백성은 하나님께서 주신 율법을 지켜 행할 때에 '두 가지 복'(국방

<레위기>의 7
매 7일은 안식일
매 7년은 안식년
7년을 7번 곱한 다음 해는 희년
칠칠절은 유월절로부터 7주 후이다.
칠칠절, 유월절은 7일간 계속되었다.
나팔절은 7째 달에 있다.
장막절은 7째 달에 있다.
속죄일은 7째 달에 있다.

과 경제), 그리고 율법을 지켜 행하지 않을 때 받게 되는 '3단계 처벌'(흉년, 수탈, 포로)을 모두 달게 받겠다고 약속합니다. 이후 예레미야 선지자는 '레위기 26장'(옛 언약)으로 '예수님의 새 언약'을 예고하게 됩니다.

🔗 이 과의 내용을 통通 이야기(Tong story)로 적어보고 이야기해 보세요.

👤 이 과의 내용을 자녀에게 가르칠 수 있도록 통성기도(Tongsung Gido)합시다.

- 너희의 자녀에게 가르치며 집에 앉아 있을 때에든지, 길을 갈 때에든지, 누워 있을 때에든지, 일어날 때에든지 이 말씀을 강론하고 … 너희의 날과 너희의 자녀의 날이 많아서 하늘이 땅을 덮는 날과 같으리라 (신명기 11:19~21)
- 너는 네가 누구에게서 배운 것을 알며 또 어려서부터 성경을 알았나니 (디모데후서 3:14~15)

출애굽세대와 만나세대

THE EXODUS GENERATION & THE MANNA GENERATION

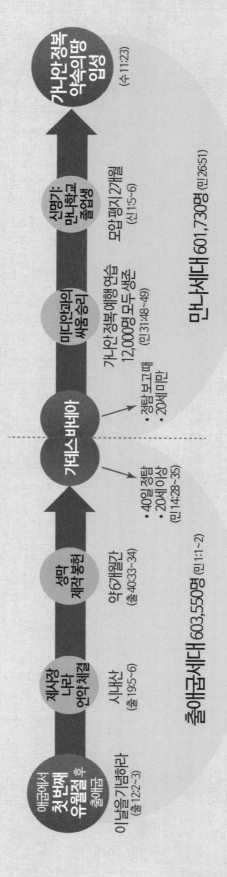

애굽에서
첫 번째
유월절을
출애굽
(출 12:2~3)
이 달을 기념하라

제사장
나라
언약체결
시내산
(출 19:5~6)

성막
제작봉헌
약 6개월간
(출 40:33~34)

가데스 바네아

미디안과의
싸움 승리
가나안 정복 예행 연습
12,000명 모두 생존
(민 31:48~49)

신명기:
맥추교
졸업생
모압평지 2개월
(신 1:5~6)

가나안정복
약속의땅
입성
(수 11:23)

출애굽세대 603,550명 (민 1:1~2)

• 40일 정탐
• 20세 이상
(민 14:28~35)

정탐 보고때
20세 미만

만나세대 601,730명 (민 26:51)

71

3 마당 만나세대
The Manna Generation

📍 **통通Map** 3마당 전체의 구조와 흐름을 한눈에 담아봅시다.

만나세대

7과 만나세대
- 만나세대의 형성
  - 출애굽세대 인구조사와 진 배치
  - 1년 만에 시내산에서 출발
- 가데스 바네아에서의 선택
  - 계속되는 불평과 원망 vs. 온유하고 충성된 사람 모세
  - 가데스 바네아 사건 – 만나세대의 시작
  - 레위인들의 반역
  - 므리바 사건
- 성공적 계승
  - 만나세대 인구조사와 새 지도자
  - 요단 동편 분배

8과 만나학교 졸업
- 만나학교 졸업 설교
  - 역사 특강 서론
  - 들으라! 이스라엘
  - 모세의 마지막 율법 교육
  - 이어져야 할 언약
  - 모세의 노래

🎓 **3마당-통通 Concept**

• 광야 생활 40년이 만든 세대, 만나세대!

가데스 바네아에서의 최악의 선택으로 인해 광야 생활 40년이 결정됩니다. 바로 이 40년을 통해 출애굽세대에서 만나세대로의 세대교체가 이루어짐을 기억하며 공부해봅시다.

• 출애굽세대와는 다른 만나세대! 교육 때문에!

태어나면서부터 하나님이 주시는 만나를 먹으며 40년간 광야에서 자란 만나세대들은 모세를 통해 하나님의 율법을 꼼꼼히 교육받습니다. '교육'은 만나세대가 이전 출애굽세대와 다를 수 있었던 가장 큰 이유입니다. 민수기 1장에서의 첫 번째 인구조사와 민수기 26장의 두 번째 인구조사 사이에 '교육'이 이루어지고 있음을 큰 틀에서 정리한 후, 구체적인 내용들을 채워나가며 공부해봅시다.

＊ 숲 둘러보기

드디어 시내산을 떠난 이스라엘 백성이 바란 광야의 가데스 바네아에 도착합니다. 그러나 가나안으로 보냈던 정탐들의 보고를 듣고 거기에 동조한 출애굽세대들은 더 이상 가나안을 향해 진군할 수 없었고, 약 40년의 세월을 광야에서 보내며 모두 죽게 됩니다. 이후 그들의 자녀들인 만나세대(광야에서 만나를 먹고 자란 '출애굽 제2세대')의 인구를 조사합니다(민 26장). 이들이 요단강을 건너 가나안에 들어갈 준비를 하는 것으로 〈민수기〉의 내용은 끝을 맺습니다. 〈신명기〉는 모세가 남아 있는 혼신의 힘을 다해 만나세대에게 마지막으로 전해준 가나안 입성 준비를 위한 역사 특강입니다.

＊ 터와 나이테

가데스 바네아는 가나안 땅 남쪽 경계와 맞닿아 있는 지역으로, 곧장 북쪽으로 올라가면 가나안입니다. 반면, 동쪽으로 이동해서 사해 남쪽을 지나 '왕의 대로'라는 큰 길을 통해 북행하는 길도 있습니다. 비록 '북쪽 직행 코스'에 비하면 돌아가는 길이지만, 이스라엘 백성은 '왕의 대로'를 택하여 진행합니다. 그런데 '왕의 대로'를 통하려면 사해 동남쪽에 걸쳐 자리를 잡고 있는 에돔이나 모압의 영토 안으로 들어가야 했습니다.

그래서 모세는 에돔 왕에게 사신을 보내어 에돔을 통과하게 해달라고 부탁하지만 거절당합니다. 한편 모세는 사해 북단의 동쪽 지역에 위치하고 있는 아모리 왕 시혼과 바산 왕 옥에게도 "길을 내어 주면 조금도 손해를 끼치지 않고 통과만 하겠노라."라고 사절단을 보내지만 그들은 오히려 이스라엘을 공격합니다. 그러나 뜻하지 않은 이 전쟁을 통해 모세와 이스라엘 백성은 그 땅을 차지하게 됩니다(민 21:21~35).

만나세대들은 요단강을 건너기 직전 요단강 근처 모압 평지 아라바 광야에서 모세의 '신명기' 역사 특강을 듣습니다.

＊ 바람과 토양

후기 청동기 시대의 전형적인 조약 문서에는 언제나 조약을 체결하는 당사자들의 과거 관계를 설명하는 역사적 서문이 포함되어 있습니다. 〈신명기〉 역시 그런 형식을 취하여 시내산에서(신 1:6) 처음으로 율법이 주어진 때로부터 그 이후 40여 년간의 세월을 추억하고 있으며, 〈출애굽기〉, 〈레위기〉, 〈민수기〉를 통해 이미 자세하게 다룬 내용들을 간단하게 요약하고 있습니다. 하나님께서 가나안에 들어갈 이스라엘 백성에게 기대하시는 바를 알려주기 위해, 모세는 그동안 역사적 전환점의 계기가 되었던 중요한 사건들을 회고하고 있습니다.

＊민수기 *Numbers*

〈민수기〉의 첫 부분은 〈출애굽기〉가 끝나는 시점으로부터 약 한 달 이후의 일로 시작합니다. 이스라엘은 시내 광야에서 1차 인구조사를 행한 후에 가데스 바네아로 행진하게 되는데, 이는 이스라엘이 애굽을 떠난 지 거의 14개월 만에 완벽한 조직과 군대의 모습을 갖추게 된 것으로 실로 놀라운 일이었습니다.

하지만 가데스 바네아에서 가나안으로 보냈던 정탐꾼 열 명의 보고는 모든 백성의 마음을 겁에 질리게 했고, 결국 하나님의 계획에 불순종한 출애굽세대들은 광야에서 보내는 40년의 세월 동안 모두 죽게 됩니다.

40년 광야 기간은 그들을 향한 시험과 훈련의 시간이었으며, 명실 공히 하나님의 군대로 모습을 갖춰가는 시간이었습니다. 그렇게 40여 년의 광야 기간을 지낸 후, 모세는 출애굽세대의 자녀들인 만나세대들을 대상으로 2차 인구조사를 실시했고, 요단 동편에서 정복한 땅을 르우벤, 갓, 므낫세 반 지파에게 나누는 일도 감당했습니다.

＊신명기 *Deuteronomy*

'신명기(申命記)'의 '신(申)'은 '거듭하다, 되풀이하다, 경계하다'라는 뜻의 글자입니다. 〈신명기〉는 약 40년 전 시내산에서 하나님의 말씀을 전했던 모세가 이제 자신의 생이 끝나가는 시점에 사랑하는 이스라엘 백성에게 마지막으로 들려주는 설교들의 모음입니다. 모세는 지나온 역사를 짧게 요약하여 회고하면서 설교를 시작합니다. 그리고 만나세대가 가나안에 들어가 정착한 후에 지키며 살아야 할 하나님의 율법을 다시 한번 상세하게 설명해주고, 복과 저주의 갈림길에서 생명의 길을 선택하며 살아가기를 바라며 "하나님을 사랑하라."라는 간절한 당부를 남깁니다.

07과 만나세대
민수기

📖 큰글자 일년일독 통독성경

🔖 통通으로 외우세요

① 시내산에서 약 1년간 머무르는 동안의 기록이 민수기 1장부터 10장 10절까지 계속됩니다.

② 민수기 10장 11절부터 <민수기> 끝까지는 광야에서의 40여 년 시간이 담겨 있습니다.

③ <민수기>는 모세의 120년 삶의 후반부인 동시에 애굽이 아닌 광야에서 자란 새로운 세대인 '만나세대'가 형성되는 시기이기도 합니다.

💡 통通으로 읽는 센스

<민수기>에는 두 번에 걸쳐 이루어진 이스라엘 백성의 인구조사가 기록되어 있습니다. 광야에서 40년을 지내는 동안 처음과 나중에 인구조사를 했는데 놀랍게도 두 번의 결과가 비슷합니다. 풀 한 포기 나지 않고 농사도 짓지 못하는 광야에서 40년의 세월을 보냈음에도 불구하고 이스라엘의 인구가 줄지 않고 유지되었다는 것은 하나님의 돌보심이 아니었다면 불가능한 일입니다.

◆ 통通포인트

만나세대의 형성

민수기 1장의 인구조사는 <창세기>에서 아브라함에게 하신 자손에 대한 약속이 출애굽기 1장에 이어 이곳에서 구체적으로 어떻게 실현되는지 보여줍니다. <민수기> 전체에는 총 두 번의 인구조사가 이루어지는데, 그 대상이 각기 다릅니다. 인구조사를 실시한 목적은 첫째, 군대를 조직하기 위함이었습니다. 둘째, 약속의 땅 가나안에 들어가 땅을 분배하기 위함이었습니다. 셋째, 하나님께 제사를 드리기 위한 제사자의 수와 제사장의 수를 파악하기 위함이었습니다.

1. 출애굽세대 인구조사와 진 배치 민 1~8장

#큰글자 일년일독 통독성경 | 253~276p

● 첫 번째 인구조사

애굽에서의 첫 번째 유월절 때에 애굽의 장자들은 모두 죽었으나 하나님께서 이스라엘 열세 지파의 장자들은 모두 살려주셨습니다. 그래서 이때 살아난 이스라엘 장자들과 짐승의 초태생은 모두 하나님의 소유라고 선언하셨습니다.

이후 하나님께서는 이스라엘 백성을 1년 동안 시내 광야에 머물게 하시며 제사장 나라 교육 후 그들에게 두 가지 방식으로 인구조사를 하게 하십니다. 첫째, '20세 이상 싸움에 나갈 만한 남자들의 숫자'를 계수합니다. 둘째, '이스라엘 장자들의 숫자'와 '레위 지파의 1개월 이상 된 남자들의 숫자'를 계수합니다.

이렇게 해서 레위 지파를 제외한 열두 지파 장자들의 숫자는 22,273명으로 계수됩니다. 그리고 레위 지파의 1개월 이상 된 남자들의 숫자는 22,000명으로 계수됩니다. 계수해서 보니 열두 지파 장자들의 숫자가 레위 지파의 1개월 이상 된 남자들의 숫자보다 273명이 더 많습니다.

우리 생각엔 이 정도면 대략 엇비슷하니 '퉁치면'(?) 될 것 같습니다. 그런데 하나님께서는 레위 지파 사람들이 열두 지파 장자들보다 273명이 부족해 그만큼 일을 더해야 하니 273명에 대한 속전을 레위 지파 사람들에게 주어 그들의 수고에 보답하게 하십니다. 그래서 레위 지파의 부족 수 273명에 대해 각각 5세겔씩 하여 총 1,365세겔을 받게 해주십니다.

그리고 하나님께서는 레위 지파의 인구조사에서는 1개월 이상 된 남자들의 숫자와 함께 30세 이상 50세까지의 남자들의 숫자도 계수하게 하십니다. 또한 레위 지파 안에서도 고핫 자손과 게르손 자손과 므라리 자손을 구분해서 계수하게 하십니다.

- 민수기 1장 : 첫 번째 인구조사 – 출(出)애굽한 사람들, 즉 출애굽세대의 숫자
- 민수기 26장 : 두 번째 인구조사 – 입(入)가나안할 사람들, 즉 만나세대의 숫자

● 진영 구축

각 지파별로 숫자를 세고 난 후 진영을 갖춥니다. 동서남북 각각 세 지파

구별
다른 지파의 남자들은 20세 이상과 미만으로 나누었다. 그런데 레위인은 1개월 이상 남자를 구별하고, 그 남자들 중에서 30세 이상 50세 이하를 또 구별한다. 다른 지파 남자들은 20세가 되면 성인으로서 민족을 위해 일할 수 있다. 그런데 레위인들은 20세에서 10년을 더 준비해야 봉사할 수 있었다. 태어난 지 1개월만 되면 계수가 되고, 그 뒤로 30년을 준비하고 20년 일하고, 현역에서 물러나야 한다. 50세 이후엔 30세 이전의 예비 입참자들을 가르치는 계승 작업을 했을 것이다.

씩 배치됨으로써 이스라엘은 조직화된 군대를 가지게 되었습니다. 그런데 중요한 것은 이렇게 동서남북으로 둘러선 지파들 중앙에 레위 지파와 함께 회막이 놓인다는 것입니다. 이것이 이스라엘 진영이 다른 민족의 진영과 구별되는 차이점입니다.

한편, 민수기 8장에서는 레위인들이 하나님의 일을 위해 구별됩니다. 출애굽 직전 마지막 재앙 때, 이

이스라엘의 진 배치 (사람 수)

	단 (62,700)	아셀 (41,500)	납달리 (53,400)	
베냐민 (35,400)		므라리		유다 (74,600)
므낫세 (32,200)	게르손	회막	모세 아론	잇사갈 (54,400)
에브라임 (40,500)		고핫		스불론 (57,400)
	갓 (45,650)	시므온 (59,300)	르우벤 (46,500)	

스라엘 백성은 양의 피를 좌우 문설주와 인방에 바르라는 하나님의 말씀에 순종한 결과로 각 가정의 큰아들의 목숨을 건질 수 있었습니다. 그래서 레위 지파는 그 열두 지파의 큰아들들을 대신한 그룹으로 선택된 것입니다. 이제부터 구별된 8,580명의 레위인들은 제사장 나라 공직자들로서 매일 '동분서주(東奔西走)'합니다. 레위인들은 성막에서 제사장을 돕는 일을 담당하게 됩니다. 제사장들과 레위인들은 이스라엘 백성 60여 만 명이 다섯 가지 제사(번제, 소제, 화목제, 속죄제, 속건제)를 '세 가지 방법'(각자 예물을 들고 지정된 곳에서 제사장들의 도움을 받는 방법)으로 드리는 일을 이끌었습니다. 그래서 예물 준비를 위해서는 인구수대로 땅이 잘 분배되어야 하고, 제사를 드리기 위해서는 제사장의 수가 중요합니다. 따라서 인구조사는 끝자리 숫자까지도 철저히 조사해야 했습니다.

2. 1년 만에 시내산에서 출발 민 9~10장
큰글자 일년일독 통독성경 | 276~280p

출애굽한 지 어느덧 1년이 지났습니다. 이스라엘 백성은 지난 세월을 추억하며 두 번째 유월절을 지킵니다. 애굽에서의 첫 번째 유월절은 '급하게', 그러나 시내산에서의 두 번째 유월절은 '규례대로' 지킵니다. 지난 1년 동안 그들은 성막을 지었고, 그 위에 하나님의 영광이 임하시는 것을 체험했습니다. 하나님의 백성으로 살아가는 데 필요한 규례들도 제정받았습니다.

드디어 제2년 2월 20일, 시내산을 떠날 시간이 되었습니다. 구름이 증거의 성막에 떠오르고, 이스라엘 진영에 행진의 나팔 소리가 힘차게 울려 퍼집니다. 출발을 알리는 은 나팔은 아론 자손이 불었습니다. 1년 전 애굽에서의 출발은 바로의 명령으로, 그러나 시내산에서의 출발은 아론 자손의 은

나팔 소리로 시작되었습니다.

◆ 통通포인트

가데스 바네아에서의 선택
'가데스 바네아'라는 한 장소에서 두 갈래의 선택이 이루어집니다. 10명의 지도자는
믿음 없는 선택을, 2명 즉, 여호수아와 갈렙은 믿음의 선택을 합니다. 이날의 선택으
로 말미암아 이스라엘 백성에게는 너무나도 다른 길이 열리게 됩니다.

3. 계속되는 불평과 원망 vs. 온유하고 충성된 사람 모세 민 11~12장
#큰글자 일년일독 통독성경 | 280~284p

이스라엘이 시내산을 떠나 가나안으로 출발했습니다. 그런데 이스라엘
백성이 아직 완전히 준비되지 않은 것 같습니다. 오랜 세월 애굽에서 노예
로 살았던 백성을 인도하는 일이 얼마나 쉽지 않은 일인지 백성이 먹을거리
를 가지고 모세를 원망한 것에 이어, 모세와 가장 가까운 사람들조차 모세
를 비방합니다.

모세가 구스 여인을 취하자 미리암과 아론이 모세의 잘못을 들추어내
면서 모세의 지도력을 깎아내린 것입니다. 가까운 사이일수록 비방은 서로
조심해야 합니다. 이 일로 미리암은 나병에 걸려 7일간 진영 밖에 머무르
게 됩니다. 모세는 자신에 대한 원망과 비방을 온유함으로 참았고, 하나님
께서는 그런 그의 권위를 세워주셨습니다. 모세는 온유하고 충성된 사람이
었습니다.

4. 가데스 바네아 사건 – 만나세대의 시작 민 13~14장
#큰글자 일년일독 통독성경 | 284~289p

드디어 약속의 땅 가나안 근처인 가데스 바네아에 도착했습니다. 이때,
당시 각 지파에서 촉망받는 젊은 지도자 12명을 가나안 정탐꾼들로 선출하
여 보냈습니다. 그들은 모두 여호수아와 갈렙 정도의 수준을 갖춘 지도자들
이었습니다.

그들이 40일 동안 가나안 땅을 두루 정탐하고 돌아옵니다. 그런데 이게

웬일입니까! 정탐을 마치고 돌아온 12명 중 10명과 2명의 이야기가 너무나 다른 것입니다. 10명의 지도자들은 거인들인 가나안 사람들과 견고한 성읍을 보고 겁에 질린 나머지, 차라리 애굽의 노예 생활로 돌아가는 게 낫다고 주장합니다. 가나안 정탐 40일 만에 백성들은 입(入)가나안과 입(入)애굽으로 갈라서게 된 것입니다. 갈렙과 여호수아가 "그들은 우리의 먹이라 그들의 보호자는 그들에게서 떠났고 여호와는 우리와 함께 하시느니라 그들을 두려워하지 말라"(민 14:9)라고 목놓아 외쳤지만 오히려 돌에 맞아 죽을 위기에 처해집니다. 이날 밤, 이스라엘 백성의 선택은 하나님께서 이루신 위대한 출애굽 사건과 아브라함 때부터 5백여 년간 꿈꾸어오신 하나님의 원대한 계획을 송두리째 없었던 일로 하겠다는 것이나 다름없었습니다. 이때 하나님께서 모세를 제외한 모두의 진멸을 말씀하시자 모세가 백성을 위해 중보기도를 합니다.

<table>
<tbody>
<tr><td colspan="2">원망의 여정</td></tr>
<tr><td>1. 다베라
악한 말로 하나님을 원망함 → 여호와의 불이 진 끝을 불사름(민 11:1~3).

2. 기브롯 핫다아와
고기가 먹고 싶다고 원망함 → 고기를 씹기 전에 큰 재앙으로 죽음(민 11:4~35).

3. 하세롯
모세가 구스 여자를 취한 것에 대해 미리암이 비방함 → 미리암이 7일간 나병에 걸림(민 12장).

4. 가데스 바네아
정탐 보고를 듣고 애굽으로 돌아가자며 모세를 죽이려 함 → 광야에서 40년간 방황하게 됨(민 13~14장).</td><td>5. 호르마
고라, 다단, 아비람, 온이 당을 짓고 모세와 아론을 대항함 → 반역의 주동자와 가족들이 산 채로 매장됨(민 16:1~35).

6. 신 광야 가데스
물이 없다고 모세에게 원망함 → 모세가 반석에서 '명령하여' 물을 내지 않고 반석을 '쳐서' 물을 냄. 이 때문에 모세와 아론은 가나안에 못 들어가게 됨(민 20:2~13).

7. 에돔 땅
험한 길로 인하여 원망함 → 불뱀에 물려 많은 사람이 죽음(민 21:4~9).</td></tr>
</tbody>
</table>

모세와 가나안 정탐꾼들 _ 지오반니 란프랑코 作

이 정탐 사건을 기준으로 출애굽세대와 만나세대가 나뉩니다. 하나님께서는 이 일로 인해 가나안 정복 계획을 40년 뒤로 연기하실 수밖에 없으셨습니다. 그러나 하나님께서는 이스라엘 백성이 그토록 불평하던 그 칠흑 같은 밤에도 그들이 다음 날 먹을 만나를 내려주셨습니다.

5. 레위인들의 반역 민 15~19장
#큰글자 일년일독 통독성경 | 290~301p

이제 가나안에 들어가지 못한다는 소식을 들은 이스라엘 백성은 자신들의 잘못을 깊이 반성하기보다는 가나안에 들어가지 못하게 된 결과만을 놓고 지도자 모세에게 불만을 드러냅니다. 특히 레위 지파의 고핫 자손들 중 일부가 같은 레위 지파인 아론 가문만 '제사장직'을 맡는 일에 대해 불만을 가지고 일부 백성을 선동하여 모세에 대항하는 당을 만들고 반역합니다. 제사장의 직분을 일종의 특권이라는 차원으로 생각하고, 그걸 차지하려고 했

눈높이 하시는 하나님
천지를 만드신 하나님께서 이미 죽은 지 오래인 나무 지팡이에 굳이 싹이 나게 하시고 꽃이 피게 하신 이유는 무엇인가? 이는 제사장 제도가 하나님께서 심혈을 기울여 만드시고 이스라엘 백성에게 선물로 주신 소중한 약속의 증거물임을 확증하고자 함이다. 다시 말해, 아론의 싹 난 지팡이는 하나님께서 원하신 바가 아니라, 믿음이 부족한 이스라엘의 낮은 수준에 눈높이를 하신 하나님의 배려였다.

던 것입니다. 이때 250명의 반역 사건은 모세 120년 인생 가운데 일어났던 금송아지 사건, 가데스 바네아 사건에 이어 세 번째 큰 위기였습니다.

결국 사람들을 선동했던 고라, 다단, 아비람 가족은 땅이 입을 벌려 그들을 산 채로 삼키는 무서운 벌을 받았습니다. 하나님께 대항했던 이들의 비극적인 최후였습니다. 그러나 계속되는 이스라엘 백성의 반성 없음과 원망으로 인한 하나님의 진노로 염병이 시작되어 14,700명이 죽습니다. 이 사건 후, 제사장 아론의 권위를 다시 세워주시기 위해 하나님께서는 아론의 지팡이에 꽃이 피고 열매가 맺히는 기적을 베풀어주십니다. 아론의 싹 난 지팡이는 하나님의 백성들을 향한 눈높이였습니다.

6. 므리바 사건 민 20~21장
#큰글자 일년일독 통독성경 | 301~306p

● 엄격한 기준 – 제사장 나라의 스탠더드(standard)

이스라엘 백성이 또다시 모세와 아론을 원망하기 시작합니다. "어찌하여 애굽에서 나오게 하여 이리 고생을 하게 하는가? 무화과도 없고, 포도도 없고, 이것도 없고, 저것도 없고…" 물론 백성의 말대로 광야에는 아무것도 없습니다. 하지만 크고 위대하신 하나님께서 그들과 함께 계십니다. 하늘에서는 매일 만나도 내립니다. 그런데 지금 이들은 없는 것만 세면서 하나님과 모세를 원망하고 있는 것입니다.

하나님께서 모세에게 반석을 '명령하여' 물을 내라고 하십니다. 그런데 모세는 손을 들어 지팡이로 반석을 두 번 '쳐서' 물이 나오게 합니다. 이 일을 두고 하나님께서 모세에게 중대한 선언을 하십니다. 하나님의 거룩함을 드러내지 않았으니, 모세와 아론은 가나안 땅에 들어갈 수 없다는 것입니다. 우리는 이 장면을 보면서 '모세가 그저 한 번 실수한 걸 가지고 뭐 그렇게까지 하시나, 말하는 것이나 두 번 치는 것이나 별 차이 없는 것 아닌가?'라고 생각할 수 있습니다. 하지만 하나님께서 모세에게 요구하시는 수준은 달랐습니다. 하나님께서는 모세에게 그 정도의 불순종도 용납하지 않으시는 엄격한 기준을 적용하십니다. 이후에 모세는 제발 요단을 건너가 아름다운 땅을 보게 해달라고 하나님께 간구해보지만, 하나님께서는 '너의 사명은 여기까지'라고 하시며 그저 가나안 땅을 멀리서 바라보는 것으로 만족하게 하십니다.

● 마지막까지 최선을 다하는 모세

모세는 자신이 가나안에 못 들어간다는 사실을 알고도, 그의 남은 삶을 소홀히 하지 않습니다. 가나안에 가까워질수록 이스라엘은 여러 이방 족속들과 전쟁을 치러야 했는데, 요단 동편을 점령할 때에 모세가 그 전쟁을 이끕니다(민 21장). 이 전쟁을 통해 아모리 왕 시혼의 땅과 바산 왕 옥의 땅을 얻습니다. 이후 성경에서는 이 지역을 '요단 동편'이나 '길르앗 땅'이라고 일컫습니다.

◆ 통通포인트

▲ 성공적 계승
하나님께서 내려주시는 만나를 먹으며 40년간 광야에서 자란 만나세대들은 모세를 통해 하나님의 율법을 제대로 교육받습니다. 부모세대인 출애굽세대와는 달리 그들은 교육과 훈련을 잘 받았습니다. 말 그대로 '성공적 계승'이었습니다.

7. 만나세대 인구조사와 새 지도자 민 22~31장
#큰글자 일년일독 통독성경 | 307~329p

● 성공적 계승의 사례 : '모압 왕 발락' 이야기

40년간 하나님께서는 광야에서 이스라엘을 훈련시키고 조직을 정비하게 하셨습니다. 그래서 이스라엘은 가나안 근처에 이르렀을 즈음에는 주변국들에게 명성을 떨칠 만한 하나님의 군대로 바뀌어 있었습니다. 모압 왕 발락이 이스라엘에 대한 소문을 듣고 두려워 거짓 복술가 발람에게 이스라엘을 저주하도록 방책을 낼 정도였습니다.

모압 왕 발락은 이스라엘에 대한 두려움이 밀려오자 복채를 받고 예언해주는 복술가 발람에게 이스라엘을 저주해줄 것을 수차례에 걸쳐 간청합니다. 그러나 발락 왕과 발람의 잔꾀는 한마디로 '완전한 헛수고'입니다. 하나님의 세계 경영은 복술가가 잔꾀를 부리는 복술 예언으로 움직여지는 것이 아닙니다.

● 두 번째 인구조사

이즈음 하나님께서는 두 번째 인구조사를 시행하도록 하십니다(민 26장).

'출애굽세대' 인구조사 이후, 40년 만에 '만나세대'를 대상으로 두 번째 인구조사가 실시된 것입니다. 제사장 나라의 인구조사는 '제사'를 최종 목적으로 두고 실시합니다. 전체 인구수는 601,730명으로, 1차 조사 때의 숫자 603,550명과 비교해볼 때 큰 변동이 없습니다. 여러 가지 열악한 조건의 광야 생활 중에서도 하나님께서 함께하고 지키신 결과였습니다.

● 모세의 마지막 사명 : 만나세대 1만 2천 명의 전쟁 승리

한편, 자신의 죽음을 통보받은 모세는 하나님의 명령대로 여호수아를 새 지도자로 세우고, 자신의 모든 존귀를 여호수아에게 돌림으로써 여호수아에게 힘을 실어줍니다. 모세는 지금까지 자신의 욕심을 위해 일한 것이 아니라, 오직 하나님의 종으로 헌신했던 것이기에 자신의 역할에 만족하며 마지막까지 최선을 다합니다.

민수기 31장에는 모세에 있어 마지막 사명이라 할 수 있는 미디안과의 전쟁 기록이 상세히 담겨 있습니다. 모세의 명령을 받고 출전한 만나세대 1만 2천 명은 미디안과의 전쟁에서 승리한 후 전원 생환합니다. 이때 하나님께서는 미디안과의 전쟁에서 큰 승리를 거둔 만나세대 1만 2천 명에게 전리품의 분배 방식을 가르쳐주십니다. 하나님께서 가르쳐주신 전리품 분배 원칙은 전쟁에 참가한 군인들과 이스라엘 공동체 모두, 그리고 레위인들에게 분배하는 것입니다.

요단 동편 분배

8. 요단 동편 분배 민 32~36장
#큰글자 일년일독 통독성경 | 329~340p

이스라엘이 거주할 땅은 요단강을 중심으로 동쪽과 서쪽으로 나누어집니다. 요단강 동쪽은 이미 점령했고(민 21장), 이제 서쪽이 남아 있습니다. 그런데 요단 서쪽 지역을 점령하기 전에 동쪽 지역에 머물겠다고 하는 사람들이 생겼습니다. 그들은 르우벤 지파와 갓 지파 사람들입니다. 큰 틀에서 볼 때, 아직은 땅을 점령할 때이지, 땅을 나눌 때가 아닙니다. 그러므로 요단 동편에 머물겠다는 이들의 제안은 자칫 백성의 사기를 떨어뜨릴 수도 있었습니다. 그래서 그들의 제안을 들은

모세가 처음엔 무척 화를 냅니다.

그런데 그들이 모세에게 말합니다. "우리의 가축과 아이들만 이곳에 머물게 하고, 싸움에 나갈 수 있는 남자들은 다른 지파들이 요단 서편 땅을 다 점령할 때까지 함께 가서 싸우겠습니다. 싸울 때에는 가장 앞에 서서 싸우고, 그 싸움이 다 끝날 때까지 집으로 돌아가지 않겠습니다." 모세는 이 말을 듣고, 그들의 제안을 허락합니다. 그리고 므낫세 반 지파에게도 동편 땅을 분배해줍니다. 이로써 다른 지파들보다 먼저 요단 동편을 차지한 두 지파 반 사람들은 이후 전쟁의 선봉대로 가나안 정복 전쟁을 이끕니다. 이때의 결정은 요단 서편 가나안 입성을 위한 가장 현실적인 디딤돌이 되었습니다.

민수기 34장에는 그들이 들어가 정착할 가나안 땅의 구체적인 규모와 지역이 나타나 있습니다. 이 땅은 아브라함 이후 5백여 년 동안 하나님의 마음에 간직되어 왔던 바로 그 땅입니다. 하나님께서 제사장 나라의 '공간(땅)'을 법으로 정해주신 것입니다. 땅의 경계를 지키느냐, 넘느냐가 '제국'과 '제사장 나라'의 근본 차이가 될 것입니다.

40년 광야 생활 중 있었던 싸움		
성경구절	대적자	싸움 장소
출 17:8~16	아말렉	르비딤
민 14:45	아말렉과 가나안인	호르마
민 21:1~3	아랏	호르마
민 21:21~25	아모리	야하스
민 21:33~35	바산	에드레이
민 31:1~12	미디안	미디안

사명을 위해 흩어지는 사람들
레위인에게는 땅이 주어지지 않는다. 그 대신 48개의 성읍과 그 사면 초장이 주어진다(민 35장). 그런데 그 48개의 성읍은 어느 한 지역이 아니라, 이스라엘 백성이 살고 있는 지역에 넓게 흩어져 있다. 각 지역에서 백성을 가르치며 각 지파가 하나님 중심으로 살아갈 수 있도록 돕는 역할을 하는 것이다. 이것은 야곱이 예언한 내용이 성취된 것이기도 했다(창 49:5~7).

🔗 **이 과의 내용을 통通 이야기**(Tong story)**로 적어보고 이야기해 보세요.**

👤 **이 과의 내용을 자녀에게 가르칠 수 있도록 통성기도**(Tongsung Gido)**합시다.**

• 너희의 자녀에게 가르치며 집에 앉아 있을 때에든지, 길을 갈 때에든지, 누워 있을 때에든지, 일어날 때에든지 이 말씀을 강론하고 … 너희의 날과 너희의 자녀의 날이 많아서 하늘이 땅을 덮는 날과 같으리라 (신명기 11:19~21)
• 너는 네가 누구에게서 배운 것을 알며 또 어려서부터 성경을 알았나니 (디모데후서 3:14~15)

08과 만나학교 졸업

신명기

 큰글자 일년일독 통독성경

58일 : 광야 여정에 대한 회고와 반성 59일 : 60만 명, 율법 대박 60일 : 하나님을 사랑하라 61일 : 거룩한 문화
62일 : 천 대를 이을 천수답(天水畓) 63일 : 너무 멀면, 돈 주고 사라 64일 : 종이 주인 되었을 때 65일 : 겁내는 자, 집으로 가라
66일 : 태형은 40대까지 67일 : 언약에 따른 복과 저주 68일 : 율법? 쉽다!
69일 : 국민가요 70일 : 모세의 리더십

통通으로 외우세요

① <신명기>에는 이스라엘 백성이 광야에서 보낸 40여 년의 지난 세월이 담겨 있습니다.

② <신명기>는 모세가 죽기 전에 모압 평지 아라바 광야에서 출애굽세대의 자녀들인 만나세대에게 남긴 설교입니다.

③ <신명기>를 전하는 모세의 마음을 품고 모세의 시편인 시편 90편을 함께 읽습니다.

통通으로 읽는 센스

모세의 '신명기 설교'는 만나세대들이 요단강을 건너기 직전의 일입니다. 이미 하나님과 이스라엘 백성 사이의 언약은 시내산에서 체결되었습니다. 하지만 모세는 그때 하나님과 언약을 맺었던 현장에 있던 사람들이 모두 죽고, 새로운 세대가 역사의 사명을 감당해야 하는 지금, 그때의 언약을 다시 새롭게 세워야 할 필요를 느꼈습니다.

그래서 모세는 만나세대들에게 다시금 십계명을 비롯한 언약의 조항들을 설명하고, 만나세대들 스스로 하나님과의 언약을 체결하게 합니다. 모세는 지난 40년간 광야에서 하나님께서 이스라엘 백성을 어떻게 돌보며 사랑하셨는지 그 모든 내용을 다시 말해줍니다. 모세는 죽음을 두 달 앞두고 '또 시작'을 하고 있는 것입니다.

통通포인트

▲ **만나학교 졸업 설교**

<신명기>는 만나세대들이 가나안 정복을 위해 요단강을 건너기 직전, 그들이 머물고 있는 요단강 근처 모압 평지 아라바 광야에서 두 달간 총 네 번에 걸쳐 전해진 모세의 '만나학교 졸업 설교'입니다. 이 졸업 메시지의 핵심은 제사장 나라의 놀라운 길을 그들의 자녀에게 가르치라는 것입니다. 40년 전 시내산에서의 제사장 나라 꿈이 모세

한 사람의 기쁨이었다면, 40년이 지난 지금 <신명기>에는 만나세대 60만 명의 기쁨으로 나타나고 있습니다.

1. 역사 특강 서론 신 1~4장
#큰글자 일년일독 통독성경 | 340~353p

모세는 지난 40년 동안 만나세대에게 매일 해왔던 하나님의 말씀 교육을 마지막으로 두 달 동안 유언과도 같은 역사 특강으로 합니다. 하나님께서 이스라엘 백성을 애굽에서 구하셔서 가나안으로 들어가게 해주시는 것은 단지 그들의 조상이 과거에 그곳에서 살았기 때문이 아니라고 강조합니다. 그들이 하나님 앞에서 의롭기 때문도 아닙니다. 그들이 가나안에 들어갈 수 있는 이유는 오직 하나님께서 아브라함과의 약속을 기억하시고 그 땅을 그들에게 주셨기 때문입니다.

모세는 만나세대의 출발점인 가데스 바네아 사건을 다시 말하며 마음을 굳게 잡고 흔들리지 말 것을 부탁합니다. 그리고 이곳 모압 평지에서 모세는 여호수아와 갈렙에게 '순종의 훈장'을 달아줍니다. 그리고 만나세대에게 우상을 섬기지 말고 지금까지 그들을 인도해오신 하나님만 섬기라고 강조합니다. 모세는 만나세대에게 "오늘부터 내가 천하 만민이 너를 무서워하며 너를 두려워하게 하리니"(신 2:25)라고 하신 하나님의 말씀을 전하며 용기를 불어넣어 줍니다.

교육하라
한 사람이 공동체 안에서 적합하게 살아가기 위해서는 교육이 꼭 필요하다. 모세가 지금 <신명기>의 말씀을 전하는 것도 바로 교육의 일환이다. 그 내용은 그들이 가나안 땅에 정착해서 살 때에 출애굽 경험과 광야 생활의 경험을 잊지 말고 하나님의 율법을 삶의 바탕으로 삼으라는 것이다. 모세는 또한 그들이 교육받은 대로 그들의 자녀들을 가르치라는 당부를 잊지 않는다 (신 4:9~10).

2. 들으라! 이스라엘 신 5~11장
#큰글자 일년일독 통독성경 | 353~368p

모세는 40년 전 시내산에서 80일간은 '들었고', 이제 모압 평지에서 60일간은 '말을 합니다'. 모압 평지의 모세 특강은 두 달 동안 진행된 만나학교 60만 명의 졸업 설교였습니다. 40년 전 시내산에서의 제사장 나라 꿈이 모세 한 사람의 기쁨이었다면, 40년이 지난 지금 <신명기>에는 만나세대 60만 명의 기쁨으로 나타나고 있습니다.

드디어 모세 특강의 본론이 시작됩니다. 모세가 만나세대에게 진심으로 당부하고 싶은 이야기를 꺼냅니다. 모세는 40여 년 전, 하나님께서 친히 돌판에 새겨주셨던 하나님 사랑과 이웃 사랑의 열 가지 계명을 담은 제사장 나라의 꿈을 만나세대들에게 정성을 다해 가르쳐줍니다.

특히 "이스라엘아 들으라"라는 말로 시작되는 신명기 6장 4~9절의 말씀을 '쉐마'라고 부르는데, 그 의미가 매우 깊고 중요합니다. "이스라엘아 들으라 우리 하나님 여호와는 오직 유일한 여호와이시니 너는 마음을 다하고 뜻을 다하고 힘을 다하여 네 하나님 여호와를 사랑하라"(신 6:4~5).

"또 그것을 너희의 자녀에게 가르치며 집에 앉아 있을 때에든지, 길을 갈 때에든지, 누워 있을 때에든지, 일어날 때에든지 이 말씀을 강론하고 또 네 집 문설주와 바깥 문에 기록하라 그리하면 여호와께서 너희 조상들에게 주리라고 맹세하신 땅에서 너희의 날과 너희의 자녀의 날이 많아서 하늘이 땅을 덮는 날과 같으리라"(신 11:19~21).

지난 세월 동안 하나님을 사랑해온 모세가 만나세대에게 하나님 사랑하기를 다시 간절히 당부합니다. 그의 삶 전체를 통해 하나님을 깊이 사랑했던 모세가 전하는 말씀의 핵심은 바로 '하나님 사랑'이었습니다. 또한 하나님께 복 받는 길은 '좌로나 우로나 치우치지 않는 것'입니다.

쉐마
신명기 6장 4~9절의 문장을 가리켜 히브리어로 '쉐마(Shema, 들으라)'라고 한다. 이것은 유대교의 기반이 되는 성경의 핵심 텍스트인데, 이스라엘 가정에서는 매일 아침저녁으로 쉐마를 묵상했다.

3. 모세의 마지막 율법 교육 신 12~26장
#큰글자 일년일독 통독성경 | 368~395p

신명기 12장부터 26장까지의 내용은 만나세대가 가나안 땅에서 구체적으로 어떻게 살 것인가에 관한 가르침이라고 할 수 있습니다. 이미 가나안 땅의 문화를 알고 계신 하나님께서는 이스라엘이 가나안의 문화 대신 제사장 나라의 문화를 세워가길 바라십니다.

● 지정하신 예배 장소 (신 12장)
이스라엘이 하나님의 백성으로서 드려야 할 예배는 하나님께서 택하신 곳인 하나님께서 지정하신 성막, 바로 그 약속 장소에서 드려야 합니다. 즉, '제사'는 반드시 '하나님의 이름을 두려고 택하신 곳'에서 드려야 합니다.

● 면제년 (신 15장)
이스라엘을 종 되었던 곳에서 구해내신 하나님께서는 면제년을 명하십니다. 해방의 기쁨이 무엇인지 경험한 이스라엘 백성에게 아직 종으로 남아 있는 이들에게 자유를 주라고 말씀하시는 것입니다.

● 절기를 통한 부의 분배 (신 16장)

하나님께서 이스라엘에게 명령하신 절기들은 종과 나그네, 레위인, 약한 이웃들에게 유익이 돌아가도록 배려하는 기간입니다. 제사드리는 자는 이들과 함께 먹고, 함께 기뻐해야 합니다.

● 도피성 (신 19장)

자신이 의도하지 않았는데 부지중에 사람을 죽였을 때 몸을 피하여 생명을 건지는 곳이 도피성입니다. 도피성은 요단 동편에 세 곳, 요단 서편에 세 곳을 정하여 억울한 사람이 없도록 배려한 제사장 나라 법입니다.

● 토지 소산과 십일조의 올바른 사용 (신 26장)

하나님께서는 가나안 땅에 살게 되었을 때 농사를 지어 추수한 것의 십일조를 하나님 앞으로 가져오라고 명하십니다. 그 십일조는 고아, 과부, 객, 레위인과 함께 나누어 그들을 배부르게 하는 데 사용됩니다. 십일조는 범사에 복 받는 길입니다.

4. 이어져야 할 언약 신 27~30장
#큰글자 일년일독 통독성경 | 395~406p

모세는 만나세대가 가나안 땅에 들어가서 가장 먼저 해야 할 일을 이야기합니다. 그것은 큰 돌들을 세워 거기에 율법을 기록하고, 단을 쌓아 하나님께 번제와 화목제를 드리는 일입니다. 이스라엘에게 가장 중요한 것은 하나님과의 관계입니다. 하나님께서는 이스라엘 백성과 특별한 언약, 곧 하나님께서 이스라엘의 하나님이 되시고, 이스라엘은 하나님의 백성이 되는 언약을 맺으셨습니다. 모세는 하나님과 이스라엘의 이 특별한 관계는 시대가 흘러도 변해서는 안 된다고 강조합니다.

만나세대가 가나안(요단 서편)에 들어가 가장 먼저 할 일은 그리심산에서 순종을 맹세하고 에발산에서는 불순종하지 않을 것을 맹세하는 것입니다.

도피성
6개의 도피성은 전국 어디에서든 하루 만에 갈 수 있는 50km 이내에 있었고, 각 도피성 사이의 간격도 비슷했다. 도피성 안에는 모든 생필품이 갖추어져 있었고, 외국인도 들어갈 수 있었다(수 20:9). 그곳으로 도망온 사람은 먼저 도피성의 성문 어귀에서 성읍의 장로들에게 자신이 당한 사고의 자초지종을 고해야 했고, 그의 비고의성이 인정될 때에만 도피성에 들어갈 수 있었다(수 20:4~5).

신명기 28장의 복과 저주
• 복
 -자녀와 토지 소산과 짐승의 번성의 복
 -광주리와 떡 반죽 그릇의 복
 -적군을 이기고 전쟁에서 승리하는 복
• 저주
 -광주리와 떡 반죽 그릇의 저주
 -폐병, 열병, 염병, 학질, 한재 등의 저주
 -적군에게 패하고 압제를 받는 저주
 -자녀가 포로로 잡혀가는 저주
 -살던 곳에서 뽑혀 흩어지는 저주

모세가 이를 당부하며 강조한 신명기 28장은 레위기 26장과 같은 제사장 나라의 긴 미래 이야기입니다.

여기서 율법에 대해 다시 정리하면 다음과 같습니다.

첫째, 율법, 늘 새롭습니다.

둘째, 율법, 가까이 '입'에 있습니다.

셋째, 율법, 어렵지 않습니다.

넷째, 율법, 새 언약을 예고합니다.

다섯째, 율법, 영원한 언약 복음으로 향합니다.

모세의 유언과 죽음 _ 루카 시뇨렐리 作

◆ 통通포인트

모세의 사역 마감

신명기 31~34장에는 모세의 마지막 당부와 노래 그리고 축복이 기록되어 있고, 또한 모세의 죽음으로써 <신명기>가 끝이 납니다. 모세가 사역을 마감하며 행한 일은 두 가지입니다. 첫째는 자신의 후계자 여호수아의 리더십을 세우는 것이었고, 둘째는 이스라엘 백성이 가나안에 들어갔을 때 지켜 행해야 할 일들을 알려주는 것입니다. 이 내용을 잘 살피고 모세가 지난 역사를 담아 부르는 노래, 시편 90편을 함께 읽습니다.

5. 모세의 노래 신 31~34장/ 시 90편

#큰글자 일년일독 통독성경 | 407~417p

지난 40년간 하나님과 이스라엘 백성 사이를 오가며 하나님의 종으로, 이스라엘 백성을 위한 지도자로 살아온 모세는 그의 사역을 정리하는 시점에서 이제 자신의 후계자로 정해진 여호수아를 격려해주고, 이스라엘이 행할 율법을 다시금 강조합니다(신 31:7~13).

이어지는 모세의 노래(신 32장)는 지금까지의 이스라엘 역사를 요약한 것입니다. 지금 모세가 부르는 노래는 이스라엘 백성이 영원히 기억해야 할 노래입니다. 불세출의 지도자 모세의 생이 마감되면서 이스라엘 역사의 광야 시대가 대단원의 막을 내리고, 이제 여호수아와 함께 가나안에서의 역사가 시작됩니다.

모세의 기도 (시 90편)
모세의 직업 중 하나는 장례위원장이었다. 그는 주의 진노하심, 그리고 수많은 사람이 광야에서 죽어 묻히는 것을 보았다. 그 열매가 바로 시편 90편의 기도이다.
"누가 하나님의 진노를 알랴?"(11절).
"인생이 아침에 돋았다 저녁 때 마르는 풀과 같다"(5~6절).
그는 광야 40년 동안 하나님께서 이스라엘을 어떻게 인도하시는지를 경험하며, 하나님 앞에 선 인간들의 연약함을 철저히 깨달았다.

〈창세기〉가 야곱의 죽음으로 끝이 났다면, 〈신명기〉는 모세의 죽음으로 끝이 납니다. 그리고 광야에서 수많은 출애굽세대의 죽음을 보며 지내온 모세의 경험을 담은 글이 모세의 시편 90편입니다.

🔗 **이 과의 내용을 통通 이야기(Tong story)로 적어보고 이야기해 보세요.**

👤 **이 과의 내용을 자녀에게 가르칠 수 있도록 통성기도(Tongsung Gido)합시다.**

• 너희의 자녀에게 가르치며 집에 앉아 있을 때에든지, 길을 갈 때에든지, 누워 있을 때에든지, 일어날 때에든지 이 말씀을 강론하고 … 너희의 날과 너희의 자녀의 날이 많아서 하늘이 땅을 덮는 날과 같으리라 (신명기 11:19~21)
• 너는 네가 누구에게서 배운 것을 알며 또 어려서부터 성경을 알았나니 (디모데후서 3:14~15)

4 마당 신앙 계승
A Succession of Faith

📍 **통通Map** 4마당 전체의 구조와 흐름을 한눈에 담아봅시다.

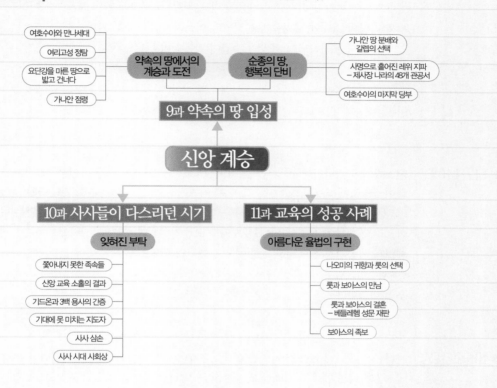

🎓 4마당-통通 Concept

· 신앙 계승의 성공과 실패의 관점으로! 성공, 여호수아! 실패, 사사기!

<여호수아>에는 만나세대들이 땅에 대한 약속을 믿음으로 성취해내는 멋진 모습이 담겨 있습니다. 신앙 계승이 잘된 케이스입니다. 반면 <사사기>는 신앙 계승이 실패했을 때 어떤 어두운 시대가 도래하는지를 잘 보여줍니다. 한편 <룻기>는 사사 시대의 어두움 속에서도 신앙 계승이 잘 이루어진 작은 베들레헴 공동체의 이야기를 다룹니다.

· 신앙 계승의 성공과 실패, '신앙 교육'

신앙 계승의 성공과 실패는 '신앙 교육'이 좌우합니다. 만나세대들이 후손들에게 다른 것은 열심히 교육했을 것입니다. 그러나 그들이 진정 성공해야 했던 '신앙 교육', '율법 교육'에는 실패했음을 기억하며 공부해봅시다.

＊ 숲 둘러보기 이스라엘의 새로운 지도자로서 그 역할을 수행하게 된 여호수아는 만나세대들과 함께 '가나안 입성'이라는 역사적 과업을 달성합니다.

그런데 이후 자녀들의 신앙 교육에 실패한 이스라엘은 가나안 족속들의 우상을 섬기며 악을 행함으로 말미암아 하나님의 마음을 아프게 합니다. 그래서 약 350년간 이어진 사사 시대에는 하나님의 기대와 계획을 무산시키는 이스라엘의 악행과 교만, 그리고 그런 그들을 심판하고 구원하시는 하나님의 사랑의 손길이 반복되어 나타납니다. 그러나 〈룻기〉는 사막과 같은 사사 시대에도 하나님의 마음을 흡족하게 하는 시원한 오아시스 같은 이야기입니다. 다윗 왕과 예수님의 족보로 이어진 룻과 보아스의 이야기는 구약성경 전체의 숲에서 볼 때 매우 중요한 위치를 차지합니다.

＊ 터와 나이테 이스라엘이 가나안에 입성한 때는 B.C.1406년경입니다. 가나안 땅은 그 길이가 약 290km, 폭이 65km가 되는 땅입니다. 그 땅은 남쪽으로는 신 광야, 북쪽으로는 레바논산과 접해 있고, 동쪽으로는 아라비아 사막, 서쪽으로는 지중해가 경계였습니다. 가나안은 유럽, 아시아, 아프리카 대륙이 동시에 만나는 지리적 요충지인데다, 그 위치 특성상 동쪽의 메소포타미아 세력과 서쪽의 이집트 세력 사이에서 강대국의 위협을 받을 수밖에 없는 땅입니다.

〈여호수아〉 일부, 그리고 사사기 1장 후반부의 기록은 아직 정복하지 못한 땅들이 남아 있음을 보여줍니다.

＊ 바람과 토양 가나안은 일찍이 B.C.2500년경에 메소포타미아에 예속되어 그들의 언어와 문명을 수용하였고, 그 후에는 애굽의 지배를 받아 애굽의 발전된 문명을 누렸던 것으로 보입니다. 그러므로 가나안은 이미 오랜 문화의 역사를 지니고 있었을 것이며, 학교, 도서관, 왕궁, 신전 등이 있었을 것입니다.

이 때문에 이스라엘은 군사적으로는 성공하여 가나안에 정착하게 되었지만, 문화적으로는 오히려 가나안 사람들에게 많은 영향을 받고 종교적으로도 바알 숭배의 영향을 받았습니다. 가나안 족속들의 음란하고 부도덕하며 잔인한 종교 의식으로 말미암아 고대 근동 지방의 문화는 도덕적으로 타락하고 천박한 문화였습니다. 이스라엘은 이러한 가나안 족속의 악을 따르지 말라는 하나님의 경고를 계속 받았습니다.

＊ 여호수아 *Joshua*

모세를 통해 40여 년간 광야에서 말씀으로 훈련된 여호수아와 만나세대들은 약 5년간 치열한 전쟁을 치르며 가나안 땅을 담대히 정복해갑니다.

이 전쟁이 단순한 정복 전쟁이 아니라 하나님께 순종함으로써 승리를 얻은 전쟁이라는 사실을 〈여호수아〉 곳곳에서 확인할 수 있습니다. 요단 서편 31명 왕들과의 전투에서 모두 승리한 후, 이스라엘 백성은 각 지파의 규모에 맞게 제비뽑기로 땅을 분배합니다. 이 일은 하나님께서 창세기 12장에서 아브라함에게 약속을 주신 이후 계속 말씀하시던 땅에 대한 약속이 드디어 성취되는 것입니다.

＊ 사사기 *Judges*

〈사사기〉는 여호수아에 의해 이루어진 가나안 정복 이후, 가나안 땅에 정착한 이스라엘의 모습을 보여줍니다. 하지만 가나안 땅을 완전히 정복한 것은 아니었습니다. 아직도 가나안 족속이 그 땅 곳곳에 남아 있는 모습을 볼 수 있습니다. 그 결과, 시간이 점차 지날수록 가나안 사람들이 섬기던 우상을 따라 섬기기 시작한 이스라엘은 하나님의 마음을 아프게 합니다. 하나님께서는 그들의 죄를 깨닫게 하고 그들의 마음을 돌이키시고자, 주변 민족들을 들어 이스라엘을 징계하십니다.

이스라엘은 고통이 닥쳐올 때만 하나님을 다시 찾고, 하나님께서는 그때마다 기드온, 입다, 삼손 같은 '사사'들을 보내셔서 백성을 구원해주십니다. 하지만 이스라엘은 고통이 멈추면 다시 그 이전의 죄악 된 상태로 돌아가는 어리석음을 반복합니다. 그들을 향한 하나님의 안타까운 징계와 사랑의 구원 사역도 계속 반복됩니다.

＊ 룻기 *Ruth*

〈룻기〉의 배경은 사사 시대입니다. 엘리멜렉과 나오미는 두 아들과 함께 하나님의 징계인 흉년을 피해 베들레헴에서 모압으로 이민을 떠났습니다. 결국 그곳에서 남편과 두 아들을 잃은 나오미는 하나님의 뜻을 깨닫고 고향 베들레헴으로 돌아오게 되는데, 이때 모압 출신 며느리 룻도 함께 옵니다. 살아 계신 하나님에 대한 믿음을 키워가던 효성 지극한 여인 룻, 그리고 삶의 한복판에서 율법을 실천하며 살아가는 믿음의 사람 보아스의 만남은 결코 우연이 아니었습니다. 〈룻기〉 마지막 부분에 나오는 족보를 통해, 우리는 보아스와 룻의 자손 오벳으로부터 다윗까지 이어지는 하나님의 놀라운 섭리를 확인하게 됩니다.

09과 약속의 땅 입성
여호수아

🔒 큰글자 일년일독 통독성경

71일: 500년 만의 성취 **72일**: 할례와 유월절 **73일**: '음성' 파워 **74일**: 5년간의 전쟁, 두려움에서 용기로
75일: 갈렙, 여호수아의 자랑 **76일**: 땅 이름 수백 개 **77일**: 48개 관공서, 레위인 성읍 **78일**: 여호수아의 유언

🔖 通으로 외우세요

① 여호수아 1~12장까지는 여호수아와 만나세대가 약 5년간 치른 가나안 정복 전쟁 이야기를 담고 있습니다.
② 여호수아 13~24장에는 가나안 땅 분배와 정착에 관한 이야기가 주요 내용으로 담겨 있습니다.

💡 通으로 읽는 센스

<여호수아>는 가나안 정복 전쟁과 땅의 분배, 그리고 이스라엘의 가나안 정착 과정을 기록하고 있습니다.

모세를 통해 40년 동안 훈련받은 만나세대들이 하나님의 말씀에 순종하기 시작합니다. 광야에서 '원망'이라는 단어를 달고 살았던 그들의 부모 세대와는 달랐습니다. 만나세대는 교육의 효과가 무엇인지를 가르쳐주는 확실한 모델이었습니다.

➕ 通포인트

약속의 땅에서의 계승과 도전
여호수아 1~12장은 5년간의 가나안 정복 전쟁의 내용으로 이루어져 있습니다. 모세를 통해 명하신 하나님의 율법이 그들의 공동체에 어떻게 잘 계승되었는지, 그렇게 잘 계승된 그들이 어떤 도전의 삶을 살았는지 살펴봅시다.

1. 여호수아와 만나세대 수 1장
큰글자 일년일독 통독성경 | 418~419p

이스라엘의 지도자가 모세에서 여호수아로 바뀌고, 이제 광야학교를 졸

업한 만나세대들의 역사가 시작됩니다. 그런데 가나안 점령을 앞둔 여호수 아가 상당히 떨고 있었습니다. 하나님께서는 두려워하는 여호수아에게 "강 하고 담대하라 두려워하지 말며 놀라지 말라"(수 1:9)라고 말씀하시며, 여호 수아가 어디로 가든지 함께하겠다는 약속을 주십니다.

하나님께로부터 위로와 용기를 얻은 여호수아는 전쟁의 선발대를 세웁 니다. 이미 요단 동편에서 자신들의 땅을 분배받은 르우벤, 갓, 므낫세 반 지파입니다. 그때 모세와 약속하기를, 다른 지파들이 요단 서편을 점령하러 갈 때에 자신들이 선봉에 서겠다고 했습니다. 이제 여호수아가 두 지파 반 에게 "너희는 그 말을 기억하라"(수 1:13)라고 그 약속을 상기시켜줍니다. 그 러자 그들이 "당신이 우리에게 명령하신 것은 우리가 다 행할 것이요 당신 이 우리를 보내시는 곳에는 우리가 가리이다 우리는 범사에 모세에게 순종 한 것 같이 당신에게 순종하려니와"(수 1:16~17)라고 말합니다. 참으로 멋진 장면입니다. 출애굽했던 이들의 자녀세대, 즉 광야에서 만나를 먹으며 자라 난 '만나세대'가 얼마나 훌륭하게 훈련되었는지를 볼 수 있는 장면입니다.

여호수아
여호수아의 본명은 '호세아'이다. 에 브라임 지파 출신이며 아버지의 이름 이 '눈'이어서 '눈의 아들'이라고도 불 렸다. 그는 출애굽 후 모세를 돕는 참 모였다. 가나안 땅 정탐 때에 정탐꾼 으로 선발되었는데, 갈렙과 함께 가나 안 정복 가능을 주장했다. 결국 모세 를 이어 이스라엘의 지도자가 되었다.

2. 여리고성 정탐 수 2장
#큰글자 일년일독 통독성경 | 419~421p

이제 힘을 내서 가나안 정복 전쟁을 시작해야 합니다. 여호수아는 여리고 성 정복에 앞서 심사숙고 끝에 두 명의 정탐꾼을 여리고로 보냅니다. 정탐은 믿음 있는 두 명이면 충분했기 때문입니다. 그런데 두 정탐꾼이 여리고성에 정탐하러 간 지 얼마 되지 않아 곧 들통이 나고 맙니다. 그러나 다행히 이들 은 여리고성에 사는 라합이라는 여인의 도움으로 무 사히 위기를 넘기게 되고, 이때 라합은 두 정탐꾼 앞 에서 아주 놀라운 고백을 합니다.

하나님께서 이스라엘 백성을 출애굽시키시면서 홍해를 마르게 하신 것과 요단 동편의 두 왕 시혼과 옥을 전멸시키신 것을 이미 들어 알고 있으며, 그래 서 그 하나님이 '상천하지(上天下地)'이시라는 사실을 믿고 있다고 말합니다. 자기뿐 아니라 그 땅 백성이 모두 그 사실을 듣고 두려워 떨었다고 고백합니다(수

라합과 여호수아의 정탐꾼 _ 작자 미상

2:9~11). 가나안은 40년 전에도, 그리고 지금도 똑같이 떨고 있었던 것입니다. 그러면서 도리어 정탐꾼들에게 자신과 가족을 살려달라고 부탁합니다. 정탐꾼들은 라합의 부탁을 받아들이고 약조를 맺습니다. 라합의 도움으로 정탐을 마친 그들은 여호수아에게 돌아와 믿음의 보고를 합니다. 이 보고는 정복 전쟁을 앞둔 이스라엘에게 큰 힘이 되었습니다.

3. 요단강을 마른 땅으로 밟고 건너다 수 3~5장
#큰글자 일년일독 통독성경 | 422~426p

40년 전 출애굽한 이스라엘은 홍해를 마른 땅으로 밟고 건너는 기적을 경험했습니다. 40년이 지난 지금, 만나세대는 하나님께서 약속하신 가나안 땅에 들어가는 첫 관문 요단강을 역시 마른 땅으로 건너게 됩니다. 홍해의 기적은 모세의 지팡이로, 요단강의 기적은 언약궤로 시작합니다. 여호수아가 하나님의 명을 받았고, 언약궤를 멘 제사장들이 앞장섰습니다. 요단강을 건너자 광야 시대가 끝나고 가나안 시대가 시작됩니다. 바로 이때 이스라엘 백성은 광야에서 40년간 행하지 못했던 할례를 다시 행하고, 약속의 땅에서의 첫 유월절도 지킵니다. 이렇게 만나세대의 가나안 시대 첫 출발은 500년 전 아브라함이 시작한 할례와 40년 전 애굽에서 시작한 유월절 실행으로 시작되었습니다. 그리고 만나세대에게 지난 40년 동안 매일의 양식이었던 만나는 이제 언약궤 항아리 안에만 남게 됩니다.

다시 일어난 기적
홍해에서는 바다가 먼저 갈라지고 마른 땅이 드러난 후 이스라엘 백성이 건넜던 반면(출 14장), 요단강에서는 언약궤를 멘 제사장들의 발이 물속에 잠기자 길이 열렸다. 더욱이 그때는 요단강의 물이 넘치는 시기였던 것으로 볼 때, 하나님의 명령에 대한 백성의 믿음이 충만했음을 알 수 있다. 40년 율법 교육을 통해, 이스라엘 백성이 하나님을 믿는 믿음으로 담대히 전진하게 된 것이다.

4. 가나안 점령 수 6~12장
#큰글자 일년일독 통독성경 | 426~443p

5년간의 정복 전쟁이 시작됩니다. 사사 시대, 다윗 시대, 열왕기 시대에도 전쟁을 많이 치르긴 하지만, 이때만 한 때는 없었습니다. 이스라엘은 가나안 정복 전쟁의 첫 번째 성인 여리고를 칼과 창을 사용하지 않고 하나님께서 지시하신 방법으로 함락시킵니다. 가나안 정복 전쟁의 첫 싸움인 여리고성 전투는 제사장 일곱 명이, 일곱 개의 나팔을 들고, 7일 동안 앞장섰으며 칼이나 창이 아닌 '소리'와 하나님의 기

당시 가나안에 살던 족속들	
족속	위치
헷	광야와 레바논에서부터 유브라데에 이르는 지역
가나안	베니게 지역의 해변가와 요단강 계곡
블레셋	가나안 해안 지대
히위	가나안 북부 산간 지대와 기브온
여부스	예루살렘과 그 주변의 산간 지대
브리스	주로 변두리나 산간 지역
기르가스	요단 서편 지역

적으로 승리했습니다. 이 기간 동안 '전쟁은 사람에게 달린 것이 아니요, 하나님께 속한다.'라는 믿음의 원칙이 세워집니다.

모세가 정복한 요단 동편의 왕 두 명과 여호수아가 정복한 요단 서편의 왕 31명의 명단이 여호수아 12장에 기록되어 있습니다. 하나님의 말씀에 대한 믿음과 순종, 그리고 이스라엘 백성의 땀과 수고가 어우러져 33번의 승전 기록이 남겨지게 되었습니다. 모세는 애굽에서 바로와 6개월간 '협상 전쟁'을 했고 여호수아는 가나안에서 31명의 왕과 5년간 '공성전'을 했습니다. 만나세대의 5년간의 전쟁은 하나님의 500년 약속 성취입니다.

만나세대들은 전쟁이 하나님께 속한 것이라는 믿음과 순종으로 끝내 가나안 땅을 차지할 수 있었습니다. 결국 믿음이 이기는 것입니다. "믿음이 이기네 믿음이 이기네 주 예수를 믿음이 온 세상 이기네!"

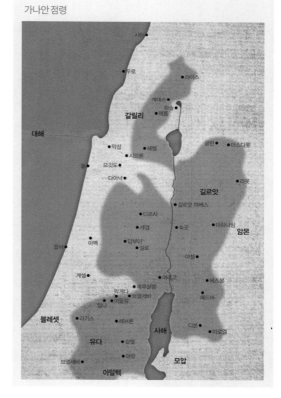

가나안 점령

◆ 통通포인트

▶ **순종의 땅, 행복의 단비**
여호수아 13~24장은 '분배' 이야기입니다. 애굽에서의 노예 생활, 그리고 광야 생활에서 '땅'은 그들에게 그다지 중요한 의미가 아니었을 것입니다. 하지만 처음으로 당대뿐 아니라 앞으로 오고 올 세대에게 가장 중요한 토대인 '땅'이 각 지파별로 주어집니다. 그런데 그 땅은 '순종의 땅'일 때 의미가 있습니다. 땅이든, 명예든, 재물이든, '순종'의 결과일 때 그곳에 '행복'이 있는 것입니다. 여호수아가 말하는 진정한 행복(수 24:15) 또한 이러한 '순종'에 기반하고 있음을 기억합시다. 하나님의 마음을 품은 선택이 결국은 우리 인생들을 행복으로 이끕니다.

5. 가나안 땅 분배와 갈렙의 선택 수 13~19장
`# 큰글자 일년일독 통독성경 | 443~457p`

가나안 땅 정복을 어느 정도 마친 후, 각 지파는 자신들이 거주할 땅을 위해 제비뽑기를 합니다. 하나님께서 정해주신 방법이었습니다. 그러나 오

제비뽑기
제비를 뽑아서 나눈다는 것은 힘센 사람이 좋은 곳을 먼저 소유한다는 것이 아니다. 제비뽑기라는 말 속에는 하나님의 소유권을 인정한다는 의미가 담겨 있으며 토지공개념도 담겨 있다.

직 한 명, 갈렙만이 이 원칙에서 예외였습니다. 이는 45년 전 가데스 바네아에서 충성으로 하나님을 선택했던 갈렙에게 하나님께서 주신 특권이었습니다. 이제 실제로 땅을 분배하는 시점에, 갈렙이 자기의 가족과 친지들을 다데려와서 옆에 세워놓고 여호수아에게 과거에 부여받은 자신의 특권을 상기시킵니다. "이제 주께서 그날 약속하신 이 산지를 나에게 주십시오. 과연 거기에는 아낙 사람이 있고, 그 성읍은 크고 견고합니다. 그러나 주께서 나와 함께하신다면, 주께서 말씀하신 대로 나는 그들을 쫓아낼 수 있습니다." (수 14:6~12 참고)

갈렙이 40세에 목숨과 맞바꿔 얻은 '특권'을 85세에 하나님께 '선물'로 드린 것입니다. 갈렙은 이미 정복한 땅 중에서 물 좋고 산 좋은 곳을 선택할 수도 있었습니다. 그런데 갈렙이 아직 정복하지 못한 헤브론 땅을 두고 "이 산지를 내게 주소서!"라고 말했을 때, 여호수아는 오랜 친구 갈렙이 참으로 고맙고 든든했을 것입니다. 갈렙의 요청대로 아직 정복하지 못한 산지인 헤브론이 그의 기업으로 주어졌고, 그 후 그 땅은 갈렙과 그 후손인 다윗의 땅이 됩니다. 여호수아는 갈렙의 도움으로 땅 분배에 성공할 수 있었습니다.

여호수아는 모두에게 땅을 분배한 후 가장 늦게 자신과 자신의 후손들을 위한 땅, 딤낫 세라를 분배받습니다. 이는 여호수아가 자신의 지파인 에브라임 지파에게 갈렙의 케이스를 따라 하게 한 것이었습니다. 여호수아 또한 모세의 뒤를 이은 훌륭한 지도자라 할 수 있습니다.

분배
가나안 땅의 정복이 아직 끝나지 않았지만 레위 지파를 뺀 나머지 지파가 땅을 기업으로 받았다. 여호수아 12장에서는 모세와 여호수아를 통해 정복한 땅들이 열거되지만 여호수아 13장에서는 정복되지 않은 땅에 대한 분배가 이루어지고 있다.
이는 하나님께서 아브라함에게 "애굽 강가에서 큰 강 유브라데까지 네 자손에게 주리라"(창 15:18) 하신 약속이 5백여 년만에 구체화된 것이다.

가나안 땅 분배

수 13장	이미 요단 동편 땅을 분배받은 세 지파 이야기 (르우벤, 갓, 동쪽 므낫세 지파)
수 14장	갈렙이 헤브론을 선택하고 점령함
수 15~17장	유다, 에브라임, 서쪽 므낫세 지파가 요단 서편에서 땅을 분배받음
수 18~19장	나머지 일곱 지파가 아직 정복하지 못한 땅을 분배받음
수 20~21장	레위 지파가 도피성을 포함한 48개 성읍을 분배받음

6. 사명으로 흩어진 레위 지파 – 제사장 나라의 48개 관공서

수 20~22장

#큰글자 일년일독 통독성경 | 457~464p

이스라엘 열두 지파에게 땅을 모두 분배한 후 레위 지파가 거주할 48개 성읍과 목초지를 분배합니다. 성읍을 분배받은 레위 자손들은 이스라엘 각 지파 중에 흩어져 살게 됩니다. 레위인들은 여러 지역에 흩어져 하나님의 말씀을 가르쳐야 했기 때문입니다. 레위 지파가 공직자로 일하는 제사장 나라는 1개의 중앙 성소와 48개의 관공서로 운영되는 나라입니다. 한편, 이제

약속의 땅 분배
"이에 땅 나누는 일을 마쳤더라"(수 19:51). 이 한 절이 있기 위해 얼마나 많은 노력이 있었는지 모른다. 아브라함에게 땅에 대한 약속을 주신 하나님, 그 약속을 붙들고 땀흘렸던 수많은 믿음의 사람들. 그 오랜 세월 끝에 드디어 약속의 땅이 모든 지파에게 돌아가고 땅 분배가 종결된다.

까지 모세와의 약속대로 가나안 정복 전쟁의 선봉에 섰던 르우벤, 갓, 므낫세 반 지파는 요단 동편으로 되돌아갑니다.

7. 여호수아의 마지막 당부 수 23~24장

 # 큰글자 일년일독 통독성경 | 464~469p

모세의 뒤를 이어 이스라엘의 지도자로서 가나안 정복 전쟁을 마치고 땅 분배까지 잘 완수한 여호수아의 인생도 저물어갑니다. 자신의 생명이 다 되어가는 시점에 여호수아 역시 모세처럼 마음을 담아 백성에게 부탁합니다. "그러므로 스스로 조심하여 너희의 하나님 여호와를 사랑하라"(수 23:11). 기억나십니까? 전임 지도자 모세가 이스라엘 백성에게 남겼던 말과 동일한 메시지입니다. "하나님을 사랑하라."라는 두 지도자의 공통된 당부는 이후 이스라엘이 나아갈 삶의 방향이 됩니다. 전쟁 영웅 여호수아는 모세처럼 왕이 되지 않고, 제사장 나라의 거룩한 시민이 되어 기뻐하는 삶을 살았습니다.

이스라엘 백성이 여호수아가 죽은 후 모세의 당부대로 요셉의 뼈를 세겜에 묻음으로 창세기 50장의 요셉의 유언은 여호수아 24장에서 이루어집니다.

누구를 섬길 것인가? (수 24:14~18)
여호수아는 생을 마감할 시간을 앞두고 "오직 나와 내 집은 여호와를 섬기겠노라"(수 24:15)라고 단호히 선언한다. 여호수아가 하나님만을 섬기겠다고 선언하자, 이스라엘 백성 모두가 하나님을 섬기겠다고 말한다.
하나님을 섬길 것인가? 아니면 우상을 섬길 것인가? 성경은 이 중간지대에 대해서는 언급하지 않는다. 하나님을 믿는 믿음에 있어서 중간지대란 없기 때문이다. 진심으로 하나님을 섬기지 않는다면 어떤 형태로든 그 외의 우상을 섬기게 되는 것이 인간이다. 오늘날 우리에게는 과연 하나님을 향한 신앙의 결단이 있는가? 우리의 마음은 진정으로 하나님을 주인으로 모시고 있는가? 우리의 마음과 믿음을 되돌아보자. 우리 마음의 중심에 오직 하나님을 섬기는 믿음이 자리하고 있어야 할 것이다.

🔗 **이 과의 내용을 통(通) 이야기(Tong story)로 적어보고 이야기해 보세요.**

👤 **이 과의 내용을 자녀에게 가르칠 수 있도록 통성기도(Tongsung Gido)합시다.**

• 너희의 자녀에게 가르치며 집에 앉아 있을 때에든지, 길을 갈 때에든지, 누워 있을 때에든지, 일어날 때에든지 이 말씀을 강론하고 … 너희의 날과 너희의 자녀의 날이 많아서 하늘이 땅을 덮는 날과 같으리라 (신명기 11:19~21)
• 너는 네가 누구에게서 배운 것을 알며 또 어려서부터 성경을 알았나니 (디모데후서 3:14~15)

10과 사사들이 다스리던 시기
사사기

통通으로 외우세요

① <사사기>는 350여 년간 이어지는 답답한 사사 시대 이야기입니다.

② <사사기>는 '제사장 나라 거룩한 시민'의 삶 대신 각자 자기 소견에 옳은 대로 살아갔던 시대의 이야기입니다.

③ 제사장 나라 1,500년의 역사에서 사사 시대 350여 년은 '제사장 나라의 틀'이 유지된 시대였습니다.

통通으로 읽는 센스

출애굽세대의 자녀들인 만나세대들이 모세와도 약속했고 여호수아와도 약속했는데, 그들은 자녀들에게 '쉐마(들으라!)' 교육을 제대로 하지 않았습니다. 만나세대들이 가나안에 정착한 후 하나님에 대한 자녀 교육을 등한시했기에 자녀 세대는 가나안의 우상들을 섬기기 시작했습니다. 약 350년에 걸친 사사 시대는 그래서 참 암울합니다. 열두 지파는 분배된 땅에서 서로 협력하려 하지 않고, 지도자라는 사사들의 수준은 하나님의 기대에 미치지 못합니다.

<사사기>에는 이스라엘을 향한 하나님의 기대와 계획, 그런 하나님의 계획을 무산시키는 이스라엘의 악행과 교만, 그런 그들을 심판하시면서도 또다시 그들을 사랑하여 구원하시는 하나님의 손길이 반복되어 나타납니다.

통通포인트

잊혀진 부탁

사사 시대라는 350여 년의 암흑기가 전개됩니다. 모세 시대 시내산 1년의 기간 동안 이스라엘 민족에게 가장 중요한 기초가 놓였습니다. '제사장 나라 거룩한 백성'이 되기 위한 사명, 그 사명을 위한 핵심 내용인 성막과 제사가 바로 그것이었습니다. 성막과 제사의 핵심은 율법과 제사장입니다. 그런데 사사 시대에는 이 두 가지가 결정적으로 무너졌습니다. 사사 시대는 중요한 기초가 무너진 사회였던 것입니다. 이는 모세와 여호수아가 그렇게 부탁한 '신앙 교육'을 소홀히 한 결과였음을 기억합시다.

1. 쫓아내지 못한 족속들 삿 1장~2:10
큰글자 일년일독 통독성경 | 469~472p

만나세대는 광야 40년의 세월을 잘 참아 견디며 훈련받았습니다. 목숨을 건 5년 동안의 정복 전쟁도 잘 치러냈습니다. 땅에 대한 갈렙의 의연하고 놀라운 선택 후, 은혜롭게 땅을 제비뽑아 분배하는 일도 잘 해냈습니다. 아직 가나안에서의 생활이 완전히 안정적이라고는 할 수 없지만 광야 생활이나 전쟁 때에 비하면 천국과 같습니다. 더 이상 천막과 짐들을 가지고 이동하지 않아도 됩니다. 농사를 지어 추수하는 기쁨도 누릴 수 있습니다. 정말 꿈에 그리던 가나안에서 하나님을 기쁘시게 하며 제사장 나라 백성으로서의 삶을 살 수 있게 되었습니다.

그러나 사사기 1장 27~36절에는 이스라엘 백성이 아직 다 쫓아내지 못하여 가나안 땅에 그대로 머물러 사는 여러 거민들의 이름이 등장합니다. 아직 정복하지 못한 가나안 족속입니다. 이 땅을 정복하는 일은 만나세대들에게 남겨진 중요한 과제였습니다.

남아 있는 땅
이스라엘이 아직 다 정복하지 못하고 남은 땅들이 있었는데(수 13:1~6; 삿 3:1~3) 블레셋이 거주하던 지중해 북서부에서부터 갈릴리 북쪽 모든 지역, 갈릴리 바다를 끼고 오른쪽으로 동전 모양으로 붙어 있는 그술이라는 땅 등이었다. 블레셋은 워낙 호전적인 해양 민족이었고, 갈릴리 북부의 산지 거인(네피림, 아낙 자손)들은 철기와 전차 부대를 가진 강한 민족들이었다(삿 1:19). 이 지역들은 다윗 시대에 가서야 완전히 정복된다.

2. 신앙 교육 소홀의 결과 삿 2:11~5장
큰글자 일년일독 통독성경 | 473~481p

여호와 하나님을 알지 못하면 결국 불행해집니다.

"백성이 여호수아가 사는 날 동안과 여호수아 뒤에 생존한 장로들 곧 여호와께서 이스라엘을 위하여 행하신 모든 큰 일을 본 자들이 사는 날 동안에 여호와를 섬겼더라 … 그 세대의 사람도 다 그 조상들에게로 돌아갔고 그 후에 일어난 다른 세대는 여호와를 알지 못하며 여호와께서 이스라엘을 위하여 행하신 일도 알지 못하였더라"(삿 2:7~10).

"그 후에 일어난 다른 세대", 즉 만나세대 이후 하나님께서 행하신 큰일을 보지 못한 세대는 하나님을 알지 못했습니다. 만나세대가 그 자녀들에게 신앙 교육을 소홀히 했다는 것입니다. 이것은 사사 시대에 어두운 그림자를

교육 부재
모세는 "하나님 여호와를 사랑하라"(신 6:5)라는 명령과 함께 자녀들에 대한 교육도 강조하여 당부했다. 그런데 이스라엘을 가나안으로 인도하신 하나님의 큰 역사를 목도한 세대들이 그 후손들에게 하나님을 바르게 가르치지 않은 것이다. 그 결과는 다음 세대들의 타락과 이탈이었다.

드리운 결정적 원인이었습니다. 만나세대의 자녀 세대가 안타깝게도 '제사장 나라 문화'는 약화시키고 오히려 '가나안 문화'를 따르기 시작한 것입니다.

하나님께서는 이들을 깨우치고 바로 세우기 위하여 징계와 용서를 되풀이하십니다. 그러나 이방 족속의 학대와 억압을 받을 때만 하나님을 찾고, 위기에서 벗어났다 생각되면 다시 죄악의 길로 들어서는 이스라엘의 모습은 답답하고 한탄스럽습니다. 때문에 사사 시대 350여 년 동안 제사장 나라 법(레 26장)에 따라 징계 1단계(흉년)와 2단계(수탈)가 반복됩니다.

3. 기드온과 3백 용사의 간증 삿 6~9장
#큰글자 일년일독 통독성경 | 481~494p

이스라엘 자손이 또 하나님 앞에서 악을 행하여 7년 동안 미디안으로부터 압제를 받게 됩니다. 이때 하나님께서 기드온을 부르시고 그를 사사로 세우십니다. 사실 기드온을 비롯한 이스라엘 백성의 두려움은 메뚜기처럼 많은 미디안

미디안과의 전쟁을 앞두고 기드온이 손으로 물을 떠먹는 병사를 선택하다 (Alba Bible 삽화)

군대 때문이었습니다. 그러나 하나님께서 그들과 함께하신다면, 더 이상 군대의 숫자는 중요하지 않습니다. 미디안과의 전투에 참가하기 위해 모여든 자 3만 2천 명 가운데, 하나님께서는 제사장 나라를 간증할 오직 3백 명만 남겨두고 모두 돌려보내게 하십니다.

기드온과 3백 용사가 횃불을 들고 나팔을 불 때 하나님께서 싸우셨습니다. 결국 기드온과 3백 용사는 미디안 군대를 물리쳤고, 이스라엘은 오랜만에 평화로운 시대를 맞이합니다.

그럼에도 불구하고 하나님을 왕으로 모실 마음이 없는 백성은 기드온이 살아 있을 때엔 기드온을 왕으로 삼고자 하고, 기드온이 죽자 하나님 대신 또다시 바알을 섬깁니다. 사사 시대의 불행은 더욱 깊어져 갑니다.

이스라엘의 사사

사사 이름	출신 지파	재임 기간	물리친 이민족 (왕)
옷니엘	유다	40년	메소포타미아 (구산리사다임)
에훗	베냐민	80년	모압 (에글론)
삼갈	?	?	블레셋
드보라	에브라임	40년	가나안 (야빈)
기드온	므낫세	40년	미디안 (아비멜렉의 반란)
돌라	잇사갈	23년	
야일	길르앗 사람	22년	
입다	길르앗 사람	6년	암몬
입산	유다	7년	
엘론	스불론	10년	
압돈	에브라임	8년	
삼손	단	20년	블레셋

102 _ 통通성경 길라잡이

4. 기대에 못 미치는 지도자 <small>삿 10~12장</small>
#큰글자 일년일독 통독성경 | 494~500p

야일이라는 사사가 있었는데, 그의 이력서는 다음과 같습니다. "그에게 아들 삼십 명이 있어 어린 나귀 삼십을 탔고 성읍 삼십을 가졌는데"(삿 10:4). 하나님의 말씀을 따라 백성을 이끌어야 할 지도자의 이력으로 참으로 실망스럽지 않을 수 없습니다.

그런가 하면, 또 다른 사사 입다는 하나님의 능력을 힘입어 이스라엘을 암몬 자손의 손에서 구해낼 수 있었습니다. 그런데 입다는 전쟁에서의 승리를 위해 "내가 암몬 자손에게서 평안히 돌아올 때에 누구든지 내 집 문에서 나와서 나를 영접하는 그는 여호와께 돌릴 것이니 내가 그를 번제물로 드리겠나이다"(삿 11:31)라는 경솔한 서원을 했고, 그 결과 자신의 무남독녀 외동딸을 번제물로 바쳐야 했습니다. 그러나 사람을 제물로 바치는 것은 이미 모세의 율법을 통해 하나님께서 금하신 일입니다. 이 일은 지도자로 세움 받은 사사들조차도 얼마나 하나님의 말씀에 무지했는지를 잘 보여주고 있습니다.

각종 우상
사사 시대에 이스라엘이 섬겼던 우상의 이름들이 나열되어 있다(삿 10:6). 바알, 아스다롯, 아람의 신들, 시돈의 신들, 모압의 신들, 암몬의 신들, 블레셋의 신들…. 정작 그들을 구원하신 하나님은 섬기지 아니하고, 눈에 보이는 온갖 우상들은 손에 잡히는 대로 섬기고 있는 이스라엘 백성이 참으로 답답하기만 하다.

5. 사사 삼손 <small>삿 13~16장</small>
#큰글자 일년일독 통독성경 | 501~510p

하나님께서 시대를 새롭게 할 지도자를 계속 찾으시는 중에 제사장 나라의 특별법인 '나실인 법'을 직접 발동하십니다. 그렇게 택함 받은 삼손은 복받은 사람이었고 하나님의 영이 함께한 사람이었습니다. 이런 삼손에게 맡겨진 두 가지 과제는 첫째, 이스라엘을 블레셋으로부터 해방시키는 것이요, 둘째, 이스라엘에서 우상을 없애고 하나님만 섬기는 민족으로 개혁하는 일입니다. 그런데 삼손은 블레셋과의 싸움에서 여러 차례 승리를 거두기는 하지만, 20년을 사사로 있으면서도 하나님의 기대에는 미치지 못했습니다. 우리가 잘 알고 있듯, 그는 하나님과의 약속과 블레셋 여인 들릴라 사이에서 갈등하며 마음을 정하지 못하다가 결국 실패하고 맙니다. 이런 삼손의 모습은 마치 하나님과 우상들

나실인 (삿 13:5)
'나실인'은 히브리어 '나지르'를 음역한 말로, 하나님께 드려짐으로 인해 구별된 거룩한 사람들을 말한다. 하나님께서는 레위 지파 외의 사람들이 자기 몸을 구별하여 여호와께 드릴 수 있도록 나실인 법을 제정하여 주셨다. 나실인 법에 따르면 서원을 하여 자기 몸을 구별하는 모든 날 동안에는 포도나무 소산은 씨나 껍질이라도 먹지 말아야 하고, 삭도를 그 머리에 대지 않아야 하며, 시체를 가까이 할 수 없었다(민 6:1~21).

블레셋 사람들에게 붙잡힌 삼손 _ 구에르치노 作

사이에서 갈등하는 당시 이스라엘 백성의 모습과도 같았습니다.

6. 사사 시대 사회상 삿 17~21장
#큰글자 일년일독 통독성경 | 510~522p

사사기 17~18장에 나오는 미가라는 사람의 이야기는 당시 사회가 얼마나 무너져 있었는지를 말해줍니다. 살 곳을 찾아 방황하던 한 레위인이 미가의 집에 오게 되고, 미가는 그를 자기 개인의 제사장으로 세워 자기를 위해 복을 빌게 합니다. 사사 시대에 레위인들의 삶이 어떠했는지를 알 수 있습니다. 사사 시대 사람들은 레위인들이 생계를 꾸려갈 수 있도록 제물을 드리는 일을 하지 않았고, 그래서 제사장과 레위인들이 스스로의 생계를 꾸려나가기 위해 떠돌아다니거나 다른 직업을 찾아야 했던 것입니다.

이어지는 사사기 19~21장의 사건은 더 암울합니다. 한 레위인과 그의 첩이 베냐민 지파의 땅인 기브아라는 지역에 들어갔다가, 그곳 불량배들에 의해 레위인의 첩이 죽음에 이르게 된 사건이 있었습니다. 문에 엎드러져 죽어 있는 첩의 시체를 보고 복수를 꿈꾼 레위인은 자기 첩의 시체를 열두 덩이로 나누어 이스라엘 사방에 보냅니다. 이 일로 이스라엘 사회가 큰 혼란에 빠지고 맙니다. 베냐민 지파와 나머지 열한 지파들 간에 전쟁이 벌어졌고, 이때 베냐민 지파의 장정 2만 5천여 명과 열한 지파의 장정들이 다수 죽어, 베냐민 지파는 소멸될 위기에까지 처하게 됩니다. 전투가 벌어지는 동안에는 앞뒤 가릴 것 없이 서로 죽이는 데에 열중했지만, 그 폭풍 같았던 시간이 흐른 뒤 돌이켜보니 참담함만 남을 뿐이었습니다.

〈사사기〉에 소개된 사건들과 인물들은 많은 백성이 자기의 소견을 따라 살았던 당시의 시대상을 보여줍니다. 하나님의 백성으로서의 기본이 지켜지지 않았고, 하나님 앞에 중심을 잡지 못한 이 시대의 이스라엘은 안타깝게도 하나님의 큰 근심이 되었습니다. 사사 시대는 이처럼 개인, 가정, 지파를 넘어 '총회'까지도 각자의 소견에 옳은 대로 행동하는 시대였습니다. 그리고 사사 시대는 제사장 나라 율법이 희미한 무늬로만 남아 있던 시대였습니다.

〈사사기〉의 교훈
하나님께서 이미 모세를 통해 알려주신 이스라엘의 삶의 방식인 율법에는 하나님을 섬기는 방법부터 시작하여 이웃과의 관계, 다른 민족과의 관계에 이르기까지 폭넓고 깊은 내용들이 담겨 있다. 그렇지만 아무리 좋은 방법도 이스라엘 백성들이 따르지 않는다면 아무런 의미가 없다. 〈사사기〉는 하나님의 말씀과 어긋난 선택이 어떤 결과를 가져오는지를 우리에게 교훈해준다.

🔗 이 과의 내용을 통通 이야기(Tong story)로 적어보고 이야기해 보세요.

👤 이 과의 내용을 자녀에게 가르칠 수 있도록 통성기도(Tongsung Gido)합시다.

- 너희의 자녀에게 가르치며 집에 앉아 있을 때에든지, 길을 갈 때에든지, 누워 있을 때에든지, 일어날 때에든지 이 말씀을 강론하고 … 너희의 날과 너희의 자녀의 날이 많아서 하늘이 땅을 덮는 날과 같으리라 (신명기 11:19~21)
- 너는 네가 누구에게서 배운 것을 알며 또 어려서부터 성경을 알았나니 (디모데후서 3:14~15)

11과 교육의 성공 사례
룻기

🔖 통通으로 외우세요

① <룻기>는 사사 시대 때 일어난 '사막의 오아시스' 같은 사건을 기록하고 있습니다.
② <룻기>는 제사장 나라의 법 가운데 '계대결혼법'과 '기업 무를 자의 법', 그리고 '희년
법'을 다루고 있습니다.

💡 통通으로 읽는 센스

<룻기>는 한마디로 '제사장 나라' 이야기이고, 사막 한가운데서 만난 시원한 오아시스
같은 이야기입니다. <룻기>의 주인공들은 나오미와 룻, 그리고 보아스입니다. 사사 시
대에 이스라엘에 흉년이 들자, 베들레헴에서 살던 나오미는 가족과 함께 흉년을 피해 이
웃 나라 모압으로 이주했습니다. 10년쯤 지나 남편과 두 아들이 모두 죽게 되자, 나오미
는 며느리 룻과 함께 고향으로 돌아옵니다. 룻은 모압 여인으로서 시어머니에 대한 사
랑과 시어머니가 섬기는 하나님을 섬기고자 하는 열정이 컸습니다. 이후 룻은 보아스와
결혼하여 아름다운 가정을 이루게 되는데 보아스는 여리고성에 살았던 라합의 후손으
로, <레위기>의 '거룩'을 공부하여 삶의 현장에서 실천하며 살았던 하나님의 사람이었
습니다. 그를 통해 신앙 교육의 중요성을 생각해볼 수 있습니다.

* * *

🧭 통通포인트

아름다운 율법의 구현

<룻기>에는 공동체 안에 닥친 어려움을 제사장 나라의 율법에 의거하여 해결해가
는 과정이 아름다운 이야기로 펼쳐집니다. 제사장 나라에서는 모든 백성이 '제사드
리는 자(제사자)'가 되는 것이 가장 중요합니다. 보아스는 나오미가 제사장 나라의
'제사자'로 설 수 있도록 땅을 찾아준 것입니다. 한마디로 <룻기>는 제사장 나라 이
야기입니다.

1. 나오미의 귀향과 룻의 선택 룻 1장

큰글자 일년일독 통독성경 | 522~524p

사사 시대에 흉년이 듭니다. 흉년은 이스라엘을 징계하시는 하나님의 방법이었습니다. 그런데 베들레헴 땅에 살던 한 가족, 엘리멜렉과 나오미, 그들의 두 아들은 하나님의 징계를 피해 모압 땅으로 이주했고, 아들들은 이방인인 모압 여인들과 결혼도 했습니다. 하지만 흉년은 잠시 피해 도망할 수 있었지만 그들의 행복은 그리 오래가지 못했습니다. 모압 땅에서 남편도 잃고 두 아들도 잃은 나오미는 깊은 생각 끝에, 결국 자신이 의지해야 할 분은 하나님뿐임을 깨닫게 됩니다. 그래서 모압에서의 생활을 정리하고, 고향으로 돌아가기로 결심합니다. 그리고 그 결심을 며느리들에게 밝힙니다. "나는 고국으로 돌아가겠으니, 너희는 친정으로 돌아가거라." 친정으로 돌아가서 새 삶을 시작하라고 이야기합니다. 함께 한참을 울던 며느리 오르바는 결국 친정으로 돌아갑니다. 그런데 룻은 돌아가지 않겠다고 말합니다.

나오미가 룻과 오르바에게 모압으로 돌아갈 것을 권하다 _ 윌리엄 블레이크 作

늙은 시어머니를 따라가면 좋은 일이 생긴다는 보장이 있는 것도 아닌데, 아니 오히려 자신이 시어머니를 책임져야 할 어려운 상황이 올 것이 예상되는데도, 룻은 어머니를 따르겠노라고 강하게 주장합니다. 룻의 말(룻 1:16~17)을 통해 보건대, 룻은 늙은 시어머니를 혼자 두고 떠날 수 없었던 효성 깊은 여인이었던 동시에, 그동안 가족이 되어 함께 사는 사이에 시어머니가 섬기는 하나님에 대해 알고 믿었던 믿음의 여인이었을 것입니다. 이렇게 해서 결국 룻은 나오미의 귀향길에 동행하게 됩니다.

2. 룻과 보아스의 만남 룻 2장

큰글자 일년일독 통독성경 | 524~526p

그토록 그리웠던 고향에 돌아오긴 했지만 당장 먹을 양식이 없었습니다. 나오미가 왜 이런 상황에 처했는지를 살펴보면 이렇습니다. 나오미와 엘리멜렉은 10여 년 전, 베들레헴에 흉년이 들었을 때 자신들이 조상 대대로 물려받은 땅의 경작권을 팔고 그 돈을 챙겨서 모압으로 이사를 갔던 것입니다.

나오미
'나의 기쁨'이라는 뜻의 이름. 나오미는 사사 시대에 베들레헴에 흉년이 들자 모압으로 이주한 엘리멜렉의 부인이다. 베들레헴에 있을 때 상당한 부를 소유하고 있었지만 이방 땅 모압에서 모든 것을 잃었고, 베들레헴으로 돌아온 후 하나님의 도우심을 입었다.

이스라엘 사람들은 여호수아 시대에 각 지파별로 땅을 분배받은 이후 그 땅에서 조상 대대로 살고 있었는데, 땅은 희년(50년)을 기준으로 하여 '경작권', 즉 농사지을 수 있는 권리만을 사고팔 수 있었습니다. 땅의 '소유권' 자체는 사고팔 수 없습니다. 왜냐하면 모든 땅의 주인은 하나님이시고, 땅은 이스라엘 각 지파에게 공평하게 영속적인 선물로 주신 것이기 때문입니다. 하나님께서는 사람들이 땅의 소유권을 사고팖으로써 한 지파의 땅이 다른 지파의 땅으로 옮겨지는 것을 금지하셨고, 이로써 공동체 내에서 일어나는 빈부 격차가 고정되는 것 또한 방지하셨습니다. 그러므로 '경작권'만 사고팔 수 있었는데, 이 또한 희년이 되면 원래 주인에게로 돌아가는 것이 원칙입니다. 이것이 제사장 나라의 '희년법'입니다.

그래서 나오미는 희년까지 남은 연수를 값으로 계산하여 자기 땅의 경작권을 팔고 모압으로 갔던 것이었는데, 아직 희년이 돌아오기까지는 오랜 시간이 남아 있는 터라 자신에게는 경작할 땅이 없는 것입니다. 농사를 지으려면 팔았던 경작권을 다시 사와야 하는데, 그런 형편이 안 되는 것입니다.

이런 상황에서 며느리 룻이 자신과 시어머니의 먹을거리를 찾아 다른 사람들의 밭으로 나서게 됩니다. 부끄러움을 무릅쓰고 남의 밭에 떨어진 이삭을 주우러 간 것입니다. 룻이 그렇게 발걸음을 옮겨 다다른 곳은 바로 보아스의 밭이었습니다.

이때 보아스가 등장합니다. 보아스는 자기 밭의 추수꾼들에게 "여호와께서 너희와 함께 하시기를 원하노라"(룻 2:4)라고 인사합니다. 축복의 인사를 들은 추수꾼들 또한 "여호와께서 당신에게 복 주시기를 원하나이다"(룻 2:4)라고 대답합니다. 하나님의 이름으로 서로를 축복하는, 이렇게 아름다운 노사 관계를 보신 적이 있습니까? 게다가 그 당시가 사사 시대임을 생각한다면, 이 모습은 참 놀라운 장면이 아닐 수 없습니다.

뿐만 아니라, 보아스는 이방 여인인 룻을 배려해 줍니다. 남편이 죽고 난 뒤 홀로 남은 시어머니를 모시는 착한 여인이라는 것을 소문으로 들어 알고 있다면서 룻에게 격려의 말을 건넵니다(룻 2:12). 또한 룻에게 떡도 건네고, 볶은 곡식도 줍니다. 뿐만 아니

보아스의 밭에 온 룻 _ 슈노어 폰 카롤스펠트 作

라 추수하는 소년들에게 곡식을 일부러 뽑아서 버려두라고 말합니다. 이것은 "너희가 너희의 땅에서 곡식을 거둘 때에 너는 밭 모퉁이까지 다 거두지 말고 네 떨어진 이삭도 줍지 말며 네 포도원의 열매를 다 따지 말며 네 포도원에 떨어진 열매도 줍지 말고 가난한 사람과 거류민을 위하여 버려두라"(레 19:9~10)라는 〈레위기〉의 율법을 기억하고 지키는 모습입니다. '아! 하나님의 말씀은 이렇게 실천하는 거구나!'라는 감탄이 나옵니다. 하나님을 마음에 모신 두 사람, 룻과 보아스의 만남이 참으로 아름답습니다.

3. 룻과 보아스의 결혼 – 베들레헴 성문 재판   룻 3장~4:17
#큰글자 일년일독 통독성경 | 526~529p

나오미와 룻이 베들레헴에 돌아왔을 때는 보리 추수를 시작할 때였다고 기록되어 있습니다(룻 1:22). 보통 2주 정도가 걸리는 추수 기간이 끝나갈 무렵, 시어머니 나오미가 룻을 불러 보아스가 자기 집안의 기업을 무를 사람이라고 말합니다. 기업을 무른다는 것은 형제가 자식이 없이 죽었을 경우에 가까운 친족이 죽은 형제의 미망인과 결혼을 하여 그 가문의 후사가 끊어지지 않도록 하는 것입니다. 이것을 다른 말로 '계대결혼'이라고도 합니다. 그리고 '기업 무를 자'의 또 하나의 의무는 어떤 친족이 가난하여 생계를 위해 자신의 토지 경작권을 팔았을 때, 그 판 것을 무를 사람이 되어서 산 사람에게 그 값을 대신 치르고 친족의 재산을 되찾아주는 것입니다. 나오미는 보아스가 이 의무를 이행해줄 적합자라고 보았던 것입니다.

룻은 시어머니의 말대로 목욕하고 기름을 바르고 의복을 입은 후 보아스의 밭으로 갑니다. 보아스가 밤에 곡식 단 더미의 끝에 눕는데 뭔가 발에 닿습니다. 깜짝 놀라 일어난 보아스에게 룻이 "나는 당신의 여종 룻이오니 당신의 옷자락을 펴 당신의 여종을 덮으소서 이는 당신이 기업을 무를 자가 됨이니이다"(룻 3:9)라고 말합니다. 그런데 보아스는 밤중에 두려운 마음으로 자기 곁을 찾아온 룻에게 "내 딸아 여호와께서 네게 복 주시기를 원하노라 … 네가 현숙한 여자인 줄을 나의 성읍 백성이 다 아느니라"(룻 3:10~11)라고 하며 위로해줍니다. 그리고 나오미 가족의 기업 무를 자로 자기보다 더 가까운 친족이 있다는 사실을 알려줍니다. 그래서 하나님의 율법을 제대로 지키기 위해서 보아스와 룻은 그날 밤 아무 일 없이 지내고, 룻은 보아스가 준

기업 무를 자
친족이 기업을 무르는 제도는 모세를 통해 주어진 규례 중 하나로(레 25:24~28), 기업을 잃은 친족을 대신해 그 값을 치르고 기업을 되찾아주는 것이다. 기업을 잃은 자와 가장 가까운 친족이 기업을 물려줄 의무를 지니지만, 이 제도는 의무가 아니라 원하는 자에게 적용되었기 때문에 그가 거절할 경우 순위가 그 다음 친족에게로 넘어간다. 이 제도는 본래 경제력을 상실한 친족을 보살피기 위한 제도이나, 혈통의 보존이나 억울한 죽음을 당한 사람의 가문을 존속시키는 것 등의 깊은 목적으로도 시행된다.

곡식을 가지고 새벽에 아무도 보는 사람이 없을 때 몰래 돌아갑니다.

다음 날, 보아스는 성읍 장로들을 부릅니다. 제사장 나라 성문 법정에서 민·형사 문제를 결정하기 때문입니다. 이곳에서 보아스는 자신보다 엘리멜렉과 더 가까운 친족을 불러서 '기업 무를 자'의 법을 말하며 나오미의 기업을 물러주라고 이야기합니다. 이 말을 들은 첫 번째 기업 무를 자가 나오미를 책임지겠다고 말하자, 보아스가 '계대결혼법'을 꺼내며 룻의 존재를 알립니다. 그러자 그는 자신의 기업에 손해가 있을 것을 염려해 기업을 무르지 못하겠다고 물러섭니다. 그래서 이 일은 보아스의 순위로 넘어옵니다. 보아스는 그 책임을 받아들여, 룻을 자기 아내로 삼습니다. 하나님의 기쁨과 이웃의 기쁨을 위해 살았던 보아스와 룻, 이들의 인생이 참으로 아름답습니다.

나봇의 포도원 재판
북이스라엘 왕 아합 때 나봇의 포도원 재판이 있었다. 그때는 이세벨에게 매수당한 재판관들이 잘못된 판단을 함으로 나봇이 신성모독 했다는 이유로 돌에 맞아 죽었다. 그런데 〈룻기〉의 베들레헴 성문 법정의 재판관들은 절차에 따라 공평하게 판결했다.

4. 보아스의 족보 룻 4:18~22
#큰글자 일년일독 통독성경 | 529p

보아스가 살던 사사 시대는 대부분의 사람이 자기 소견에 옳은 대로 살았던 시대입니다. 그런데 보아스는 다른 사람들과는 달리 하나님의 말씀을 붙들며 살았습니다. 첫째는 물론 하나님의 은혜요, 둘째로는 그의 족보를 통해 그 이유를 짐작해볼 수 있습니다.

〈룻기〉의 맨 마지막 부분에 보아스의 족보가 나옵니다. "살몬은 보아스를 낳았고 보아스는 오벳을 낳았고"(룻 4:21). 그런데 여기서 잠깐 마태복음 1장 5절을 찾아봅시다. "살몬은 라합에게서 보아스를 낳고 보아스는 룻에게서 오벳을 낳고 오벳은 이새를 낳고 이새는 다윗 왕을 낳으니라"(마 1:5~6). 살몬의 아내가 누구입니까? 바로 라합입니다. 여리고성에서 정탐꾼을 숨겨주었던 믿음의 여인 라합 말입니다.

라합, 그는 역사를 보는 안목을 가지고 있던 여인, 하나님을 볼 줄 아는 여인이었습니다. 그래서 여리고 사람들이 다 죽어갈 때 그 여인은 자신과 가족의 생명을 얻었고, 동시에 하나님의 능력으로 여리고성이 무너지는 것을 목격할 수 있었습니다. 그런 라합이 보아스에게 무엇을 가장 열심히 가르쳤겠습니까? 무엇보다 자기 일생 최대의 경험, 즉 여리고성이 순식간에 무너지는 틈바구니 속에서 자기가 생명을 건질 수 있었던 이유를 들려주며, '살아 계신 하나님'을 가르치지 않았겠습니까? 그래서 이후 보아스는 하나님의 말씀을 열심히 외우고 실천하며 살아갔던 것입니다. 그야말로 '제사장 나라 교육의 빛나는 성공 사례'로 꼽힐 만한 아름다운 가정입니다.

이렇게 〈룻기〉에는 하나님의 말씀대로 책임을 다한 보아스의 순종과 믿음, 아픈 세월을 통해 성숙한 신앙인으로 거듭난 나오미, 그리고 생명을 다해 하나님과 시어머니를 믿고 따른 룻의 삶이 아름답게 그려져 있습니다. 하나님께서 주신 율법이 진정 인간의 삶과 공동체의 수준을 아름답고 존귀하게 가꿔갈 수 있는 가장 좋은 길이라는 사실을 분명하게 보여준 〈룻기〉 이야기는 과연 사사 시대의 한 줄기 시원한 생수 같습니다.

🔗 이 과의 내용을 통通 이야기(Tong story)로 적어보고 이야기해 보세요.

👤 이 과의 내용을 자녀에게 가르칠 수 있도록 통성기도(Tongsung Gido)합시다.

• 너희의 자녀에게 가르치며 집에 앉아 있을 때에든지, 길을 갈 때에든지, 누워 있을 때에든지, 일어날 때에든지 이 말씀을 강론하고 … 너희의 날과 너희의 자녀의 날이 많아서 하늘이 땅을 덮는 날과 같으리라 (신명기 11:19~21)
• 너는 네가 누구에게서 배운 것을 알며 또 어려서부터 성경을 알았나니 (디모데후서 3:14~15)

500 years of Monarchy
통通트랙 2

왕정 500년
선지자와 왕의 대립과 협력 속에 경영된 제사장 나라

[통으로 본 왕정 500년 분위기]

'왕정 500년'은 '제사장 나라를 두고 왕과 선지자들이 대립하고 협력하는' 분위기입니다. 하나님께서는 이스라엘이 왕에 의한 통치가 아닌, 제사장 나라의 사명을 감당하는 민족이 되기를 원하셨습니다. 그런데 이스라엘 백성이 약속의 땅 가나안에 정착해 살면서 다른 나라들처럼 왕이 이스라엘을 통치해줄 것을 요구하고 나선 것입니다.

사무엘상 8장에서 백성들의 왕정 요구로 시작된 '왕정 500년'은 모세5경과 분위기가 확연하게 바뀌게 됩니다.

"우리에게 왕을 주어 우리를 다스리게 하라 했을 때에 사무엘이 그것을 기뻐하지 아니하여 여호와께 기도하매 여호와께서 사무엘에게 이르시되 백성이 네게 한 말을 다 들으라 이는 그들이 너를 버림이 아니요 나를 버려 자기들의 왕이 되지 못하게 함이니라"(삼상 8:6~7).

하나님께서는 왕정의 폐해가 어떤 것인지 자세히 설명해주셨지만, 이스라엘 백성은 뜻을 굽히지 않았습니다. 그렇게 왕정 500년이 시작됩니다.

왕정 500년간 하나님께서는 이스라엘이 우상을 섬기고 하나님으로부터 멀어질 때마다 선지자들을 보내셨습니다. 왕과 선지자들은 '제사장 나라(A Kingdom of Priests)'를 두고 대립과 협력의 500년 시기를 보냈습니다.

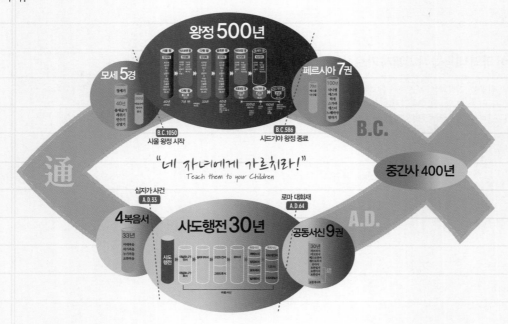

5 마당

천년모범
A Model for a Thousand Years

📍 **통通Map** 5마당 전체의 구조와 흐름을 한눈에 담아봅시다.

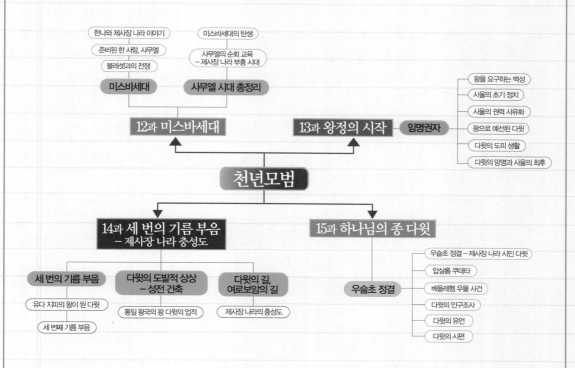

🎓 5마당-통通 Concept

• 사무엘의 사역을 통한 미스바세대의 탄생

사무엘은 사사 시대 350년의 어두움을 뚫고, 하나님의 율법으로 시대를 다시 세웁니다. 다시 세운 시대는 하나님 중심의 공동체로 모세 시대 이후 단절된 다음 세대를 열어가는 시대였습니다. 그 결과 탄생한 세대가 바로 미스바세대입니다.

• 다윗, 왜 천년모범인가?

사무엘의 사역 기반 위에 탄생한 다윗은 공과 의로 나라를 다스리며 앞으로 남은 구약 역사 천년의 가장 모범적인 모델이 됩니다. 다윗이 천년모범이 되기까지 어떤 훈련의 과정을 거치는지, 그가 천년모범으로서 구체적으로 행한 일이 무엇인지를 중심으로 공부해봅시다.

* **숲 둘러보기**   사무엘은 사사 시대에서 왕정 시대로 넘어가기 전, 중요한 역할을 했던 사람입니다. 기도의 어머니 한나를 통해 태어나 하나님의 사람으로 준비된 사무엘을 통해, 이스라엘은 다시 회복되기 시작합니다.

           그러나 왕을 세우고자 하는 백성의 요구에 왕정의 폐해를 경고했음에도 계속 왕정을 요구하는 그들에게 하나님께서는 사무엘을 통해 사울을 준비하게 하십니다. 하지만 사울은 처음 마음과는 달리 하나님께 대한 불순종을 행하며 하나님과 멀어지게 되고, 하나님께서는 그런 사울 대신 다윗을 왕으로 선택하십니다. 그러나 다윗은 사울 정권하에서 이스라엘의 왕이 되기까지 오랜 세월을 고난과 훈련의 시간으로 보내야만 했습니다.

* **터와 나이테**   다윗은 B.C.2000년대 사람 아브라함과 B.C.와 A.D.의 기로가 되시는 예수님 사이에서 천 년의 징검다리가 됩니다.

           다윗은 힘겨운 도피 생활 중에도 하나님과의 깊은 교제를 소홀히 하지 않았습니다. 특별히 시편 3, 7, 18, 34, 51, 52, 54, 56, 57, 59, 60, 63, 142편(13개)은 다윗 삶의 특정한 정황들과 긴밀하게 연결되어 있는 시편들입니다. 그러므로 다윗의 삶과 그의 시편들을 연결하여 읽어 보는 것은, 그의 삶을 깊이 있게 만날 수 있는 좋은 통로가 됩니다.

           이후 예루살렘은 '하나님의 이름을 두려고 택하신 곳'인 성전이 건축되면서 역사상 가장 중요한 도시가 됩니다.

* **바람과 토양**   블레셋은 이른바 '펜타폴리스', 즉 다섯 개의 도시 국가(아스돗, 아스글론, 에글론, 가드, 가사)로 조직되어 있었습니다. 이들은 가나안 사람보다 군사적으로 훨씬 더 강한 결속을 보였습니다. 특히 철 공업이 발달하여 이스라엘은 철 기구 제작을 그들의 손에 의존해야 했습니다. 늘 이들의 위협을 당했던 이스라엘 백성은 다윗이 왕이 된 후에야 불안한 생활을 면하게 되었습니다. 〈사무엘하〉와 〈역대상〉의 대부분은 다윗 통치에 관한 기록들이 차지합니다.

＊ 사무엘상 *Samuel 1*

〈사무엘상〉은 이스라엘의 마지막 사사인 사무엘의 탄생부터 이스라엘의 초대 왕 사울의 죽음까지, 이스라엘 사회가 사사 시대에서 왕정 시대로 넘어가는 과도기적 상황을 다루고 있습니다. 이 책은 등장인물을 기준으로 하여 세 부분으로 나눌 수 있는데, 처음 부분은 사무엘을 중심으로, 중간 부분은 사울을 중심으로, 마지막 부분은 다윗을 중심으로 하고 있습니다. 사무엘은 어두운 사사 시대의 흐름을 끊고, 이스라엘을 하나님 앞으로 돌아오게 하는 데 큰 역할을 감당한 위대한 지도자였습니다.

하지만 그런 사무엘이 나이 들어 늙자, 이스라엘 백성은 왕정을 요구하게 되고 그 흐름 속에서 사울이 초대 왕으로 기름 부음을 받습니다. 처음엔 여러모로 괜찮았던 사울이 권력에 취해 하나님의 뜻을 거역하게 되자, 하나님께서는 마음 중심이 곧은 다윗을 그 다음 왕으로 예선하십니다.

＊ 사무엘하 *Samuel 2*

〈사무엘상〉이 다윗의 예선전을 보여준다면, 〈사무엘하〉는 그의 본선을 보여주는 책입니다. 다시 말해 〈사무엘상〉이 다윗이 이스라엘의 왕이 되기 전, 그가 어떤 믿음과 인내로 훈련의 기간을 이겨나갔는지를 보여주었다면, 〈사무엘하〉는 그가 이스라엘의 왕으로서 어떻게 국가를 하나님의 공의로 통치하는지를 보여주고 있습니다. 유다 지파만의 왕으로 헤브론에서 7년 반을 통치했던 다윗은 민족의 통일을 염원하는 가운데 때를 기다린 결과, 북쪽 지파들 전체의 동의를 얻어 통일 왕국의 왕으로 추대됩니다.

예루살렘을 새 수도로 정하고, 하나님의 법궤를 예루살렘으로 옮겨온 다윗은 하나님을 향한 깊은 신앙의 소유자였을 뿐만 아니라, 나라 전체를 공과 의로 다스렸던 훌륭한 왕이었습니다. 물론 다윗 또한 실수나 죄를 범하는 사람이었지만, 그때마다 자신의 죄를 고백하고 하나님 앞에 무릎을 꿇는 겸손함을 보여주었습니다.

＊ 열왕기상 *Kings 1*

〈열왕기상〉은 크게 세 부분으로 나눌 수 있는데, 첫째는 다윗의 죽음과 그 왕위를 물려받는 솔로몬 이야기이고(1~2장), 둘째는 솔로몬의 통치와 업적, 특히 성전을 건축하는 이야기입니다(3~11장). 마지막은 솔로몬이 죽은 후, 나라가 남유다와 북이스라엘로 분열되는 이야기와 남과 북의 각 왕조에서 등장하는 여러 왕의 이야기가 번갈아가면서 나오는 부분입니다(12~22장). 왕들을 평가하시는 하나님의 기준은 그들이 천년모범 다윗의 길을 따르는가, 아니면 북이스라엘 안에 금송아지 우상을 들여온 여로보암의 길을 따르는가였습니다.

12과 **미스바세대**

사무엘상 1~7장

📚 **큰글자 일년일독** 통독성경

88일 : 한나의 제사장 나라 기도   89일 : 미스바세대 탄생

🔖 **통通으로 외우세요**

① 사무엘상 1~7장은 마지막 사사인 사무엘의 활약 이야기입니다.

② 한나는 900년 전 사라 이야기와 500년 전 제사장 나라의 '나실인 법'을 알고 있었습니다.

💡 **통通으로 읽는 센스**

역사는 사람이 준비되어야 변합니다. 애굽에서 노예 생활을 하고 있던 이스라엘 백성을 출애굽시킬 때 하나님의 사람 모세가 준비되기를 기다리셨던 하나님께서는 사사 시대의 어두운 흐름을 끊기 위하여 사무엘을 준비시키십니다.

기도의 어머니 한나를 통해 태어난 준비된 사람 사무엘을 통해, 이스라엘은 다시 회복되기 시작합니다. 사무엘은 사울이 즉위하기 전까지, 이스라엘의 실제적인 통치자(사사)이자, 선지자와 제사장으로서 역할을 감당했습니다. 구약성경에서 이 세 가지 직분을 동시에 가진 사람으로는 사무엘이 유일합니다. 선지자 모세가 만나세대를 길러냈다면, 선지자 사무엘은 미스바세대를 길러냈습니다.

➕ **통通포인트**

미스바세대

기도하는 어머니, 충실하게 교육받은 준비된 지도자 사무엘, 그리고 사무엘의 노력으로 하나님의 말씀을 배우게 된 백성, 하나님의 계획 아래 이 사람들이 '미스바세대'로 활약합니다. '미스바세대'는 '만나세대'에 이어 제사장 나라 통치의 월등함을 나타낸 세대였습니다.

1. 한나와 제사장 나라 이야기 삼상 1장~2:11

큰글자 일년일독 통독성경 | 529~533p

여호수아가 죽고 난 후 이스라엘 백성은 하나님을 따르며 율법을 지키면서 살기보다는 가나안의 문화와 우상숭배에 빠져 답답한 역사의 시간을 보내고 있었습니다. 이때 하나님께서 안타까운 마음으로 그 시대를 지켜보시는 중에 한 여인을 주목하십니다. 아이를 낳지 못하는 괴로움을 안고, 하나님의 성전에 나아와 눈물로 기도하는 여인 한나였습니다.

사람들이 많은 성전 안에서 차마 큰 소리로 기도할 수 없었던 한나는 작게 중얼거리면서, 그러나 온 정성을 다해 기도하고 있었습니다. 한나는 하나님께 아들을 주시면 그 아들을 하나님께 드리겠다고 서원하며 기도했습니다. 한나가 제사장 나라 '나실인 법'으로 기도했던 것입니다. 이때 너무 간절하게 기도한 나머지 한나의 얼굴이 붉게 변하자, 그것을 멀리서 지켜보던 엘리 제사장

한나가 엘리 제사장에게 사무엘을 맡기다 _ G. 에크호우트 作

이 다가와 포도주를 끊으라고 충고합니다. 한나는 그런 엘리에게 자기의 기도 제목을 이야기했습니다. 사정 이야기를 다 들은 엘리는 한나에게 하나님께서 기도를 들으셨다고 말해주었고, 한나는 엘리의 말을 믿고 집으로 돌아갑니다.

한나는 과연 믿고 구한 대로 아들을 낳았고, 그 아들의 이름을 '하나님께 구하였다'는 뜻으로 '사무엘'이라 짓습니다. 그리고 아이가 젖을 떼자 서원한 대로 엘리 제사장에게 아들 사무엘을 맡기고, 평생 성전에서 하나님을 섬기며 살도록 교육받게 합니다. 하나님을 향한 한나의 믿음이 얼마나 깊었는지를 알 수 있습니다.

어둠을 걷어내는 준비
사사 시대의 어두운 역사를 단절시킬 한 사람, 사무엘이 준비되고 있다. 아울러 작은 마을 베들레헴에서 있었던 룻과 보아스의 결혼은 이후 어두운 사울 시대를 단절시킬 다윗을 준비하시는 하나님의 크신 섭리였다.

2. 준비된 한 사람, 사무엘 삼상 2:12~3장

큰글자 일년일독 통독성경 | 533~536p

사무엘은 부모를 떠나 하나님의 사람으로 준비되기 시작합니다. 엘리가 비록 자신의 아들들은 잘 교육시키지 못했지만 사무엘에게는 훌륭한 스승이었습니다. 그리고 사무엘은 엘리의 두 아들 홉니와 비느하스의 악한 행실을 보면서, 오히려 자신의 행동을 지키는 지혜를 배웠습니다. 또한 그 뒤에

는 어머니 한나의 간절한 기도가 뒷받침되었습니다.

　사무엘은 점점 자랄수록 그의 말이 하나도 땅에 떨어지지 않게 되고, 그가 하나님의 선지자로 세우심을 입은 것을 온 이스라엘이 알게 됩니다. 이제 사무엘은 350여 년의 어두운 역사를 끊는 역할을 하게 됩니다. 여호수아의 '실로'가 마침내 수백 년만에 사무엘의 '실로'로 되살아나게 됩니다.

3. 블레셋과의 전쟁　삼상 4~6장
#큰글자 일년일독 통독성경 | 537~541p

　어느 날 블레셋과 이스라엘 사이에 전쟁이 일어나고, 홉니와 비느하스가 이 전쟁에서 죽습니다. 또한 어리석게도 전쟁터에 하나님의 궤를 들고 나갔던 이스라엘은 하나님의 궤를 적군 블레셋에게 빼앗기고 맙니다. 제사장 나라의 언약궤(법궤)는 전쟁 승리의 도구가 아니었는데 말입니다. 두 아들의 전사 소식과 함께 하나님의 궤까지 빼앗겼다는 소식을 들은 엘리 제사장은 그 충격으로 쓰러져 죽고 맙니다. 그러나 하나님의 궤로 인해 블레셋에 여러 가지 재앙이 일어나자, 블레셋은 일곱 달 만에 궤를 수레에 실어 돌려보냅니다. 이때부터 하나님의 궤는 오랫동안 기럇여아림이라는 마을에 놓여 보관됩니다.

◯ 통通포인트

사무엘 시대 총정리
사무엘 시대는 분명 사사 시대와는 차이가 있습니다. 사무엘 시대는 첫째, 왕이 없었습니다. 둘째, 국내에 내분이 없었습니다. 지파 간에 갈등이 없었다는 것입니다. 셋째, 외적의 침입이 없었습니다. 이처럼 사무엘 시대는 하나님의 통치로 말미암아 온 세상에 하나님의 진실과 사랑이 꽃피는 시대였습니다.

4. 미스바세대의 탄생　삼상 7:1~14
#큰글자 일년일독 통독성경 | 542~543p

　사무엘의 간절한 사역을 통해 모든 이스라엘 백성이 미스바에 모여 진심으로 회개합니다. 블레셋은 사무엘 중심으로 모인 이스라엘 열두 지파의 단결을 해체시키기 위해 철 병기를 들고 침략했습니다. 바로 그때 큰 우렛소리와 함께 기적이 일어남으로 블레셋을 물리칩니다.

이 사람들을 '미스바세대'라고 부릅니다. 만나세대가 모세에게 교육받고 가나안 입성이라는 놀라운 일을 공통으로 체험한 세대였다면, 미스바세대는 사무엘에게 교육받고 미스바에서 하나님의 능력을 공통으로 체험한 세대라고 할 수 있습니다.

5. 사무엘의 순회 교육 – 제사장 나라 부흥 시대 삼상 7:15~17
#큰글자 일년일독 통독성경 | 543p

온 이스라엘의 지도자로 세워진 사무엘은 최선을 다해 사사 시대의 어두운 과거를 씻어내고, 이스라엘을 다시 하나님을 섬기는 민족으로 바꾸기 위해 온 일생을 바칩니다. 그는 전국을 순회하며 직접 하나님의 말씀을 선포하고, 바알과 아스다롯 같은 우상을 제하게 하며, 오직 여호와 하나님만을 섬기도록 백성을 가르칩니다. 사사 시대에 보아스는 베들레헴을, 사무엘은 전국을 행복하게 만들었던 것입니다.

사무엘의 순회 교육

라마(집) → 벧엘 → 길갈 → 미스바 → 라마(집)

🔗 **이 과의 내용을 통**通 **이야기**(Tong story)**로 적어보고 이야기해 보세요.**

_____

_____

_____

_____

👤 **이 과의 내용을 자녀에게 가르칠 수 있도록 통성기도**(Tongsung Gido)**합시다.**

• 너희의 자녀에게 가르치며 집에 앉아 있을 때에든지, 길을 갈 때에든지, 누워 있을 때에든지, 일어날 때에든지 이 말씀을 강론하고 … 너희의 날과 너희의 자녀의 날이 많아서 하늘이 땅을 덮는 날과 같으리라 (신명기 11:19~21)
• 너는 네가 누구에게서 배운 것을 알며 또 어려서부터 성경을 알았나니 (디모데후서 3:14~15)

13과 왕정의 시작

사무엘상 8~31장

통通으로 외우세요

① 사무엘상 8~31장은 왕정을 요구하는 이스라엘 백성의 말을 하나님께서 들어주심으로, 사무엘이 기름 부어 세운 이스라엘의 초대 왕 사울 이야기와 그 다음 왕으로 예선된 다윗 이야기입니다.

② 다윗의 삶과 직접적인 연관이 있는 시편 34, 52, 54, 56, 57, 59, 142편 등의 다윗의 시편들을 함께 읽으면 좋습니다.

통通으로 읽는 센스

이스라엘 초대 왕 사울과 그 뒤를 이은 다윗, 그리고 솔로몬은 각각 40년씩 이스라엘을 다스렸습니다. 다윗은 <룻기>에서 만났던 룻과 보아스의 아들 오벳의 손자였고, 아버지 이새에게는 막내아들이었습니다. 그는 고향 베들레헴에서 사무엘로부터 기름 부음을 받았습니다. 다윗이 다음 왕으로 예선은 되었지만, 그가 실제 이스라엘 전체의 왕이 되기까지는 앞으로도 오랜 세월을 고난과 훈련의 시간으로 보내야만 합니다.

3천 명의 군사를 데리고 자신을 추적하는 사울과 달리, 다윗은 사울을 죽일 수 있는 기회가 여러 차례 있었음에도 불구하고 사울을 죽이지 않습니다. 사울에게 기름을 부어 왕으로 삼으셨던 분이 하나님이라는 사실, 즉 하나님의 임명권을 인정하고 하나님의 때를 기다리는 다윗의 모습을 하나님께서 귀하게 여겨주신 것은 당연한 일이 아닐 수 없습니다. 그리고 다윗의 삶과 그의 시편들을 연결하여 읽어보는 것은, 다윗의 삶을 더욱 입체적으로 깊이 있게 만날 수 있는 좋은 통로가 될 것입니다.

▶ **임명권자**

사무엘상 9장부터 31장까지는 사울의 집권 40년의 기간을 다루고 있습니다. 사울이 먼저 왕으로 임명되고, 뒤를 이어 다윗이 임명됩니다. '임명권자'는 당연히 하나님이십니다. '임명'이라는 말은 '임명받은 내용', 즉 무엇을 위해서 임명받았는지가 핵심입니다. 왕으로 임명받아 해야 할 일, 임명하며 기대하시는 하나님의 뜻이 있다는 것입니다. 그 실체와 내용은 '율법'입니다. 다윗은 사울의 실패를 반복하지 않기 위해 '임명받은 내용'으로 최선을 다해 훈련에 임해야 했습니다. 왕이 되어 그가 해야 할 역할, 그리고 '왕'이란 구체적으로 무엇인지 그 정체성을 생각하는 훈련의 시간을 보냅니다. '임명권자'의 관점으로 사울과 다윗을 비교해봅시다.

1. 왕을 요구하는 백성 삼상 8장

#큰글자 일년일독 통독성경 | 543~545p

어느덧 하나님의 사람 사무엘도 늙어 지도자의 사명을 감당할 수 없게 됩니다. 그런데 어찌된 일인지, 사무엘은 자신의 자녀 교육에는 성공하지 못합니다. "그의 아들들이 자기 아버지의 행위를 따르지 아니하고 이익을 따라 뇌물을 받고 판결을 굽게 하니라"(삼상 8:3). 이를 계기로, 이스라엘 백성과 장로들은 다른 나라들처럼 이스라엘도 왕의 제도를 세우자고 말합니다. 하나님께서 이스라엘 백성에게 주신 정치 제도는 각 지파별로 공동체를 이루고 살면서 모든 백성이 평등하고 자유로운 관계를 맺고, 제사장과 레위인을 중심으로 하여 하나님을 섬기며 율법대로 사는 것입니다. 그런데 이스라엘 백성이 하나님의 통치를 거부하고, 다른 나라들처럼 왕을 요구한 것입니다.

왕정 제도와 제사장 제도의 차이	
왕정 제도	제사장 제도
왕의 다스림	하나님의 다스림
왕권 중심	백성 중심
계급 체제	어우러지는 공동체
강자 중심의 명령 체제	사회적 약자 배려가 우선

사무엘은 백성의 이러한 요구를 기뻐하지 않았습니다. 하나님께서도 이들의 결정에 매우 실망하십니다. 그래서 하나님께서는 사무엘로 하여금 왕정 제도가 이스라엘 백성에게 전혀 이로운 것이 아님을 설명하게 하십니다. 왕정을 하면, 결국 백성이 '왕의 종'이 될 것이라고 말씀해주십니다. 그래도 백성은 한사코 왕정을 고집합니다. 하나님께서 정말로 많이 속상하셨을 것입니다.

그런데 우리 하나님께서는 그 어리석고 고집스런 백성의 말을 들어주기로 하십니다. "자식 이기는 부모는 없

라마에 있는 사무엘 (삼상 8:4) _ 제임스 티소 作

다."라는 말이 있습니다. 이스라엘 백성과 하나님의 관계에서도 사랑이 많으신 하나님께서 이스라엘 백성의 요구에 어쩔 수 없이 손을 들어주십니다.

사랑 때문에
사랑이 많은 쪽과 사랑이 적은 쪽이 다투면 사랑이 적은 쪽이 이긴다는 사실을 사랑을 해본 사람은 안다. 부모와 자식 간에는 자식이 이기고, 스승과 제자 간에는 제자가 이기는 법이다. 이스라엘 백성과 하나님과의 관계에서도 마찬가지였다.

2. 사울의 초기 정치 삼상 9~12장
#큰글자 일년일독 통독성경 | 545~553p

이스라엘 백성은 왕이 세워지면 나라가 안정되고 위기가 생길 때마다 왕이 앞장서서 나라를 구해줄 것이라고 생각했습니다. 하지만 이것은 그들만의 소망이요, 짧은 생각이었습니다. 그럼에도 하나님께서 처음 사울을 이스라엘의 첫 번째 왕으로 세우실 때는 그에게 그만한 자질이 있었기 때문입니다. 그는 키가 크고 외모가 준수했으며, 부모를 걱정할 줄 아는 효자였습니다. 또한 하나님의 사람 사무엘 앞에서 예의를 갖출 줄도 알았고, 자신을 돌아볼 줄 아는 겸허함도 가지고 있었습니다. 시대의 흐름을 읽는 안목도 갖추고 있던 사울은 자신이 왕으로 세워졌음에도 불구하고, 곧바로 왕궁을 짓고 신하들을 모으기보다는 고향으로 돌아가 예전처럼 농사를 지으며 자신의 리더십을 발휘하게 될 때를 기다리고 있었습니다.

얼마 지나지 않았을 때, 바로 '때'가 옵니다. 암몬 사람들이 길르앗 야베스를 침략하러 온 것입니다. 길르앗 영토 안에 있는 야베스라는 지역은 이스라엘 다른 지역과는 다소 멀리 떨어져 있는 외진 곳이었기에, 남쪽으로는 암몬 사람들로부터, 북쪽으로는 아람 사람들로부터 공격받기 쉬운 지역이었습니다. 이번에도 암몬 사람 나하스가 쳐들어와 그들을 괴롭힙니다. 길르앗 야베스 사람들이 언약을 맺자고 요청해보지만, 나하스는 "너희 오른 눈을 다 빼야 너희와 언약하리라"(삼상 11:2)라며 야베스 사람들을 위협했습니다. 다급해진 야베스의 장로들이 이스라엘 온 지역에 전령들을 보내 도움을 요청합니다. 고향 기브아에서 이 소식을 들은 사울은 곧바로 몰고 오던 소를 잡아 각을 떠 각 지파에 보내면서 이 싸움에 동참할 것을 강력히 요구합니다. 뛰어난 리더십을 발휘하여 모든 지파를 한마음으로 묶어낸 사울은 암몬 족속과의 전쟁에서 크게 승리를 거두고, 이 일로 사울은 왕의 자리를 확고히 합니다. 그리고 길르앗 야베스 사람들은 이때의 '은혜를 흐르는 물이 아닌 심비'에 새겼습니다. 이렇게 초기의 사울은 하나님을 섬기며 백성을 돌볼 줄 아는 사람이었습니다.

한편 사무엘이 길갈에서 사울 왕의 즉위를 축하한 뒤 고별식을 행합니다. 이때 '우레와 비' 기적을 통해 왕정 요구의 잘못을 재확인합니다. 사무엘의 고별사를 기점으로 사사 시대가 막을 내리고 본격적인 왕정 시대가 열립니다.

3. 사울의 권력 사유화 삼상 13~15장
큰글자 일년일독 통독성경 | 553~563p

사울이 즉위한 지 20여 년이 지나고, 나라가 강성해졌을 즈음 사울에게 하나님의 사명이 주어집니다. 아말렉 족속을 쳐서 모든 사람과 그 소유를 남김없이 진멸하라는 명령이었습니다. 아말렉은 4백여 년 전 이스라엘이 애굽에서 나올 때, 대열에서 뒤처질 수밖에 없는 약자들을 쫓아와 약탈하며 괴롭혔던 사람들이었습니다. 그런데 세월이 많이 흐른 지금까지도 그 같은 삶의 방식을 여전히 이어가고 있는 것을 보신 하나님께서 그들의 죄를 갚으라고 하신 것입니다.

이때 사울이 귀를 크게 열고 들어야 하는 말 중 하나가 '진멸'입니다. 아말렉의 소유는 정당하게 모은 것이 아니라 약한 자들로부터 빼앗은 불의한 것이므로 이를 모두 없애라는 것입니다. 그런데 사울이 이 말씀에 순종하지 않습니다. 사울이 아말렉 왕 아각도 살려주고, 빼앗은 소유물 중에서 가장 좋은 것들은 따로 골라 남겨둡니다. 이를 보신 하나님께서 사울을 왕으로 삼으신 것을 크게 후회하십니다. 이스라엘의 초대 왕 사울이 백성들과 가까워진 만큼 하나님과는 멀어진 것이었습니다.

사울의 실패 과정		
실패 과정	내용	본문
하나님의 명령 불순종	블레셋과의 싸움에서 사무엘 없이 번제를 드림	삼상 13장
재물을 탐내는 탐욕	아말렉 족속을 진멸하지 않고 재물 탈취	삼상 15장
미신 숭배	엔돌의 신접한 여인을 찾아감	삼상 28장

4. 왕으로 예선된 다윗 삼상 16~17장
큰글자 일년일독 통독성경 | 563~569p

　라마로 돌아온 사무엘은 사울 왕 때문에 큰 슬픔에 빠져 있었습니다. 바로 이때 하나님께서 사무엘에게 다음 왕을 예선하였으니 뿔에 기름을 채워서 베들레헴 사람 이새에게로 가라고 하십니다. 하나님의 선택, 다윗. 외모보다는 사람의 마음 중심을 보시는 하나님께서 심지가 굳은 다윗을 다음 왕으로 예선하셨습니다. 자신의 일거수일투족을 감시하고 있는 사울의 눈을 피해 목숨을 걸고 베들레헴으로 간 사무엘은 그곳에서 다윗에게 기름을 붓습니다.

　얼마 후, 나라에 큰 위기가 닥칩니다. 엘라 골짜기에서 이스라엘 군대와 블레셋 군대가 벌써 40일째 대치 상태에 있었던 것입니다. 마침 그때, 아버지의 심부름으로 형들을 만나러 엘라 골짜기에 온 다윗이 그 상황을 보고 골리앗과 싸우기로 결심합니다. 그에게는 하나님의 이름이 모욕을 당해서는 안 된다는 생각, 자기 목숨보다도 하나님의 이름을 더 사랑하는 열정이 있었습니다. 그 열정과 용기로 다윗은 블레셋의 거대한 장수 골리앗을 향해 나아가며 외칩니다.

　"너는 칼과 창과 단창으로 내게 나아 오거니와 나는 만군의 여호와의 이름 곧 네가 모욕하는 이스라엘 군대의 하나님의 이름으로 네게 나아가노라 오늘 여호와께서 너를 내 손에 넘기시리니 내가 너를 쳐서 네 목을 베고 블레셋 군대의 시체를 오늘 공중의 새와 땅의 들짐승에게 주어 온 땅으로 이스라엘에 하나님이 계신 줄 알게 하겠고 또 여호와의 구원하심이 칼과 창에 있지 아니함을 이 무리에게 알게 하리라 전쟁은 여호와께 속한 것인즉 그가 너희를 우리 손에 넘기시리라"(삼상 17:45~47).

　물매로 골리앗을 이긴 엘라 골짜기에서의 승리는 다윗을 순식간에 이스라엘을 구한 영웅으로 만들었습니다. 다윗은 물매로 아버지의 재산도, 그리고 제사장 나라 이스라엘도 지켜낸 것입니다.

> **하나님의 것 지키기**
> 하나님께서는 아버지의 양을 지키기 위해 반복적인 연습을 통해 물매 돌리는 기술을 익히고 사자나 곰과도 싸웠던 다윗을 주목하셨다. 아버지의 것을 열성을 다해 지켰듯이, 하나님의 것을 충성스럽게 지켜줄 것이라고 기대하셨던 것 같다. 다윗이 골리앗과의 싸움에 나섰을 때 했던 믿음의 고백(삼상 17:45~47)을 살펴보면, 다윗에게는 하나님의 것을 목숨을 다해 지키겠다는 생각이 있었음을 알 수 있다.

5. 다윗의 도피 생활 삼상 18~26장
큰글자 일년일독 통독성경 | 569~597p

　많은 사람은 골리앗을 물리친 다윗을 보고 그저 놀랍다고만 생각했습니다. 하지만 같은 장면을 보면서도 더 중요한 것을 깨달은 사람이 있었습니다. 사울의 아들 왕자 요나단입니다. 다윗과 요나단은 "전쟁은 여호와께 속해 있다."라는 말로 통했던 것입니다. 그는 엘라 골짜기에서 '다윗이 얼마나 하나님을 사랑하는지', 그리고 '하나님께서도 얼마나 다윗을 사랑하시는지' 확실히 알아보게 됩니다. 이때부터 요나단은 자기 생명같이 다윗을 사랑하며 귀히 여겨줍니다.

다윗과 <시편>		
시편	다윗의 상황	사무엘상
59편	사울이 사람을 보내어 다윗을 죽이려고 그 집을 지킨 때	19장
34편	다윗이 아비멜렉 앞에서 미친 체하다가 쫓겨나서 지은 시	21장
56편	다윗이 가드에서 블레셋인에게 잡힌 때	
52편	에돔인 도엑이 사울에게 이르러 다윗이 아히멜렉의 집에 왔다고 말하던 때	22장
57편	다윗이 사울을 피하여 굴에 있던 때	24장
142편	다윗이 굴에 있을 때	24장
54편	십 사람이 사울에게 다윗의 거처를 밀고할 때	23, 26장

사울은 다윗을 군대 장관으로도 임명하고, 자신의 사위로도 삼았지만, 다윗을 향한 사울의 질투심은 시간이 갈수록 더 깊어져만 갔습니다. 급기야 사울 왕의 귀에 들리는 여인들의 '사울 천천 다윗 만만' 노래는 다윗을 서둘러 죽이려는 계획을 갖게 합니다. 다윗은 사울의 칼끝을 피해 도망쳐야만 하는 신세가 됩니다. 사울의 딸이자 다윗의 아내가 된 미갈도, 왕자 요나단도 다윗의 생명을 지켜줄 수 없었습니다. (이때 지은 시가 시편 59편입니다.) 사울이 자신의 딸 미갈을 이용해 다윗에 대한 차도살인(借刀殺人)까지 시도했던 것입니다.

사울을 피하여 제사장들의 성읍인 놉 땅으로 피신한 다윗은 제사장 아히멜렉으로부터 골리앗의 칼과 떡 조금을 얻었습니다. 그리고 또 몸을 옮겨 블레셋 가드 왕에게로 갑니다. 그런데 그만 블레셋의 신하들이 다윗을 알아보고, 그가 골리앗을 죽인 사람인 것을 왕에게 이야기합니다. 이때 위기에서 벗어나기 위해 다윗이 택한 방법은 미친 척하는 것이었습니다. 살아남기 위한 몸부림으로 미친 척하는 다윗의 마음이 얼마나 괴로웠겠습니까. 실감난 연기로 아기스 왕 앞에서 내쫓김을 당하여 가까스로 목숨을 건진 다윗은 그 무너지는 가슴을 부둥켜안고 하나님을 향하여 노래했습니다. 다윗은 사방이 다 막히자, 기도로 하늘 문을 연 것입니다. 그 노래가 시편 34편과 56편입니다.

"이 곤고한 자가 부르짖으매 여호와께서 들으시고 그의 모든 환난에서 구원하셨도다 … 젊은 사자는 궁핍하여 주릴지라도 여호와를 찾는 자는 모든 좋은 것에 부족함이 없으리로다"(시 34:6~10).

아둘람 굴로 피신한 다윗은 그곳에서 자

다윗의 도피 과정		
도피 장소	사건	사무엘상
놉	제사장 아히멜렉에게서 골리앗의 칼과 떡 조금 얻음 에돔 사람 도엑의 밀고	21:1~9
블레셋 가드 왕 아기스	미친 체함	21:10~15
아둘람 굴	환난 당한 모든 자, 빚진 모든 자, 마음이 원통한 자들 400명의 신진정치세력 규합	22:1~2
모압	미스베 망명, 그러나 선지자 갓을 통해 하나님께서 유다로 돌아오라고 명하심	22:3~5
엔게디 황무지	사울의 옷자락만 벰	24장
십 광야	사울을 두 번째로 살려줌	26장

기와 엇비슷한 처지에 놓인 사람들 4백여 명을 만납니다. 자기 한 몸 돌보기도 어려운 상황이지만, 다윗은 이 많은 사람을 끌어안고 함께 가기로 합니다. 그렇게 이스라엘 동쪽에 있는 모압으로 망명을 가서, 모처럼 오랜만에 안전한 상황에 있는 다윗에게 선지자 갓이 찾아옵니다. 거기서 편히 머물러 있지 말고 유다로 돌아오라는 것입니다.

다윗을 죽이려는 사울 왕 _ 게르치노 作

　다윗은 그 말씀에 순종하여 유다로 돌아옵니다. 그런데 이때 사울이 예전에 다윗이 놉 지방에 찾아왔을 때 다윗에게 골리앗의 칼과 먹을 것 조금을 주었다는 이유로 놉의 제사장 85명과 남녀노유를 불문한 놉의 모든 사람과 가축들까지 다 죽이는 악행을 자행합니다. (이때 지은 시가 시편 52편입니다.) 누구든지 다윗을 조금이라도 도와주거나 숨겨주는 사람은 가만두지 않겠다는 단호한 의지를 보여준 것입니다.

　사울은 다윗을 잡기 위한 특수부대 3,000명과 함께 다윗을 추적합니다. 사울의 특수부대 3,000명은 마온 황무지에서 다윗의 오합지졸 600명을 포위하기까지 합니다. 때문에 다윗은 사울의 칼끝을 피하여 라마로, 놉으로, 아둘람 굴로, 헤렛 수풀로, 십 황무지로, 엔게디 황무지로 계속 도망 다닙니다. 이때 다윗은 다시 한번 엔게디 광야 굴속에서 제사장 나라 세계 경영의 꿈을 새롭게 했습니다. (다윗이 사울을 피하여 굴에 있을 때, 또 사람들에게 숨어 있던 곳을 밀고당할 때 지은 시는 시편 52편, 54편, 57편, 142편입니다.)

　하나님께서는 다윗과 동행하셨습니다. 비록 사울의 칼끝이 다윗의 코밑까지 다가와도 다윗의 생명은 하나님의 보호하심 안에 있었습니다. 오히려 사울을 죽일 수 있는 기회가 다윗에게 두 번이나 있었습니다. 그때마다 다윗은 '여호와께 기름 부음 받은 자'라는 이유로 사울을 죽이지 않았습니다. 사울의 옷자락을 벤 것만 가지고도 마음에 찔림을 느끼고 괴로워했습니다. 이렇게 하나님의 뜻을 존중하고 높이는 다윗을 하나님께서는 더욱 큰 기대로 바라보시게 되었을 것입니다.

임명권자의 관점에서 본 사울과 다윗		
	사울	다윗
소유	사무엘이 세워놓은 두 가지, 즉 율법과 제사장을 자신에 종속시킴 (예) 자신이 직접 제사 (삼상 13장) '내 백성'이라 지칭 (삼상 15장)	끝내 임명권자를 존중함
판단 근거	자신의 왕권 유지 여부에 판단 근거를 둠 (예) 제사장을 죽일 정도	
측근	자신의 정권 유지를 위한 측근	가난한 자, 빚진 자 (그래서 유다 지파의 왕이 되고도 7년 6개월을 더 기다릴 수 있었음)

6. 다윗의 망명과 사울의 최후 삼상 27~31장/ 삼하 1장

큰글자 일년일독 통독성경 | 597~607p (1355~1378p)

사울의 추적을 견디다 못한 다윗이 또다시 망명을 시도했고, 이번엔 하나님께서도 허락하셔서 다윗은 블레셋 아기스 왕 밑에서 얼마간 지내게 됩니다. 다윗은 블레셋 왕 앞에서 한 번은 '미친 척', 또 한 번은 '충청스러운 척'해서 위기를 극복합니다. 바로 이 기간에 이스라엘과 블레셋의 전쟁이 시작되어 블레셋에 망명 중이던 다윗이 자칫하면 블레셋 편에서 이스라엘과 전쟁할 뻔한 위기를 만나게 됩니다. 다행히 블레셋 왕의 결정으로 전쟁 참전을 면한 다윗이 안도의 한숨을 돌리며 머물던 시글락으로 돌아왔습니다. 그런데 시글락이 아말렉에 의해 약탈당한 것입니다. 다윗은 이때 10여 년간 자기를 따르던 600명의 내부 붕괴라는 절체절명의 위기에 직면하지만 '하나님께서 주시는 용기'를 가지고 위기를 기회로 살려냅니다.

한편 사울은 이 전쟁에서 크게 중상을 입고, 나이 80세에 자살로 생을 마감합니다. 요나단을 포함한 사울의 세 아들들도 이 전쟁에서 죽고 맙니다. 블레셋 군인들은 죽은 사울과 세 왕자의 목을 잘라 블레셋으로 가지고 가고, 목이 없는 사울과 세 아들의 시체는 길보아산 근처 벧산 성벽에 못 박아 걸어 놓습니다. 이런 처참한 상황 속에서 40여 년 전, 자신들을 도와준 사울의 은혜를 기억하고 있던 길르앗 야베스 사람들이 사울과 왕자들의 시신을 수습하여 장례를 치러준 것은 그나마 이 슬픈 장면을 덮어주는 따뜻한 이야기입니다.

은혜 갚으려 떠난 사람들
(삼상 31:11~13)

길르앗 야베스 사람들, 이들은 40년 전에 사울로부터 은혜를 입었던 사람들이다(삼상 11장). 사울이 왕으로 세움을 받던 그해에, 사울이 주도한 구원군의 도움으로 위기를 모면할 수 있었다는 사실을 후손들에게 교육시킨 모양이다. 40년 동안 사울이 악한 정치를 폈다는 사실을 이들도 안다. 하지만 이들은 오래전에 입었던 은혜를 심중 깊은 곳에 기억하고 있었던 것이다. 원수는 돌에 새기고 은혜는 물에 새긴다는 말이 있다. 하지만 길르앗 야베스 사람들은 은혜를 갚고자 목이 잘려나간 사울의 시체를 장사지내기 위해서 산을 넘고 물을 건너 밤새워 길보아산 근처 벧산 성벽으로 찾아온 것이다. 이들이야말로 은혜를 깊은 심비에 새겼던 아름다운 사람들이다.

🔗 **이 과의 내용을 통通 이야기(Tong story)로 적어보고 이야기해 보세요.**

....

....

....

....

....

....

🔵 **이 과의 내용을 자녀에게 가르칠 수 있도록 통성기도(Tongsung Gido)합시다.**

• 너희의 자녀에게 가르치며 집에 앉아 있을 때에든지, 길을 갈 때에든지, 누워 있을 때에든지, 일어날 때에든지 이 말씀을 강론하고 … 너희의 날과 너희의 자녀의 날이 많아서 하늘이 땅을 덮는 날과 같으리라 (신명기 11:19~21)
• 너는 네가 누구에게서 배운 것을 알며 또 어려서부터 성경을 알았나니 (디모데후서 3:14~15)

14과 세 번의 기름 부음 – 제사장 나라 충성도

사무엘하 1~10장

📖 큰글자 일년일독 통독성경

101일 : 유다 지파의 왕으로 추대 된 다윗

102일 : 다윗의 세 번째 기름 부음과 통일 왕조 수립

103일 : 1,000년의 정치 의제

104일 : 성전 건축과 다윗

🔖 통通으로 외우세요

① 사울이 죽은 후, 다윗 왕의 이야기가 본격적으로 펼쳐집니다.

② 사무엘하 1~10장은 시편 60편 등과 함께합니다.

💡 통通으로 읽는 센스

이스라엘의 초대 왕 사울과 달리 다윗이 이스라엘의 두 번째 왕이 되는 데에는 상당한 시간과 많은 검증이 있었습니다. 다윗은 청소년 시절 골리앗과 맞서 싸우기 이전에 이미 사무엘을 통해 첫 번째 기름 부음을 받았습니다. 그런데 다윗은 골리앗과 맞서 용감하게 싸워 나라를 위기 가운데 구한 이후 오히려 사울 왕에게 시기를 받아 10여 년 이상 도망자의 삶을 살아야만 했습니다. 그러나 그 기간 동안 다윗은 오히려 권력을 사유화하는 왕의 잘못을 반면교사(反面敎師)로 배우게 되고, 하나님의 임명권을 끝까지 존중함으로 하나님의 철저한 검증 과정을 통과하게 됩니다.

마침내 사울이 죽고 다윗이 이스라엘의 왕이 되는가 싶었는데 사울의 군대 장관 아브넬의 모략으로 인해 다윗은 유다 한 지파의 왕이 됩니다. 이때 다윗은 유다 지파로부터 두 번째 기름 부음을 받습니다. 그리고 7년 6개월의 시간이 지난 후 다윗은 마침내 열두 지파 전체로부터 세 번째 기름 부음을 받으며 이스라엘의 두 번째 왕이 됩니다.

◆ 통通포인트

세 번의 기름 부음

지금까지 첫 번째 기름 부음을 받은 이후 쫓기는 삶을 살아온 다윗을 살펴보았습니다. 이제 <사무엘하>는 사울이 죽은 직후, 다윗이 30세 되던 해의 내용으로 시작합니다. 이때 다윗은 유다 지파로부터 두 번째 기름 부음을 받습니다. 그리고 7년 6개월 후 온 이스라엘의 왕으로 세 번째 기름 부음을 받습니다. 사무엘하 1~10장의 내용은 이렇게 '세 번의 기름 부음'을 중심으로 다음 세 가지 질문을 살펴봅니다.

- 첫째, 다윗이 헤브론에서 7년 6개월을 기다리며 한 일과 이러한 기다림의 목적은?
- 둘째, 다윗이 통일 왕국을 더 든든히 세워가기 위해 한 일은?
- 셋째, 다윗이 평안히 거하게 된 때에 한 생각과 스스로의 고백은?

1. 유다 지파의 왕이 된 다윗 삼하 1~2장

#큰글자 일년일독 통독성경 | 605~609p

다윗은 청소년 시절 사무엘을 통해 첫 번째 기름 부음을 받았습니다. 그 후 골리앗과 맞서 싸워 나라를 위기 가운데 구했음에도 불구하고, 다윗은 이스라엘의 왕이 되기는커녕 왕의 견제를 받는 도망자가 되고 말았습니다. 그 기간 동안 다윗은 블레셋과 모압으로 망명을 떠나기도 했고, 다시 이스라엘 땅으로 돌아와 숨어 지내며 사울과 3,000명의 토벌대를 피해 다니기도 했습니다. 마지막에는 사울이 죽기까지 다시 블레셋으로 도망해 목숨을 부지하는 삶을 살았습니다.

어느 날, 시글락에서 사울과 요나단의 죽음 소식을 들은 다윗은 슬피 울며 금식합니다. 그리고 사울과 요나단을 위한 슬픈 노래를 지어 유다 지파 사람들에게 따라 부르게 하고, 사울의 명예를 회복시켜줍니다.

혼란스러운 시대 상황 속에서 사울의 신하였던 아브넬은 사울의 아들 이스보셋을 왕으로 내세워 열한 지파의 정권을 북쪽 마하나임에 세웁니다. 그리고 다윗은 헤브론에서 유다 지파만의 왕으로 두 번째 기름 부음을 받습니다. 그렇게 7년 6개월 동안 남북이 분열된 채 시간이 흐릅니다.

통일 이스라엘
사울과 다윗과 솔로몬은 각각 40년씩 나라를 다스렸다. 그들이 이스라엘을 다스렸던 B.C.1050년부터 B.C.930년까지 120년 동안 이스라엘은 통일된 나라였다. 다윗의 헤브론 통치는 약 7년 6개월간으로 B.C.1011년에 시작하여 B.C.1004년에 끝났고, 다윗이 유다 지파와 나머지 지파를 통일하여 이스라엘을 통치한 33년의 기간은 B.C.1004년부터 B.C.971년까지였다.

2. 세 번째 기름 부음 삼하 3장~5:5

#큰글자 일년일독 통독성경 | 609~614p

전쟁보다는 평화 통일을 바라며 7년 6개월을 인내하며 참아 기다린 다윗에게 마침내 기회가 찾아옵니다. 북쪽 왕국의 실제 권력자인 아브넬이 다윗에게 모든 북쪽 지파의 실권을 넘겨주고자 헤브론으로 찾아온 것입니다. 다윗은 피 흘리지 않고 평화롭게 남북 통일을 이룰 수 있게 된 것을 기뻐하면서 아브넬과 협상을 잘 마치고 그를 돌려보냅니다.

그런데 아브넬이 돌아가던 길에 다윗의 오른팔이자 다윗 왕국의 제2인자이던 요압의 손에 암살당하고 맙니다. 요압은 과거에 아브넬이 자기 동생 아사헬을 죽인 것에 대한 개인적 원한, 그리고 다윗과 아브넬이 손을 잡으면, 현재 제2인자인 자신의 자리가 위협받게 될 것이라는 위기 의식 속에서 아브넬을 죽인 것입니다.

잘못하다가는 다윗이 요압에게 아브넬을 죽이라고 시킨 것으로 오해를 받고, 남북 간에 전쟁이 벌어질 수도 있는 위험천만한 상황이었습니다. 요압의 아브넬 살해는 남북 갈등을 최고조로 만들었습니다. 이 상황에서 다윗은 크게 소리 내어 웁니다. 애가를 지어 부르고, 음식도 먹지 않았습니다. 그제야 남쪽과 북쪽의 온 백성은 다윗이 아브넬을 죽인 것이 아니라, 요압이 단독으로 저지른 범행임을 믿게 됩니다. 이렇게 해서 다윗은 동족상잔의 위기를 극복해낼 수 있었습니다.

이 같은 우여곡절 끝에 드디어 헤브론에서 다윗은 열두 지파에게 세 번째 기름 부음을 받으며 이스라엘의 두 번째 왕이 됩니다. 긴 기다림 끝에, 마침내 다윗이 열두 지파 전체의 왕으로 공식 인정을 받은 것입니다.

◉ 통通포인트

▸ 다윗의 도발적 상상-성전 건축

언약궤(법궤)는 처음부터 어깨에 메어 옮기도록 설계되어 있었습니다. 이것은 하나님께서 주신 설계도대로 만들어진 것이었습니다. 그런데 다윗은 어느 누구도 상상조차 해보지 않은, 즉 건물을 지어 더 이상 언약궤(법궤)를 옮겨 다니지 않겠다는 도발적인 상상을 했던 것입니다.

● 예루살렘

통일 왕국 이스라엘의 왕이 된 다윗은 먼저 수도를 예루살렘으로 옮기려는 계획을 추진합니다. 그러기 위해 다윗은 아직까지도 여부스족이 살고 있던 예루살렘을 마침내 점령하여, 그곳을 새 수도로 삼습니다. 다윗의 예루살렘 점령으로 1,000년 만에 '땅에 대한 하나님의 약속'이 완전하게 성취됩니다. 이후 다윗은 왕의 자리에 있으면서 사울의 베냐민 지파까지 끌어안으며 제사장 나라의 '공과 의를 행하는 정치'를 펼쳤습니다.

예루살렘
예루살렘에는 오래전부터 가나안 7족속 중 여부스 족속이 거주하고 있었다. 예루살렘은 해발 640~770m의 성으로 여호수아를 앞세우고 가나안을 점령했던 만나세대들도 정복하지 못했던 곳이었다.

● 법궤 옮기기

예루살렘으로 수도를 옮긴 후, 다윗은 하나님의 궤를 수도로 옮기려는 중요한 일을 계획합니다. 사사 시대 말기에 블레셋에 빼앗겼던 법궤가 이스라엘로 돌아온 이후, 기럇여아림에 그대로 방치되어 있는 상황을 안타깝게 여긴 다윗이 법궤를 수도 예루살렘으로 모셔오고자 한 것입니다. 이 일을 위해 전국에서 군사 3만 명을 동원하고 좋은 수레를 만든 다윗은 법궤를 수레에 싣고 옮기기 시작했습니다. 그런데 수레를 끌고 가던 소가 나곤의 타작마당에서 나는 소리를 듣고 놀라서 뛰었는데, 그때 흔들리는 법궤를 붙들었던 웃사가 그 자리에서 죽고 맙니다.

이에 행사를 전면 중단하고 궁으로 돌아온 다윗은 깊은 고민과 연구 끝에, 자신의 열심은 좋았으나 그 방식이 하나님의 방식이 아니었다는 사실을 깨닫게 됩니다. 일찍이 하나님께서 '레위 자손 중에 고핫 자손이 법궤를 어깨에 메고 옮길 것'이라고 정해놓으셨던 규례를 지키지 않았던 것입니다(민 4:15).

석 달 후쯤, 다윗은 하나님의 말씀에 따라 고핫 자손들로 하여금 법궤를 메게 하고 조심조심 여섯 걸음을 걷게 해봅니다. 하나님께서 법궤 운반을 허락해주셨음이 확인되자, 황소를 잡아 화목제와 번제로 드리고 하나님 앞에서 춤을 추며 기뻐합니다. 마침내 시내산에서

법궤 앞에서 춤추며 노래하는 다윗 왕 _ 페터 반 린트 作

만들어진 법궤가 500년 만에 예루살렘에 자리 잡습니다.

통通으로 본 왕정 500년-3

사울 왕	이스보셋 왕	다윗 왕	솔로몬 왕	여로보암 왕	호세아 왕
12지파	11지파	12지파	12지파	10지파	10지파
르우벤	르우벤	르우벤	르우벤	르우벤 아셀	르우벤 아셀
시므온	시므온	시므온	시므온	시므온 잇사갈	시므온 잇사갈
유다	단 잇사갈	유다	유다	단 스불론	단 스불론
단	납달리 스불론	단	단	납달리 므낫세	납달리 므낫세
납달리	갓 므낫세	납달리	납달리	갓 에브라임	갓 에브라임
갓	아셀 에브라임	갓	갓		
아셀	베냐민	아셀	아셀		
잇사갈		잇사갈	잇사갈		
스불론		스불론	스불론		
므낫세		므낫세	므낫세		
에브라임		에브라임	에브라임		
베냐민		베냐민	베냐민		

다윗 왕 (1지파 유다)

르호보암 왕 (2지파 유다 베냐민) · 히스기야 왕 (2지파 유다 베냐민) · 시드기야 왕 (2지파 유다 베냐민)

다윗의 길, 여로보암의 길
"모든 길은 로마로 통한다."라는 말이 있습니다. 그러나 성경은 '모든 길은 예수로' 통합니다. 다윗은 '다윗의 길'을 통해 '제사장 나라 거룩한 시민'으로 하나님과 언약을 맺은 이스라엘 백성을 하나님과 통하게 했습니다. 반면 여로보암은 이스라엘 백성이 하나님과 통하지 않게 하는, 즉 '제사장 나라 거룩한 시민' 언약을 저버리고 우상숭배하는 길을 만들었습니다.

4. 제사장 나라의 충성도 삼하 7~10장

#큰글자 일년일독 통독성경 | 618~624p

이스라엘의 '왕정 500년' 동안 통일 왕국의 두 번째 왕이자 '천년모범'이라 불리는 다윗은 '다윗의 길'을 만든 '제사장 나라의 거룩한 시민'이었습니다. 다윗은 전쟁의 달인이었지만, 제국 대신 제사장 나라를 꿈꾸었습니다. 사울을 비롯한 이스라엘 대부분의 왕이 보여준 대로 왕정 제도는 치명적인 결함을 가졌습니다. 그러나 다윗은 오히려 왕정을 도구삼아 제사장 나라의 충성도를 높였습니다. 하나님과 제사장 나라 언약을 맺은 이스라엘 백성에 대해 사울이 '나의 백성'이라고 말했다면, 다윗은 이스라엘 백성에 대해 '주의 백성'이라고 표현했습니다. 그리고 다윗은 왕의 자리에 있으면서도 하나님께 나아가 기도하며 자신에 대해서 '종'이라고 말했습니다. 이러한 다윗에

다윗 내각 명단 (삼하8장, 20장)
군대 사령관 : 요압과 브나야
감역관 : 아도람
사관 : 여호사밧
제사장 : 사독과 아비아달
　　　　(아들 아히멜렉)
서기관 : 스라야 (스와)
대신 : 다윗의 아들들과 이라

대해 하나님께서는 '내 종 다윗'이라고 친히 말씀하시며 다윗을 '제사장 나라의 거룩한 시민'의 자리에 놓아주셨습니다.

예루살렘으로 법궤를 옮긴 후 어느 날 다윗은 백향목과 대리석으로 지은 궁에서 법궤에 대한 깊은 생각을 합니다. 다윗의 마음 깊은 곳에 하나님의 성전을 짓고 싶다는 소중한 소원이 생기게 된 것입니다.

다윗의 그 마음을 받으시고 무척 기뻐하신 하나님께서는 성전 건축을 다윗의 아들이 짓도록 하시며 "네 집과 네 나라가 내 앞에서 영원히 보전되고 네 왕위가 영원히 견고하리라"(삼하 7:16)라는 약속을 주십니다. 이 약속을 받은 다윗은 하나님 앞에서 자신을 '종'으로 낮추고 감사의 기도를 드렸습니다. 이 기도가 사무엘하 7장 18~29절에 기록되어 있습니다.

하나님께서는 다윗이 어디로 가든지 크게 승리하게 하셨습니다. 사무엘하 10장은 다윗 시대의 이스라엘이 국제 외교 관계에서 얼마나 높은 위상을 얻게 되었는지를 보여줍니다.

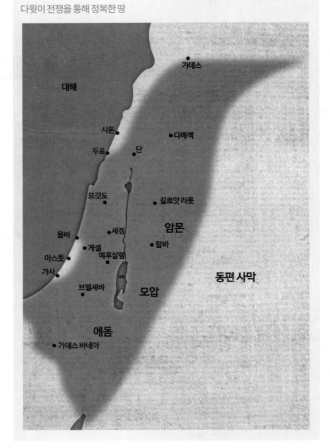

다윗이 전쟁을 통해 정복한 땅

통通포인트

다윗 왕국의 전쟁

대적 국가	왕	전쟁 장소	성경
블레셋		르바임 골짜기	삼하 5:17~25
여부스		예루살렘	대상 11:4~7
모압			삼하 8:2
소바, 다메섹 아람	하닷에셀	유브라데강 근처	삼하 8:3~6
에돔		소금 골짜기	대상 18:12
암몬과 아람 외	하눈, 하닷에셀	헬람	삼하 10:1~19
암몬		랍바	삼하 12:26~31
압살롬의 반란	압살롬	에브라임 수풀	삼하 18:1~15
세바의 반란	세바(지도자)	벧마아가 아벨	삼하 20:1~22
블레셋		곱	삼하 21:18~22

🔗 **이 과의 내용을 통通 이야기**(Tong story)**로 적어보고 이야기해 보세요.**

_____

_____

_____

_____

_____

_____

🙏 **이 과의 내용을 자녀에게 가르칠 수 있도록 통성기도**(Tongsung Gido)**합시다.**

• 너희의 자녀에게 가르치며 집에 앉아 있을 때에든지, 길을 갈 때에든지, 누워 있을 때에든지, 일어날 때에든지 이 말씀을 강론하고 … 너희의 날과 너희의 자녀의 날이 많아서 하늘이 땅을 덮는 날과 같으리라 (신명기 11:19~21)

• 너는 네가 누구에게서 배운 것을 알며 또 어려서부터 성경을 알았나니 (디모데후서 3:14~15)

15과 하나님의 종 다윗

사무엘하 11~24장, 열왕기상 1~2장

📖 큰글자 일년일독 통독성경

🔖 通으로 외우세요

① 사무엘하 1~10장에 이어 11~24장과 열왕기상 1~2장은 다윗이 왕이 된 때부터 죽기
　 까지의 이야기입니다.

② 이 시대와 함께 읽을 시편은 3, 7, 51, 63편입니다.

③ 이스라엘의 두 번째 왕 다윗은 '제사장 나라의 거룩한 시민'이자 하나님의 종이었습
　 니다.

💡 通으로 읽는 센스

30세에 유다 지파의 왕으로 등극한 후, 70세에 하나님의 품으로 돌아가기까지, 다윗은
하나님의 종으로 살기를 기뻐하며 하나님의 백성을 섬기는 훌륭한 정치가로서의 삶을
삽니다. 다윗은 이스라엘 역사상 가장 위대한 왕으로 인정받았고, 하나님께서도 선한 왕
의 기준으로 늘 다윗을 거명하셨습니다.

<시편>은 하나님께 예배하고픈 이스라엘 민족의 소망과 열정을 담고 있는 영감 넘치는
책입니다. 특히 다윗의 시만큼 아름다운 시를 발견하기가 쉽지 않습니다. 다윗은 어린
시절엔 목동이었고, 이후에는 군인이었으며, 정치인이자 왕이었습니다. 그의 신분은 계
속 바뀌어갔지만, 그의 입술은 늘 하나님을 찬양했고 하나님과 함께했습니다. 다윗은
명령하는 자리에 있을 때에도 그의 영혼에게 하나님을 송축하라고 스스로에게 명령했
습니다.

통通포인트

▶ **우슬초 정결**

이스라엘이 제사장 나라가 아니었다면, 다윗 왕이 우리아의 아내 밧세바를 취한 것은 그렇게까지 문제가 되지 않았을 것입니다. 역사상 그런 예는 많았기 때문입니다. 그러나 다윗은 제사장 나라 법에 따라 자신이 죄인임을 시인하고 죄를 회개했습니다. 우슬초로 자신을 정결하게 씻어 달라는 다윗의 기도는 제사장 나라 거룩한 시민의 자세로 드리는 기도였습니다.

1. 우슬초 정결 – 제사장 나라 시민 다윗 삼하 11~12장

#큰글자 일년일독 통독성경 | 624~630p

다윗은 정말 대단했습니다. 하지만 그도 인간이기에 허물이 없을 수 없었습니다. 어느 날 장군 우리아의 아내 밧세바를 범한 다윗은 그녀의 임신 소식을 듣자, 우리아를 맹렬한 싸움터로 보내서 그의 죽음을 유도하는 악한 일을 꾸밉니다. 다윗이 편지 한 장으로 우리아에 대한 '차도살인'을 시행했던 것입니다. 자신의 욕망을 채우고 그 죄를 감추고자 권력을 이용하여 죄 없는 우리아를 죽인 것입니다. 다윗이 행한 그 일은 하나님께서 보시기에 매우 악한 것이었습니다.

하나님께서는 나단 선지자를 보내서서 다윗의 잘못을 지적하십니다. 다윗은 곧바로 자신의 잘못을 인정하고, 하나님 앞에 나아와 울면서 크게 회개합니다. 다윗이 제사장 나라 법 앞에 무릎을 꿇은 것입니다. (이때 지은 시가 시편 51편입니다.)

우슬초는 애굽이나 이스라엘 등지에서 볼 수 있는 박하과의 식물로, 매우 쓴맛이 나는 식물입니다. 다윗은 하나님 앞에서 자신의 죄를 우슬초로 정결하게 씻어 달라고 기도합니다. 다윗은 고대 근동에서 가장 힘 있는 왕이었음에도 불구하고 자신에게 인생의 쓴맛이 찾아온다 하더라도 하나님과의 관계를 회복하는 것이 가장 우선임을 고백했던 것입니다. 신앙인의 올바른 자세는 어떠한 죄를 지었더라도 하나님을 떠나지 않고 하나님 앞에 나아가 자신의 죄를 자백하고 사죄의 은총을 구하는 것입니다. 그러면 사랑과 긍휼의 하나님께서는 은혜와 자비를 베푸셔서 주홍 같은 붉

다윗의 남다른 점

나단의 비유를 들으며 분노를 금치 못했던 다윗. 나단으로부터 "당신이 그 사람이라"(삼하 12:7)라는 말을 들었을 때 다윗이 취한 행동은 곧바로 자신의 잘못을 시인하는 것이었다. 사무엘의 지적을 받고 이리저리 핑계를 찾던 사울(삼상 15:15)과는 비교되는 다윗의 이런 모습을 하나님께서 긍휼히 여기셨을 것이다. 그리스도인은 하나님 앞에서 이처럼 진실해야 한다.

다윗과 나단 _ J. 백커 作

은 죄도 눈과 같이 희게 해주십니다. 다윗이 이 사실을 알고 끝까지 하나님 앞에 나아가 죄를 뉘우치고 사죄의 은총을 힘입은 자로 살았던 것입니다. 하지만 다윗이 지은 죄에 대한 벌로 밧세바가 낳은 첫아이는 죽고 맙니다.

2. 압살롬 쿠데타 삼하 13~20장
#큰글자 일년일독 통독성경 | 631~655p

〈사무엘하〉의 나머지 부분에는 다윗의 죄에 대한 벌로 그가 겪게 되는 고통들이 나옵니다. 다윗의 큰아들 암논이 배다른 누이 다말을 욕보이고, 셋째 아들 압살롬이 그런 암논에게 복수합니다. 다윗의 아들들의 형제 갈등은 야곱의 아들들의 형제 갈등보다 더 험악했던 것입니다. 암논을 죽인 일로 다윗과 멀어진 압살롬은 다시금 다윗과 화해하는 척했지만, 곧 자신이 왕이 되기 위해 반역을 일으켰고, 다윗은 아들의 쿠데타를 피해 예루살렘에서 도망쳐야 했습니다. (이때 지은 시가 시편 3편입니다.)

다윗의 인생에 수많은 위기가 있었지만, 내부적인 두 번의 큰 위기는 시글락에서 600명이 '돌'을 든 사건과 압살롬의 '쿠데타' 사건이었습니다. 결국 압살롬의 쿠데타는 실패로 끝나 압살롬은 죽고, 다윗은 예루살렘으로 돌아와 복귀합니다.

비극의 씨앗
압살롬은 여동생의 복수를 위해 치밀한 계획 끝에 암논을 죽인다. 형제끼리 칼부림을 하는 비극이 일어난 것이다. 성경은 이 비극이 다윗이 뿌린 죄의 씨앗(삼하 11장)이 가져온 열매라고 말한다.
심은 대로 거두는 것은 하나님께서 인생들에게 주신 법칙이다. 다윗이 뿌린 죄의 씨앗이 더 큰 비극을 불러오는 것을 볼 때, 우리의 인생에서 어떤 씨앗을 뿌리며 살아야 할지 고민하지 않을 수 없다.

3. 베들레헴 우물 사건 삼하 21~23장
#큰글자 일년일독 통독성경 | 655~663p

용사가 용사를 만듭니다. 다윗에게는 충성스러운 신하가 많았습니다. 다윗의 신하들이 얼마나 충성스러웠는지를 드러내는 한 예가 성경에 기록되어 있습니다. 먼저 이스라엘과 블레셋 사이에는 전쟁이 끊이지 않았다는 것을 생각해두어야 합니다. 이스라엘과 블레셋 사이의 전쟁은 사사 시대에 이어 사울 왕 초기부터 사울 왕이 죽기까지 계속되었고, 다윗 시대까지도 이어졌습니다. 그런데 이스라엘의 초대 왕 사울 때와는 달리 다윗이 이스라엘의 왕이 된 후부터 블레셋은 이스라엘과 싸워 이기지 못했습니다. 어느 누구와 싸워도 이기는 다윗이 특히 '블레셋 킬러'였기 때문입니다.

이 에피소드는 이스라엘과 블레셋과의 전쟁 때에 일어났던 일입니다. 블레셋과의 전쟁 중에 베들레헴에 이르게 되었을 때에 다윗이 자신의 고향인 베들레헴 성문 곁에 있는 우물물을 마시고 싶다고 말했습니다. 그러자 순식간에 세 명의 용사가 다윗을 위해 죽음을 무릅쓰고 적진 한가운데로 들어가 우물물을 길어 왔습니다. 그러자 곧바로 다윗이 그 일을 후회합니다. 자신 때문에 세 명의 용사가 죽을 수도 있었기 때문입니다. 다윗은 그 우물물을 보고 크게 뉘우치며 자신이 그 물을 마시지 않고 하나님께 부어드립니다.

4. 다윗의 인구조사 삼하 24장
#큰글자 일년일독 통독성경 | 663~665p

다윗이 인생 말년에 또다시 잘못을 저지릅니다. 자신이 이룬 업적을 과시하고 싶은 마음에 인구조사를 강행한 것입니다. 다윗의 인구조사는 '민수기'의 인구조사와 다른 것이었습니다. 인구조사에 대한 보고를 받고 나서야 다윗은 자신의 잘못을 깨닫고 후회합니다. 다윗이 자기 과시를 위한 '숫자 과시'가 죄라는 사실을 깨닫게 된 것입니다. 죄를 뉘우친 다윗이 갓 선지자의 말에 따라 아라우나(오르난)의 타작마당에 단을 쌓고 제사를 드리는데, 이후에 그의 아들 솔로몬이 성전을 건축하게 되는 장소가 바로 이곳입니다. 또한 이곳은 오래전 아브라함이 하나님께 이삭을 드리려 했던 모리아산이기도 합니다.

인구조사가 잘못이었던 이유
하나님께서는 모세에게 인구조사를 명령하신 적이 있다(출 30:12; 민 1:2). 그러므로 인구조사 자체가 죄악은 아니다. 하나님께서 다윗의 인구조사를 악하게 여기신 이유는 다윗의 마음 상태 때문이었다. 다윗은 강성해진 군사력이 하나님이 주신 복의 결과임을 잠시 잊고, 자신의 능력과 위업을 자랑하고자 했던 것이다. 이처럼 누구나 쉽게 넘어지는 유혹은 교만에서 자주 비롯된다.

5. 다윗의 유언 왕상 1~2장
#큰글자 일년일독 통독성경 | 666~674p

베들레헴의 목동에서 출발해서 이스라엘의 왕으로 인생을 살았던 다윗이 자신의 인생을 마감하면서 솔로몬에게 중요한 유언 두 가지를 남깁니다. 먼저 다윗은 솔로몬에게 하나님의 명령을 지키고 그 길로 행하라는 신앙적 유언을 합니다. 그것이 복된 인생을 살 수 있는 비결임을 가르쳐줍니다. 뒤이어 그는 정치적 유언을 합니다. 아직 나이가 어리고 경험이 없는 솔로몬이 왕이 되었을 때, 정치적으로 시급히 풀어야 할 숙제들에 관해서 고도의 정치적인 언어로 조언해줍니다. 다윗은 이렇게 세상을 떠나고, 솔로몬이 그 뒤를 이어 이스라엘의 왕이 됩니다.

다윗이 남긴 것
파란만장했던 삶을 마감하며, 다윗은 성전을 지을 수 있는 많은 재물을 남겼다(대상 29:3). 다윗의 이 모범으로 이스라엘 백성은 즐거운 마음으로 하나님께 자신의 소유물을 드리는 공동체가 되었다(대상 29:9,14). 그리고 하나님의 꿈이 아들 솔로몬의 가슴에 남겨지도록 기도를 드리며(대상 29:19) 생을 마무리했다. 이렇게 멋진 인생을 살았기에 그의 이름은 오늘 우리의 가슴에까지 남게 되었다.

이처럼 제사장 나라와 하나님 나라는 유언과 비전으로 이어집니다.

다윗 왕 _ 루벤스 作

6. 다윗의 시편 시

#큰글자 일년일독 통독성경 | 830~964p

너무나 아름다운 시를 지은 사람, 시인 다윗. 사울을 피해 다니며 위태롭게 목숨을 이어가고 있을 때조차도 그의 노래는 하나님을 향한 감사와 찬미로 가득했습니다. 하나님을 간절히 찾는 간구와 호소도 결국에는 하나님을 향한 기쁨의 노래로 끝나곤 했습니다. 불평과 불만으로 인생을 살지 않고 하나님의 영광을 위해 살며, 하나님께 찬송을 올려드렸던 다윗의 아름다운 시를 21세기를 사는 우리도 함께 읽고 노래할 수 있어서 참 감사합니다.

이 과의 내용을 통通 이야기(Tong story)로 적어보고 이야기해 보세요.

....

....

....

....

....

이 과의 내용을 자녀에게 가르칠 수 있도록 통성기도(Tongsung Gido)합시다.

• 너희의 자녀에게 가르치며 집에 앉아 있을 때에든지, 길을 갈 때에든지, 누워 있을 때에든지, 일어날 때에든지 이 말씀을 강론하고 … 너희의 날과 너희의 자녀의 날이 많아서 하늘이 땅을 덮는 날과 같으리라 (신명기 11:19~21)
• 너는 네가 누구에게서 배운 것을 알며 또 어려서부터 성경을 알았나니 (디모데후서 3:14~15)

6마당

마음과 지혜
Mind and Wisdom

📍 **통通Map** 6마당 전체의 구조와 흐름을 한눈에 담아봅시다.

마음과 지혜

16과 솔로몬과 시가서
- 열방을 향한 성전
  - 솔로몬의 통치 전반기
  - 열방을 향한 성전
  - 솔로몬의 지혜서
  - 솔로몬의 사랑 노래
- 유한 인생 무한 지혜
  - 솔로몬의 통치 후반기
  - 솔로몬의 마지막 당부
  - 찬양의 책 – 시편

17과 하늘 보석 욥
- 하나님의 자랑이 되는 삶
  - 하나님의 자랑 욥
- NO! 시작은 미약하였으나
  - 욥의 세 친구의 질문
  - 하나님의 질문
  - 욥, and NEXT

🎓 6마당-통通 Concept

• '마음과 지혜'로 살펴보는 솔로몬
솔로몬의 40년의 통치 기간을 전반기 23년과 후반기 17년으로 나누어 '마음과 지혜'의 관점으로 솔로몬의 인생 전체를 통(通)으로 공부해봅시다.

• 열방을 향한 성전!
하나님의 공과 의가 실현되는 다윗 왕국을 물려받고 하나님으로부터 놀라운 지혜를 선물 받은 솔로몬은 하나님의 성전을 건축합니다. 성전 낙성식 때 솔로몬이 드린 기도를 통해 알 수 있듯이 예루살렘 성전은 이스라엘 민족을 넘어 온 열방을 위한 성전이었음을 기억합시다.

• 의인의 고난
<욥기>는 <창세기>와 함께 읽어도 좋고, 시가서와 함께 읽어도 좋습니다. <욥기>는 의인의 고난을 다룬 책으로, 의인이 고난을 통해 어떻게 순금처럼 단련되는지를 가르쳐주고 있습니다. 욥의 친구들은 위로를 빙자해 욥을 정죄하지만, 하나님께서는 욥의 고난을 통해 참 가치를 찾게 해주십니다.

* 숲 둘러보기 기브온에서의 일천 번제 후, 지혜를 선물 받은 솔로몬은 이스라엘 최고의 번영기를 이룩하게 됩니다. 그의 지식과 지혜는 매우 출중했으며, 〈아가〉, 〈잠언〉, 〈전도서〉 등과 같은 지혜 문학은 그에게서 비롯되었습니다. 그러나 이스라엘 최고의 번영기를 누렸던 솔로몬 시대는 그가 〈잠언〉에서 그토록 강조했던 '마음의 중심'을 잃고 하나님의 지혜가 떠나자 무너지기 시작합니다. 솔로몬은 뒤늦게야 하나님의 크신 경륜 안에서 인생이 얼마나 보잘것없는지를 깨닫고, 하나님을 경외하는 것이 지혜임을 역설하는 〈전도서〉를 남깁니다.

〈욥기〉는 그 시대 배경이 비록 솔로몬 때보다 훨씬 앞선 족장 시대이긴 하지만, 지혜 문학의 연장선상에서 다른 시가서들과 함께 읽기 위해 이곳에 배치했습니다. 〈욥기〉는 인간의 고난에 대해 깊이 탐구한 책으로, '인간의 눈물과 하늘의 보석'이라는 주제로, 진정한 지혜란 그 어떤 상황에서도 하나님을 의뢰하는 것임을 선포합니다.

* 터와 나이테 다윗의 후계자인 솔로몬은 즉위 후 3년 정도의 시간을 체제 정비 기간으로 사용했고, 즉위한 지 4년 둘째 달이 되던 때에 성전 건축을 시작했습니다. 성전을 건축하는 데에는 7년의 세월이 걸렸습니다.

당시 가나안 지역은 전략적으로 무역에 유리한 지역에 위치하고 있었습니다(왕상 10:28~29). 이를 기반으로 상업의 천재였던 솔로몬은 두로 왕 히람의 도움을 받으며 배를 이용해 아카바 만 북동쪽 끝에 위치한 에시온게벨과 아라비아 남서쪽에 위치한 오빌 사이를 무역했습니다(왕상 9:26~28; 10:11~12,22).

* 바람과 토양 솔로몬은 12개의 행정 구역을 따로 설치, 각 곳에 장관을 파견해 세금과 부역에 관한 일을 맡겼습니다. 군사 면에서는 이집트로부터 말과 전차를 도입하고 상비군을 두었는데, 이는 실전보다는 국력 과시를 위한 것이었습니다. 또한 경제적으로는 세계 교역의 요지를 차지하여 통행세를 징수한 일 외에도 이집트, 아라비아 등과 활발한 무역을 하였고, 조선소와 구리 제련소 등도 건설했습니다.

하지만 솔로몬은 통치 후반기에 이르러 점점 하나님을 떠나게 되고, 이방인들의 우상숭배 문화가 이스라엘에 전파되기 시작합니다.

＊ 잠언 *Proverbs*

〈잠언〉의 전체적인 주제를 한마디로 요약하자면 '지혜'입니다. 솔로몬은 〈잠언〉에서 다양한 방법으로 지혜를 설명합니다. 〈잠언〉에서는 지혜가 사람처럼 잔치를 벌이고 우리를 초대하기도 하고, 지혜가 있는 사람과 지혜가 없는 사람이 어떻게 다른지 비교하면서 설명해주기도 합니다. 〈잠언〉은 지혜란, 결코 지혜로운 사람들의 가르침이나 인위적인 노력을 통해서 얻어지는 것이 아니라, 오직 '여호와를 경외하는 마음'에서 오는 것임을 강조합니다.

＊ 아가 *Song of Songs*

〈아가〉는 '노래들 중의 노래' 또는 '가장 아름다운 노래'를 의미합니다. 〈아가〉는 솔로몬과 술람미 여인 사이에서 이루어진 순결하고도 아름다운 사랑을 보여주고 있습니다. 〈아가〉는 하나님의 창조물인 인생들의 사랑을 통해 궁극적으로 하나님의 선하심과 거룩하신 계획을 찬양합니다.

〈아가〉에서 묘사하고 있는 사랑에는 그 어떤 장벽도 없으며, 서로를 향한 온전한 정성과 배려, 헌신과 책임이 담겨 있습니다. 〈아가〉의 이 사랑은 우리를 신부로 삼으신 예수 그리스도의 십자가 사랑으로 완성됩니다.

＊ 전도서 *Ecclesiastes*

"헛되고 헛되며 헛되고 헛되니 모든 것이 헛되도다"(전 1:2). 전도자의 이 첫 선포는 곧 〈전도서〉 전체의 주제입니다. 많은 사람이 이 땅에 사는 동안 온갖 권모와 술수를 부려 부와 안락을 찾아다니고, 그것이 마치 세상을 잘 사는 지혜인양 떠들고 있을 때, 이미 그 누구보다 더 많은 것을 누려본 솔로몬은 하나님을 떠난 모든 것이 결국은 다 헛된 일이라고 단호히 외칩니다. 솔로몬은 〈전도서〉를 통해 하나님을 경외하며 공의와 정의를 행하는 것이야말로 한 번뿐인 인생을 진실로 가치 있게 살아가는 참 지혜라고 가르쳐줍니다.

＊ 욥기 *Job*

〈욥기〉는 인간에게 고난의 문제는 쓸모없는 것이 아니라, 우리 안에 보석을 만드는 과정임을 알려주는 책입니다. 정직하고 의로우며 경건한 생활로 하나님과 사람들에게 칭찬 듣던 욥에게 어느 날 큰 고난이 닥쳐옵니다. 많은 재산과 자식을 한순간에 잃고 고통스러운 병에 걸려 신음하게 된 욥은 그럼에도 불구하고 하나님을 향한 신뢰를 잃지 않습니다.

그런데 욥을 찾아온 세 명의 친구는 모든 고난은 죄에 대한 하나님의 징벌이라는 논리를 가지고 욥을 정죄하고, 욥은 자신의 결백을 주장하며 하나님의 대답을 간구합니다. 해결의 기미 없이 반복되던 세 친구와 욥의 대화 후, 하나님께서는 인생들이 감히 헤아릴 수도 없는 하나님의 권능과 지혜에 대해 말씀하십니다. 도저히 이해할 수 없는 고난이 다가왔을 때 고난을 통해 순금같이 단련되었던 믿음의 사람, 그가 바로 욥입니다.

＊ 시편 *Psalms*

〈시편〉은 하나님에 대한 찬양과 경배를 드리기 위해 쓰인 이스라엘의 기도서이자 찬양의 책입니다. 한 가지로 정해진 분류는 없지만, 일반적으로 하나님께 도움을 요청하는 탄원시, 공동체나 개인이 부르는 찬양이 담긴 찬양시, 하나님의 왕권을 찬양하는 제왕시, 교훈과 지혜를 가르치는 지혜시, 성전에서 드리는 예배를 배경으로 하는 예배시 등으로 나눌 수 있습니다.

16과 솔로몬과 시가서

열왕기상 3~11장, 잠언, 아가, 전도서, 시편

📖 큰글자 일년일독 통독성경

🔖 통通으로 외우세요

① 열왕기상 3~10장에는 솔로몬의 통치 전반기 내용이 기록되어 있습니다. 이때 솔로몬이 지은 시편 72편, 127편, 그리고 <잠언>, <아가>를 함께 읽습니다.

② 솔로몬 통치 후반기인 열왕기상 11장과 솔로몬이 생의 후반에 남긴 <전도서>를 함께 읽습니다.

③ 솔로몬의 시가서를 읽은 후 대부분의 <시편>도 이 부분에서 함께 읽습니다.

💡 통通으로 읽는 센스

솔로몬은 B.C.970년경부터 930년경까지 40년간 이스라엘을 다스렸는데, 즉위 후 3년 정도는 체제 정비 기간으로 사용했고, 즉위한 지 4년 둘째 달에 성전 건축을 시작해 7년 만에 완성했습니다. 이후 13년간 왕궁도 건축했습니다. 이 시점에서 솔로몬은 좀 더 제사장 나라 율법에 민감해야 했습니다. 그런데 솔로몬은 시간이 지날수록 제국 경영을 모방하는 데 힘을 씁니다. 백성에게는 징병제와 강제 노동을 시켰으며, 또한 주변 나라와 안정적인 관계를 유지하려는 목적으로 이방 공주들과 정략결혼을 했습니다. 이로 인해 왕실의 사치와 과도한 세금, 종교적 부패는 극심해졌으며 솔로몬의 마음은 점점 하나님을 떠나게 됩니다. 뒤늦게야 하나님을 떠난 인생이 얼마나 허무한 것인지를 깨닫습니다. 이때 지은 책이 <전도서>입니다. 이어서 다윗 시대와 함께 읽었던 <시편> 외에 대부분의 <시편>은 솔로몬의 시가서와 함께 통독합니다.

통通포인트

열방을 향한 성전

솔로몬의 통치 전반기는 초기 내각 정비 3년 + 성전 건축 7년 + 왕궁 건축 13년의 총 23년으로 정리해볼 수 있습니다. 모세 시대 때 '제사장 나라 거룩한 백성'으로서 민족의 기초를 세운 이스라엘은 이후 500여 년이 지나 솔로몬 시대에 열방을 향한 복의 통로가 되는 꿈을 이룰 수 있는 시기가 되었습니다. 성전 건축을 통해 열방을 향한 하나님의 꿈이 이루어지기 바로 직전, 하나님의 기대가 얼마나 크셨을까 생각해봅시다.

1. 솔로몬의 통치 전반기 왕상 3~4장

#큰글자 일년일독 통독성경 | 674~678p

다윗이 세상을 떠나고, 드디어 솔로몬이 그 뒤를 이어 이스라엘의 왕이 됩니다. 솔로몬 왕은 기브온에서 하나님께 일천 번제를 드립니다. 이를 기쁘게 보신 하나님께서 솔로몬의 꿈에 나타나셔서 원하는 것이 무엇인지 물으시자, 솔로몬은 백성을 잘 다스릴 수 있도록 재판을 잘할 수 있는 지혜를 달라고 구합니다. 하나님께서는 솔로몬에게 그가 구한 지혜에 더하여 부귀와 영광도 주겠다고 약속하십니다.

상식적으로 많이 알고 있는 유명한 솔로몬의 재판 이야기가 있습니다. 두 어머니가 한 아기를 놓고, 서로 자기가 진짜 어머니라고 싸웠던 사건입니다. 하나님의 지혜로 충만했던 솔로몬은 유전자 검사(DNA 검사) 확인보다 빠른 것이 '마음 확인'이라는 것을 알았습니다. 그 지혜로 이 사건을 명쾌하게 해결했던 솔로몬은 백성으로부터 큰 신뢰와 사랑을 받게 되었고, 그는 다윗으로부터 물려받은 정치적, 물질적 유산의 기반 위에서 드디어 성전 건축에 착수합니다.

지혜 (왕상 4:29)
'지혜'를 뜻하는 히브리어는 '호크마'이다. 호크마란 지식 그 자체를 의미한다기보다는 사물의 본질을 파악할 수 있는 능력이나 사리를 밝게 분별하는 능력을 말한다. 솔로몬은 일천 번제를 드린 후 송사를 듣고 분별할 수 있는 지혜를 하나님께 구하여, 하나님으로부터 지혜와 총명과 넓은 마음을 받았다(왕상 4:29).

2. 열방을 향한 성전 왕상 5~10장

#큰글자 일년일독 통독성경 | 678~696p

솔로몬은 18만 3,300명의 인원을 동원하여 국제적인 규모의 성전 건축을 시작합니다. 과거 성막 제작의 헌신자는 브살렐과 오홀리압이었고, 예루살렘 성전(솔로몬 성전) 건축의 헌신자

솔로몬의 재판 _ 니콜라스 푸생 作

는 아도니람과 히람이었습니다. 7년
간 모두의 협력과 노력을 기울인 긴
공사 끝에 성전이 세워짐으로 말미암
아, 예루살렘성은 정치적 수도일 뿐
아니라 종교적인 성지(聖地)로서 온
백성의 중심이 됩니다. 과거 모세 때
성막 봉헌 때에도, 그리고 500여 년
후 이날 성전 봉헌 때에도 구름이 덮

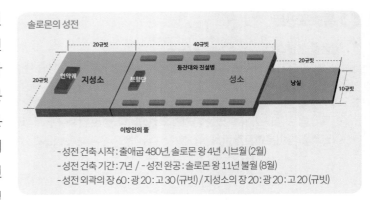

솔로몬의 성전

- 성전 건축 시작: 출애굽 480년, 솔로몬 왕 4년 시브월 (2월)
- 성전 건축 기간: 7년 / - 성전 완공: 솔로몬 왕 11년 불월 (8월)
- 성전 외곽의 장 60 : 광 20 : 고 30 (규빗) / 지성소의 장 20 : 광 20 : 고 20 (규빗)

이는 하나님의 기적과 영광이 그 위에 충만했습니다. 성전 낙성식 날, 모든
백성을 대표하여 솔로몬이 하나님을 온 이스라엘의 주로 고백하고 주의 율
례와 법도를 지킬 것을 선언합니다. 또한 세계 열방이 하나님의 뜻을 알아
가는 데에 이 성전이 쓰일 것이며, 이스라엘 백성은 그 일을 책임과 사명으
로 인식하겠다는 기도를 올려드립니다. 이 기도는 일찍이 모세가 제사장 나
라의 두 가지 미래 이야기를 기록한 레위기 26장에 근거를 두고 작성한 기
도였습니다. 이후 다니엘이 예루살렘 성전을 향해 창문을 열고 하루 세 번
드린 기도는 이날에 행해졌던 솔로몬의 성전 낙성식 기도에 그 근거를 두고
있습니다. 또한 예루살렘 성전을 방문한 스바의 여왕은 '지성소'나 '성소'가
아닌, '이방인의 뜰'에서 기도했다는 사실도 기억해두어야 할 것입니다.

이처럼 열방을 향한 사명을 인식했던 지혜의 왕 솔로몬이 다스릴 때의
이스라엘은 주변 나라가 부러워할 만큼 놀라운 풍요를 누립니다. 이 역시,
사명을 전제로 한 특권임은 두말할 나위가 없을 것입니다.

성경에 기록된 성전
- **솔로몬 성전** : B.C.586년에 바벨론
  에 의해 파괴되었다(왕하 25:8~9).
- **스룹바벨 성전** : 이 성전은 웅장함
  이나 우아함에 있어서 솔로몬 성전
  을 따를 수 없었다(스 5:2; 6:15~18).
- **헤롯 성전** : B.C.20년에 광대한 대
  지 위에 세워지기 시작하여 A.D.64
  년에 준공되었다. 이 성전은 A.D.70
  년에 로마의 장군 티투스(Titus)에
  의해 파괴되었고, 지금은 바위의 돔
  이 그 자리를 차지하고 있다.

3. 솔로몬의 지혜서 잠 1~31장
#큰글자 일년일독 통독성경 | 696~743p

〈잠언〉은 솔로몬이 지은 지혜에 관한 책입니다. 솔로몬은 지혜가 무엇
인지 〈잠언〉을 통해 자세히 알려줍니다. 솔로몬의 지혜는 인문, 사회, 자연
과학 그 이상이었습니다. 참된 지혜는 깊은 연구를 통해서 얻어지는 노력의
결과라기보다는 하나님을 의뢰하고 그를 신뢰하려는 마음 자세에서 얻어지
는 것입니다.

솔로몬은 하나님께로부터 지혜를 얻은 사람입니다. 그래서 솔로몬이 전

누구나 얻을 수 있는 지혜
솔로몬은 지혜라는 것이 자신을 비롯
한 몇몇 특별한 사람들만이 얻을 수
있는 것이라고 생각하지 않았다. 하나
님을 경외하며, 하나님께 지혜를 간구
하는 모든 사람들에게 지혜가 주어진
다고 확신했다. 그 이유는 지혜의 근
본이신 하나님께서는 사람들에게 지
혜주시는 것을 기뻐하시기 때문이다.

하는 지혜의 핵심은 '하나님'입니다. 하나님께서 지혜의 근본이시라는 것입니다. 지혜는 하나님을 경외하는 마음으로부터 나오는 것입니다.

● '잠언'이 말하는 지혜 – 무엇이 지혜인가?

① 여호와를 경외하며 의뢰하는 것 – 잠 1:7; 15:33; 16:3; 19:23

② 인간의 부족함과 약함을 아는 것 – 잠 30:2~4

③ 정직한 마음으로 진실을 말하는 것 – 잠 11:6; 20:23

④ 가난한 이웃을 돌아보는 것 – 잠 3:27~28; 11:25; 14:31

⑤ 훈계와 징계받기를 즐겨하는 것 – 잠 3:12; 12:1; 13:1

⑥ 입술의 말을 조심하는 것 – 잠 10:11; 10:19; 20:15; 21:23

⑦ 부지런한 삶의 자세를 갖는 것 – 잠 6:6~11; 10:4~5

⑧ 좋은 친구를 사귀는 것 – 잠 13:20; 22:24~25; 27:1

⑨ 악인의 형통을 부러워하지 않는 것 – 잠 24:1~2; 24:19~20

⑩ 어리석은 유혹을 물리치는 것 – 잠 4:23~27; 5:7~8

⑪ 노하기를 더디 하는 것 – 잠 16:32; 25:15; 29:11

참 지혜의 본체 예수님
세상의 지혜는 모두 하나님의 창조 후에 만들어진 것이다. 그러나 참 지혜는 모든 만물이 생기기 전, 창세전에 하나님 안에 있는 것이다. 솔로몬은 '하나님의 지혜는 그 시작이 태초부터'라고 말한다(잠 8:22~30). 이를 성경 전체의 숲에서 본다면, 우리는 예수 그리스도를 통해 하나님의 자녀가 됨으로써 하나님께서 주시는 참 지혜를 가질 수 있는 것이다.

4. 솔로몬의 사랑 노래 아 1~8장
큰글자 일년일독 통독성경 | 743~751p

〈아가〉는 솔로몬과 술람미 여인 사이에서 이루어진 순결하고도 아름다운 사랑의 이야기입니다. 아름답고 애절한 사랑 노래를 통해 서로를 향한 사랑의 마음이 얼마나 풍성한 것인지를 볼 수 있습니다. 〈아가〉에 흐르는 사랑은 성경 전체에 흐르는 하나님의 사랑, 특히 인생들을 향한 사랑입니다. 독생자를 보내기까지 베푸신 사랑, 자신의 생명을 다 주기까지 희생하신 큰 사랑, 예수 그리스도의 십자가 사랑을 생각하며 〈아가〉를 읽어가기를 바랍니다.

술람미
갈릴리 바다 남서쪽 잇사갈 지파의 땅에 있었던 수넴(Shunem) 마을로 추측된다.

● '아가'가 말하는 사랑 – 무엇이 사랑인가?

① 한계를 넘어서는 것 – 아 1:5~6

② 서로에 대해 집중하는 것 – 아 2:2~3

③ 세밀한 관심을 가지고 배려하는 것 – 아 2:6~7

④ 동행하는 것 – 아 2:10~13

〈아가〉의 사랑
〈아가〉는 이스라엘 백성을 향한 하나님의 사랑과, 그리스도의 신부인 교회를 향한 그리스도의 사랑으로 비유하기도 한다.

⑤ 서로의 허물을 덮는 것 – 아 4:7

⑥ 서로에게 속하는 것 – 아 2:16; 6:3

⑦ 죽음까지도 이기는 것 – 아 8:6~7

⊕ 통通포인트

◢ 유한 인생 무한 지혜

솔로몬의 통치 후반기 17년은 통치 전반기에 쌓아왔던 모든 기반, 다시 말해 수많은 잠언, 지식과 지혜, 그리고 열방을 향한 성전이었던 예루살렘의 모든 기반을 잃어버리게 되는 안타까운 시기입니다. 나라를 남과 북으로 나누어야 할 만큼 솔로몬이 마음의 중심을 잃어버린 것입니다. 이러한 인생의 뒤안길에서 솔로몬이 마지막으로 찾은 보석은 '헛되다'입니다. 그 깨달음을 담은 책이 '전도서'입니다. 한편, 솔로몬 때까지는 외적으로 열두 지파 전체가 한 국가인 듯 보이지만, 내부적으로는 마치 멍든 사과와 같이 분열의 요소들이 싹트고 있었음을 기억합시다.

5. 솔로몬의 통치 후반기 | 왕상 11장

#큰글자 일년일독 통독성경 | 751~755p

솔로몬이 이스라엘을 통치한 40년은 크게 두 시기로 구분됩니다. 전반기는 솔로몬이 왕위에 오른 후 내각 정비(3년), 성전 건축(7년), 왕궁 건축(13년)을 마치기까지의 23년간입니다. 이 시기 솔로몬의 통치를 특징짓는 중요한 점은 바로 그가 하나님을 사랑했다는 것입니다. 그런데 통치 후반기에는 솔로몬이 하나님을 사랑했던 마음의 중심을 잃어버립니다. 당시 솔로몬에게는 정략결혼을 통해 각국에서 맞이한 1천여 명의 후궁이 있었습니다. 각국의

이방 공주들을 위해 예루살렘에는 호화스런 궁전들이 건축되었고, 이들이 섬기던 그모스, 밀곰, 아스다롯을 비롯한 수많은 우상의 신전이 세워집니다. 하나님께서는 두 번이나 솔로몬에게 돌아오라고 하셨지만, 솔로몬은 쉽게 자신의 마음을 돌이키지 못합니다. 결국 솔로몬에게 있던 모든 것이 사라지기 시작합니다.

이처럼 지혜는 한 번 얻었다고 해서 마지막 순간까지 지킬 수 있는 것이 아니라는 사실을 기억해야 할 것입니다. 솔로몬 통치 후반기는 다윗과 달리 제사장 나라 충성도는 낮아지고 제국에 대한 모방은 높아진 모양이었습니다. 솔로몬 통치 후반기의 세 가지 폐단을 정리한다면, 왕실의 사치, 과다한 세금, 그리고 종교적 부패였습니다.

6. 솔로몬의 마지막 당부 전 1~12장
#큰글자 일년일독 통독성경 | 755~771p

솔로몬은 인류 역사의 그 누구보다도 많은 물질을 가져보았고, 부족함 없이 누려본 사람입니다. 그리고 만끽할 수 있는 갖가지 쾌락과 향락도 즐겨보았습니다. 그런데 마지막에 이르러 이제 이 땅에서의 삶을 마감해야 하는 때가 되었을 때, 그는 과거에 자신이 누린 그 모든 것이 허무하다는 것을 깨닫게 됩니다. 이 깨달음을 담은 책이 바로 '전도서'입니다.

● 전도자의 인생 고백
① 사람의 수고가 헛되다 – 전 1:14
② 해 아래 새로운 것은 없다 – 전 1:10
③ 즐거움도 헛되다 – 전 2:1
④ 인간 지혜에는 한계가 있다 – 전 2:14~16
⑤ 모든 일에 때가 있다 – 전 3:1~8
⑥ 모든 인생은 흙으로 간다 – 전 3:20
⑦ 재물로 만족할 수 없다 – 전 5:10

● 전도자의 권면 – 행복한 인생을 살려면
① 선을 행하는 사람이 행복하다 – 전 3:12

때가 있다 (전 3장)
"범사에 기한이 있고 천하 만사가 다 때가 있나니"

날 때	죽을 때
심을 때	뽑을 때
죽일 때	치료할 때
헐 때	세울 때
울 때	웃을 때
슬퍼할 때	춤출 때
돌을 던져 버릴 때	돌을 거둘 때
안을 때	안는 일을 멀리 할 때
찾을 때	잃을 때
지킬 때	버릴 때
찢을 때	꿰맬 때
잠잠할 때	말할 때
사랑할 때	미워할 때
전쟁할 때	평화할 때

"하나님이 모든 것을 지으시되 때를 따라 아름답게 하셨고 또 사람들에게는 영원을 사모하는 마음을 주셨느니라 그러나 하나님이 하시는 일의 시종을 사람으로 측량할 수 없게 하셨도다"(전 3:11).

② 서로 돕는 사람이 행복하다 – 전 4:12

③ 입술을 지키는 사람이 행복하다 – 전 5:2

④ 죽음을 기억하는 사람이 행복하다 – 전 7:2

⑤ 치우치지 않는 사람이 행복하다 – 전 7:16~18

● 전도자의 당부 – 기억하라

① 모두 다 하나님의 손에 있음을 기억하라 – 전 9:1

② 모든 인생이 죄인임을 기억하라 – 전 9:3

③ 하나님의 심판을 기억하라 – 전 11:9; 12:14

④ 이후에 노인이 될 것을 기억하라 – 전 12:1~7

⑤ 청년의 때, 너의 창조주를 기억하라 – 전 12:1,13

〈전도서〉가 인생의 무상함과 덧없음을 선포하고 있지만, 그것이 〈전도서〉의 전체 주제는 아닙니다. "모든 것이 헛되도다"(전 1:2)라는 전도자의 강한 선언 속에는 이미 그 헛됨을 극복할 수 있는 대안이 들어 있습니다. 전도자가 제시하는 그 대안은 하루라도 젊었을 때 창조주 하나님을 기억하는 것입니다.

7. 찬양의 책 – 시편 시

#큰글자 일년일독 통독성경 | 830~964p

〈시편〉은 하나님께 예배하고자 하는 이스라엘 민족의 소망과 열정의 내용을 담고 있습니다. 특히, 시편의 다수(150편 중 73편)는 다윗이 지은 것으로, 〈사무엘상·하서〉를 통해 정치인으로서의 다윗의 모습을 볼 수 있다면, 〈시편〉을 통해서는 찬양과 기도로 하나님과 깊고 친밀한 만남을 가졌던 신앙인으로서의 다윗의 모습을 살펴볼 수 있습니다. 또 사울 정권의 어두운 시대 흐름을 하나님 중심으로 바꿔낼 수 있었던 다윗의 힘이 그의 신앙 고백 안에 담겨 있음을 알 수 있습니다.

뿐만 아니라 다윗의 시편 외에 여러 시인의 시편을 통해 온 마음과 정성을 다해 하나님을 찬양할 수 있습니다. 이처럼 〈시편〉은 다윗을 비롯한 여러 시인이 기록한 하나님을 향한

〈시편〉의 저자		
권	편	저자
제1권	1~41편	다윗, 무명
제2권	42~72편	다윗, 고라 자손, 아삽, 솔로몬, 무명
제3권	73~89편	다윗, 고라 자손, 아삽, 헤만, 에단
제4권	90~106편	모세, 다윗 무명
제5권	107~150편	다윗, 솔로몬, 무명

하늘 언어를 통해 그들의 인생철학을 엿볼 수 있는 아름다운 책입니다.

● 시와 찬미

① 복 있는 사람이란? - 시 1~9편

② 하나님을 향한 믿음이 있기에 - 시 10~18편

③ 깊은 탄식 가운데에서도 - 시 19~27편

④ 참된 보호자요, 피난처이신 하나님 - 시 28~34편

⑤ 하나님의 공의로운 심판 - 시 35~41편

⑥ 하나님께서는 우리의 힘과 도움이시니 - 시 42~53편

⑦ 의인의 기도에 귀를 기울이시는 하나님 - 시 54~66편

⑧ 모든 복의 근원이신 하나님 - 시 67~72편

⑨ 하나님께서 행하신 크고 놀라운 일 - 시 73~78편

⑩ 하나님께서 거하시는 장막 안에서 - 시 79~85편

⑪ 주의 길을 따르는 자들에게 힘주시는 분 - 시 86~89편

⑫ 능력과 아름다움이 충만하신 하나님께 - 시 90~102편

⑬ 하나님께서 베푸시는 놀라운 사랑 - 시 103~106편

⑭ 우리의 사정을 아시는 하나님 - 시 107~118편

⑮ 주의 율례와 계명과 법도를 사모하며 - 시 119편

⑯ 주의 성전에 오르는 기쁨의 찬양 - 시 120~134편

⑰ 모든 인생의 마음을 감찰하시는 분 - 시 135~142편

⑱ 인자하심이 영원하시며 무궁하신 하나님 - 시 143~150편

🔗 **이 과의 내용을 통通 이야기**(Tong story)**로 적어보고 이야기해 보세요.**

....

....

....

....

....

👥 **이 과의 내용을 자녀에게 가르칠 수 있도록 통성기도**(Tongsung Gido)**합시다.**

• 너희의 자녀에게 가르치며 집에 앉아 있을 때에든지, 길을 갈 때에든지, 누워 있을 때에든지, 일어날 때에든지 이 말씀을 강론하고 … 너희의 날과 너희의 자녀의 날이 많아서 하늘이 땅을 덮는 날과 같으리라 (신명기 11:19~21)
• 너는 네가 누구에게서 배운 것을 알며 또 어려서부터 성경을 알았나니 (디모데후서 3:14~15)

17과 하늘 보석 욥

욥기

큰글자 일년일독 통독성경

130일 : 의인의 고난　　131일 : 엘리바스의 책망　　132일 : 네 시작은 미약하였으나?　　133일 : 하나님께 호소하기
134일 : 가슴속 울음소리　　135일 : 오직 소망의 대상　　136일 : 진실한 사랑이 없는 친구들　　137일 : 하나님을 갈망하는 욥
138일 : 심판 날을 기다리는 욥　　139일 : 하나님과의 대면 임박　　140일 : 욥, 하나님의 자랑이 되다

통通으로 외우세요

① <욥기>는 <시편>, <잠언>, <아가> 등과 같이 시가서로 분류되므로, 지혜 문학의 연장선
　상에서 다른 시가서와 함께 읽기 위해 이곳에 배치했습니다.
② 욥은 아브라함과 비슷한 족장 시대의 사람입니다. 그래서 <창세기>와 같이 읽어도 좋
　습니다.
③ <욥기>는 동서고금을 막론하고 가장 위대한 '시'이자 '희곡'으로 평가받습니다.

통通으로 읽는 센스

<욥기>는 인간의 고난을 정면으로 다룬 책입니다. 인간에게 고난의 문제는 인간의 지혜
로는 해답을 찾을 수 없는 난제입니다. 때문에 인간은 고난을 피하거나 잊는 방법을 찾으
려 합니다. 그러나 성경은 인간의 고난의 문제를 '우리 안에 보석을 만드는 과정'이라고
가르쳐주고 있습니다. 처음에 욥의 고난은 이해할 수 없는 일이었습니다. 욥은 교만하지
도 않았고, 이기적이지도 않았습니다. 그리고 하나님과 사람 앞에 올바르게 살기 위해 최
선을 다하던 사람이었습니다. 그러한 욥에게 너무나도 큰 고난이 닥치자 멀리에서 친구
들이 욥을 위로하기 위해 찾아옵니다. 처음에 친구들은 욥의 고난을 보고 차마 말도 꺼내
지 못하고 욥의 곁을 지켜주기만 합니다. 그러다가 차츰 위로라는 명목으로 대화가 시작
되면서 친구들의 말은 오히려 욥에게 비수가 됩니다. 친구들과의 대화가 욥의 고난의 문
제를 해결해주지 못한 것입니다. 결국 하나님께서 욥의 고난의 문제를 해결해주시며, 욥
은 순금처럼 단련되어 이전보다 더 월등한 하나님의 사람으로 살게 됩니다.

인간의 고난은 어떠한 의미가 있는가? 이 문제의 답은 오직 성경만이 제시해줄 수 있습니
다. 인간을 창조하신 하나님께서는 인간에게 고난은 쓸모없는 것이 아니라 인간 안에 보
석을 만드는 과정이라고 말씀해주십니다. 인간의 아픔과 함께 눈물 흘리시며 많은 것을
사랑으로 이해시켜 주시는 하나님 안에서 인생들이 하늘 보석이 되어간다는 사실을 우
리는 <욥기>를 통해 확인할 수 있습니다.

◀ 하나님의 자랑이 되는 삶
욥은 하나님이 기뻐하시는 사람이었고, 더 나아가 하나님의 자랑이었습니다. 누가 하나님의 자랑이 될 수 있겠습니까. 악에서 떠나고 순전하며 하나님을 경외하는 자, 그러한 사람이 하나님의 자랑인 것입니다.

1. 하나님의 자랑 욥 욥 1~3장
#큰글자 일년일독 통독성경 | 771~776p

'온전하고 정직하여 하나님을 경외하며 악에서 떠난 자'라는 평가를 받았던 하나님의 사람 욥이 어느 날 갑자기 이해할 수 없는 고난을 당하게 됩니다. 사탄이 욥을 시험하기 시작한 것입니다. 욥의 고난은 사탄이 욥을 시험하는 것이었지만, 욥에게는 견딜 수 없는 현실적 고난이었습니다. 욥의 모든 재산은 한순간에 다 날아갔고, 욥의 자식들은 한날한시에 모두 죽었습니다. 거기에다 욥의 몸은 병들어 욥의 정수리에서부터 발바닥까지 악성 종기가 났습니다. 욥은 이제 사탄의 시험에 정면으로 맞서 싸워야 했습니다. 사탄은 욥이 그 시험에서 지기만을 기다립니다.

우리는 하나님의 자랑이었던 신실한 하나님의 사람 욥까지도 사탄의 시험에 들었다는 사실을 주목해야 합니다. 사탄은 욥뿐 아니라 심지어 하나님의 아들이신 예수 그리스도까지 시험하는 자입니다. 그러므로 누구나 시험에 들 수 있다는 것을 알아야 합니다. 다만 시험을 맞아 싸워 이기느냐, 아니면 사탄에게 지느냐 하는 것이 문제입니다. 욥은 끝내 사탄이 원하는 '입술과 마음으로 하나님을 원망'하는 일을 하지 않음으로 시험에서 이깁니다.

이후 예수님께서는 성경에 기록된 하나님의 말씀(기록된 구약성경의 말씀)으로 사탄의 시험을 이기셨습니다. 사탄의 시험을 이기는 길은 사람의 의(義)가 아닙니다. 끝까지 하나님을 믿고 신뢰하는 믿음과 하나님을 아는 지식인 살아 계신 하나님의 말씀, 곧 '기록된 성경'으로 이기는 것입니다.

욥과 예수님의 이야기에서 알 수 있듯이, 끝내 사탄의 시험을 이기게 되면 우리는 '순금같이 단련된 하늘 보석'이 될 것입니다.

⬢ 통通포인트

◤ **NO! 시작은 미약하였으나**
<예레미야>를 보면 거짓 선지자 하나냐의 거짓 예언이 기록되어 있습니다. 그 본문은 절대로 '아멘'해서는 안 되는 구절입니다. 마찬가지로 <욥기>에서 '아멘'해서는 안 되는 구절은 "네 시작은 미약하였으나 네 나중은 심히 창대하리라"(욥 8:7)입니다.

2. 욥의 세 친구의 질문 욥 4~37장
#큰글자 일년일독 통독성경 | 776~822p

욥이 큰 어려움에 처하게 되었다는 소식을 전해 듣고 욥의 세 친구가 욥을 찾아옵니다. 일단 고통 가운데 있는 욥을 찾아와 주었다는 점에서 욥의 세 친구는 고마운 사람들입니다. 욥의 고난이 생각 이상으로 얼마나 극심했던지 욥의 세 친구는 7일 동안이나 욥에게 말조차 걸지 못하고 그저 욥 곁에 있어줄 뿐이었습니다. 시간이 지나면서 욥의 친구들이 욥을 위로하기 시작합니다. 그런데 위로에서 시작된 욥의 친구들의 말은 차츰 욥을 정죄하는 쪽으로 방향이 바뀌면서 불편한 논쟁이 되고 맙니다.

욥과 친구들 사이에서 논쟁을 하는 중에 나왔던 말 가운데 너무나도 유명해진 말이 "네 시작은 미약하였으나 네 나중은 심히 창대하리라"(욥 8:7)라는 말입니다. 이 말이 <욥기>에 나오는 말 중에 가장 유명한 말이 되어 심지어 벽걸이로 만들어져 벽에 걸릴 정도가 되었습니다. 그러나 이 말은 욥이 한 말도 아니고, 하나님께서 하신 말씀도 아니고, 욥의 세 친구 가운데 수아 사람 빌닷이 욥과의 논쟁 가운데 욥을 괴롭게 한 말 가운데 했던 '헛소리'일 뿐입니다. 심지어 이 말은 이후에 하나님께서 빌닷을 비롯한 욥의 친구들에게 회개를 요구하실 정도로 잘못한 말 중에 하나입니다. 이는 마치 예레미야와 맞선 거짓 선지자 하나냐의 헛소리와 같은 말입니다(렘 28:2~4). 그러므로 성경을 통(通)으로 읽지 않고 구절로 나누어 읽으면 헛소리를 성구로 오해하는 어리석음을 범하게 되는 것입니다.

세 차례에 걸친 욥과 세 친구 사이의 논쟁이 끝난 후, 욥이 자신의 논리를 다시 폅니다. 그리고 친구들과의 대화를 통해서도 인간의 고통과 고난에 대해 어떤 답도 찾지 못한 욥이 하나님 앞에 자신의 고통을 토로합니다.

이어서 지금까지 평행선을 긋고 있던 욥과 세 친구의 논쟁을 지켜보던 엘리후가 등장합니다. 그러나 엘리후 또한 욥의 친구들처럼 욥의 고통에 대

<욥기>의 질문
1. 인간의 고통은 그가 지은 죄에 비례하는가?
2. "욥이 어찌 까닭 없이 하나님을 경외하리이까?"
3. 어찌하여 의로우시고 전능하신 하나님이 의인으로 하여금 이토록 큰 고통을 당하게 하시는가?

왜 나입니까? (욥 7:11~15)
잠 못 이루는 밤이 더하기를 벌써 여러 달째. 육신의 고통뿐만 아니라 영혼을 짓누르는 아픔이 욥으로 하여금 잠을 이루지 못하게 한다.
"왜 나입니까?" 이는 자신의 약함을 절절히 느끼는 욥의 질문이었다. 비록 지금은 하나님께서 욥의 그 질문에 침묵하시지만, 하나님께서는 침묵 속에서 욥이 고난을 이겨내길 바라시며 더 큰 섭리로 그를 돌보고 계신다.

해 이해조차 못하며 어떤 해결도 가져다주지 못합니다. 그의 발언을 계기로 욥과 친구들의 논쟁은 하나님의 말씀, 곧 하나님과 욥의 만남으로 반전이 됩니다.

욥과 친구들 _ 일리야 레핀 作

3. 하나님의 질문 욥 38~41장
#큰글자 일년일독 통독성경 | 822~828p

오랫동안 침묵하시던 하나님께서 마침내 욥에게 세상의 시작과 하나님의 세계 경영에 관한 폭풍 같은 질문으로 욥의 입을 막으십니다.

"무지한 말로 생각을 어둡게 하는 자가 누구냐 … 내가 땅의 기초를 놓을 때에 네가 어디 있었느냐 … 바다가 그 모태에서 터져 나올 때에 문으로 그것을 가둔 자가 누구냐 … 네가 바다의 샘에 들어갔었느냐 깊은 물 밑으로 걸어 다녀 보았느냐 … 땅의 너비를 네가 측량할 수 있느냐 … 어느 것이 광명이 있는 곳으로 가는 길이냐 … 누가 홍수를 위하여 물길을 터 주었으며 우레와 번개 길을 내어 주었느냐 …"(욥 38:2~41:34).

그러자 욥이 어떤 답도 하지 못하고 인간의 고통과 고난까지도 하나님의 권한임을 인정하고 하나님 앞에 바로 서게 됩니다.

하나님의 질문
훌륭한 스승은 답만 알려주는 것이 아니라 학생이 스스로 답을 찾아갈 수 있도록 질문을 던진다. 마찬가지로 하나님께서는 욥을 곧바로 무대에 올려서 상급을 주시기보다는 욥이 이 모든 일련의 과정을 통해 지혜를 얻을 수 있도록 하신다. 그 방법의 하나가 욥에게 질문을 던지시는 것이다. 그 질문의 답을 생각해본 욥은 지혜와 의의 주인은 하나님이시며 자신은 피조물이라는 것을 깨달았을 것이다.

4. 욥, and NEXT 욥 42장
#큰글자 일년일독 통독성경 | 828~829p

사탄은 욥이 감당할 수 없을 정도로 욥을 괴롭게 하며 욥을 시험했습니다. 그러나 욥은 끝내 사탄의 시험에 넘어지지 않고 하나님을 믿는 전적인 믿음으로 그 어려운 시험을 모두 이겨냈습니다. 그러자 하나님께서는 욥에게 그 이전보다 더 큰 하나님의 복을 내려주십니다. 욥은 고통과 고난을 통해 하나님께서 자신을 단련시키신 후에 자신이 순금같이 되었음을 고백하며 진심으로 하나님을 찬양합니다. 이처럼 욥과 같은 시험을 이겨낸 하나님의 사람에게는 선물과 같은 'NEXT(넥스트, 그 다음)'가 주어집니다. NEXT, 즉 하나님께서 주시는 기대와 사랑, 더 놀라운 복이 기다립니다.

⏺ 이 과의 내용을 통通 이야기(Tong story)로 적어보고 이야기해 보세요.

....

....

....

....

....

....

⏺ 이 과의 내용을 자녀에게 가르칠 수 있도록 통성기도(Tongsung Gido)합시다.

• 너희의 자녀에게 가르치며 집에 앉아 있을 때에든지, 길을 갈 때에든지, 누워 있을 때에든지, 일어날 때에든지 이 말씀을 강론하고 … 너희의 날과 너희의 자녀의 날이 많아서 하늘이 땅을 덮는 날과 같으리라 (신명기 11:19~21)
• 너는 네가 누구에게서 배운 것을 알며 또 어려서부터 성경을 알았나니 (디모데후서 3:14~15)

7마당 사랑의 줄, 사명의 줄
Line of Love, Line of Mission

📍 **통通Map** 7마당 전체의 구조와 흐름을 한눈에 담아봅시다.

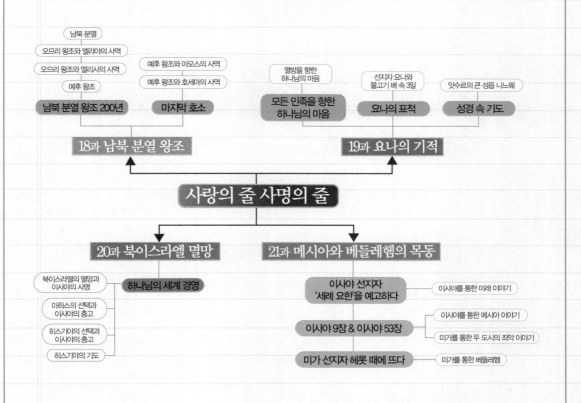

🎓 **7마당-통通 Concept**

남북 분열 왕조와 선지자들을 통(通)으로!

<열왕기상·하>와 예언서들을 연결하여 살펴보는 것이 중요합니다. 북이스라엘과 남유다에서 각각 활동한 선지자들을 잘 정리하여 당시 시대 상황 및 국제 정세와 선지자들의 메시지를 통(通)으로 살필 수 있어야 합니다.

＊ 숲 둘러보기
이제부터는 남과 북으로 나누어진 분열 왕국 이스라엘의 역사가 펼쳐집니다. 이스라엘의 왕정 시대는 선지자들의 활동 시기와 맞물려갑니다. 그래서 열왕기와 역대기는 예언서들과 함께 읽어야 그 시대를 향하신 하나님의 마음을 더 가깝게 따라가 볼 수 있습니다. 이 시기에 북이스라엘에서는 엘리야, 엘리사, 아모스, 호세아 등이 활동했고, 남유다에서는 이사야, 미가 등이 활동했습니다. 하나님의 세계 경영이 이 부분에서 더욱 드러납니다.

＊ 터와 나이테
이스라엘의 분열 연대에 관한 일반적인 견해는 B.C.931년, 또 다른 견해는 B.C.922년입니다만, 큰 차이는 없습니다. 남왕국 유다에는 유다 지파와 베냐민 지파가 속하고, 북왕국 이스라엘에는 나머지 열 지파가 속하게 되는데, 안타깝게도 북이스라엘의 초대 왕이었던 여로보암은 북왕국의 가장 북쪽 도시인 단과 가장 남쪽 도시인 벧엘에 금송아지 우상을 만들어놓고, 절기와 제사장도 마음대로 바꿔버렸습니다.
특히 오므리의 아들 아합 왕의 시대는 북이스라엘 전체가 우상숭배로 물들었던 어두운 시대였습니다. 이 시기에 엘리야와 엘리사 선지자가 사역을 합니다. 이후 오므리 왕조를 무너뜨리고 세워진 예후 왕조에서는 여로보암 2세 때 나라가 매우 강성했지만, 극심한 종교적 타락과 심각한 경제적 불평등 현상이 있었습니다. 이를 돌이키기 위한 아모스, 호세아 선지자의 간절한 호소에도 불구하고 하나님께로 마음을 돌이키지 않은 북이스라엘은 결국 B.C.722년에 앗수르 제국에 의해 멸망합니다.

＊ 바람과 토양
여로보암 2세 시대의 북이스라엘은 하맛 어귀에서부터 아라바 바다까지 국경을 회복할 정도로 군사력이 막강했습니다. 또한 그들은 활발한 상거래를 통해 경제적 풍요를 누렸습니다. 그러나 이러한 풍요와 안정은 성숙한 삶으로 이어지기보다는 방탕과 부정으로 나타났습니다. 이에 아모스와 호세아의 심판 예언이 시작됩니다.
한편, 모레셋이라는 작은 농촌 마을 출신 미가는 남유다의 세 왕 요담, 아하스, 히스기야가 통치하던 기간에 활동한 선지자입니다. 그 역시 부패한 사회 종교 지도자들을 향해 정의를 바로 세우라고 외쳤습니다.

＊ 열왕기하 *Kings 2* 남유다와 북이스라엘이 하나님을 외면하고 우상을 섬기면서 멸망으로 달려가는 가운데, 그들을 돌이키시려는 하나님의 노력은 눈물겹기까지 합니다. 하나님께서는 포기하지 않으시고 엘리야에 이어 엘리사 선지자를 보내십니다. 그리고 또 많은 선지자를 보내어 책망하기도 하시고 달래기도 하십니다.

그러나 돌아오라는 하나님의 부탁을 끝내 거부했던 북이스라엘은 결국 북쪽에서 내려온 앗수르 제국에 의해 멸망하고 맙니다. 그때가 B.C.722년입니다. 남유다 역시 결국 B.C.586년에 바벨론 제국에 의해 멸망하고 포로로 끌려가게 됩니다.

＊ 아모스 *Amos* 아모스는 남유다의 작은 성읍 드고아 출신으로서 북이스라엘에 가서 하나님의 말씀을 전했던 선지자입니다. 〈아모스〉의 첫 부분은 아람, 블레셋, 두로, 에돔, 암몬, 모압 같은 다른 민족에 대한 심판 메시지로 시작됩니다. 여기까지 아모스의 예언을 들었던 북이스라엘 백성은 그의 예언을 환영했을 것입니다. 왜냐하면 아모스가 심판을 예언했던 나라들은 그동안 이스라엘이 멸시하던 민족들이었기 때문입니다.

하지만 곧바로 아모스의 심판 예언은 북이스라엘로 이어집니다. 아모스는 특별히 사회의 기득권층이었던 부자들과 국가 관리들, 제사장들을 향해 그들이 사회를 정의롭게 이끌지 못하고 오히려 가난하고 힘없는 사람들을 억압하고 수탈하는 것에 대해 그 죄악을 강하게 지적합니다. 아무리 많은 예물과 십일조를 바친다 해도 가난한 자와 불쌍한 사람들을 돌보지 않는다면, 하나님께서는 그들의 예배를 기뻐하지 않으신다는 사실을 분명히 선포합니다.

＊ 호세아 *Hosea* 호세아 선지자는 북이스라엘에서 아모스 선지자와 비슷한 시기, 혹은 좀 더 후에 활동했던 선지자입니다. 호세아 선지자의 생애는 참으로 쉽지 않았습니다. 그는 하나님의 명령을 따라 음란한 여자 고멜을 아내로 맞이하여 음란한 자식을 낳으면서 그 시대 북이스라엘을 향하신 하나님의 마음을 이해하게 됩니다.

괘씸한 이스라엘에게 매를 대시면서도 그들에 대한 사랑을 끝까지 버리지 못하시는 하나님의 마음을 깊이 깨닫게 된 것입니다. 호세아는 하나님께로 돌아가자고 백성에게 눈물로 호소하는 사랑의 선지자의 모습을 보여줍니다.

＊요나 *Jonah*

하나님께서는 요나를 선지자로 부르시고, 앗수르의 큰 성읍 니느웨로 가서 하나님의 심판이 임박했음을 외치라고 명하셨습니다. 그런데 요나는 하나님의 말씀을 거역하고, 니느웨 반대 방향에 있는 다시스로 도망을 갑니다. 결국 요나는 하나님께서 보내신 폭풍 때문에 물고기 배 속에 들어갔다 나오는 신비한 경험을 하기도 했는데, 그럼에도 불구하고 요나는 여전히 하나님의 깊은 진심을 몰라줍니다.

자신이 전하는 메시지를 듣고 니느웨 백성이 회개하여 하나님의 용서를 받게 되자, 니느웨가 망하기만을 바랐던 요나의 속마음이 적나라하게 드러납니다. 그때 하나님께서는 이스라엘 민족뿐 아니라, 이 땅의 모든 민족과 모든 생명을 아끼고 사랑하신다는 것을 깨달을 수 있도록 요나를 설득하십니다.

＊이사야 *Isaiah*

북쪽의 앗수르 제국이 남쪽으로 세력을 확장해가는 시대 상황 속에서, 남유다의 아하스 왕은 이 위기를 피할 수 있는 방책을 잘못된 외교 정책에서 찾으려고만 했습니다. 이사야 선지자는 세계를 경영하시는 분이 하나님이심을 강조하며, 하나님께 의지할 때에 하나님께서 지켜주고 보호해주실 것을 믿으라고 하지만, 아하스 왕은 끝내 순종하지 않았습니다.

그 뒤를 이은 히스기야 왕은 앗수르가 예루살렘성을 둘러싼 절체절명의 순간에 이르자, 다행히도 하나님께 엎드려 기도함으로 나라를 구해냅니다. 하지만 이사야 선지자의 외침은 이스라엘 전체에 궁극적으로 받아들여지지 않았고, 결국 이사야는 남유다가 바벨론에 의해 포로로 끌려가게 될 것을 예언합니다. 특별히 〈이사야〉는 이후에 오실 메시아 예수님에 대해 가장 많은 예언이 담겨 있는 책으로도 유명합니다.

＊미가 *Micah*

이사야와 거의 같은 시대에 활동했던 미가의 메시지는 남북 두 왕국의 수도인 사마리아와 예루살렘을 향해 선포된 것입니다. 북이스라엘에서 사회 정의를 외쳤던 선지자가 아모스라면, 미가는 남유다와 북이스라엘, 특히 남유다를 중심으로 이와 비슷한 메시지를 전했습니다.

가난한 사람들을 억압하고 재판관에게 뇌물을 주는 부패한 사회 지도자들과 종교 지도자들에 대해서 날카롭게 비판하면서 사마리아와 예루살렘 사람들에게 회개를 촉구합니다. 그럼에도 불구하고 미가는 궁극적으로 임할 하나님의 구원과 용서를 전하며, 예수님께서 베들레헴에서 태어나실 것을 예언하기도 합니다.

18과 남북 분열 왕조

열왕기상 12~22장, 열왕기하 1~14장, 아모스, 호세아

 큰글자 일년일독 통독성경

통通으로 외우세요

① 솔로몬의 아들 르호보암 때에 이스라엘이 북이스라엘과 남유다로 나뉘게 되면서 분열 왕국 시대가 시작됩니다.

② 열왕기는 북이스라엘과 남유다의 이야기를 함께 다루고 있고, 역대기는 남유다만의 역사를 다루고 있습니다. <역대상·하>는 24과를 통해 살펴봅니다.

③ 18과에는 B.C.931년의 남북 분열 이후부터 B.C.8세기 중엽 북이스라엘의 여로보암 2세 시대까지의 이야기가 담겨 있습니다. 이 기간에 엘리야와 엘리사가 북이스라엘에서 사역했습니다.

④ 북이스라엘의 여로보암 2세 때(B.C.8세기), 아모스와 호세아 선지자가 북이스라엘에서 사역했습니다.

통通으로 읽는 센스

북이스라엘에서는 여러 차례 쿠데타가 일어나고 여러 왕조가 세워집니다. 그러나 안타깝게도 북이스라엘 19명의 왕은 모두 여로보암의 악한 길을 따라가고 맙니다. 특히 오므리 왕조에서 오므리의 아들인 아합 왕은 왕후 이세벨과 함께, 북이스라엘 전체를 바알과 아세라를 섬기는 우상 나라로 만드는 죄악을 서슴없이 저질렀습니다.

이 시기에 활동했던 엘리야와 엘리사 선지자, 이후 여로보암 2세 때 활동했던 아모스, 호세아, 요나 선지자를 비롯한 많은 선지자의 간절한 호소에도 불구하고 하나님께로 마음을 돌이키지 않은 북이스라엘은 결국 B.C.722년에 앗수르 제국에 의해 멸망하게 됩니다. 이렇게 이스라엘의 왕정 시대는 선지자들의 활동 시기와 맞물려 갑니다.

◆ 통通포인트

남북 분열 왕조 200년

사울, 다윗, 솔로몬 시대까지는 통일 왕국 시대였습니다. 그러나 이제는 분열 왕국 시대가 시작됩니다. 이제부터 조금은 복잡해집니다. 그러나 복잡한 것은 그만큼 풍성하다는 이야기도 됩니다. 북이스라엘은 국가 전체가 '제사장 나라 거룩한 백성'의 사명과는 도무지 동떨어져 있던 시대였습니다. '멀어져 가는 사명'을 생각하며 남유다와 북이스라엘 전체 역사를 다음과 같은 특징으로 살펴봅시다.

- 남유다 200년의 특징은 다윗의 길과 여로보암의 길로 지그재그를 반복했다는 것입니다.
- 북이스라엘 200년은 네 가지로 설명할 수 있습니다.
  - 첫째, 여로보암의 길로 200년을 직진했습니다.
  - 둘째, 여로보암 왕에서 시작해 호세아 왕으로 끝났고, 중간에 오므리 왕조와 예후 왕조가 있었습니다.
  - 셋째, 오므리 왕조 때 엘리야와 엘리사 선지자가, 예후 왕조 때 아모스와 호세아 선지자가 다윗의 길로 유턴을 시도했습니다.
  - 넷째, 결국 B.C.8세기 앗수르가 등장해서 사마리아를 사마리아인(혼혈족)으로 만들었습니다.

1. 남북 분열 왕상 12장~16:20

#큰글자 일년일독 통독성경 | 964~976p

● 분열 양상

솔로몬이 죽고 그의 아들 르호보암이 왕위를 물려받습니다. 그런데 그 역시 아버지의 신앙과 정치의 폐단들을 그대로 답습하고 정국을 분열로 몰아갑니다. 결국 하나님께서는 나라를 남과 북으로 나누시고, 북이스라엘 열 지파를 여로보암에게 맡겨야겠다는 계획을 품으십니다. 이에 솔로몬 사후에

여로보암
솔로몬 시대에는 건축이 주요 국책 사업이었다. 이때 여로보암은 탁월한 건축 기술자이면서 감독자였다. 전쟁시에는 군인이 중요 엘리트이지만, 평화시에는 건축을 담당하는 사람들이 엘리트였다.

남북이 분단되고, 이후 200년 동안 지속됩니다. 이스라엘 남북 분단의 간접 원인은 솔로몬의 후반기 통치 방식 문제였고, 직접 원인은 솔로몬의 아들 르호보암의 어리석은 선택 때문이었습니다. 새 왕이 된 르호보암에게 백성이 나아와 노역과 세금을 줄여 달라고 호소합니다. 그러나 르호보암은 원로들의 제사장 나라 경영 조언을 무시하고 젊은 신하들의 의견을 따릅니다.

이때 하나님께서는 비록 이스라엘을 남북으로 나누셨지만, 신앙적 중심지 예루살렘을 중심으로 두 국가가 함께하기를 원하셨습니다. 그래서 북이스라엘에 사는 모든 성인 남자도 1년에 세 번은 예루살렘 성전이 있는 남유다로 오라고 명하셨습니다. 정치적으로는 나라가 나뉘져 있어도, 하나님을 향한 신앙은 동일하게 유지되어야 하기 때문입니다.

● 다윗의 길 vs. 여로보암의 길

북이스라엘의 왕 여로보암은 1년에 세 차례씩 남쪽 예루살렘으로 성인 남자들을 보내면, 사람들의 마음이 남쪽으로 기울지 않을까 우려합니다. 결국 여로보암은 단과 벧엘에 금송아지 우상을 세우고, 레위 자손이 아닌 보통 백성으로 제사장을 세우고, 하나님께서 지키라고 명하신 절기를 무시하

신앙을 정치에 종속
여로보암은 정치를 위해서 신앙을 이데올로기화하고 말았다. 하나님의 사랑과 사명, 세계 선교를 자기의 정치적 목적을 위해 이용하는 죄악의 시작이었다. 이것이 여로보암의 길이다. 이 잘못을 이후 북이스라엘 왕들이 계속 답습한다. 오므리 왕조 때, 그 죄악이 절정에 달한다.

북이스라엘 200년

연도(B.C.)	북왕국(재위 기간)	왕조	활동 선지자	중요 사건
931	① 여로보암 1세 (22년)		아히야, 잇도 등	
910	② 나답 (2년)			
909	③ 바아사 (24년)		예후	
886	④ 엘라 (2년)			
885	⑤ 시므리 (7일)			
885	⑥ 오므리 (12년)	오므리 왕조		'사마리아'를 수도로 정함
874	⑦ 아합 (22년)		엘리야	갈멜산 대결 / 나봇의 포도원 사건 / 남유다와 동맹하여 아람과 전쟁 (아합 전사)
853	⑧ 아하시야 (2년)		엘리야, 엘리사	엘리야의 승천 / 엘리사의 기적 이야기
852	⑨ 여호람(요람) (12년)		엘리사	
841	⑩ 예후 (28년)	예후 왕조	엘리사	
814	⑪ 여호아하스 (17년)		엘리사	
798	⑫ 요아스 (16년)			
793	⑬ 여로보암 2세 (41년)		아모스, 호세아, 요나	아모스의 사역 호세아의 사역 요나의 사역
753	⑭ 스가랴 (6개월)		호세아	
752	⑮ 살룸 (1개월)			
752	⑯ 므나헴 (10년)		호세아	
742	⑰ 브가히야 (2년)			
740	⑱ 베가 (20년)		호세아, 오뎃	
732	⑲ 호세아 (9년)		호세아	
722	북왕국 멸망 (약 210년)			

며 자기 마음대로 절기 날짜를 바꿔버리는 죄악을 저지릅니다.

이제부터 하나님께서는 이스라엘 왕들의 길을 두 가지로 평가하십니다. 바로 다윗의 길과 여로보암의 길입니다. 그런데 북이스라엘에서는 여로보암 이후 세워지는 19명의 왕들 모두가 여로보암의 길을 따라 우상을 섬기는 안타까운 역사가 이어집니다.

우상숭배하는 여로보암 _ 장 오노레 프라고나르 作

2. 오므리 왕조와 엘리야의 사역 왕상 16:21~22장/ 왕하 1장
#큰글자 일년일독 통독성경 | 976~998p

북이스라엘에는 계속해서 쿠데타가 이어집니다. 오므리도 쿠데타로 정권을 잡습니다. 그는 당시 매우 번성한 해안 국가였던 시돈의 공주 이세벨을 며느리로 데려오는데, 이 여인에 의해 북이스라엘이 바알 신앙으로 물들어버립니다.

하나님께서는 안타까운 마음으로 엘리야 선지자를 보내십니다. 북이스라엘은 하나님의 징계로 3년 동안 가뭄이 이어졌고, 엘리야와 아합은 이 일을 가지고 논쟁을 벌입니다. 엘리야는 악한 시대 상황을 바꿔보려고 목숨을 걸고 갈멜산에서의 '대결'을 신청합니다. 갈멜산에서 각자의 신에게 제사를 드려, 불로 응답하는 신이 참 하나님이심을 증명해보이자는 것입니다. 당연히 엘리야의 제단에 하나님의 불이 내려졌고, 이 기회를 놓치지 않고 엘리야는 그곳에 있던 바알 선지자들 450명 모두를 죽입니다. 그런데 왕후 이세벨은 눈도 깜짝하지 않을뿐더러, 오히려 자객을 보내 엘리야를 죽이려 합니다.

또한, 열왕기상 21장에 나오는 '나봇의 포도원 사건'은 아합 시대의 불의함을 한층 더 드러낸 단적인 예입니다. 아합과 이세벨은 나봇이라는 사람의 포도원이 욕심난다는 이유로 불량배들을 시켜 아무 죄 없는 나봇을 돌로 쳐 죽이고, 그의 포도원을 빼앗았습니다. 이세벨이 제사장 나라 토지법을 지킨 나봇을 제사장 나라 법을 악용해 누명을 씌워 죽인 것입니다. 나라를 공의롭게 다스려야 할 지도자의 수준이 이 정도이니, 그 사회 곳곳의 분위기가 얼마나 황폐하고 참담했을지 짐작할 수 있습니다.

이후, 북이스라엘과 남유다가 동맹을 맺고 아람과 전쟁을 벌였는데, 이

오므리와 아합
오므리는 시므리가 죽자 세력 다툼을 하던 디브니를 물리치고 왕이 되었다. 그는 수도를 사마리아로 정했고 땅을 크게 넓혔으며 그의 아들 아합과 시돈의 공주 이세벨을 결혼시켰다. 한편, 아합과 이세벨의 결혼은 단순한 국제 결혼의 의미에 그치지 않았다. 그들은 바알 숭배를 위해 여호와의 선지자들을 모두 죽이는 데에 뜻을 모으는 악한 지도자였다.

때 아합이 화살에 맞아 죽습니다. 이렇게 〈열왕기상〉이 마무리되고, 아합의 아들 아하시야 이야기로 〈열왕기하〉가 시작됩니다.

3. 오므리 왕조와 엘리사의 사역 왕하 2~8장
#큰글자 일년일독 통독성경 | 998~1016p

엘리야의 뒤를 이은 엘리사의 사역은 선지자의 제자들을 교육하는 일(선지학교)에 집중되었습니다. 또한 엘리사를 통해 많은 기적도 일어났습니다. 어느 날 한 선지자의 제자가 죽어 그의 아내가 과부가 되었는데, 너무도 가난하여 그 아들이 종으로 팔리게 되었습니다. 이 소식을 들은 엘리사는 그 여인이 가져온 빈 그릇에 기름이 계속 채워지도록 기적을 베풉니다. 그런가 하면, 물에 빠졌던 도끼가 물 위로 떠오르는 기적, 독이 든 음식에 가루를 뿌려 독을 없앤 기적 등도 있었습니다.

우리는 이 기적 자체만을 보고 놀라워하고 관심을 가지지만, 기적이 일어난 배경을 살펴보면, 하나님의 답답하신 마음을 느낄 수밖에 없습니다. 빌려온 도끼를 돌려줘야만 하는 상황이니 물에 빠진 도끼를 떠오르게 해야만 했고, 들에서 나는 풀을 따다가 끓인 국으로 끼니를 때워야 하기에 그 독을 없애야만 했던 것입니다. 당시 하나님의 선지자로 헌신한다는 것이 얼마나 힘든 고난의 길이었는지 모릅니다. 이런 시대 배경에 대한 이해 없이 엘리야, 엘리사와 같은 기적의 능력만을 구한다면, 그것은 성경의 숲도, 하나님의 마음도 헤아리지 못하는 행동일 것입니다.

엘리사의 요구
엘리사는 엘리야에게 있는 '성령이 하시는 역사'(개역한글 '영감'/히브리어로 '루아흐')의 '갑절'(히브리어로 '피 슈나임')이 자신에게 주어지기를 요청했다(왕하 2:9). 그의 이러한 요구는 신명기 21장 17절(이 본문의 '두 몫'도 히브리어로 '피 슈나임')에 근거한 것으로 장자(長子)가 아버지의 유업을 다른 형제들보다 갑절로 받는 것을 의미했다.

4. 예후 왕조 왕하 9~14장
#큰글자 일년일독 통독성경 | 1017~1031p

더 이상 안 되겠다고 판단하신 하나님께서 오므리 왕조를 폐하시고, 예후라는 장수를 통해 새로운 왕조를 세우고자 하십니다. 예후는 북이스라엘의 아합 가문을 진멸하고, 북이스라엘의 바알 선지자들을 모두 처단하는 결단과 용기를 보여주었습니다. 그런데 안타깝게도 단과 벧엘에 있는 금송아지들은 제거하지 않았습니다. 그런가 하면, 남유다의 다섯 번째 왕 여호람(요람)이 북이스라엘 아합의 딸인 아달랴와 결혼하는데, 이 일은 우상숭배에

찌들어 있는 북이스라엘의 죄악이 남유다로 확대되는 계기가 됩니다. 아달랴는 남편 여호람, 그리고 그 뒤를 이어 왕이 된 아들 아하시야를 자기 마음대로 움직여 남유다 내에 바알 숭배를 퍼뜨립니다. 게다가 아들 아하시야가 죽자, 자기가 스스로 남유다의 왕이 되어 다윗 후손들을 진멸하려 합니다.

하지만 아달랴가 왕자들을 모두 죽이려 하는 상황 속에서 제사장 여호야다의 아내 여호세바가 왕자 요아스를 몰래 빼내어 목숨을 구한 후, 아달랴 몰래 6년 동안 키웁니다. 결국 제사장 여호야다의 주도 아래, 아달랴는 폐위되고 일곱 살의 왕자였던 요아스가 왕위에 오릅니다. 요아스 왕의 통치 전반기에 남유다는 제사장 여호야다로 인해 하나님과의 언약을 새롭게 하고, 성전도 새로 고칠 수 있었습니다. 그러나 여호야다가 죽자, 남유다는 또다시 퇴락의 길을 걷게 됩니다. 이후 요아스는 신하들에 의해 죽고, 그 뒤를 이은 아마샤는 모반에 의해 죽습니다. 그리고 아마샤의 아들 웃시야(아사랴)가 16세에 왕이 됩니다.

한편, 예후, 여호아하스, 요아스, 여로보암 2세로 이어지는 북이스라엘의 예후 왕조는 다윗의 길이 아닌 여로보암 1세의 악한 길을 따릅니다. 특히 예후 왕조의 네 번째 왕이자 북이스라엘의 13대 왕인 여로보암 2세 시대는 이스라엘 역사상 매우 번영했던 시대였으나, 하나님의 공과 의가 실현되지 못했던 시대입니다. 하나님께서는 안타까운 마음으로 이 시대에 아모스, 호세아, 요나 선지자를 보내십니다.

요아스와 여호세바(여호사브앗)
여호야다 제사장의 아내 여호세바가 아달랴의 칼을 피해 아하시야 왕의 아들 요아스를 구하여 숨겼다. 요아스를 구한 여호세바는 아하시야의 누이였으므로 요아스에겐 고모였다.

여로보암 2세 시대
여로보암 2세가 왕이 되기 전, 당시 국제 상황은 북이스라엘을 괴롭혔던 아람이 북쪽 앗수르의 힘에 눌리게 되었고, 앗수르는 아람과의 전투로 전력이 소모된 상태였다. 여로보암 2세는 그 기회를 활용해 이스라엘 영토를 "하맛 어귀에서부터 아라바 바다까지"(왕하 14:25) 회복했다. 그때부터 50여 년 동안 북이스라엘은 외부의 위협에서 벗어나 경제적 번영의 시기를 보냈다.

◆ 통通포인트

◢ **마지막 호소**
여기까지의 내용을 공부한 후 이제부터는 멸망으로 치닫고 있는 북이스라엘을 향해 자신의 삶을 던지며 간절히 호소했던 아모스와 호세아 선지자를 공부합니다. '호소'는 그저 적당히 부탁, 혹은 설득하는 것이 아닙니다. 호소는 몸부림입니다. 아모스와 호세아 선지자의 호소에도 북이스라엘은 끝내 죄악의 길에서 돌아서지 않습니다. 그들의 외침은 그야말로 '마지막 호소'였습니다.

5. 예후 왕조와 아모스의 사역 암 1~9장
#큰글자 일년일독 통독성경 | 1031~1043p

여로보암 2세 때 북이스라엘에는 우상숭배가 만연했고, 가난한 자들에 대한 부자들의 악행은 더 이상 눈뜨고 볼 수 없을 만큼 심각했습니다. 이러한 상황에서 아모스 선지자가 북이스라엘의 수도인 사마리아에서 하나님의 심판을 선포하기 시작합니다.

이스라엘 지역은 밤이 되면 매우 추워지므로, 이불이 따로 없는 가난한 사람들은 하나뿐인 겉옷을 덮고 자야 합니다. 하나님께서는 오래전 모세를 통해 율법을 주실 때, 가난한 사람에게 전당으로 잡은 옷은 해가 지기 전에 돌려주라고 명시하신 바 있습니다(출 22:26~27). 그런데 여로보암 2세 때에는 이 같은 하나님의 말씀이 하나도 실행되지 않았고, 그래서 가난한 자들이 낮에 전당 잡힌 겉옷을 찾지 못해 추위에 고통받았습니다. 그런데 부자들은 여름 궁, 겨울 궁을 따로 지어놓고 상아 침대에 누워서 살진 양들을 잡아 요리하고 대접에 포도주를 따라 마시며 비파와 수금을 타고 있었던 것입니다.

하나님께서는 제사장 나라의 사명을 잃어버린 북이스라엘에 아모스 선지자를 보내셔서 "오직 정의를 물 같이, 공의를 마르지 않는 강 같이" 흐르게 할 것을 명하십니다(암 5:24). 하지만 북이스라엘 백성은 아모스가 전하는 하나님의 말씀에 귀를 막았습니다. 하나님의 말씀을 무시하는 그들로 인해 하나님의 마음은 타들어 갔습니다.

> **예언서에 나타난 원근통시법**
> 예언서는 역사서와 다르다. 역사서의 경우, 지난날의 역사적 사실들을 기술하지만 예언서는 현재 이 자리에서 과거의 시간과 미래의 예언까지도 포함하고 있다. 곧 공시성(共時性)과 통시성(通時性)을 동시에 사용하고 있는 것이다. 그런만큼 예언서의 기자들은 그 시대를 뚫어볼 수 있는 지적, 영적 능력을 동시에 가진 사람들이었다.

6. 예후 왕조와 호세아의 사역 _{호 1~14장}

#큰글자 일년일독 통독성경 | 1043~1059p

하나님께서는 호세아 선지자의 결혼 생활을 통하여 이스라엘에 대한 사랑을 전하고자 하셨습니다. 그래서 호세아에게 내려진 하나님의 명령은 음란한 여인 고멜과 결혼하여 음란한 자식들을 낳으라는 것입니다. 이것은 200년 동안이나 '사명의 줄'을 놓아버린 북이스라엘을 향한 하나님의 마지막 경고요, 사랑이었습니다.

북이스라엘 백성은 당시 바알과 아스다롯을 섬기고 있었는데, 바알 신앙은 바알과 아스다롯, 곧 남신과 여신이 서로 금슬(琴瑟)이 좋으면 비가 풍족히 내려 농사가 잘되고 풍요롭게 된다는 신앙입니다. 그러므로 바알과 아스다롯을 자극하기 위해 신전에는 많은 여사제가 있었고, 그 여사제들과 남신도들이 지붕이 없는 신전에서 음란한 행위를 하는 것이 그들의 신앙생활이었습니다. 아마도 고멜이 이런 바알 신

<아모스>와 <호세아> 대비	
아모스	**호세아**
경제 사회적 부패	신앙적 부패
이웃과의 올바르지 못한 관계 경고	하나님과의 올바르지 못한 관계 경고

전의 여사제였던 것 같습니다.

호세아는 이런 고멜과 결혼을 하여 살아가는 가운데, 고멜을 향해 지고지순한 사랑을 쏟아부었습니다. 그런데 고멜은 남편의 사랑을 도무지 몰라주고, 이전에 행해오던 음행을 멈추지 않았습니다. 이러한 고멜의 행동은 바로 하나님의 사랑을 몰라주는 북이스라엘의 모습과 같았습니다.

호세아 선지자는 속 태우시는 하나님의 심정을 가슴에 품고 "이스라엘아 네 하나님 여호와께로 돌아오라"(호 14:1)라고 외칩니다. 하지만 북이스라엘 백성 누구에게도 마음을 찢는 깊은 회개의 모습은 없었습니다. 호세아는 이제 북이스라엘이 제사장 나라 법에 따라 레위기 26장에 기록된 대로 3단계 처벌인 '포로 징계'를 받을 것이라고 선언합니다. 그들의 모습을 보시고 하나님께서는 한탄하시며 답답해하십니다. 그러나 북이스라엘을 향한 하나님의 끝없는 사랑의 줄은 결국 하나님의 긍휼의 집대성인 십자가 예고로 꽃을 피웁니다. "이스라엘이 어렸을 때에 내가 사랑하여 내 아들을 애굽에서 불러냈거늘"(호 11:1), "내 마음이 내 속에서 돌이키어 나의 긍휼이 온전히 불붙듯 하도다"(호 11:8). 하나님의 사랑은 결국 독생자 예수 그리스도를 보내심으로, 그리고 예수 십자가로 나타나게 될 것입니다.

힘써 여호와를 알자 (호 6:3)
호세아는 이스라엘 백성들에게 "우리가 여호와를 알자 힘써 여호와를 알자"(호 6:3)라고 간절하게 호소한다. 왜냐하면 출애굽한 후부터 지금에 이르기까지 변함없이 그들을 지켜주신 여호와 하나님을 이스라엘 백성이 잘 알지 못했기 때문이다.
힘써 여호와를 알자는 호세아의 외침은 비단 그 당시에 그치지 않는다. 오늘날에도 시대를 새롭게 하는 힘은 여호와를 아는 지식에서 나온다.

🔗 이 과의 내용을 통通 이야기(Tong story)로 적어보고 이야기해 보세요.

_____

_____

_____

_____

_____

👤 이 과의 내용을 자녀에게 가르칠 수 있도록 통성기도(Tongsung Gido)합시다.

• 너희의 자녀에게 가르치며 집에 앉아 있을 때에든지, 길을 갈 때에든지, 누워 있을 때에든지, 일어날 때에든지 이 말씀을 강론하고 … 너희의 날과 너희의 자녀의 날이 많아서 하늘이 땅을 덮는 날과 같으리라 (신명기 11:19~21)
• 너는 네가 누구에게서 배운 것을 알며 또 어려서부터 성경을 알았나니 (디모데후서 3:14~15)

19과 요나의 기적
요나

 큰글자 일년일독 통독성경

174일 : 불순종한 요나? - 열방을 향한 사랑

통通으로 **외우세요**

① B.C.8세기 아모스, 호세아 선지자가 북이스라엘에서 활동하던 동시대에 요나 선지자는 앗수르의 큰 성읍 니느웨에서 사역했습니다.

② <요나>를 통해 모든 민족을 구원하고자 하시는 하나님의 마음을 읽습니다.

통通으로 **읽는** 센스

B.C.8세기에 하나님께서 북이스라엘에는 아모스와 호세아 선지자를, 그리고 남유다에는 이사야와 미가 선지자를 보내셔서 하나님의 말씀을 전하게 하셨습니다. 그리고 동시에 하나님께서는 북이스라엘에 살고 있던 요나 선지자를 앗수르의 큰 성읍 니느웨에 보내셔서 하나님의 세계 경영을 선포하게 하셨습니다. 하나님께서 요나 선지자를 니느웨에 보내신 것은 세계가 다 하나님께 속해 있고, 하나님의 구원의 대상은 이스라엘뿐 아니라 '모든 민족'이라는 사실을 가르쳐주신 것이었습니다. 하나님의 이 뜻을 처음에 잘 헤아리지 못했던 요나 선지자는 니느웨가 아닌 다시스로 향하는 배를 탔고, 결국 3일 동안 물고기 배 속에서 지내게 됩니다. 요나 선지자의 이 일은 이후 표적을 요구하는 예수님 당시의 유대인들에게 표적이 되었습니다.

통通포인트

> **모든 민족을 향한 하나님의 마음**
> 성경은 <창세기>에서부터 이미 '모든 민족'을 말하며, 세계가 다 하나님께 속해 있다는 사실을 가르쳐줍니다. 온 세상을 창조하신 하나님께서는 창세전부터 종말까지 온 세계를 경영하시며 단 한순간도 그 일을 멈추신 때가 없으십니다.

1. 열방을 향한 하나님의 마음 _{욘 1:1~2}

＃큰글자 일년일독 통독성경 | 1059p

　아브라함의 후손들이 시내산에서 하나님과 맺은 '제사장 나라 거룩한 시민' 언약은 '모든 민족'에게 복주기를 원하신 하나님의 뜻을 이루기 위함이었습니다. 그러므로 제사장 나라 이스라엘은 모든 민족과 하나님 사이에 복의 통로의 사명을 감당해야 했습니다. 그런데 이스라엘은 시간이 지나면서 그들의 사명은 망각한 채, 선민의식에만 사로잡힌 민족이 되었습니다. 그와 같은 이유로 요나 선지자가 당시 북이스라엘을 비롯해 고대 근동 나라들을 힘으로 괴롭히는 앗수르에 가서 하나님의 구원의 뜻을 전하라는 하나님의 명령을 이해하지 못했던 것입니다. 그러나 하나님의 뜻은 〈창세기〉에서부터 〈요한계시록〉까지, 즉 시작부터 끝까지 언제나 '모든 민족'의 구원이었습니다. 그래서 하나님께서는 열방을 향한 하나님의 사랑과 구원 계획을 요나 선지자를 통해 드러내신 것입니다.

◆ 통通포인트

▲
요나의 표적
요나의 물고기 배 속 3일은 3일 만에 부활하신 예수님 이야기와 연결됩니다.

2. 선지자 요나와 물고기 배 속 3일 _{욘 1:3~2장}

＃큰글자 일년일독 통독성경 | 1059~1061p

　요나 선지자는 앗수르의 큰 성읍 니느웨에 가서 하나님의 구원 계획을 전하라는 하나님의 말씀에 순종하고 싶지 않았습니다. 자신의 생각이나 판단으로 볼 때 당시 앗수르의 제국주의적 행태가 옳지 않다고 여겼기 때문입니다. 앗수르는 그들의 죄로 인해 하나님의 심판을 받을 나라인데, 도리어 하나님의 용서와 구원의 은혜를 누리면 안 된다는 것입니다. 이는

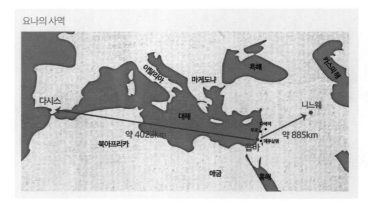

요나의 사역

요나 선지자에게도 선민의식이 내면에 깔려 있었기 때문입니다. 그래서 요나 선지자는 앗수르에 하나님의 구원 메시지를 전하지 않으려는 의도로 니느웨와는 정반대 방향인 지금의 스페인 쪽인 다시스로 가는 배에 올랐습니다. 그러나 하나님의 뜻은 반드시 니느웨 사람들이 회개하고 하나님께 구원받는 것입니다. 하나님께서는 이를 위해 풍랑과 물고기를 준비하셔서 결국 요나를 앗수르의 큰 성읍 니느웨로 옮겨주십니다.

물고기 배 속에서 구원받는 요나 _ 안 브뤼헬 作

◐ 통通포인트

▌ **성경 속 기도**
모세의 기도(민 14:18~19)와 요나의 기도(욘 4:1~3)에 대한 하나님의 응답은 하나입니다. 모든 민족이 다 하나님께 속해 있다는 것입니다. 이것이 하나님의 세계 경영입니다.

3. 앗수르의 큰 성읍 니느웨 욘 3~4장

큰글자 일년일독 통독성경 | 1061~1063p

앗수르의 큰 성읍인 니느웨는 앗수르 제국의 산헤립 왕 때에 제국의 수도가 된 곳입니다. 현재 니느웨는 이라크 바그다드 북쪽으로 400km 떨어진 모슬이라는 곳에 그 유적지가 있습니다. 니느웨는 10개의 성문과 15개의 망대를 가진 거대한 성이었습니다. 니느웨는 요나 선지자 때에 하나님의 구원을 받았으나, 그 후 150년이 지나 나훔 선지자 때에 심판의 메시지를 듣게 되고, 결국 B.C.612년 바벨론과 메대 연합군에게 멸망했습니다. 그리고 니느웨는 티그리스강의 토사로 인해 2,450년간 땅속 6m 아래에 있다가 1849년 영국의 고고학자 레이어드로 인해 세상에 다시 그 모습을 드러냈습니다.

요나 선지자는 너무나 소극적으로 니느웨에 하나님의 말씀을 전했습니다. 3일 동안 전해야 될 만큼 큰 성인 니느웨에 겨우 하루만, 그것도 들릴 듯

말듯 작은 소리로 하나님의 메시지를 전했습니다. 그런데 당시 북이스라엘의 아모스와 호세아 선지자, 그리고 남유다의 이사야와 미가 선지자의 메시지에 귀를 막은 이스라엘 백성과는 달리 니느웨 백성은 왕으로부터 일반 백성까지 모두 하나님 앞에 엎드려 회개했습니다. 결국 니느웨 백성은 놀라운 구원의 은혜를 누리게 됩니다. 그러자 요나 선지자

앗수르관 〈대영 박물관〉

가 하나님께 자신의 못마땅한 마음을 드러내며 기도합니다.

"여호와여 내가 고국에 있을 때에 이러하겠다고 말씀하지 아니하였나이까 그러므로 내가 빨리 다시스로 도망하였사오니 주께서는 은혜로우시며 자비로우시며 노하기를 더디하시며 인애가 크시사 뜻을 돌이켜 재앙을 내리지 아니하시는 하나님이신 줄을 내가 알았음이니이다"(욘 4:2).

얼핏 보면 요나의 기도는 하나님의 은혜로우심과 자비하심을 찬양하는 것 같으나 실상은 선민인 자기 민족에게 위협이 되는 적대국을 하나님께서 구원해주신 것에 대해 언짢은 마음을 드러낸 것입니다. 그러자 하나님께서 박넝쿨을 가지고 요나를 교훈하십니다. "이 큰 성읍 니느웨에는 좌우를 분변하지 못하는 자가 십이만여 명이요 가축도 많이 있나니 내가 어찌 아끼지 아니하겠느냐"(욘 4:11). 요나는 결론에 자신의 어떠한 변명없이, 하나님의 말씀으로 마침표를 찍습니다.

〈요나〉는 문학적으로도 너무나 월등한 작품입니다. 〈요나〉는 하나님께서 요나의 왜곡된 선민의식과 잘못된 민족주의를 고쳐주시고 마침내 열방을 향한 하나님의 사랑과 구원의 놀라운 큰 뜻을 깨닫게 해주신 하나님의 말씀입니다. 그러므로 〈요나〉를 읽고 요나 선지자를 '불순종한 요나'라고 엉뚱하게 정의해서는 안 됩니다. 요나는 하나님께서 열방을 향한 선지자로 삼으신 하나님의 멋진 파트너였습니다.

🔗 **이 과의 내용을 통**通 **이야기**(Tong story)**로 적어보고 이야기해 보세요.**

👤 **이 과의 내용을 자녀에게 가르칠 수 있도록 통성기도**(Tongsung Gido)**합시다.**

- 너희의 자녀에게 가르치며 집에 앉아 있을 때에든지, 길을 갈 때에든지, 누워 있을 때에든지, 일어날 때에든지 이 말씀을 강론하고…너희의 날과 너희의 자녀의 날이 많아서 하늘이 땅을 덮는 날과 같으리라 (신명기 11:19~21)
- 너는 네가 누구에게서 배운 것을 알며 또 어려서부터 성경을 알았나니 (디모데후서 3:14~15)

20과 북이스라엘 멸망

열왕기하 15~20장, 이사야 1~39장

📖 큰글자 일년일독 통독성경

175일 : 앗수르 제국 등장
176일 : 800년 사마리아인 시작
177일 : 이사야, 국제 관계를 다루다
178일 : 이사야의 충고, 동맹하지 말라
179일 : 가까운 미래와 먼 미래
180일 : '모든 민족'을 향한 하나님의 경고
181일 : 이사야 선지자의 3년 퍼포먼스
182일 : 환상의 골짜기에 관한 경고
183일 : 이사야의 찬양
184일 : 메시아의 나라 예언
185일 : 히스기야의 선택
186일 : 히스기야, 성전에서 승리하다!
187일 : 히스기야, 통곡 기도로 병이 낫다

🔖 통通으로 외우세요

① <열왕기하>에는 서서히 국운을 다해가는 북이스라엘의 마지막 모습들이 기록되어 있습니다. 열왕기하 17장은 북이스라엘의 멸망 이야기입니다.
② B.C.8세기 남유다의 왕은 아하스였고, 이때 이사야와 미가 선지자가 활동을 시작합니다.

💡 통通으로 읽는 센스

B.C.8세기 앗수르 제국이 그 세력을 팽창해가고 있던 시대에 활동한 선지자는 아모스와 호세아, 이사야와 미가입니다. 당시는 북쪽에서 그 세력을 키우고 있는 앗수르에 의해 남쪽의 애굽까지 침공당하는 상황이었습니다. 이때 북이스라엘과 남유다가 살아남을 수 있는 비결은 앗수르나 바벨론, 애굽의 도움을 받는 것이 아니라 오직 세계를 경영하시는 하나님의 도움을 구하는 것뿐입니다. 그러나 하나님의 도움 대신 동맹을 선택한 그들은 아모스와 호세아의 외침에도 끝끝내 돌아오지 않았고, 결국 하나님께서는 북이스라엘의 문을 닫게 하셨습니다. 그때가 B.C.722년이었습니다. 이 무렵, 남유다의 수도 예루살렘에서는 이사야와 미가가 활동합니다. 이 두 선지자는 남유다를 회복시키고자 하시는 하나님의 간절한 소망을 선포합니다.

통通포인트

하나님의 세계 경영

앞서 북이스라엘 왕조에 이어 이제부터는 남유다 왕조를 살펴보도록 하겠습니다. 20과부터는 웃시야가 죽은 이후부터의 내용을 중점적으로 살피면서 역사서인 <열왕기하>와 예언서인 <이사야>, <미가>를 함께 공부합니다. 이제부터는 '국제 정세', '세계 경영'이라는 말을 빼놓고는 설명할 수 없습니다. 이사야와 미가 선지자의 활동을 이해하기 위해서는 당시 B.C.8세기경 국제 정세가 어떠했는지를 꼭 살펴보아야 합니다.

연도(B.C.)	남왕국(재위 기간)	왕조	활동 선지자	중요 사건
931	① 르호보암 (17년)		스마야, 잇도	
913	② 아비얌 (3년)		잇도	
910	③ 아사 (41년)		아사랴, 하나니	
872	④ 여호사밧 (25년)		예후, 야하시엘, 엘리에셀	북이스라엘과 동맹하여 아람과 전쟁
848	⑤ 여호람(요람) (8년)			아합의 딸 아달랴와 결혼
841	⑥ 아하시야 (1년)			
841	⑦ 아달랴 (6년)	아합의 딸, 여호람의 아내, 아하시야의 어머니		제사장·여호야다의 개혁
835	⑧ 요아스 (40년)	아하시야의 아들		
796	⑨ 아마샤 (29년)			
790	⑩ 웃시야(아사랴) (52년)		이사야	
751	⑪ 요담 (16년)		이사야, 미가	
742	⑫ 아하스 (16년)		이사야, 미가	친앗수르, 반북이스라엘, 반아람 정책
725	⑬ 히스기야 (29년)		이사야, 미가	반앗수르, 친애굽 정책
697	⑭ 므낫세 (55년)			
642	⑮ 아몬 (2년)			
640	⑯ 요시야 (31년)		예레미야, 나훔, 스바냐	
609	⑰ 여호아하스 (3개월)		예레미야	
609	⑱ 여호야김 (11년)		예레미야, 하박국	
598	⑲ 여호야긴 (3개월)		예레미야, 다니엘	
598	⑳ 시드기야 (11년)		예레미야, 다니엘, 에스겔	
586	남왕국 멸망 (약 345년)		오바댜	

1. 북이스라엘의 멸망과 이사야의 사명 　왕하 15장 / 사 1~6장

#큰글자 일년일독 통독성경 | 1063~1066p / 1072~1082p

　　B.C.8세기 초반에는 이스라엘의 북쪽에 자리 잡고 있는 앗수르와 남쪽의 애굽이 서로 힘의 균형을 유지하고 있었습니다. 그런데 앗수르의 세력이 점점 커지면서 전쟁의 위험이 일기 시작했습니다. 그 틈에 끼어 있는 이스라엘은 전쟁이 일어날 경우 전쟁터가 될 수밖에 없는 상황입니다. 이때 하나님의 선지자들이 세계의 큰 흐름을 보면서 이스라엘 백성의 어리석음과 죄악을 지적하고 하나님의 마음을 전했으나, 이들은 끝내 거부합니다.

　　아모스와 호세아 선지자가 활동했던 여로보암 2세 시대가 끝나자, 북이스라엘은 큰 혼란 속에 빠지게 됩니다. 여로보암 2세의 뒤를 이은 스가랴 왕은 왕이 된 지 6개월 만에 살룸에 의해 살해됩니다. 살룸 이후에는 므나헴이 왕이 되는데 그때 앗수르 왕 불(티글랏 빌레셀 3세)이 북이스라엘을 공격했고, 므나헴 왕은 앗수르 왕에게 은 일천 달란트를 바쳐야 했습니다. 므나헴의 뒤를 이어 브가히야, 베가, 호세아가 왕위에 오릅니다.

200년을 달려온 북이스라엘의 '여로보암의 길'은 B.C.8세기 앗수르 제국의 등장으로 호세아 왕 때 끝이 납니다. 북이스라엘이 멸망한 이유는 그들이 제사장 나라의 사명을 향한 선지자들의 마지막 호소까지 외면했기 때문입니다. 그리고 북이스라엘 열 지파는 제사장 나라 법에 따라 레위기 26장에 기록된 3단계 징계를 받아 결국 약속의 땅에서 쫓겨나 흩어지게 됩니다. 이렇게 앗수르 제국에 의해 혼혈족 '사마리아인'이 된 북이스라엘은 800년이 지난 후 예수님께서 사마리아인들을 사랑과 긍휼로 품으시면서, 결국 하나님 나라의 예수 십자가로 회복됩니다.

한편 남유다에서는 웃시야(아사랴) 왕이 나라가 강성해지자 마음이 교만해져서, 제사장만이 할 수 있는 향단에 분향하는 일을 행하다가 하나님의 징벌로 나병에 걸립니다. 웃시야 왕은 그 후로 죽을 때까지 별궁에 거하였고, 왕자 요담이 왕의 일을 맡아 하다가 왕위를 이어받습니다. 요담 왕은 하나님 앞에서 바르게 살았지만, 안타깝게도 그 시대 백성은 그렇지 못했습니다. 남유다는 요담의 시대를 보낸 후, '아하스 시대'라는 최악의 시기를 맞게 됩니다. 이처럼 예민한 시대에 이사야 선지자가 사명을 받습니다.

이사야
이사야는 당대 최고의 학자였다. 그는 율법에 정통하였고, 국제 정세에도 매우 밝았다. 그는 학문의 깊이만큼이나 하나님에 대한 정성 또한 남달랐다. 이사야, 그는 한마디로 '행동하는 지식인'이었다.
하나님에 대한 열심과 시대적 안목을 가지고 있던 이사야는 자신의 온 삶을 다 바쳐 남유다 백성에게 하나님의 뜻을 전하고, 그분께로 돌아오라고 간절히 설득했다. 그는 하나님의 구원의 영광이 얼마나 찬란한 것인지를 보여주며 소망을 가질 수 있게 했지만, 남유다 백성은 끝내 그의 메시지를 들으려 하지 않았다.

2. 아하스의 선택과 이사야의 충고 왕하 16~17장 / 사 7~14장
#큰글자 일년일독 통독성경 | 1066~1071p / 1082~1095p

모든 선지자가 그렇지만, 특히 이사야와 이후에 있을 예레미야 선지자의 활동을 이해하기 위해서는 당시 국제 정세가 어떠했는지를 꼭 살펴야 합니다. 국제 정세, 세계 경영이라는 말을 빼놓고는 그들의 활동을 이해할 수 없습니다.

특히 이사야 13장에서 23장까지 남유다 주변 국가에 대한 하나님의 심판 경고가 기록되어 있습니다.

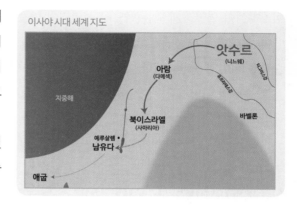

이사야 시대 세계 지도

● 당시 주변 상황

당시 남유다 주변의 국제 정세는 혼돈 속에 빠져 있었습니다. 가장 막강한 힘을 가진 앗수르 제국이 아람, 그 다음 북이스라엘, 그리고 남유다를 거쳐 애굽까지 정복하려는 속셈을 가지고 있었기 때문입니다. 지도를 보면 그 침략 경로를 짐작해볼 수 있습니다.

● 아하스의 계획과 이사야의 충고

북이스라엘과 아람이 동맹을 맺고 남유다를 공격할 기미를 보이자, 남유다의 아하스 왕은 큰 두려움에 사로잡힙니다. 북이스라엘과 아람의 1차 침공에 이은 2차 침공이 눈앞에 있었기 때문입니다. 이때 이사야는 아하스 왕을 찾아가 아무리 그 두 나라가 남유다를 공격해와도 그들의 계획이 성공하지 못할 것이니 걱정하지 말라고 하면서 세계를 경영하는 분은 하나님이시니 그분을 믿고 의지하라고 말합니다.

● 아하스의 선택과 그 선택의 결과

아하스 왕은 이사야의 충고를 무시하고 앗수르에게 사신을 보내어 도움을 청합니다. 앗수르는 기다렸다는 듯이 내려와서 북이스라엘과 아람을 정복합니다. 그리고 남유다에게는 엄청난 양의 조공을 요구하며 남유다를 공격할 시빗거리를 만들어갑니다. 이런 상황에서 아하스가 죽고, 그의 아들 히스기야가 왕이 됩니다.

하나님의 심판 도구
임마누엘의 이적(사 7장), 마헬살랄하스바스의 상징(사 8장), 메시아 탄생의 예언(사 9장)에도 불구하고 하나님을 의지하기보다는 눈에 보이는 앗수르를 의지하는 남유다에게 하나님께서 진노하신다. 앗수르는 하나님께서 쓰시는 심판 도구일 뿐이며, 세계 모든 민족의 흥망을 결정하는 분은 하나님이시다.

● 북이스라엘의 멸망 (B.C.722)

한편, 열왕기하 17장에는 북이스라엘의 마지막 왕 호세아의 이야기와 북이스라엘이 멸망하게 되는 까닭이 설명되어 있습니다. 하나님께서는 이스라엘이 하나님의 백성답게 살기를 기대하셨지만, 그들은 끝끝내 우상숭배의 습관을 버리지 못했습니다. 결국 앗수르에 의해 멸망한 후, 북이스라엘 백성은 앗수르의 식민지 정책에 따라 이방 땅 곳곳으로 모두 흩어져 살아가게 됩니다.

3. 히스기야의 선택과 이사야의 충고 왕하 18~19장/ 사 15~37장
#큰글자 일년일독 통독성경 | 1071~1072, 1129~1132p/ 1095~1128, 1132~1135p

● 히스기야의 개혁

25세의 나이로 왕이 된 히스기야는 놀랍게도 먼저 남유다 땅에 가득한 우상을 청소함으로써 하나님과의 관계 회복을 시도합니다. 그리고 히스기야 왕은 북이스라엘의 멸망을 경험하며 제사장 나라 '다윗의 길'로 나아갑니다. 또한 제사장과 레위인의 직책을 회복함으로써 그들이 성전 일에 전력할 수 있도록 제사장 나라의 제도적 장치를 다시 정비합니다.

● 히스기야의 계획과 이사야의 충고

지금껏 악한 길로 달려오던 남유다 백성 전체를 새롭게 바꾸는 일은 쉽게 이루어지지 않았습니다. 더구나 히스기야는 그의 아버지 때부터 앗수르에게 바쳐오던 조공이 점점 힘에 부치자, 남쪽에 있는 애굽과 동맹을 맺어 앗수르를 막아보겠다는 계획을 세웁니다.

이사야의 만류에도 불구하고 히스기야는 결국 애굽과 동맹을 맺습니다. 그러자 앗수르는 그것을 빌미로 남유다를 쳐들어왔고, 얼마 되지 않아 예루살렘성을 뺀 전 국토가 앗수르에게 점령당하고 맙니다. 그나마 예루살렘성은 본래 난공불락의 성이어서 쉽게 점령당하지 않고 얼마간 버틸 수 있었습니다.

● 히스기야의 선택

다급한 상황에서 드디어 히스기야가 하나님을 선택합니다. 히스기야의

하나님의 세계 경영
- 이방 나라에 대한 심판
• 바벨론 (사 13:1~14:23)
• 앗수르 (사 14:24~27)
• 블레셋 (사 14:28~32)
• 모압 (사 15:1~16:14)
• 다메섹 (사 17:1~14)
• 구스 (사 18:1~7)
• 애굽 (사 19:1~20:6)
• 두마(에돔) (사 21:11~12)
• 아라비아 (사 21:13~17)
• 예루살렘 (사 22:1~25)
• 두로(다시스) (사 23:1~18)

<이사야>에 나타난
하나님에 관한 다양한 호칭
• 만군의 여호와 (사 1:9)
• 이스라엘의 전능자 (사 1:24)
• 야곱의 하나님 (사 2:3)
• 토기장이 (사 29:16)
• 구속자 (사 41:14)
• 이스라엘의 창조자 (사 43:15)
• 구원자 (사 49:26)
• 온 땅의 하나님 (사 54:5)
• 우리의 아버지 (사 63:16)

기도를 들으신 하나님께서 앗수르 왕의 주력부대 18만 5천 명을 하루아침에 무너뜨리시며 예루살렘을 보호하십니다. 앗수르는 이사야의 예언대로 하나님의 심판을 받았고, 이 사건 후 대제국 앗수르는 역사의 무대 저편으로 사라지게 됩니다.

히스기야 이야기 (중세 벽화의 복원) _ E. W. Tristram 作

4. 히스기야의 기도 왕하 20장 / 사 38~39장
\# 큰글자 일년일독 통독성경 | 1135~1137p / 1137~1139p

히스기야는 앗수르를 물리친 후 큰 병에 걸려 생명이 위태로울 지경에 이르게 되었습니다. 후사 또한 튼튼하지 못했기에 더욱 큰 슬픔에 빠졌습니다. 히스기야는 자신의 병의 문제를 가지고 다시 하나님 앞에 나아가 기도했습니다. 얼마나 간절히 하나님 앞에 기도했던지, 하나님께서 히스기야의 기도에 응답해주셨습니다. 히스기야의 병을 고쳐주시고, 그의 생명을 연장해주셨습니다. 히스기야 왕은 병에서 나음을 입고 그 후 15년을 더 살면서 남유다를 통치했습니다.

🔗 이 과의 내용을 통通 이야기(Tong story)로 적어보고 이야기해 보세요.

_____

_____

_____

_____

🙏 이 과의 내용을 자녀에게 가르칠 수 있도록 통성기도(Tongsung Gido)합시다.

• 너희의 자녀에게 가르치며 집에 앉아 있을 때에든지, 길을 갈 때에든지, 누워 있을 때에든지, 일어날 때에든지 이 말씀을 강론하고 …너희의 날과 너희의 자녀의 날이 많아서 하늘이 땅을 덮는 날과 같으리라 (신명기 11:19~21)
• 너는 네가 누구에게서 배운 것을 알며 또 어려서부터 성경을 알았나니 (디모데후서 3:14~15)

21과 메시아와 베들레헴의 목동

이사야 40~66장, 미가

큰글자 일년일독 통독성경

188일 : 나의 벗 아브라함
189일 : 하나님의 증인
190일 : 메시아의 오심과 구원
191일 : 고난 받는 메시아의 청사진
192일 : 하나님의 성전
193일 : 하나님의 열심
194일 : 영광과 평화의 청사진
195일 : 영광이 빠져버린 두 도시
196일 : 영광이 회복될 시온 산성

통通으로 외우세요

① B.C.8세기 남유다에서 활동한 이사야와 미가 선지자는 그 시대를 향한 하나님의 말씀과 오실 메시아에 대해 예언함으로 메시아를 기대하게 했습니다.

통通으로 읽는 센스

B.C.8세기 고대 근동은 말 그대로 격변의 시대 속에 있었습니다. 앗수르를 비롯한 제국들이 본격적으로 역사의 무대에 등장하기 때문입니다. 당시 북이스라엘의 수도였던 사마리아와 남유다의 수도였던 예루살렘은 이스라엘 사람들뿐 아니라, 지정학적 가치로 인해 고대 근동의 모든 사람의 눈길과 관심이 집중된 곳이었습니다. 그러나 하나님께서는 그때 남유다의 작은 도시에 불과한 베들레헴에 집중하고 계셨습니다. 이것이 '메시아와 베들레헴의 목동'을 읽는 중요한 핵심 열쇠입니다.

또한 이사야는 바벨론에 의해 남유다가 포로로 끌려갈 날이 올 것임을 경고하면서도, 동시에 하나님께서 은혜를 베푸셔서 남유다 백성 가운데 신실한 사람들을 남겨놓으실 것을 예언했습니다. 또한 다윗 왕의 후손 중에서 이상적인 왕, 메시아가 오셔서 온 세상에 평화를 주시며 그분의 나라를 회복하실 것을 선포했습니다.

통通포인트

이사야 선지자 '세례 요한'을 예고하다
이사야 40장을 분기점으로 남유다에 대한 이사야의 심판 예언이 구원의 약속으로 이어지면서 메시아의 오심까지 선포됩니다. 하나님의 심판 메시지의 끝은 언제나 '그럼에도 불구하고 죄에서 돌이켜 회개하면 결국 하나님께서 구원의 은혜를 베풀어주시겠다'는 사랑과 긍휼의 메시지입니다. 더불어 이사야 선지자는 메시아가 오시기 전 메시아의 길을 예비할 세례 요한에 대해서도 예언합니다.

1. 이사야를 통한 미래 이야기 사 40~50장

큰글자 일년일독 통독성경 | 1139~1160p

선지자란 자신의 말이 아닌 하나님의 말씀을 대신 전하는 사명을 받은 하나님의 사람을 일컫습니다. 이사야 선지자 또한 자신의 말이 아닌, 하나님께서 그의 입에 넣어주시는 말씀을 전하는 하나님의 사람이었습니다. 하나님께서 이사야 선지자를 비롯해 수많은 선지자를 이스라엘에 보내신 때는 이스라엘 백성이 하나님의 말씀에 순종하며 제사장 나라 거룩한 시민의 사명을 잘 감당하던 때가 아니었습니다. 하나님께서는 이스라엘 백성이 하나님과 맺은 언약을 지키지 않고 하나님으로부터 멀어져 갔을 때마다 선지자를 보내서서 경고의 메시지를 주셨습니다. 그러므로 선지자들의 메시지는 예레미야 선지자가 말한 대로 '평안'이 아니라 '전쟁과 재앙과 전염병'을 예언하는 경우가 대부분이었습니다(렘 28:8).

이사야 선지자 또한 B.C.8세기 남유다의 잘못을 지적하며 남유다에게 하나님과 맺은 제사장 나라 거룩한 시민의 언약을 기억하라고 경고했습니다. 온 세계가 하나님의 주권 속에 들어 있음을 강조했습니다.

하나님께서는 남유다가 그들의 죄로 인해 심판을 받아야 하지만 여전히 남유다를 '내 백성'이라고 불러주십니다. 이사야 선지자는 하나님의 구원 계획을 위해 "외치는 자의 소리여 이르되 너희는 광야에서 여호와의 길을 예비하라" (사 40:3)라고 선포하며 먼 미래에 등장할 선지자 세례 요한을 예고합니다. 또한 모든 선지자처럼 진정한 미래에 대한 예언인 '메시아'에 대해 예언했습니다.

이사야 선지자 _ 안토니오 발레스트라 作

🔵 통通포인트

◢ **이사야 9장 & 이사야 53장**
이 땅에 오실 메시아의 모습은 이사야 9장의 강한 메시아와 이사야 53장의 연한 순 같은 메시아를 통(通)으로 함께 보아야 합니다.

2. 이사야를 통한 메시아 이야기 _{사 51~66장}

큰글자 일년일독 통독성경 | 1160~1185p

이사야 선지자는 당시로부터 800년 후에 오실 예수님의 모습을 미리 예언했습니다. 이사야 9장에 보면 오실 그분은 전능하신 하나님, 기묘자와 모사이시며 이새의 뿌리이십니다. 강한 메시아, 전능하신 예수님을 묘사하고 있습니다. 그런데 〈이사야〉 후반부에는 인간들의 잘못을 책임지시기 위해 고통 앞에 처해진 연약한 그리스도의 모습이 나옵니다. 우리는 이사야 9장에서의 강하고 능력 있는 예수님의 모습, 그리고 이사야 53장에서의 연약한 순 같은 예수님의 모습, 이 두 가지를 묶어서 통(通)으로 보아야 합니다.

이사야의 예언도 대단원의 막을 내립니다. 이사야를 통해 하나님의 구원에 대한 약속과 새로운 창조가 예언됩니다.

"보라 내가 새 하늘과 새 땅을 창조하나니 이전 것은 기억되거나 마음에 생각나지 아니할 것이라 너희는 내가 창조하는 것으로 말미암아 영원히 기뻐하며 즐거워할지니라"(사 65:17~18).

평화 사역	
메시아의 사명	예수님의 사명 선언
이사야 61장	누가복음 4장

가난한 자에게 복음을
마음이 상한 자에게 고침을
포로된 자에게 자유를
갇힌 자에게 놓임을
모든 슬픈 자에게 위로를 주시며
희락의 기쁨으로 슬픔을 대신하며
찬송의 옷으로 근심을 대신하며
황폐하고 무너진 곳을
다시 일으키실 것이며
대대로 무너져 있던 것들을
중수하시리라

3. 미가를 통한 두 도시의 죄악 이야기 _{미 1~3장}

큰글자 일년일독 통독성경 | 1185~1188p

B.C.8세기에 북이스라엘에서 아모스와 호세아 선지자가 함께 활동했다면, 동시대에 남유다에서는 이사야와 미가 선지자가 함께 하나님의 말씀을 전했습니다. 이렇게 하나님께서 선지자들을 한꺼번에 많이 보내신 것은 그 시대가 그만큼 악했다는 반증입니다.

'미가'의 이름은 '여호와와 같은 이가 누구냐'라는 뜻입니다. 미가는 모레셋이라는 작은 마을 출신으로 B.C.8세기 남유다의 요담, 아하스, 히스기야 왕 시대에 하나님의 말씀을 전한 선지자입니다. 당시 고대 근동의 형편은 앗수르가 본격적으로 제국으로 등장해 고대 근동을 무력으로 위협하던 때였습니다. 그런데 북이스라엘의 수도인 사마리아와 남유다의 수도인 예루살렘 두 도시에서는 고관대작들과 관리들이 대놓고 부정을 저지르고 있었으며, 백성들 또한 제사장 나라 거룩한 시민의 모습은 그 어디에도 찾아볼 수 없었습니다.

그때에 하나님께서는 미가 선지자를 통해 사마리아와 예루살렘 두 도시

거룩한 공동체
하나님께서는 이스라엘 백성이 공동체 내의 약한 이웃을 끌어안을 수 있는 건전한 공동체로 세워지기를 바라셨다. 그래서 이스라엘과 처음 만남을 가지게 될 때부터 하나님께서는 약한 자를 압제하지 말고 보호하라고 〈레위기〉를 통해 당부하셨다. 그러므로 약한 자들을 괴롭게 하는 힘 있는 자들의 횡포는 그들에 대한 심판의 원인이 될 수밖에 없다.

의 죄악과 정치 지도자들의 잘못을 통렬히 꾸짖으셨습니다. "시온을 피로, 예루살렘을 죄악으로 건축하는도다"(미 3:10)라고 말씀하시며 반드시 심판할 것을 경고하셨습니다.

◆ 통通포인트

미가 선지자 헤롯 때에 뜨다
미가 선지자의 '베들레헴' 예언은 이후 예수님께서 탄생하실 때에 헤롯 왕궁에서 가장 중요한 문건으로 확인됩니다. 그러므로 헤롯 때에는 <미가>가 가장 뜨겁게 떠오르는 하나님의 말씀이 됩니다.

4. 미가를 통한 베들레헴 미 4~7장
#큰글자 일년일독 통독성경 | 1189~1194p

이사야 선지자와 마찬가지로 미가 선지자 또한 메시아에 대한 예언을 빠뜨리지 않았습니다. 하나님께서는 미가 선지자를 통해 오실 메시아를 예언하게 하셨습니다. 메시아는 당시 사람들이 주목하던 큰 도시들이 아닌 남유다의 작은 마을인 베들레헴에서 탄생할 것이라고 말씀하셨습니다(미 5:2). 미가 선지자의 이 예언은 그 당시 강대국들의 억압 속에서 고통당하던 백성들에게 큰 소망의 말씀이 되었습니다.

그리고 미가 선지자의 기록은 이후 헤롯 왕 때에 동방박사들이 예루살렘에 와서 '유대를 다스릴 왕이 어디에서 태어났느냐?'라고 질문했을 때 그 답이 됩니다.

땅끝까지 울린 찬양
작은 마을 베들레헴에서 태어날 메시아의 구원은 이스라엘에만 국한되어 있는 것이 아니라, 땅끝까지 미칠 것임을 알려주고 있다(미 5:2~4). 죄악된 이스라엘에게 이러한 구원의 소식을 들려주시는 이유는 지금이라도 그들이 죄에서 돌아오기만을 기다리시는 하나님의 마음을 이스라엘 백성에게 보이시기 위함이었다.

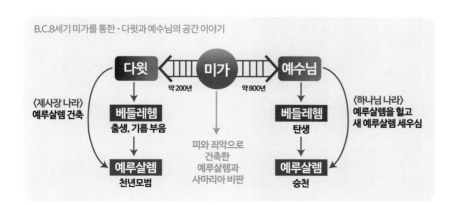

B.C.8세기 미가를 통한 - 다윗과 예수님의 공간 이야기

이 과의 내용을 통通 이야기(Tong story)로 적어보고 이야기해 보세요.

이 과의 내용을 자녀에게 가르칠 수 있도록 통성기도(Tongsung Gido)합시다.

- 너희의 자녀에게 가르치며 집에 앉아 있을 때에든지, 길을 갈 때에든지, 누워 있을 때에든지, 일어날 때에든지 이 말씀을 강론하고 … 너희의 날과 너희의 자녀의 날이 많아서 하늘이 땅을 덮는 날과 같으리라 (신명기 11:19~21)
- 너는 네가 누구에게서 배운 것을 알며 또 어려서부터 성경을 알았나니 (디모데후서 3:14~15)

8마당

절망 앞에 선 희망

Hope Standing before Despair

📍 **통通Map** 8마당 전체의 구조와 흐름을 한눈에 담아봅시다.

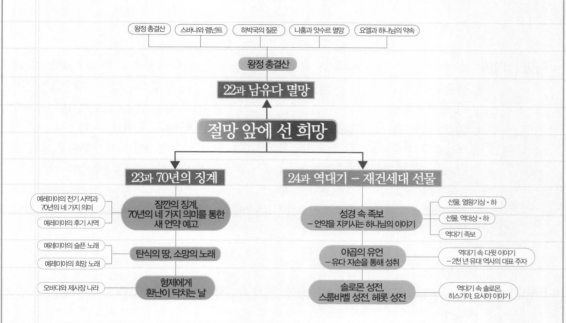

🎓 **8마당-통通 Concept**

· 왜 '왕정 총결산'인가?

므낫세 왕의 생애와 그가 남유다에 끼친 영향을 중심으로 살펴봅니다. 이와 더불어 요시야 왕의 두 번의 종교개혁이 시작된 배경과 그 과정을 살펴봅니다.

· 시대 상황과 선지자들의 메시지를 통(通)으로!

이 시기에 남유다에서 활동한 스바냐, 하박국, 나훔의 활동과 메시지를 연결하여 살펴봅니다.

· 잠깐의 징계

남유다의 마지막 때와 예레미야 선지자의 사역을 통(通)으로 살펴봅니다. 특히, 남유다의 멸망이 영원한 절망이 아닌 잠깐의 징계임을 기억하며 예레미야 70년의 네 가지 의미를 주의 깊게 공부해봅시다.

＊ 숲 둘러보기

요시야 왕이 므깃도에서 전사한 후, 남유다는 급격히 쇠퇴해갑니다. 이 시기에 스바냐, 나훔, 하박국, 예레미야와 훌다(왕하 22:14)라는 선지자가 같이 활동합니다.

남유다의 멸망 직전에 사역했던 예레미야의 메시지는 국가의 깃발을 내리고 바벨론에 항복하라는 것이었습니다. 그러나 시드기야 왕은 예레미야의 설득을 끝끝내 받아들이지 않고 처참하게 마지막 순간을 맞이합니다.

＊ 터와 나이테

바벨론인들은 나보폴라사르 왕의 통치 기간 동안 강국으로 부상했고, 곧 앗수르의 니느웨를 파괴했습니다. 이후 B.C.605년에 왕위에 오른 느부갓네살은 유대 지역과 애굽으로 진군하면서 정복 전쟁을 성공적으로 수행했습니다. 느부갓네살의 통치 원년, 첫 번째 남유다 침략이 있었고 이때 다니엘, 사드락, 메삭, 아벳느고가 바벨론에 포로로 끌려갔습니다.

여호야김 왕이 죽고, B.C.598년에 여호야김의 아들인 여호야긴이 18세의 나이로 왕이 되지만, 왕이 된 지 3개월 만에 그는 에스겔을 비롯해 실력 있는 기술자들 1만여 명과 함께 2차 포로로 바벨론에 끌려가게 됩니다. 느부갓네살은 여호야긴의 숙부, 즉 요시야의 막내아들인 맛다니야를 왕으로 삼고, 그의 이름을 '시드기야'로 고쳐 부릅니다. 시드기야가 바로 남유다의 마지막 왕입니다.

＊ 바람과 토양

요시야 왕의 통치 시절, 대제사장 힐기야가 율법책을 발견하고 서기관 사반을 통해 요시야 왕에게 전합니다. 그 책의 내용을 다 들은 요시야 왕은 자기 옷을 찢으며 괴로워합니다.

요시야 왕의 종교개혁 가운데에는 각종 우상을 불사르고 우상을 섬기게 한 제사장들을 폐하는 일, 신접한 자와 점쟁이와 모든 가증한 것을 제거한 일, 몰록에게 하던 인신제사를 폐지한 일, 여로보암이 벧엘에 세운 제단과 산당을 헐어버린 일, 온 유다와 예루살렘과 북이스라엘 지역까지 가서 우상들을 제거하며 정결하게 한 일, 그리고 유월절을 회복하는 일 등이 포함되어 있습니다.

* 스바냐 *Zephaniah*

남유다의 요시야 왕 시절에 활동했던 스바냐는 요시야 가문의 사람으로서 아마도 남유다 사회에서 상당히 유력한 위치에 있던 사람이었을 것입니다. 그래서 요시야 왕이 용감하게 종교개혁을 단행할 때, 그 일에 함께 동역했을 가능성이 큽니다.

스바냐의 예언은 먼저 예루살렘에 대한 심판 선언으로 시작해 점차 남유다 주변 나라들에 대한 심판 선언으로 이어지고 있습니다. 비록 그들이 하나님께서 택하신 백성이라 할지라도 하나님의 심판을 피할 수는 없습니다. 스바냐는 단지 하나님의 규례를 지키는 겸손한 자들만이 하나님의 분노의 날을 피할 수 있다고 외칩니다.

* 하박국 *Habakkuk*

하박국 선지자는 바벨론이 초강대국으로 주변 나라를 지배하던 B.C.7세기 말경에 사역했습니다. 하박국은 무자비한 바벨론이 점점 더 강성해지는 모습을 보며, '왜 악인이 더 형통하는가?', '왜 의인은 악인에 의해 고난을 당하는가?'라는 질문을 하나님께 드렸습니다.

이에 대해 하나님께서는 악인의 형통과 의인의 고난은 정한 기한이 되면 그칠 것이므로 의인은 참아 견디며 하나님의 날을 바라보아야 한다고 말씀하십니다. 하박국은 문제의 답을 찾고 난 뒤 오직 하나님으로 인하여 즐거워하고 하나님으로 인해 기뻐하리라는 고백을 하며 하나님을 찬양합니다.

* 나훔 *Nahum*

〈나훔〉의 흐름은 초지일관 니느웨 심판 선언입니다. 150여 년 전, 요나 선지자를 통해 멸망 선언을 듣고 회개했던 니느웨 사람들이 오래지 않아 예전의 잔인하고 교만한 모습으로 되돌아갔습니다. 이때 나훔 선지자의 무시무시한 심판 예언을 듣고도 무감각한 니느웨 사람들은 스스로 하나님의 진노를 쌓아가는 것이나 다름없었습니다. 〈나훔〉에는 악인들을 심판하시는 하나님의 공의로움과, 그들의 압제 가운데 고난당하던 하나님의 백성을 구원하실 하나님의 사랑이 함께 담겨 있습니다.

* 요엘 *Joel*

요엘이 어느 때의 예언자인지는 확실히 알 수 없습니다. 그러나 요엘 선지자는 이스라엘에 임박한 환난과 그에 따른 회개를 촉구하고 있습니다. 이는 범죄하여 스스로 재앙을 부르고 있는 이스라엘에게 회개를 요구하시는 하나님의 말씀이었습니다. 또한 요엘은 죄에서 돌아선 자들은 구원의 약속을 받고 하나님의 공의로우신 통치 아래에서 살게 될 것을 예언합니다. 그 예언의 내용으로 보아 남유다 멸망 이전에 활동했던 선지자로 짐작할 수 있습니다.

* 예레미야 *Jeremiah*

예레미야는 약 20세의 젊은 나이에 하나님의 부르심을 받았습니다. 남유다의 멸망이 눈앞에 와 있는 상황에서 예레미야의 예언의 핵심은 국가의 깃발을 내리고 바벨론에 항복하라는 것이었습니다. 바벨론에 가서 제사장 나라 재교육을 받고 돌아와야 한다는 것이 하나님의 변하지 않는 뜻이며, 그 일은 이제 곧 닥쳐올 현실이었습니다.

이에 따라 예레미야는 힘없는 백성이 당할 처참한 상황을 최소화시키기 위해 지도자들을 설득하려고 많은 애를 썼습니다. 하지만 끝까지 예레미야의 예언을 거부했던 남유다의 시드기야 왕은 결국 예루살렘에 비참한 최후를 가져왔고, 남유다는 바벨론 군대에 의해 초토화되고 맙니다.

* 예레미야애가
Lamentations

B.C.586년 바벨론에 의해 예루살렘 도시가 폐허가 되고, 수많은 사람이 바벨론으로 끌려갔습니다. 예레미야는 거리의 힘없는 노인들과 아이들, 여인들이 고통을 당하는 모습을 바라보며 자신의 간이 땅에 쏟아지는 것 같은 고통을 느낍니다.

하지만 눈이 눈물에 상할 정도로 밤새 울고 나서 아침을 맞이하는 예레미야에게 하나님의 선하심과 인자하심은 새로운 소망이 되어 그를 찾아옵니다. 예레미야는 극한 절망 속에서도 하나님의 긍휼에 기반한 구원의 소망을 품고 예루살렘의 회복을 위해 간절히 기도합니다.

* 오바댜 *Obadiah*

구약성경 중 가장 짧은 책인 〈오바댜〉는 비록 한 장으로 구성되어 있지만, 전하고 있는 메시지는 크고 분명합니다. 에돔은 형제 나라인 남유다가 멸망하는 것을 보며 안타깝게 생각하기보다는 오히려 그 틈에 바벨론과 동맹을 맺어 자신들의 이득을 챙기고, 형제들의 고통을 조롱하는 죄를 지었습니다. 오바댜 선지자는 이 일로 말미암아 에돔이 교만한 자, 방관자, 핍박자라는 판결을 받게 될 것이고, 결국 하나님의 공의로운 심판을 받게 될 것이라고 선언합니다.

* 역대기 *Chronicles*

24과(204p) "통通으로 읽는 센스"를 참고하세요.

22과 남유다 멸망

열왕기하 21~23장, 스바냐, 하박국, 나훔, 요엘

📖 큰글자 일년일독 통독성경

197일 : 왕정 총결산
198일 : 스바냐의 렘넌트 이야기
199일 : 하박국의 믿음 노래
200일 : 나훔과 요나의 앗수르
201일 : 요엘 선지자의 꿈과 이상

🔖 通통으로 외우세요

① 이사야를 통해 주시는 하나님의 말씀에 순종하여 나라의 위기를 극복했던 히스기야 왕이 죽고, 그 뒤를 이어 므낫세가 왕이 됩니다.

② 므낫세 왕은 극심한 죄악을 범해서 남유다의 멸망을 결정짓는 원인을 제공합니다.

③ 므낫세 이후 아몬을 거쳐 요시야가 왕이 되었을 때, 남유다는 이미 쇠락의 길을 가고 있었습니다. 이때 하나님께서 스바냐와 나훔 선지자를 보내십니다.

④ 약간의 시간차가 있지만 하박국 선지자도 스바냐, 나훔과 비슷한 시기에 활동했습니다. 그리고 정확한 활동 시기를 알 수 없는 <요엘>도 여기서 읽는 것이 적당하다고 봅니다.

💡 通통으로 읽는 센스

북이스라엘의 멸망 후 남유다의 히스기야는 하나님의 세계 경영을 뒤늦게 깨닫고 전적으로 하나님을 의지하여 기도로 개인과 국가의 상황을 바꾸었습니다. 그런데 그의 아들 므낫세는 무려 55년간이나 왕 노릇하는 가운데 자신의 아버지와는 달리 악행을 일삼았습니다. 그 결과로, 그의 손자 요시야의 개혁과 여러 선지자들의 노력에도 불구하고 남유다는 결국 처참한 종말을 맞이하게 됩니다.

스바냐는 요시야 왕 시대에 활동한 선지자였습니다. 또한 나훔, 하박국, 예레미야, 훌다(왕하 22:14) 등, 이스라엘 역사상 가장 많은 선지자가 이 시대에 함께 활동했습니다. 이는 그만큼 그 시대가 급박한 위기 가운데 놓여 있었음을 암시합니다.

<요엘>은 그 기록 연대에 대한 정확한 언급이 없지만, 바벨론 포로 이전이라고 보고 여기서 함께 통독합니다. 요엘은 지금까지 남유다 백성에게 구원의 큰 기쁨의 날로만 알려져 왔던 '여호와의 날'이 남유다 백성이 회개하지 않고 죄에서 돌이키지 않는다면 무서운 심판의 날이 될 수밖에 없다고 선포하며 회개를 촉구했습니다.

1. 왕정 총결산 왕하 21~23장

#큰글자 일년일독 통독성경 | 1194~1201p

므낫세가 히스기야의 뒤를 이어 12세의 나이로 왕위에 오릅니다. 하지만 그는 아버지와는 정반대의 길로 행하며, 나라 곳곳에 우상을 만들고 이방 신을 섬깁니다. 하나님께서 사무엘을 통해 경고하셨던 '왕정의 폐해'가 므낫세 왕이 남유다를 통치할 때 가장 명확하게 드러났습니다. 므낫세가 다윗이나 히스기야가 아닌 200여 년 전 북이스라엘 아합 왕의 통치를 따랐기 때문입니다. 므낫세가 죽고 그의 아들 아몬이 왕위에 오르나 그도 아버지의 행위를 따라 악을 행하자 신하들이 반역을 일으켜 그를 죽입니다. 그러자 백성이 다시 그 반역 세력들을 몰아내고 아몬의 아들 요시야를 왕으로 삼습니다.

요시야는 8세에 왕위에 올라 31년간 나라를 다스립니다. 그는 어린 나이에 왕이 되었지만, 하나님의 뜻대로 나라를 다스리고자 했던 훌륭한 왕이었습니다. 요시야는 그의 아버지 아몬과 할아버지 므낫세가 아닌 '하나님의 사람 다윗'을 온전히 본받았습니다. 요시야의 첫 번째 종교개혁은 그의 통치 12년째 되던 해에 일어나는데, 이때 그는 제사장 힐기야와 더불어 우상 대청소를 시행했습니다. 그로부터 6년 후, 즉 요시야의 통치 18년째에 제사장 힐기야가 성전에서 율법책을 발견했을 때 두 번째 종교개혁이 일어납니다. 요시야는 많은 사람에게 율법책을 읽어주고 모든 계명과 법도와 율례를 지키기로 함께 마음을 모읍니다. 요시야는 이스라엘 전체 40명의 왕들 가운데 가장 성실하게 율법을 지키려고 노력했던 왕이라고 평가받습니다. 요시야 왕은 '모세의 모든 율법'을 빠짐 없이 살펴 제사장 나라를 꿈꾼 왕이었습니다.

유월절 계승
히스기야의 개혁은 우상 청소에서 유월절의 부활로 이어졌다. 그러나 히스기야가 실행한 유월절은 성결하게 한 제사장이 부족하고 백성이 다 모일 수 없는 이유로 한 달 연기되어 진행되었다. 이로써 사무엘 시대 이후 유월절을 처음 제대로 지킨 때는 히스기야 시대의 유월절이 아닌, 요시야 시대의 유월절로 기억되고 있다(대하 35:18).

요시야 왕이 자신의 옷을 찢다 _ 제임스 손힐 作

그러나 안타깝게도 요시야 왕은 애굽이 앗수르와의 전쟁을 위해 유다 땅을 지나갈 때 이를 막기 위한 전쟁에 나갔다가 전사합니다. 요시야 왕의 죽음으로 '왕정 500년' 총결산의 서막이 시작됩니다. 요시야가 죽자 백성은 곧 우상숭배로 돌아가고 맙니다. 일반 백성이 그동안 우상숭배에 얼마나 깊이 젖어 있었는지를 알 수 있습니다.

요시야의 뒤를 이어 그의 아들 여호아하스가 왕위에 오르나 그는 애굽으로 끌려가고 요시야의 다른 아들 엘리아김(여호야김)이 나라를 맡습니다. 엘리아김은 애굽에 많은 조공을 바치기 위해 국민들로부터 무거운 세금을 거두어들여야 했습니다.

2. 스바냐와 렘넌트 습 1~3장
#큰글자 일년일독 통독성경 | 1201~1206p

스바냐는 요시야 왕 시대에 활동한 선지자입니다. 스바냐는 사람들의 죄로 인해 임하게 될 '여호와의 큰 날, 심판의 날'에 대해 이야기합니다. 남유다에 대한 하나님의 징계를 선포하는 것입니다. 다만 여호와의 규례를 지키고 공의와 겸손을 구하는 자들만이 하나님의 분노를 피할 수 있습니다. 그들은 여호와의 규례를 지키는 겸손한 자들, 곧 남은 자, 렘넌트(remnant)였습니다.

스바냐는 블레셋과 모압, 암몬, 구스, 앗수르 등 주변 나라들에 대한 심판을 선고한 후에, 또다시 예루살렘에 초점을 맞춰 하나님의 징계를 선언합니다. 이 심판의 선포 후에 스바냐는 주의 명령을 따른다는 이유로 온갖 고난을 당하는 이들에게 끝까지 인내하기를 권면합니다. 하나님께서는 다시금 그들의 하나님이 되시며 그들이 하나님의 백성이 되는 아름다운 관계를 기대하고 계신 것입니다. 하나님의 계명을 지키며 끝까지 인내하는 남은 자들로 인해 하나님께서는 기쁨을 이기지 못하십니다.

스바냐
'여호와께서 보호하시는 자'라는 뜻의 이름을 가진 스바냐는 남유다 왕 히스기야의 후손(습 1:1)인 것으로 보아, 사회적인 신분이 높았을 것으로 추측된다. 스바냐의 설교는 요시야 왕의 통치 기간 중에 행해졌으며, 그는 예레미야보다 먼저 사역했다. 스바냐는 요엘이나 아모스와 같이, 심판과 축복의 날인 '여호와의 날'을 선포했다.

3. 하박국의 질문 합 1~3장
#큰글자 일년일독 통독성경 | 1206~1210p

하박국 선지자는 남유다의 죄악 때문에 통탄하며 하나님께 질문으로 호소합니다. 하박국 선지자의 첫 번째 질문은 "공의의 하나님께서 왜 남유다의 불의를 심판하지 않으시는가?"입니다. 그리고 두 번째 질문은 "공의의 하나님께서 왜 남유다의 심판을 더 악하고 무자비한 바벨론 제국에게 맡기시는가?"입니다. 이에 대하여 하나님께서는 남유다의 죄악을 해결하고 고치기 위해 바벨론을 준비했다고 말씀하십니다. 그러나 하박국이 보기에는 심판의 도구로 사용될 나라 바벨론이 남유다보다 더 악했습니다. 따라서 바벨론을 도구로 한 남유다의 심판은 불합리해 보였습니다.

하나님의 선지자 하박국 _ 프랭크 O. 솔즈베리 作

그런 하박국에게 하나님께서는 '정한 때'가 있음을 알려주십니다. 비록 우리가 보기에는 더딜지라도 의인은 믿음으로 살기에 기다릴 수 있고 그 믿음으로 인하여 산다는 것입니다(합 2:4). 의인의 고난도 오래가지 않고 악인의 형통도 오래가지 않습니다. 하나님의 이 대답을 듣고 하박국의 입술에서는 찬미의 노래가 나옵니다.

"비록 무화과나무가 무성하지 못하며 포도나무에 열매가 없으며 감람나무에 소출이 없으며 밭에 먹을 것이 없으며 우리에 양이 없으며 외양간에 소가 없을지라도 나는 여호와로 말미암아 즐거워하며 나의 구원의 하나님으로 말미암아 기뻐하리로다"(합 3:17~18).

4. 나훔과 앗수르 멸망 나 1~3장
 # 큰글자 일년일독 통독성경 | 1211~1214p

150여 년 전 요나의 선포를 들었을 때 니느웨 사람들은 회개했고, 그래서 하나님께서는 그들을 용서하시고 멸망시키지 않으셨습니다. 그랬던 그들이 교만해져서 자신들이 다른 국가들을 정복한 사실을 놓고, 자신들의 신이 그 정복지 신을 이긴 것이라고 여깁니다. 이에 나훔 선지자는 그런 앗수르의 큰 성읍 니느웨에 대한 멸망을 선포합니다. 이처럼 요나 선지자와 나훔 선지자는 모두 앗수르에 하나님 말씀을 선포한 선지자들입니다.

앗수르는 많은 나라를 멸망시키면서 영원한 제국을 꿈꾸었을 것입니다. 그러나 앗수르는 예루살렘에서 패한 후에, 바벨론의 느부갓네살 왕에 의해 멸망합니다.

〈요나〉 & 〈나훔〉	
요나	나훔
하나님의 긍휼	하나님의 심판
니느웨의 회개	니느웨의 반역
순종한 나라	불순종한 나라
물로부터의 구원	물로 인한 멸망

5. 요엘과 하나님의 약속 욜 1~3장

#큰글자 일년일독 통독성경 | 1215~1220p

브두엘의 아들 요엘의 예언 내용은 남유다에 임박한 환난과 회개의 촉구입니다. 요엘은 남유다의 범죄로 인하여 하나님께서 극심한 재난을 내리실 것이라고 선포합니다. 그러나 곧 이어지는 말씀은 남유다가 이제라도 금식하고 울며 회개하면 그 재앙을 돌이키시겠다는 것입니다.

남유다는 죄악으로 자신을 더럽혔습니다. 그러나 하나님께서는 그들이 마음을 새롭게 하여 하나님께 돌아오기를 원하십니다. 하나님께서는 "그의 백성의 피난처, 이스라엘 자손의 산성"이 되셔서, "유다는 영원히 있겠고 예루살렘은 대대로 있으리라"라는 약속의 말씀을 이루실 것입니다(욜 3:16,20).

신약성경과 <요엘>
감람산 강론(마 24:29)에서 예수님께서는 요엘 2장 10절, 31절, 3장 15절 등에서 언급된 사건들을 재림의 표적과 연관 지으셨다. 베드로는 요엘 2장 28~32절을 오순절 날 그의 설교 중에 인용했다(행 2:16~21). 바울은 요엘 2장 32절을 그리스도를 믿는 유대인과 이방인들에게 주어지는 구원에 적용했다(롬 10:12~13).

🌐 **이 과의 내용을 통通 이야기**(Tong story)**로 적어보고 이야기해 보세요.**

_____

_____

_____

_____

_____

🙏 **이 과의 내용을 자녀에게 가르칠 수 있도록 통성기도**(Tongsung Gido)**합시다.**

• 너희의 자녀에게 가르치며 집에 앉아 있을 때에든지, 길을 갈 때에든지, 누워 있을 때에든지, 일어날 때에든지 이 말씀을 강론하고 … 너희의 날과 너희의 자녀의 날이 많아서 하늘이 땅을 덮는 날과 같으리라 (신명기 11:19~21)
• 너는 네가 누구에게서 배운 것을 알며 또 어려서부터 성경을 알았나니 (디모데후서 3:14~15)

큰글자 일년일독 통독성경

통通으로 외우세요

① 열왕기하 24~25장을 끝으로 '왕정 500년'이 막을 내립니다.

② 열왕기하 24~25장과 요시야 왕 때부터 남유다의 마지막 왕 시드기야 때까지 온몸으로 사역했던 예레미야의 기록을 함께 읽습니다.

③ 바벨론 군사들에 의해 예루살렘이 완전히 초토화된 후, 그 슬픔의 장면을 보며 예레미야는 <예레미야애가>를 지어 불렀습니다.

④ 에돔 족속을 향해 예언의 말씀을 선포한 <오바댜>도 이때 함께 읽습니다.

통通으로 읽는 센스

요시야 왕이 B.C.609년에 므깃도에서 애굽 군대와 싸우다가 전사하자, 그의 아들 살룸(여호아하스)이 왕이 됩니다. 하지만 그는 3개월 만에 애굽 왕 느고에게 잡혀 애굽으로 끌려가 그곳에서 죽고, 여호야김이 왕이 됩니다. 여호야김은 애굽을 섬기다가 강성해지는 바벨론을 섬기게 됩니다. 그러나 여호야김이 3년간 바치던 조공을 끊고 바벨론을 배신할 기미를 보이자 바벨론의 느부갓네살 왕이 애굽과 남유다를 공격합니다. 이때 바벨론 군대가 성전 기구들을 가져가면서 포로들을 끌고 가는데 이들이 다니엘을 비롯한 1차 바벨론 포로들입니다.

이후 여호야김은 죽고, B.C.598년에 여호야김의 아들인 여호야긴이 왕이 됩니다. 그러나 느부갓네살이 또다시 여호야긴은 물론 나라의 권세 있는 자들과 실력 있는 기술자들 1만여 명을 함께 잡아갑니다. 이것이 2차 바벨론 포로입니다. 그리고 느부갓네살은 남유다 땅에 요시야의 막내아들 시드기야를 왕으로 세웁니다. 그가 바로 남유다의 마지막 왕입니다.

◆ 통通포인트

1. 예레미야의 전기 사역과 70년의 네 가지 의미 왕하 24장/ 렘 1~38장

#큰글자 일년일독 통독성경 | 1220~1307p

예레미야가 선지자로 부름을 받은 때는 남유다 왕 요시야의 개혁이 한창 진행되고 있을 때였습니다. 하나님께서는 예레미야 선지자를 통해 '왕정 500년'에 대한 총평가를 하십니다. 남유다는 요시야 왕이 죽고 난 후, 우상을 숭배하는 죄악의 길로 즉시 되돌아갑니다.

이제 예레미야는 레위기 26장에 예고된 3단계 징계인 '포로'를 선포해야 했습니다. 예레미야는 다가올 남유다의 운명을 직시하고 바벨론에 항복해야 한다고 외쳤습니다. 다시 말해 바벨론으로 옮겨가 거기서 시간을 보내면서 다시 시작할 기회를 얻자는 것입니다.

예레미야 선지자는 남유다 백성이 바벨론 포로로 끌려가는 것을 네 가지로 해석했습니다. 첫째는 징계 70년, 둘째는 교육 70년, 셋째는 안식(예루살렘 땅) 70년, 넷째는 바벨론 제국 수명 70년입니다. 즉 예레미야는 남유다 백성이 겪어야 할 바벨론 포로 70년은 징계이자 동시에 하나님의 긍휼과 은혜이며, 그들이 바벨론에서 70년간 '제사장 나라 재교육'을 잘 받으면 '극상품 무화과 열매'가 되어 예루살렘으로 귀환하게 될 것이라고 예언했습니다.

또한 예레미야 선지자는 구약성경에서 예수님으로 이어지는 가장 중요한 고리인 '새 언약'을 예고합니다. '옛 언약'은 하나님께서 아브라함, 이삭, 야곱에게 주신 '은혜 언약'이었으며 이를 기반으로 출애굽과 제사장 나라 거룩한 시민 언약인 '쌍무 언약'이 체결되었습니다. 그러나 언약을 저버린 이스라엘은 '레위기'의 기록대로 처벌받게 되지만, 하나님께서 또다시 긍

예레미야
목이 굳은 남유다 백성에게 심판의 메시지를 40년이 넘도록 선포하는 노고를 감당한 예언자. 예레미야는 제사장 힐기야의 아들이었으며, 예루살렘으로부터 북쪽으로 약 3km 떨어진 아나돗에서 살았다. 남유다에 대한 실물 교육의 한 방편으로 그는 결혼하지 말라는 하나님의 명령을 받았다(렘 16:2). 예레미야는 스바냐, 하박국, 다니엘, 에스겔 등과 동시대인이었다. 그의 사역은 대략 B.C.627년부터 B.C.580년까지에 걸쳐 나타난다.

흌을 베푸셔서 예레미야를 통해 '새 언약'을 예고해주십니다. 이 '새 언약'
은 600년 후 예수 그리스도의 피로 세운 십자가로 완성됩니다. 그러나 당
시 지도층이나 백성은 예레미야의 예언에 귀를 기울이지 않았습니다.

마침내 바벨론 왕 느부갓네살이 남유다를 공격하기 시작하자 시드기야
왕이 예레미야에게 급히 연락합니다. 지푸라기라도 잡는 심정으로 기도 요
청을 하기 위해서였습니다. 시드기야 왕은 여전히 150년 전 히스기야 왕 때
의 기적만을 기대하고 있습니다. 그러나 예레미야는 남유다가 하나님의 심
판을 인정하고 받아들이는 것만이 유일한 구원의 길임을 알고 있었기에 바
벨론에게 항복할 것을 강력히 권고합니다.

그럼에도 시드기야는 끝까지 예레미야의 권고를 받아들이지 않고 항복
을 거부합니다. 만약 항복하면 이미 1, 2차로 바벨론에 끌려가 있는 사람들
이 자기를 조롱할까 두렵다는 어리석은 이유를 들면서 말입니다.

2. 예레미야의 후기 사역 왕하 25장/ 렘 39~52장
큰글자 일년일독 통독성경 | 1307~1342p

바벨론의 3차 침략으로 남유다는 완전히 멸망합니다. 시드
기야는 결국 아들들이 자신의 눈앞에서 죽는 것을 보고, 그 장
면을 마지막으로 자신의 두 눈이 뽑힌 상태에서 바벨론으로 끌
려가 비참한 최후를 맞이하게 됩니다. B.C.586년 예루살렘 성
전이 불타는 그 순간부터 예레미야 선지자의 후기 사역이 시작

예레미야 시대 남유다 왕들		
왕	통치 연대(B.C.)	기록
요시야	640~609	왕하 22:1~23:30
여호아하스	609	왕하 23:31~33
여호야김	609~598	왕하 23:34~24:7
여호야긴	598~597	왕하 24:8~17
시드기야	597~586	왕하 24:18~25:26

됩니다. 예루살렘을 점령한 바벨론 왕은 그다랴(그달리야)를 총독에 앉히고 남아 있는 백성을 다스리게 합니다. 그다랴는 남유다 백성에게 바벨론을 통해 역사하시는 하나님의 섭리에 순응하자고 말합니다. 그러나 하나님의 뜻을 깨닫지 못한 반바벨론주의자들이 총독 그다랴를 암살함으로써 남유다는 다시 위기에 빠집니다.

한편, 예레미야는 바벨론에 포로로 끌려가 실망과 좌절의 나날을 보내고 있을 동포들에게 편지를 보내어 고향으로 돌아올 생각은 잠시 접고, 그곳에서 뿌리를 내리고 살면서 하나님의 뜻을 발견하라고 설득합니다. 다행히 예레미야의 편지를 다니엘과 같은 사람들이 읽게 되고, 그들은 바벨론에서 훈련의 시간을 달게 받고 이후 재건세대가 되어 예루살렘으로 돌아오게 됩니다.

계속해서 모든 민족의 주인이신 하나님께서는 예레미야 선지자를 통해 애굽을 비롯한 남유다 주변 열 개 나라에 대한 심판과 이스라엘의 회복을 말씀하십니다.

그 후 예레미야 선지자는 남유다에 남아 있던 사람들이 예루살렘 총독 그다랴를 암살하고 애굽으로 도망할 때에 마지막까지 그들의 애굽행을 막습니다. 그러나 그들은 예레미야 선지자까지 끌고 애굽으로 내려갑니다. 그로부터 삶의 마지막까지 예레미야는 애굽에서 계속 하나님의 말씀을 전하는 일을 감당하며 동족들을 돌보며 살아갑니다.

◆ 통通포인트

▲ **탄식의 땅, 소망의 노래**
멸망 이후 예루살렘은 대단했던 과거의 영화가 하루아침에 사라진 탄식의 땅 그 자체였습니다. 그러나 하나님께서 남겨두신 소망이 있었습니다. 바로 바벨론 포로로 끌려간 자들이었습니다. 이를 발견한 예레미야가 진정한 소망의 노래를 부릅니다.

3. 예레미야의 슬픈 노래 애 1~2장

#큰글자 일년일독 통독성경 | 1342~1346p

〈예레미야애가〉는 B.C.586년 느부갓네살의 군대에 의해 예루살렘이 초토화되었을 때, 그 장면을 목격한 예레미야의 슬픈 노래입니다.

그리스도의 예표
눈물의 선지자 예레미야는 그때로부터 약 6백 년 후에 예루살렘성을 보면서 우시는 참 선지자, 예수 그리스도의 한 예표이다(마 23:37~39; 눅 19:41~44).

바벨론 군대는 예루살렘성을 정복하자 여호와의 성전과 왕궁을 불사르고 예루살렘의 모든 집을 불살랐으며, 사면 성벽을 모두 헐어버렸습니다. 또 여호와의 성전에 있던 기구들을 깨뜨리거나 금, 은, 놋그릇들을 모두 바벨론으로 가져갔습니다.

<예레미야애가>의 제목과 형식
<예레미야애가>의 히브리 제목은 1, 2, 4장의 첫 단어인 에카(Ekah), "오, 어찌하여!"에서 유래했다. <예레미야애가>는 또한 주로 장례식 조가에 사용되는 '불규칙한 운율'을 사용하고 있다.

예루살렘 폐허 앞에서 우는 예레미야 선지자 _ 일리야 레핀 作

왕과 많은 백성이 끌려가고 남은 백성은 비참하게 죽어갔으며, 거리는 뒹구는 시체들로 가득했습니다. 이런 예루살렘을 바라보는 예레미야는 하염없이 눈물을 흘렸습니다. 이렇게 '왕정 500년'은 사무엘의 슬픔으로 시작해서 예레미야의 눈물로 끝이 납니다. 남유다를 멸망으로 이끈 두 가지 이유는 첫째, 종교 지도자들의 잘못 때문이며 둘째, 남유다가 하나님보다 이방 민족을 더 의지했기 때문입니다. 조금만 일찍 항복했더라면 그렇게 많은 사람이 목숨을 잃지는 않았을 것입니다. 예레미야는 바벨론에 미리 항복하게 함으로써 힘없는 백성에게 닥칠 피해를 조금이라도 더 줄여보려고 그토록 애썼던 것입니다.

예레미야는 슬픔을 표현할 다른 말을 찾지 못하고, 창자가 끊어지며 간이 땅에 쏟아진다고 탄식합니다. 온 예루살렘성에 시체 타는 냄새가 진동하고, 아이들의 울음소리와 노인들의 탄식 소리만 가득했습니다. 예레미야는 그 애타는 심정으로 모든 백성을 대표해 하나님 앞에 죄를 고백하며 하나님의 구원을 간구했습니다. 예레미야의 이 눈물을 통해 우리는 가장 슬퍼하시며 눈물 흘리시는 분이 하나님이심을 알게 됩니다.

4. 예레미야의 희망 노래 애 3~5장
#큰글자 일년일독 통독성경 | 1347~1352p

새벽 동틀 무렵이 가장 어둡다는 사실을 우리는 잘 알고 있습니다. 예레미야는 고초와 재난으로 인한 낙심의 한복판에서 오히려 소망을 발견합니다.

"그가 비록 근심하게 하시나 그의 풍부한 인자하심에 따라 긍휼히 여기실 것임이라 주께서 인생으로 고생하게 하시며 근심하게 하심은 본심이 아니시로다"(애 3:32~33).

매년 낭독하는 책
유대인들은 B.C.586년과 A.D.70년에 발생한 예루살렘의 멸망을 기념하기 위해 매년 <예레미야애가>를 낭독한다.

예레미야는 하나님의 긍휼과 자비하심에 소망을 둡니다. 예루살렘의 멸망이 하나님의 실패를 의미하지는 않습니다. 다 멸절된 것이 아니고 남은 자들, 즉 예루살렘이 함락되기 전에 1, 2차로 바벨론에 끌려갔던 자들이 있습니다. 다니엘과 에스겔 같은 사람들입니다. 이들이 예레미야가 바라보는 절망 앞에 선 희망입니다.

◉ 통通포인트

형제에게 환난이 닥치는 날
이스라엘이 고통당하는 날, 형제의 환난을 슬퍼하기보다는 오히려 즐거워했던 에돔 족을 향해 하나님의 심판이 선언됩니다.

5. 오바댜와 제사장 나라 옵 1장
#큰글자 일년일독 통독성경 | 1353~1354p

야곱과 에서는 이삭의 쌍둥이 아들로, 이미 태중에서 "두 민족이 네 복중에서부터 나누이리라"(창 25:23)라는 말씀을 들었습니다. 그렇게 태어난 그들이 자라면서도 사이가 좋지 못하더니 결국엔 각기 다른 민족처럼 살게 된 것입니다. 야곱의 후손들은 이스라엘로, 에서의 후손들은 에돔 족속으로 살았습니다. 야곱과 에서 이야기는 이후 예수님과 에돔족인 헤롯 때까지 이어집니다.

야곱과 에서의 긴 역사가 흐른 후 오바댜 선지자를 통해 하나님께서 에돔의 멸망을 선포하십니다. 그 이유는 에돔족의 교만과 바벨론에 의해 예루살렘이 파괴될 때 에돔이 바벨론을 도왔기 때문입니다. 이미 오랜 세월 다른 민족으로 살아온 에돔과 이스라엘이지만, 이들은 한 뿌리입니다. 하나님께서 보시기에 그 두 민족은 서로 지켜주고 위로해야 할 형제입니다. 따라서 에돔이 형제 국가 남유다가 멸망하는 것을 기뻐하고 바벨론을 도운 일에 대해 하나님께서 진노하신 것입니다. 형제를 소중히 여기고 돌보는 것은 하나님의 명령임을 기억해야 할 것입니다.

이처럼 〈오바댜〉는 야곱과 에서 두 민족 사이에 바벨론 제국이 끼어든 이야기입니다. 이를 오바댜 선지자가 제사장 나라 관점으로 에서의 후손 에

에돔과 이스라엘의 갈등
출애굽 때 이스라엘이 에돔 땅을 지나면서 갈등(민 20:14~21)을 겪었고, 그 외에도 에돔 출신 하닷이 솔로몬을 대적하기도 했다(왕상 11:14). B.C.586년에 바벨론에 의해 예루살렘이 파괴될 때, 에돔은 남유다를 망하게 하는 바벨론을 도와주었다. 오바댜는 이러한 에돔에게 장차 있을 하나님의 심판을 선언한다(옵 1:10~12).

돔을 책망한 이야기입니다. 한마디로 〈오바댜〉는 '모든 나라'가 하나님께 속한다는 것입니다.

🔗 **이 과의 내용을 통通 이야기(Tong story)로 적어보고 이야기해 보세요.**

👥 **이 과의 내용을 자녀에게 가르칠 수 있도록 통성기도(Tongsung Gido)합시다.**

• 너희의 자녀에게 가르치며 집에 앉아 있을 때에든지, 길을 갈 때에든지, 누워 있을 때에든지, 일어날 때에든지 이 말씀을 강론하고 … 너희의 날과 너희의 자녀의 날이 많아서 하늘이 땅을 덮는 날과 같으리라 (신명기 11:19~21)
• 너는 네가 누구에게서 배운 것을 알며 또 어려서부터 성경을 알았나니 (디모데후서 3:14~15)

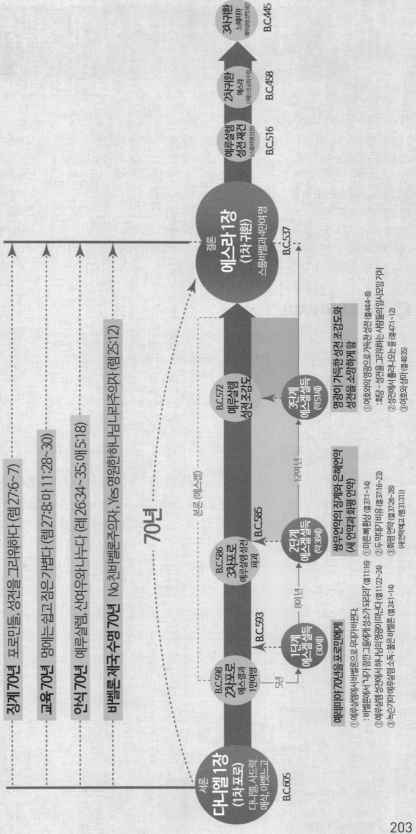

24과 역대기 – 재건세대 선물

역대상, 역대하

📖 큰글자 일년일독 통독성경

🔖 통通으로 외우세요

① 바벨론 포로로 끌려가는 남유다 백성에게 '열왕기상·하'를 선물로 주셨던 하나님께서는 바벨론 포로 70년을 마치고 예루살렘으로 귀환하는 재건세대에게 '역대기상·하'를 선물로 주십니다.

② 하나님께서 역사를 선물로 주신 이유는 '미래'를 약속해주시기 위함입니다.

💡 통通으로 읽는 센스

<역대하> 말미(대하 36:22~23)와 <에스라> 서두(스 1:1~3)가 비슷한 내용으로 연결된 점으로 미루어, 에스라가 역대기를 기록한 것이라고 추정합니다. 역대기는 이스라엘의 초대 왕 사울로부터 마지막 남유다 왕 시드기야까지의 이야기로 특별히 남유다의 역사를 중심으로 기록되어 있습니다.

역대기 기자는 이스라엘 역사 가운데 가장 풍요롭고 안정적이었던 다윗과 솔로몬 시대와 더불어 히스기야와 요시야를 중요하게 다루고 있습니다. 이는 우선 70여 년간의 바벨론 포로 생활로 인해 자존감이 무너진 백성에게 위로와 희망의 메시지를 전하기 위해서였을 것으로 짐작해볼 수 있습니다. 또한 성전을 중심으로 제사장과 레위인의 역할이 올바르게 수행될 때 큰 복을 받았음을 강조합니다. 이는 이스라엘이 말씀으로 다시 세워지기를 소망한다는 의미가 담겨 있습니다.

◆ 통通포인트

▸ 성경 속 족보 - 언약을 지키시는 하나님의 이야기
성경에는 많은 족보가 기록되어 있습니다. 그런데 족보를 자세히 살펴보면 그 안에
하나님의 역사하심이 들어 있다는 사실을 발견하게 됩니다. 그리고 언약을 지키시는
하나님의 사랑과 은혜와 긍휼을 발견하게 됩니다.

1. 선물, 열왕기상·하

가나안 입성을 앞둔 여호수아에게 하나님께서 주신 선물은 '모세오경'이었습니다. 그런데 하나님과 '제사장 나라 거룩한 시민' 언약을 맺은 이스라엘 백성이 하나님과 맺은 그 언약을 저버리고 70년간 바벨론 포로로 가게 되었을 때 하나님께서는 그들에게 '처벌'과 함께 '선물'을 주셨습니다. 그 선물은 바로 〈열왕기상·하〉였습니다. 과거 그들의 조상들이 모세를 통해 율법을 처음 배울 때에는 광야 40년의 시간을 보냈습니다. 그러나 이제 그들은 바벨론 포로 70년 동안 제사장 나라 재교육을 받아야만 합니다.

그들은 약속의 땅 가나안에 들어간 이후 지난 900여 년 동안 안식일, 안식년, 희년을 자그마치 날짜로 계수해 70년이나 지키지 않았습니다. 때문에 그들은 그들이 지키지 않은 날수대로, 즉 70년간 바벨론에 포로로 끌려가 제사장 나라 재교육을 받아야 하는 것입니다. 이는 이미 레위기 26장에 언급된 세 번째 징계의 말씀이 실현되는 것입니다. 하나님께서는 바벨론 포로로 끌려가는 남유다 백성에게 〈열왕기상·하〉, 즉 이스라엘의 '왕정 500년' 역사를 선물로 주시며 그들이 극상품 무화과 열매가 되기를 기대하십니다.

2. 선물, 역대상·하

예레미야 선지자의 예언대로 바벨론으로 끌려간 남유다 백성은 70년 동안 '제사장 나라 재교육'을 통해 극상품 무화과 열매로 거듭납니다. 그들은 바벨론이 끌어온 고대 근동의 많은 나라 백성과 비교해 월등하게 성과를 내는 민족이 됩니다. 남유다 백성은 바벨론 포로 70년 동안 '유대인'이라 불리면서 '회당'을 만들어 율법을 다시 공부하고, 예레미야의 편지와 에스겔의 교육을 통해 새롭게 거듭나는 민족이 됩니다. 드디어 하나님의 말씀대로 바벨론에서 '징계, 교육, 안식, 바벨론 제국의 수명' 70년이 끝나자 바벨론은

페르시아 제국에게 멸망하고, 페르시아 제국은 바벨론이 각 나라에서 끌어온 포로들을 귀환시키기 시작합니다.

이때 하나님께서는 귀환 공동체에게 또다시 선물을 주십니다. 그 선물이 바로 〈역대상·하〉였습니다. 〈열왕기상·하〉가 이스라엘 '왕정 500년' 전체의 역사라면, 〈역대상·하〉는 다윗으로부터 시작해 북이스라엘의 왕정을 제외한 다윗의 후손 왕들의 역사였습니다. 하나님께서는 〈역대상·하〉를 통해 이제 유대인이라 불리게 된 남유다 백성에게 다시 시작할 수 있는 힘이 다른 어떤 것이 아닌 하나님께서 함께하시는 그들의 역사라는 것을 알려 주십니다.

핵심은 사람
우리는 족보를 통해, 건전한 국가와 공동체를 이루어가는 핵심이 사람이라는 것을 알 수 있다. 족보에는 나라를 세우기 위한 국가 경제의 흐름이나 군사력의 상황이 기록되어 있지 않다. 오직 사람들의 이름이 적혀 있을 뿐이다. 때로는 책망과 경고로, 때로는 간절한 설득으로, 인간과 동역하기를 포기하지 않았던 하나님의 열심이 많은 이름들 사이에 담겨 있다.

3. 역대기 족보 대상 1~9장
#큰글자 일년일독 통독성경 | 1355~1377p

역대기 기자는 1장에서 9장까지 자그마치 9장이나 되는 족보를 기록함에 있어 일반적인 역사 순서가 아닌 먼저 강조하고자 하는 족보를 우선적으로 배열하여 기록했습니다. 역대상 1장에서 3장까지는 아담에서 바벨론 포로 귀환 시대의 다윗 가문의 족보, 특히 아브라함의 족보와 유다 지파의 족보를 강조하며 기록했습니다.

이어서 역대상 4장에서 8장까지는 야곱의 열두 아들에서 바벨론 포로 직전까지 각 지파별 족보가 기록되어 있습니다. 그리고 남유다에 속한 두 지파인 유다와 베냐민 지파가 중요하게 강조되어 있습니다. 특히 역대기는 유다 지파를 중심으로 이야기가 전개됩니다. 그중 역대상 9장에는 바벨론 포로 귀환에서 첫 번째로 돌아와 정착한 레위 지파에 대한 족보와 행적이 자세하게 소개됩니다. 또한 이들과 함께 돌아와 예루살렘에 거주한 유다와 베냐민 지파, 그리고 에브라임과 므낫세 지파의 명단이 기록되어 있습니다.

약속의 성취
역대상 1장부터 9장까지에 이르는 족보를 통해 우리는 하나님의 신실하신 약속의 성취를 볼 수 있다. 최초의 사람 아담과(창 1:28) 이후 홍수가 그친 후 노아에게 주신 번성의 복(창 9:1), 그리고 아브라함에게 약속하셨던 자손과 땅에 대한 약속(창 12:2)이 현실이 된 증거로 역대기의 족보를 읽을 수 있는 것이다.

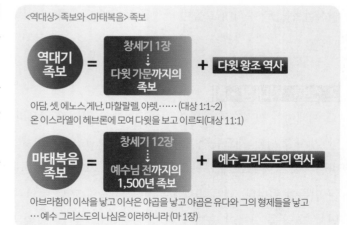

〈역대상〉 족보와 〈마태복음〉 족보

역대기 족보 = 창세기 1장 ⁝ 다윗 가문까지의 족보 + 다윗 왕조 역사

아담, 셋, 에노스, 게난, 마할랄렐, 야렛……(대상 1:1~2)
온 이스라엘이 헤브론에 모여 다윗을 보고 이르되(대상 11:1)

마태복음 족보 = 창세기 12장 ⁝ 예수님 전까지의 1,500년 족보 + 예수 그리스도의 역사

아브라함이 이삭을 낳고 이삭은 야곱을 낳고 야곱은 유다와 그의 형제들을 낳고 …예수 그리스도의 나심은 이러하니라(마 1장)

▶ **야곱의 유언 - 유다 자손을 통해 성취**
야곱의 열두 아들 가운데 아버지 야곱과 가장 대립했던 아들은 넷째 유다였습니다.
그런데 집을 나갔다가 다시 돌아온 유다가 아버지 야곱을 온 마음으로 품고 섬기면서
관계가 변하고 발전하게 되었습니다. 급기야 유다는 아버지 야곱을 위해 베냐민 대신
애굽에서 종이 되겠다고 나서기까지 했습니다. 후에 이 일을 알게 된 야곱이 유다를
높여줍니다. 그리고 야곱의 유언대로 유다는 열두 지파 가운데 으뜸이 되고 다윗이
그 대표 주자가 됩니다.

4. 역대기 속 다윗 이야기 – 2천 년 유대 역사의 대표 주자
대상 10~29장

큰글자 일년일독 통독성경 | 1377~1415p

　바벨론에서의 포로 생활 70년을 보내고 다시 예루살렘으로 귀환하게 되
는 귀환 공동체에게 '꿈 같은 과거의 영광'은 다윗 시대였습니다. 그래서 역
대기는 사울의 통치 40년을 생략하고 곧바로 사울의 죽음으로부터 이야기
를 시작합니다. 하나님께서는 귀환 공동체의 그러한 마음을 아시고, 다윗
중심의 역사 기록인 역대기를 선물로 주셨습니다.

　역대상 11장부터 마지막 29장까지 전체가 다윗의 이야기입니다. 다윗은
하나님께서 꿈꾸신 제사장 나라의 정의와 공의를 행한 왕으로 천년 역사에
남을 모범이 됩니다. 역대기 기자는 사울의 뒤를 이어 이스라엘 열두 지파
전체의 왕으로 등극하는 다윗의 모습을 첫 장면으로 기록합니다. 그리고 다
윗이 그동안 정복하지 못했던 예루살렘을 정복하여 수도로 삼고, 언약궤를
예루살렘으로 옮겨오는 과정과 그때의 감격, 언약궤를 안치한 후 언약궤와
성막에 관련한 직무자들을 임명하는 내용이 잘 기록되어 있습니다.

　또한 역대기는 다윗이 노년에 국가의 발전을 자신의 업적으로 삼고 싶
은 유혹에 인구조사를 강행했을 때 다윗이 이스라엘 장로들과 함께 회개했
다고 기록합니다. 그리고 하나님께서 명하신 대로 오르난(아라우나)의 타작마
당에서 희생제사를 드리고 그곳을 '하나님의 성전', '이스라엘의 번제단'이라
불렀다고 기록합니다. 이곳에 솔로몬이 성전을 건축합니다.

　무엇보다 역대기에서는 다윗의 가장 중요한 업적으로 다윗이 성전 건축
을 위해 모든 준비를 다했으며 성전 설계도를 비롯해 자신이 준비한 모든
것을 솔로몬에게 물려주어 성전을 건축하게 했음을 강조합니다. 하나님께

통일 왕국의 실현
헤브론에서 온 이스라엘로부터 기름
부음을 받고 다윗이 왕위에 오름으로
써, 이스라엘은 다시 통일 왕국이 된
다. 다윗은 온 백성의 협력을 이끌어
내며 왕권을 인수하고 나라를 안정시
켰다. 여러 갈래로 나뉘어졌던 백성의
마음이 하나가 되었고, 온 이스라엘이
3일 동안 함께 지내고 먹고 마셨다(대
상 12:38~39). 이스라엘 가운데 오랜
만에 희락이 넘쳐나는 가운데 새로운
통일 국가가 시작된 것이다.

서는 하나님의 충성스런 종이었던 다윗이 어디로 가든지 이기게 하셨습니다. 역대기에는 다윗의 놀라운 승전 기록 또한 잘 기록되어 있습니다.

이렇게 역대기는 이스라엘의 왕정을 다윗 중심으로 서술하여 다윗이 얼마나 굉장한 하나님의 사람이었는지를 증거하고 있습니다.

❖ 통通포인트

솔로몬 성전, 스룹바벨 성전, 헤롯 성전
하나님께서는 모세에게 성막 설계도를, 다윗에게 성전 설계도를, 에스겔에게 귀환 공동체가 다시 지을 성전 설계도(조감도)를 친히 주셨습니다. 다윗에게 주신 성전 설계도에 따라 솔로몬이 성전을 완성했고, 귀환 공동체에 의해 무너진 성전이 재건되었습니다. 그런데 옛 성전을 그리워한 사람들이 스룹바벨 성전을 아쉬워했습니다. 궁극적인 하나님의 뜻은 '우리 몸이 성전'이 되는 것입니다. 이후 헤롯은 하나님의 뜻을 알지 못했기에 자신이 만든 설계도대로 대규모의 성전 증축을 수십 년 동안이나 진행했고, 사람들은 이를 보며 '건물 성전'을 자랑스러워했습니다.

5. 역대기 속 솔로몬, 히스기야, 요시야 이야기 대하 1~36장
큰글자 일년일독 통독성경 | 1416~1486p

역대기에서 다윗 다음으로 분량이나 내용면에서 중요하게 다루고 있는 왕은 솔로몬입니다. 역대하 1~9장까지 이스라엘을 최대 황금기로 이끈 솔로몬의 업적이 기록되어 있습니다. 성전 건축을 위한 모든 준비는 다윗이 했지만, 실제적으로 예루살렘 성전을 건축한 왕은 솔로몬이었습니다. 그래서 '예루살렘 성전'은 일명 '솔로몬 성전'이라 불렸습니다. 그러나 솔로몬 사후 이스라엘은 한 민족 두 국가가 되어 왕정을 유지하다가 북이스라엘은 앗수르 제국에, 남유다는 바벨론 제국에 의해 멸망합니다. 이때 그 자랑스럽던 예루살렘 성전이 바벨론 군인들에 의해 불태워졌던 것입니다.

귀환 공동체는 예루살렘에 다시 성전을 재건할 계획을 세웠습니다. 그렇게 예루살렘에 다시 재건된 두 번째 성전은 '스룹바벨 성전'이라 불리게 됩니다. 그리고 스룹바벨 성전이 이후 헤롯에 의해 큰 규모로 다시 증축되는데 그때 증축된 예루살렘 성전이 헤롯 성전이라 불렸던 것입니다.

역대기는 다윗에서부터 시드기야까지 다윗의 후손 왕들을 다루고 있는데 다윗과 솔로몬 이후 남유다의 왕들 가운데에는 특히 히스기야와 요시야

유월절의 부활
유월절은 애굽에서 종살이하던 이스라엘이 하나님의 큰 은혜를 입어 애굽을 나왔던 사건을 기념하며, 이스라엘이 하나님의 백성임을 재확인하고 확증하는 절기였다. 그러므로 남유다 백성이 유월절을 회복했다는 것(대하 30:13~27)은 그들이 하나님의 백성이라는 정체성을 다시 회복했다는 의미를 갖는다.

를 중요하게 다루었습니다. 이는 바벨론 포로 귀환 후 귀환 공동체가 예루살렘 성전 중심의 삶을 꿈꾸었기 때문입니다. 히스기야 왕은 이스라엘의 '왕정 500년'을 통틀어 '다윗의 길'로 나아간 몇 안 되는 왕이었습니다. 그리고 남유다뿐 아니라 북이스라엘까지 사람을 보내 북이스라엘과 남유다가 '제사장 나라 거룩한 시민'으로 하나님께 함께 유월절을 지키자고 제안하고 일부 성과를 낸 왕으로 역사에 남았습니다(대하 30:1~5). 또한 역대기 기자는 모세의 율법대로 유월절을 지키며 신앙 개혁을 이끈 요시야 왕 이야기를 역대하 34~35장을 통해 자세히 소개합니다.

희망의 씨앗 (대하 36:22~23)
<역대하>의 마지막 장은 이스라엘의 멸망이 주된 내용이지만, 그 끝은 이스라엘의 해방과 회복으로 맺고 있다. 하나님께서는 예레미야 선지자를 통해 약속하신 말씀을 기억하시며 바사 왕 고레스를 통해 "너희 중에 그의 백성된 자는 다 올라갈지어다"(대하 36:23)라고 선포하여, 포로로 끌려갔던 이스라엘 백성을 예루살렘으로 다시 돌아오게 하신다. 바벨론에 의한 이스라엘의 멸망은 최종적인 심판이 아니라, 하나님과의 관계를 바로잡기 위한 기회요, 또 다른 희망의 씨앗을 뿌리는 사건이었던 것이다.

🔗 **이 과의 내용을 통通 이야기(Tong story)로 적어보고 이야기해 보세요.**

🙏 **이 과의 내용을 자녀에게 가르칠 수 있도록 통성기도(Tongsung Gido)합시다.**

• 너희의 자녀에게 가르치며 집에 앉아 있을 때에든지, 길을 갈 때에든지, 누워 있을 때에든지, 일어날 때에든지 이 말씀을 강론하고 … 너희의 날과 너희의 자녀의 날이 많아서 하늘이 땅을 덮는 날과 같으리라 (신명기 11:19~21)
• 너는 네가 누구에게서 배운 것을 알며 또 어려서부터 성경을 알았나니 (디모데후서 3:14~15)

페르시아 7권

제국을 도구로 사용하며 경영된 제사장 나라

[통으로 본 페르시아 7권 분위기]

'페르시아 7권'(다니엘, 에스라, 학개, 스가랴, 에스더, 느헤미야, 말라기)은 '페르시아 제국의 도움 속에서 제사장 나라를 실현'해 가는 분위기입니다. 페르시아 7권은 바벨론 제국에 의해 멸망한 남유다의 처참한 형편과 이어지는 페르시아 제국의 지배 속에서 쓰인 내용입니다.

바벨론 제국에 의해 예루살렘 성전과 왕궁과 집들이 불에 타 폐허가 되고, 예루살렘성은 바벨론 군인들에 의해 무자비한 약탈을 당했습니다. 그 광경을 보고 예레미야가 간이 땅에 쏟아지는 고통을 느끼며 밤새 울고 또 울었습니다. 그런데 새벽에 예레미야가 다시 하나님의 은혜를 깨닫습니다.

"내 고초와 재난 곧 쑥과 담즙을 기억하소서 내 마음이 그것을 기억하고 내가 낙심이 되오나 이것을 내가 내 마음에 담아 두었더니 그것이 오히려 나의 소망이 되었사옴은 여호와의 인자와 긍휼이 무궁하시므로 우리가 진멸되지 아니함이니이다 이것들이 아침마다 새로우니 주의 성실하심이 크시도소이다"(애 3:19~23).

바벨론으로 끌려간 포로들이 희망이고 소망이라는 사실을 깨달은 것입니다. 그들이 진멸되지 않고 살아남아 있으므로 그들을 통해 다시 제사장 나라를 꿈꿀 수 있기 때문입니다. 예레미야의 이 꿈은 드디어 페르시아 제국 때 에스라, 느헤미야 등을 통해서 현실이 됩니다.

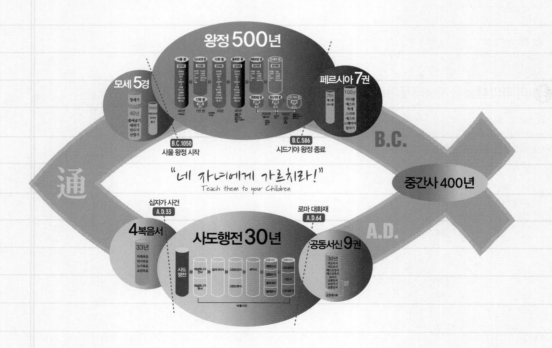

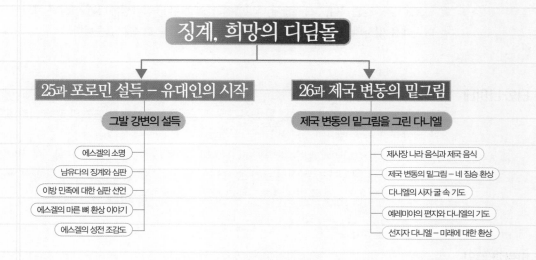

9마당 징계, 희망의 디딤돌
Punishment, a Stepping Stone of Hope

◉ **통通Map** 9마당 전체의 구조와 흐름을 한눈에 담아봅시다.

징계, 희망의 디딤돌

25과 포로민 설득 – 유대인의 시작

그발 강변의 설득

- 에스겔의 소명
- 남유다의 징계와 심판
- 이방 민족에 대한 심판 선언
- 에스겔의 마른 뼈 환상 이야기
- 에스겔의 성전 조감도

26과 제국 변동의 밑그림

제국 변동의 밑그림을 그린 다니엘

- 제사장 나라 음식과 제국 음식
- 제국 변동의 밑그림 – 네 짐승 환상
- 다니엘의 사자 굴 속 기도
- 예레미야의 편지와 다니엘의 기도
- 선지자 다니엘 – 미래에 대한 환상

🎓 **9마당-통通 Concept**

· 1, 2, 3차 바벨론 포로

에스겔과 다니엘을 차례로 살펴보기에 앞서 1, 2, 3차 바벨론 포로를 다시 한번 정리하며 공부합시다.

포로	구분	침략자	유대 왕	인원	관련 구절
바벨론 시대 3차 포로	1차 포로 (B.C.605년)	느부갓네살 왕	여호야김	다니엘 등	대하 36:6~7
	2차 포로 (B.C.598년)	느부갓네살 왕	여호야긴	에스겔 등 약 1만 명	왕하 24:14~17
	3차 포로 (B.C.586년)	느부사라단 (느부갓네살의 시위대장)	시드기야	빈천한 자 외 전부	왕하 25:1~21

· 바벨론 포로 70년 기간 동안 어떠한 일이 있었는가?

에스겔과 다니엘의 사역을 중심으로 살펴보며 공부해봅시다.

* 숲 둘러보기 예루살렘이 완전히 패망하기 이전에 이미 바벨론에 끌려와 있던 에스겔은 얼마 남지 않은 남유다의 운명을 바라보며 심판을 예언합니다(겔 1~24장). 또한 이방 나라들에 대한 심판의 말씀(겔 25~32장)도 선언합니다. 그리고 예루살렘 함락 이후에는 이스라엘의 회복을 선언합니다(겔 33~48장).

여호야김 때 남유다는 바벨론에 의해 1차 침략을 받아 하나님의 성전 기구들을 빼앗기고 백성은 포로로 끌려갔습니다. 그들 중에 다니엘이 있었습니다. 하나님께서는 영성과 사회성을 갖춘 다니엘을 역사의 한복판에서 하나님의 뜻을 이루는 도구로 삼으셨습니다.

* 터와 나이테 다니엘과 에스겔은 비슷한 나이였고, 예루살렘에서 활동했던 예레미야보다 약 20세가량 젊었습니다. 이후 B.C.586년 바벨론 왕 느부갓네살은 예루살렘성을 오랜 포위 끝에 함락했으며 모든 남유다 땅을 황폐화시켰습니다.

2차 포로로 끌려갔던 에스겔은 바벨론 땅인 그발 강가에서 선지자로서 사역을 시작합니다. 그발강은 바벨론 제국이 만든 여러 운하 중 하나인 것으로 추측됩니다. 그곳은 동방의 탁월한 명소로, 바벨론 성읍 위쪽에 있는 유프라테스강 지류의 선박용 운하였습니다.

* 바람과 토양 다니엘과 그의 세 친구는 남유다 귀족 출신으로, "흠이 없고 용모가 아름다우며 모든 지혜를 통찰하며 지식에 통달하며 학문에 익숙하여 왕궁에 설 만한 소년"(단 1:4)이었습니다. 다니엘은 바벨론 최상의 교육을 3년 동안 받았고, 신분을 바꾸는 과정의 일환으로 바벨론 신들 중 하나를 기리는 새로운 이름 '벨드사살'을 부여받습니다.

포로 된 백성을 향한 하나님의 메시지를 극적으로 전달하기 위해 다니엘은 예언들이나 비유, 표적, 상징들을 사용했습니다. 다니엘이 사용한 기록 언어들을 보면 서론 격인 첫 장은 히브리어로 기록하고 그 다음 다니엘 2장 4절 하반절에서부터 7장까지는 고대 근동의 공용어로 쓰이던 아람어로 기록했습니다. 그리고 다니엘 8~12장은 다시 자신의 모국어로 바꾸어 제국 통치 아래에 놓인 유대 민족의 미래를 개관했습니다.

＊에스겔 *Ezekiel* 예루살렘의 여러 기술자들과 함께 바벨론으로 끌려온 지 5년째로 접어들던 해에, 젊은 제사장 에스겔은 하나님의 선지자로 부름을 받습니다. 하나님께서는 여느 포로민들과 같이 절망에 빠져 있는 그를 찾아오셔서 위로하시고, 새로운 회복에 대한 환상을 보여주십니다.

〈에스겔〉의 전반부인 1~24장은 예루살렘이 멸망하기 이전을 배경으로 하여, 하나님께서 남유다의 잘못을 지적하시고 그들을 심판하시는 말씀을 주로 담고 있습니다. 반면 예루살렘 멸망 이후에 선포된 후반부 25~48장은 주변 나라들에 대한 심판과 남유다에 대한 하나님의 회복의 약속을 전하고 있습니다. 〈에스겔〉은 수많은 환상과 묵시, 잠언, 은유 등의 방법으로 말씀이 기록되어 있는 풍요로운 책입니다.

＊다니엘 *Daniel* 다니엘과 그의 친구들은 에스겔보다 먼저인 B.C.605년에 바벨론으로 끌려갔습니다. 낯선 이방 땅에서도 하나님을 향한 신앙을 꿋꿋이 지키며 살고 있던 다니엘은 느부갓네살 왕의 꿈을 해석하고, 벨사살 왕에게 나타난 글을 해석함으로써 크게 높임을 받습니다.

소수 민족이자 포로민 출신이었음에도 불구하고, 다니엘은 뛰어난 지혜와 실력으로 바벨론과 페르시아 두 제국에서 가장 높은 관직에 오르는 최고의 행정가가 되었습니다. 동시에 다니엘은 기도 중에 환상을 보고 미래에 있을 제국의 변동과 영원한 하나님 나라의 '뜨인 돌' 예수 그리스도의 오심을 예언한 깊은 영성의 사람 선지자 다니엘이기도 했습니다.

📖 큰글자 일년일독 통독성경

📑 通으로 외우세요

① 하나님께서는 남유다가 완전히 망하기 전, 1차 포로로 다니엘과 세 친구를, 2차 포로로 에스겔과 만여 명을 바벨론으로 보내 '남은 자'가 되게 하셨습니다.

② 남유다에서는 예레미야 선지자가, 그리고 바벨론에서는 에스겔 선지자가 남유다 백성들에게 하나님의 말씀을 전하며 설득합니다.

💡 通으로 읽는 센스

바벨론의 왕 느부갓네살은 여호야긴 왕과 에스겔을 포함하여 약 1만 명의 포로들을 2차로 잡아갔습니다. 본토 유대 땅에서는 예레미야가 사역하고 있었고, 에스겔은 바벨론에서 곧 멸망하게 될 예루살렘의 심판을 예언합니다.

에스겔은 또한 바벨론 포로로 끌려와 노예 생활을 하고 있는 남유다 백성을 설득합니다. 설득하려는 대상 중 가장 어려운 사람은 낙심하고 지쳐서 모든 것을 포기하고 있는 사람입니다. 그런 그들에게 희망을 이야기하고 비전을 말하는 것은 결코 쉬운 일이 아니었지만, 에스겔은 그 일을 묵묵히 감당해나갔습니다.

➕ 通포인트

▶ **그발 강변의 설득**
이제 무대는 예루살렘에서 바벨론으로 바뀝니다. 성경의 무대는 크게 일곱 번 바뀝니다. ① 갈대아 우르 → 가나안 ② 가나안 → 애굽 ③ 애굽 → 광야 ④ 광야 → 가나안
⑤ 가나안(예루살렘) → 바벨론 ⑥ 바벨론/페르시아 → 예루살렘 ⑦ 예루살렘 → 땅끝

이제부터는 바벨론 포로 70년 기간 동안에 무슨 일이 있었는지 살펴봅니다. 먼저 에 스겔 선지자가 받은 사명은 바벨론에 끌려온 남유다 엘리트 포로들에게 왜 끌려와야 했는지를 설명하고, 그들을 위로하고 격려하는 것이었습니다. <에스겔>은 예루살렘 의 함락 소식이 포로민들에게 전해지는 33장을 전환점으로 하여 크게 둘로 나누어볼 수 있습니다.

1. 에스겔의 소명 겔 1~3장

#큰글자 일년일독 통독성경 | 1486~1491p

지금 바벨론에 끌려와 있는 2차 포로들의 생각은 기회만 주어진다면 예루살렘으로 돌아 가겠다는 것입니다. 바로 그때 하나님께서는 바벨론에 포로로 끌려온 지 5년째 된, 절망 속 에 있는 30세의 젊은 제사장 에스겔을 찾아오 셔서 말씀을 시작하십니다. 예루살렘으로 그 렇게 빨리 돌아갈 수 없다는 것입니다. 그리고 바벨론에는 각국에서 끌려온 많은 포로가 살 고 있는데, 그 많은 민족 가운데서 희망을 가지 고 실력을 키워서 가장 우수한 민족이 되도록 노력하라는 것입니다. 한마디로 에스겔이 받은 사명은 1, 2차로 끌려온 사람들에게 그들이 왜 끌려와야 했는지를 설명하고, 그들을 위로하 고 격려하는 것이었습니다. "인자야 내가 너를 이스라엘 족속의 파수꾼으로 세웠으니 너는 내 입의 말을 듣고 나를 대신하여 그들을 깨우치 라"(겔 3:17). 젊은 제사장 에스겔은 바벨론의 그발 강가에서 선지자로서 사

역을 시작합니다.

성경 속 일곱 번의 무대

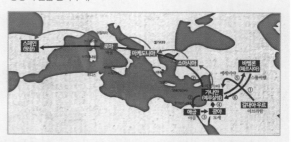

여기에서 잠시 성경 66권 전체를 통해 크게 일곱 번 바뀐 성경 속 무대를 정리 하는 것이 필요하다.
첫째, 성경의 첫 무대는 아브라함이 살고 있던 갈대아 우르에서 가나안으로의 이동(갈대아 우르→가나안). 둘째, 아브라함의 손자 야곱 때 야곱의 가족 70 명이 요셉이 이미 살고 있는 애굽으로의 이동(가나안→애굽). 셋째, 430년 만 에 애굽에서 큰 민족을 이루게 된 아브라함의 후손들이 모세 때 출애굽하여 광 야로 이동(애굽→광야). 넷째, 40년 광야 생활을 마치고 여호수아 때 이스라엘 이 광야에서 약속의 땅 가나안으로 다시 입성(광야→가나안). 다섯째, 가나안 에 들어간 지 900여 년 후 예레미야 때(남유다의 마지막 왕 시드기야 때) 예루 살렘에서 바벨론으로의 이동(가나안의 예루살렘→바벨론). 여섯째, 바벨론에 서 70년간의 포로 생활을 마친 후 페르시아 제국에 의해 1차 귀환의 지도자 스 룹바벨과 함께 다시 예루살렘으로의 귀환(바벨론/페르시아→예루살렘). 일곱 째, 사도 바울 때 복음이 예루살렘에서 온 유대와 사마리아를 거쳐 땅끝까지 퍼 져 나감(예루살렘→땅끝).
이처럼 성경은 크게 일곱 번 무대가 바뀌는데 본 과에서는 다섯 번째 무대인 예 루살렘에서 바벨론으로 이동하는 때를 다룬다.

2. 남유다의 징계와 심판 겔 4~24장

#큰글자 일년일독 통독성경 | 1491~1535p

에스겔은 바벨론에서 환상 가운데 예루살렘으로 가서 남유다 백성들의

악한 죄와 성전을 더럽게 하는 죄들을 보게 됩니다. 하나님께서 보여주신 이상을 통해 예루살렘에 희망이 없음을 본 에스겔은 이 사실을 바벨론에 있는 백성에게 전달합니다. 나라가 망하고 많은 백성이 포로로 끌려온 원인이 바로 남유다 백성의 죄 때문임을 말하는 것입니다. 그런데 바벨론에 포로로 끌려온 사람들은 그 사실을 받아들이지 않았습니다. 그보다는 자신들의 잘 못을 조상들에게로 책임을 돌리며, 하나님의 심판이 불공평하다고 원망하고 있었습니다. 그러나 하나님께서는 남유다 백성이 처벌을 받는 것은 각 사람이 범한 죄악 때문이라고 분명히 말씀하십니다. 그러면서도 하나님께서는 에스겔 선지자를 통해 하나님의 마음을 드러내십니다. 하나님의 마음은 '악인이 죽는 것을 기뻐하지 않으시며, 악인이 회개하고 하나님께 돌아오는 것을 기뻐하신다'는 것입니다(겔 18:23).

하나님께서는 포로 된 그들이 이후 새 예루살렘을 건설하는 데에 쓰임 받기를 원하셨습니다. 이를 위한 훈련 기간으로 70년을 정하신 것입니다. 이 사실을 바벨론에 끌려온 남유다 포로들에게 예레미야는 남유다에서 편지로, 에스겔은 바벨론에서 직접 설명하고 설득합니다.

한편, 하나님께서는 에스겔에게 '가마 솥을 걸고, 그 안에 물을 붓고 양을 잡아 그 솥 안에 넣고 뼈가 무르도록 삶으라'고 말씀하십니다(겔 24:3~5). 그것은 양고기를 먹기 위함이 아니라, 솥에 있는 녹을 제거하기 위함입니다. 녹슨 솥 안에는 어떤 좋은 것을 넣어도 결국 먹지 못하기 때문입니다. 마찬가지로 남유다 포로들은 바벨론에서 녹슨 솥의 녹을 없애는 시간을 보내야 하는 것입니다. 그렇게 70년 동안 바벨론에서 녹을 제거하게 된 솥은 그후부터 어떤 음식도 먹을 수 있는 요리가 가능한 솥이 될 것입니다.

계시 일지
에스겔이 본 환상을 적어놓은 부분을 '계시 일지' 형식이라고 말한다. 그는 많은 환상을 보는데, 예루살렘에서 일어나는 일들을 환상으로 본 후, 다시 현실 속으로 돌아와 바벨론에 끌려와 있는 사람들에게 자기가 본 것을 설명하는 방식으로 하나님의 뜻을 전했다.

3. 이방 민족에 대한 심판 선언 겔 25~32장
 # 큰글자 일년일독 통독성경 | 1536~1552p

에스겔 24장에서 남유다에 대한 심판이 일단락되고, 하나님께서는 이어서 에스겔 25~32장까지 이방 나라들에 대한 심판을 말씀하십니다. 암몬과 모압, 에돔과 블레셋에 이어 두로도 하나님의 심판으로부터 벗어날 수 없었습니다. 또한 영원히 강대국일 것 같았던 애굽을 향해서는 무려 네 장에 걸쳐 하나님의 심판이 예언되고 있습니다. 이는 하나님을 의지하기보다는 애

에스겔이 본 환상
- 네 가지 모습의 생물 환상 (겔 1장)
- 하나님의 영광과 가증한 성전의 환상 (겔 8~11장)
- 불에 탄 포도나무 환상 (겔 15장)
- 마른 뼈 환상 (겔 37장)
- 거룩한 강 환상 (겔 47장)

굽을 의지하여 바벨론의 위협으로부터 벗어나려 하는 남유다에게 보내시는 하나님의 경고였습니다.

4. 에스겔의 마른 뼈 환상 이야기 겔 33~39장

큰글자 일년일독 통독성경 | 1552~1568p

B.C.586년 예루살렘 멸망 소식이 바벨론의 포로민들에게도 전해집니다. 이 장면이 에스겔 33장입니다. 그러므로 〈에스겔〉은 33장을 전환점으로 분위기가 완전히 바뀝니다. 이제 더 이상 예루살렘 땅에서는 별다른 희망을 품을 수 없습니다. 오히려 바벨론에 이미 포로로 끌려와 있는 이들에게 앞으로의 희망이 있는 것입니다.

예루살렘 멸망 전에는 심판을 선언했던 에스겔이 이제 놀라운 희망을 선포하기 시작합니다. 에스겔 37장에 나오는 '마른 뼈 환상', 즉 마른 뼈에 하나님의 생기가 들어가니 뼈에 힘줄이 붙고 살이 올라 큰 군대가 된 환상은 남유다에 대한 회복을 상징합니다. 이스라엘은 다시는 나뉘지 않을 것이며, 하나님의 종 다윗과 같이 하나님의 마음에 합한 자의 통치를 받는 하나님 나라가 될 것입니다. 이것이 마른 뼈 이스라엘을 바라보시는 하나님의 꿈이었습니다.

에스겔의 설득으로 말미암아 포로민들은 바벨론에서 다른 민족 포로들과는 달리 최선을 다해 희망을 품고 살아갑니다. 그 결과 그들은 이방 땅에서 세계 여러 민족과 경쟁하여 성공을 이룹니다. 지금 바벨론에 머물고 있는 이들의 후손들이 '극상품 무화과 열매'가 되어 70년 후에 고국으로 돌아가 절망에 사로잡혀 있는 동족들을 위로하게 될 것입니다.

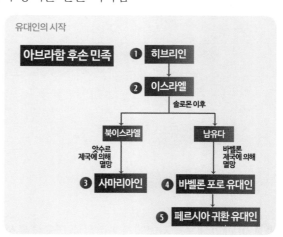

유대인의 시작

아브라함 후손 민족 — ① 히브리인

② 이스라엘

솔로몬 이후

북이스라엘 — 앗수르 제국에 의해 멸망 — ③ 사마리아인

남유다 — 바벨론 제국에 의해 멸망 — ④ 바벨론 포로 유대인

⑤ 페르시아 귀환 유대인

5. 에스겔의 성전 조감도 겔 40~48장

큰글자 일년일독 통독성경 | 1569~1589p

에스겔을 죄악이 가득 찬 예루살렘성으로 데려가셨던 하나님께서 에

스겔을 예루살렘으로 한 번 더 데려가시는데, 이번에 보여주신 예루살렘은 화려하게 재건될 미래의 모습이었습니다. 이처럼 환상 중에 보여주신 새 예루살렘 성전은 〈에스겔〉의 결론이자 제사장 나라 이스라엘 회복의 절정입니다. 하나님께서 에스겔 선지자에게 보여주신 '재건될 예루살렘 성전 조감도'는 이후 귀환 공동체가 예루살렘을 재건하는 데 원동력이 됩니다. 그리고 에스겔 선지자가 환상 중에 본 성전에서 흘러나오는 물은 이후 〈요한계시록〉의 새 하늘과 새 땅의 생명수 강의 배경이 됩니다.

　　에스겔은 자신이 본 성전을 이야기하며 포로의 신세로 절망 가운데 빠져 있는 백성에게 구원의 회복을 외칩니다. 특히 〈에스겔〉의 마지막을 장식하고 있는 에스겔 48장에는 앞으로 펼쳐질 역사에 대한 기대가 담겨 있습니다. 〈에스겔〉의 마지막은 성전을 떠나셨던 하나님께서 다시 성전에 계심을 선언하며 '여호와 삼마'로 결론을 맺습니다.

회복을 위한 절차
하나님께서는 고난의 형편 가운데 있는 이스라엘에게 무엇이 문제였고, 하나님의 대안은 무엇인지를 선명하게 보여주신다. 하나님께서는 이스라엘이 자신의 죄악을 부끄러워할 때 성전 제도와 주의 규례와 법도와 율례를 알게 하라고 말씀하신다(겔 43:11). 이스라엘은 반성하는 마음으로 하나님과 만나는 장소인 성전에 관한 규례와 제사의 방법부터 다시 배워나가야 했다.

📤 이 과의 내용을 통通 이야기(Tong story)로 적어보고 이야기해 보세요.

_____

_____

_____

_____

_____

🙏 이 과의 내용을 자녀에게 가르칠 수 있도록 통성기도(Tongsung Gido)합시다.

• 너희의 자녀에게 가르치며 집에 앉아 있을 때에든지, 길을 갈 때에든지, 누워 있을 때에든지, 일어날 때에든지 이 말씀을 강론하고 … 너희의 날과 너희의 자녀의 날이 많아서 하늘이 땅을 덮는 날과 같으리라 (신명기 11:19~21)
• 너는 네가 누구에게서 배운 것을 알며 또 어려서부터 성경을 알았나니 (디모데후서 3:14~15)

26과 제국 변동의 밑그림

다니엘

 큰글자 일년일독 통독성경

260일 : 다니엘, 제국 변동의 밑그림을 그리다　　261일 : 사드락, 메삭, 아벳느고　　262일 : 70년 동안 예루살렘을 향한 기도
263일 : 네 짐승 환상과 제국 서류 결재　　264일 : 다니엘이 선지자인 이유

통通으로 외우세요

① 바벨론의 느부갓네살 왕은 다니엘과 다니엘의 세 친구를 제국 이데올로기 교육에 투입시켰지만, 이미 어려서부터 패밀리 스쿨(family school)을 통해 부모에게 '제사장 나라' 교육을 받은 그들에게는 아무것도 통하지 않았습니다.

② 다니엘은 하나님의 역사가 가나안 땅에서만 이루어지는 것이 아님을 보여줍니다.

통通으로 읽는 센스

비록 포로로 잡혀온 신세였지만, 다니엘은 뜻을 정하고 하나님을 섬기는 사람으로 살고자 했습니다. 하나님께서는 이런 다니엘을 역사의 한가운데에서 하나님의 뜻을 이루는 데 사용하셨습니다.

처음 다니엘이 포로로 끌려간 나라는 바벨론이었습니다. 그런데 바벨론이 페르시아에게 멸망하자, 다니엘은 갑자기 페르시아를 섬겨야 하는 상황이 되었습니다. 그 당시 다니엘은 유대인임에도 불구하고 바벨론의 공직자로 높은 관직에 있었습니다. 그런데 더 놀라운 것은 페르시아의 왕이 다니엘을 바벨론 시대보다 더 높은 관직에 올렸다는 것입니다. 이유는 하나입니다. 다니엘은 행정 능력이 뛰어날 뿐 아니라 충성된 사람이어서 어느 나라 왕이든지 다니엘을 중용하고 싶어 했기 때문입니다.

포로민 출신인 다니엘이 이렇게 훌륭한 인재로 쓰임 받은 이유는 10대에 뜻을 정해 하나님의 이름을 높이는 신앙인으로 살면서 실력을 갖추기 위한 노력을 아끼지 않았기 때문입니다. 또한 예레미야의 편지를 통해 바벨론 포로 기간이 70년이라는 것을 깨닫고 마음의 중심을 하나님께 두었기 때문입니다.

1. 제사장 나라 음식과 제국 음식 · 단 1~5장

큰글자 일년일독 통독성경 | 1589~1604p

남유다를 멸망시킨 바벨론은 유대 땅에서 기술이 뛰어나고 머리 좋은 인
재들을 포로로 끌어갔습니다. 이는 느부갓네살의 계획이었습니다. 다니엘
또한 다른 유능한 젊은이들과 함께 포로로 잡혀가서 느부갓네살 궁전에서
바벨론식 교육을 받습니다. 바벨론에서는 포로들의 이름과 식생활부터 바
벨론식으로 바꾸게 합니다.

그러나 다니엘과 그의 친구들은 하나님 중심으로 뜻을 정하고 왕의 음식
과 포도주를 마시지 않습니다. 다니엘이 레위기 법에 따라 '제사장 나라 음
식'으로 뜻을 정한 것입니다. 그러자 하나님께서는 은혜를 베푸셔서 왕의 진
미를 먹는 다른 소년들보다 이들의 얼굴을 더욱 윤택하게 하셨습니다.

하나님께서는 이들에게 지혜와 지식을 더하시며, 특별히 다니엘에게는
환상과 꿈을 깨닫는 지혜도 더하여 주십니다. 이는 예레미야를 통한 하나님
의 계획이었습니다.

어느 날, 이상한 꿈을 꾼 느부갓네살 왕이 꿈 이야기를 해주지도 않고 그
꿈을 알아맞히고 해석하라고 명령합니다. 만약 그렇게 하지 못하면 바벨론
모든 박사를 죽이겠다고 합니다. 하나님의 응답으로 느부갓네살 왕의 꿈을
맞히고 해석할 수 있었던 다니엘은 이방 민족 가운데서 하나님의 영광을 드
러내게 됩니다. 다니엘은 느부갓네살의 꿈을 통해 하나님께서 온 세상을 다
스리시는 분, 세계 역사를 주관하시는 분임을, 그리고 지혜와 능력이 하나
님의 것임을 깨닫게 됩니다.

10대에 큰 승부를 걸었던
하나님의 사람
다윗: 골리앗 앞에서 목숨을 걸었던
승부(삼상 17장)
다니엘: 느부갓네살 앞에서 목숨을
걸었던 승부(단 1~2장)

2. 제국 변동의 밑그림 – 네 짐승 환상 단 7~8장
큰글자 일년일독 통독성경 | 1607~1612p

다니엘은 하나님께서 주신 지혜와 계시를 통해 시대를 읽을 줄 아는 안목을 가지고 있었습니다. 하나님께서는 그로 하여금 깊은 환상에 들어가게 하셔서 하나님의 뜻을 깨닫게 하십니다. 다니엘은 환상 가운데 네 짐승을 보았습니다. 이는 현재, 그리고 미래에 나타날 세계 제국인 바벨론, 페르시아, 헬라, 그리고 로마 제국을 상징하는 것이었습니다. 하나님께서 보여주신 환상을 기록하여 남긴 다니엘은 제국 변동의 밑그림을 그린 선지자입니다.

네 짐승에 대한 첫 번째 환상이 있은 지 2년 후에, 다니엘은 숫양과 숫염소에 대한 환상을 보게 됩니다. 그런데 놀라운 것은 이렇게 하나님의 환상을 수일씩 본 후에 다니엘이 보여주는 태도입니다. "이에 나 다니엘이 지쳐서 여러 날 앓다가 일어나서 왕의 일을 보았느니라"(단 8:27).

다니엘은 정치가였고 행정가였습니다. 그 깊은 환상의 세계에서 나온 후 '왕의 일', 구체적으로 말해 총리로서의 직무를 수행하고 있는 것입니다. 다니엘은 하나님과의 깊은 만남 속에서 영적인 체험도 하고 또 일상생활 속에서는 국가 행정 처리와 같은 사회적 일들을 동시에 잘할 수 있는 사람이었습니다. 일처리 능력과 주의 은혜를 사모하는 마음, 영성과 사회성의 조화, 이것은 성경을 통독하는 중에 만나는 하나님의 사람들의 공통적인 특징입니다.

3. 다니엘의 사자 굴 속 기도 단 6장
큰글자 일년일독 통독성경 | 1604~1607p

바벨론 제국이 무너지고 제국의 변천이 진행되는 과정 속에서 페르시아 제국의 다리오 왕이 120명의 고관들을 전국에 세우고 총리 세 명을 세웠는데, 그 총리들 중 하나가 다니엘이었습니다. 더 나아가 왕은 다니엘을 세 명의 총리 중 전국의 총리로 세우고자 합니다. 그만큼 다니엘의 실력과 충성심이 뛰어났기 때문입니다. 그러자 다니엘의 대적자들이 그를 훼방하려고 기회를 찾습니다.

다니엘의 정적들은 총리 다니엘의 '국책사업 결재 기록'

다니엘과 제국의 통치자들		
바벨론	느부갓네살	다니엘의 세 친구가 풀무불에 던져짐 (단 1~4장)
	벨사살	다니엘이 벽 위에 쓰인 글을 해석함 (단 5, 7, 8장)
메대 바사	다리오	다니엘이 사자 굴에 던져짐 (단 6, 9장)
	고레스	포로 귀환 조치가 실행됨 (단 10~12장)

부터 '일상생활 기록'까지 모두 조사했지만, 청문회에서 걸릴 만한 어떤 흠도 발견하지 못합니다. 그러자 다니엘의 반대 세력들은 다른 방법으로 모략을 꾸밉니다. 다니엘이 매일 세 번씩 예루살렘을 향하여 기도하는 것을 알고 있던 그들이 "누구든지 30일 동안 왕 외에 어느 신에게나 사람에게 기도하거나 절하면 그 자를 사자 굴에 집어넣도록 하자."라고 왕에게 조서를 올린 것입니다.

다니엘의 대답 _ 브리턴 리비에르 作

내막을 모르는 왕은 그 조서에 어인을 찍고 말았습니다.

하지만 다니엘은 그 모든 것을 알고도 전에 행하던 대로 예루살렘을 향해서 기도합니다. 그는 10대 때부터 뜻을 정하고 기도해온 사람입니다. 일찍이 솔로몬은 성전 낙성식 기도(왕상 8장)에서, "포로지에서 예루살렘 성전을 바라보면서 기도하거든 하나님께서 그들에게 은혜를 베풀어 주셔서"라고 기도했습니다. 이 근거를 가지고 다니엘은 바벨론 포로지에서 성전을 향해 기도했던 것입니다. 나이가 들어서도 여전히 예루살렘을 향해 하루 세 번씩 기도하고 있는 것입니다.

다니엘을 사자 굴에 던져놓고 왕은 밥도 못 먹고 잠도 못 잡니다. 다음 날 새벽 일찍, 왕이 달려가 슬피 소리 지르며 다니엘의 안부를 묻자, 다니엘은 왕의 만수무강을 고하며 자신의 무죄함이 명백해졌다고 대답합니다. 그 날 밤 사자 굴에서 기도하는 다니엘에게 하나님의 기적이 일어난 것입니다. 왕은 심히 기뻐하며 온 땅에 조서를 내려 하나님의 이름을 높입니다.

4. 예레미야의 편지와 다니엘의 기도 단 9장
#큰글자 일년일독 통독성경 | 1612~1614p

다니엘이 포로 생활 중에도 희망을 잃지 않고 최선을 다해 성실하게 살 수 있었던 것은 하나님의 사람 예레미야가 눈물로 써 보낸 편지 덕분이었습니다. 일찍이 예레미야는 포로로 끌려간 사람들에게 "바벨론에서 칠십 년이 차면 내가 너희를 돌보고 나의 선한 말을 너희에게 성취하여 너희를 이 곳으로 돌아오게 하리라"(렘 29:10)라고

다니엘
다니엘은 충성스러운 사람이었다. 그 사실을 가장 잘 알아본 사람이 왕이었다. 나라의 최고 권력자는 신하들의 충성도를 가장 면밀히 살피는 일이 주된 일이다. 그런데 왕이 보기에 다니엘은 권력을 탐내지 않고 가장 충성되었다. 뿐만 아니라, 다니엘은 10대에 하나님을 향해 뜻을 정하고 하나님 앞에 평생을 충성한 사람이다. 그는 먹을 음식을 선별하는 일에서부터 율법을 따랐다. 하나님에 대한 지식이 충만했다는 것이다. 바로 이 놀라운 지식을 기반으로 그는 하늘의 하나님을 향해 충성할 수 있었고, 또한 출근해서 그가 만나는 직장의 동료들과 상사에게 충성할 수 있었다. 정말 크고 아름다운 것이 하늘로부터 온다는 사실을 믿는 다니엘에게는 하나님을 향한 믿음과 왕을 향한 충성이 충돌하지 않았다.

편지를 보냈습니다. 이 편지를 다니엘이 읽고, 하나님께서 약속하신 연수를 깨닫게 된 것입니다(단 9:1~2).

다니엘은 그 예언이 이루어져 예루살렘으로 돌아갈 수 있게 되기를 바라며 먼저 회개하고 간절히 기도합니다. "나의 하나님이여 귀를 기울여 들으시며 눈을 떠서 우리의 황폐한 상황과 주의 이름으로 일컫는 성을 보옵소서 우리가 주 앞에 간구하옵는 것은 우리의 공의를 의지하여 하는 것이 아니요 주의 큰 긍휼을 의지하여 함이니이다"(단 9:18). 세상 최고의 자리에서도 예루살렘을 바라보며 기도하는 다니엘의 기도를 우리의 기도로 삼았으면 좋겠습니다.

하나님의 사람들의 기도
- **다윗의 기도** - 하나님께서 그의 왕위를 영원히 견고히 해주시겠다고 약속하시자, 자신을 '종'으로 낮추고 드린 감사의 기도 (삼하 7장)
- **다니엘의 기도** - 예루살렘을 회복시켜 주실 때가 가까이 옴을 깨닫고, 민족을 향한 하나님의 용서와 긍휼을 구하며 드린 기도 (단 9장)
- **느헤미야의 기도** - 황폐한 성읍의 회복과 자신의 헌신을 결심하며 드린 기도 (느 1장)

5. 선지자 다니엘 – 미래에 대한 환상 단 10~12장
큰글자 일년일독 통독성경 | 1614~1621p

이미 이스라엘 백성의 1차 귀환이 있은 지 3년이 지난 시점입니다. 그러나 그리 형통하지만은 않은 성전 재건 사업의 소식이 들려오고 전쟁에 대한 이상(異象)이 보이자, 다니엘은 큰 근심 가운데 하나님께 기도합니다. 하나님께서는 "큰 은총을 받은 사람이여 두려워하지 말라 평안하라 강건하라"(단 10:19)라고 하시며 다니엘을 위로해주십니다.

소망과 기대가 있는 사람은 인내할 수 있고 기다릴 수 있습니다. 〈다니엘〉의 마지막 메시지를 통해 주시는 하나님의 말씀도 '기다리라'는 것입니다. 하나님께서는 당신의 백성을 구원하시리라는 회복의 약속을 통해 지금까지 환난 속에서 고통당하던 이스라엘에게 희망의 메시지를 전하십니다.

행정가이자 정치인인 다니엘은 제국 변동을 내다보고 하나님 나라를 꿈꾸며 예언서를 기록함으로 결국 '선지자 다니엘'이라 불리게 됩니다.

🔗 **이 과의 내용을 통**通 **이야기**(Tong story)**로 적어보고 이야기해 보세요.**

....

....

....

....

....

....

👤 **이 과의 내용을 자녀에게 가르칠 수 있도록 통성기도**(Tongsung Gido)**합시다.**

• 너희의 자녀에게 가르치며 집에 앉아 있을 때에든지, 길을 갈 때에든지, 누워 있을 때에든지, 일어날 때에든지 이 말씀을 강론하고 … 너희의 날과 너희의 자녀의 날이 많아서 하늘이 땅을 덮는 날과 같으리라 (신명기 11:19~21)
• 너는 네가 누구에게서 배운 것을 알며 또 어려서부터 성경을 알았나니 (디모데후서 3:14~15)

10 마당 재건 공동체
A Community of Reconstruction

📍 **통通Map** 10마당 전체의 구조와 흐름을 한눈에 담아봅시다.

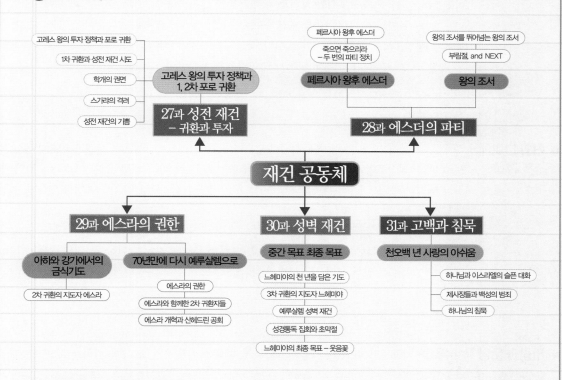

🎓 **10마당-통通 Concept**

'출(出)페르시아' 사건을 이해하라

1, 2, 3차로 이루어지는 포로 귀환과 각 시기마다 등장하는 주요 사건 및 관련 인물을 정리해서 기억해야 합니다. 페르시아 시대 때의 세 차례 포로 귀환을 큰 틀로 다음과 같이 정리하여 공부합시다.

귀환	구분	인솔자	주요사역	인원	관련 구절
페르시아 시대 귀환	1차 귀환 (B.C.537년)	총독 스룹바벨, 대제사장 여호수아	성전 재건	49,897명	스 1~4장
		학개, 스가랴 사역			학, 슥
		성전 재건의 기쁨			스 5~6장
		에스더 이야기			에
	2차 귀환 (B.C.458년)	제사장 에스라	율법 교육	1,754명	스 7:7~9장
	3차 귀환 (B.C.445년)	총독 느헤미야	성벽 재건	다수	느 2장

＊숲 둘러보기　B.C.537년 예레미야의 예언대로 페르시아 왕 고레스(키루스 2세)의 칙령에 따라 포로 귀환이 시작됩니다. 스룹바벨의 인도에 의한 1차 포로 귀환 후 성전 건축이 시작되며, 이때 학개와 스가랴의 활동이 이루어집니다. 2차 포로 귀환 때 예루살렘으로 돌아온 학사 겸 제사장 에스라에 의해 귀환 공동체의 정화 작업과 개혁 운동이 일어납니다.

이후 느헤미야가 예루살렘 성벽 재건이라는 목표를 세우고 3차로 귀환합니다. 성벽 재건 운동에서 성경통독 운동으로, 나아가 신앙 갱신 운동으로 이어지는 〈느헤미야〉의 내용은 황폐된 예루살렘을 회복시키고자 하나님께서 어떻게 애쓰고 일하셨는지를 보여줍니다.

＊터와 나이테　학개, 스가랴의 사역과 성전 재건은 다리오(다레이오스 1세) 때, 에스더 사건은 아하수에로(크세르크세스) 때, 그리고 2차 포로 귀환은 아닥사스다(아르타 크세르크세스) 때인 B.C.458년에 제사장 에스라의 인도로 시행되었으며, 3차 포로 귀환은 B.C.445년 총독 느헤미야 인도로 이루어집니다.

느헤미야를 통한 성벽의 재건 작업은 예루살렘 북쪽 중간에서부터 시작해서 시계 반대 방향으로 진행되었고, 그 길이는 약 2.4km였습니다. 성을 가로지르는 남북 간 거리는 약 1.1km였습니다. 포로기 이전 시대보다 성벽의 높이는 더 높게 건축됩니다.

＊바람과 토양　앗수르를 패망시킨 바벨론은 앗수르의 통치 방식을 따르지 않고 그들 나름대로 피정복지의 유능한 인재를 바벨론식으로 교육해 그들로 하여금 정복 지역을 다스리게 하는 중앙 집중적 이데올로기 정책을 폈습니다. 바벨론은 자신들의 제국이 영원하길 꿈꾸었지만 예레미야의 예언대로 바벨론 역시 70년 만에 제국의 깃발을 내리게 됩니다.

바벨론의 뒤를 이어 고대 근동의 새 주인이 된 페르시아(성경의 메대와 바사)는 메소포타미아 유역은 물론이고, 나일강까지 포함하는 대제국을 세우게 됩니다. 페르시아는 바벨론의 통치 방식을 따르지 않고 바벨론 포로들을 다시 돌려보내 레반트 지역을 살려 세금을 걷는 지방화 정책을 폈습니다. 페르시아는 헬라 제국의 알렉산더가 즉위하여 그 영향력을 넓히기 전까지 가장 강력한 지배국이었습니다.

* 에스라 *Ezra*

에스라는 대제사장 아론의 16대손으로서 율법에 익숙한 학사이자 제사장이었습니다. 그는 하나님의 율법을 연구하고 행하고 가르치겠다는 사명을 가슴에 품고 2차로 예루살렘에 귀환합니다. 에스라 1~6장은 그가 귀환하기 전 1차 귀환자들과 성전 재건의 이야기를 담고 있으며, 에스라 7~10장은 에스라 자신의 귀환과 그의 개혁 운동 내용을 담고 있습니다.

* 학개 *Haggai*

학개는 대제사장 여호수아와 총독 스룹바벨의 인도로 고국에 돌아온 1차 귀환자들 중 한 사람이었을 것입니다. 귀환 공동체는 의욕적으로 성전 재건을 시작하지만, 닥쳐오는 여러 가지 어려움 앞에 곧 주저앉아 버리고 맙니다.
결국 성전 재건이 16년이나 중단되어 있을 때 학개 선지자가 일어나 다시 성전 건축을 시작할 수 있도록 백성을 설득합니다. 하나님을 예배하는 공동체, 하나님께서 오랜 시간 약속하셨던 새 예루살렘은 성전 재건을 통해 이루어질 수 있기 때문입니다.

* 스가랴 *Zechariah*

스가랴는 학개와 같은 시대에 활동했던 선지자로서, 그 역시 학개와 같이 성전 건축을 게을리하는 백성을 독려하는 역할을 맡았습니다. 그런데 스가랴는 한 걸음 더 나아가 예루살렘의 미래상, 곧 새 예루살렘에 하나님의 영광이 가득한 모습을 보여줍니다. 그 모습 속에는 놀랍게도 예수 그리스도의 오심이 수놓아져 있었습니다. 학개와 스가랴 선지자의 말에 감동된 백성은 다시 성전 재건 작업을 시작했고, 두 달 후에 그 기초를 완성하게 됩니다.

* 에스더 *Esther*

페르시아 제국에서 사촌 모르드개와 함께 살던 아름답고 현명한 여인 에스더는 아하수에로 왕의 왕후가 되었습니다. 그런데 당시 페르시아의 높은 대신이던 하만이라는 자가 모르드개에 대한 개인적 미움을 확대시켜 유대인 전체를 멸절하겠다는 악한 계획을 세웁니다.
이 위기를 극복하기 위해 에스더는 "죽으면 죽으리이다"(에 4:16)라는 각오로 왕에게 나아가고, 하나님의 선한 도우심 가운데 유대인들은 구원을 얻게 됩니다. 한 민족을 향한 하나님의 진한 사랑의 이야기인 〈에스더〉는 절망과 좌절에 빠진 사람들에게 희망과 용기를 더해줍니다.

* 느헤미야 *Nehemiah*

1차 귀환자들이 예루살렘에 돌아온 지 90여 년의 세월이 흘렀음에도 불구하고, 예루살렘 성벽은 여전히 그대로 방치된 채 무너져 있어 힘없는 백성은 강도와 짐승들의 위협에 떨고 있었습니다. 이 소식을 듣고 울며 기도하는 가운데 자신의 소명을 발견했던 느헤미야는 아닥사스다 왕의 술 맡은 관원이 되고, 이어서 결국 왕의 허락을 얻어 예루살렘 총독이 되어 파견됩니다.

그는 많은 방해 세력과 내부 문제들을 지혜롭게 극복해가며 예루살렘 성벽 재건이라는 막중한 사명을 52일 만에 성공적으로 완수해냅니다. 제사장 에스라와 협력하여 초막절 기간 동안 성경통독 집회도 열었습니다. 성벽 낙성식이 있던 날, 예루살렘 사방으로 울려 퍼진 부녀자와 어린아이들의 웃음소리는 약한 이웃들의 기쁨이자 우리 하나님의 기쁨이었습니다.

* 말라기 *Malachi*

성벽 재건을 완성하고 느헤미야가 페르시아로 되돌아가자 유대인들은 십일조, 안식일 규례들을 지키지 않았고, 제사장들 또한 타락해 있었습니다. 말라기는 구약의 마지막 선지자로서 귀환 공동체에 만연한 이러한 죄악들을 지적하고 있습니다.

보다 근본적으로 말라기가 지적하는 이스라엘의 죄악은 그들을 향해 애정과 눈물을 아끼지 않으셨던 하나님의 사랑을 거절하는 그들의 굳은 마음이었습니다. "내가 너희를 사랑하였노라"라는 하나님의 말씀에, "어떻게 우리를 사랑하셨나이까?"(말 1:2)라고 냉소적으로 반문하는 이스라엘 백성 앞에서 하나님께서는 400여 년간의 침묵을 시작하십니다.

27과 성전 재건 – 귀환과 투자

에스라 1~6장, 학개, 스가랴

큰글자 일년일독 통독성경

265일 : 성전 기명 5,400점 투자와 재건세대　　266일 : 노랫소리와 통곡 소리　　267일 : 학개, 우선순위를 기억하라
268일 : 오직 성령의 능력으로 다시　　269일 : 메시아는 왜 나귀를 타시는가?　　270일 : '남은 자들'이 지킬 초막절
271일 : 스룹바벨 성전

🔖 통通으로 외우세요

① 바벨론 제국이 망하고 페르시아 제국이 천하를 호령하는 주인이 되었습니다.

② 페르시아의 고레스 왕은 바벨론이 포로로 끌어왔던 사람들을 고국으로 돌려보내 줍니다.

③ 1차로 귀환한 사람들의 이야기가 에스라 1~4장에 기록되어 있습니다. 그런데 그들이 성전 재건을 중단한 채 16년여의 세월을 보내자, 하나님께서 학개와 스가랴 선지자를 보내어 성전 건축의 중요성을 외치게 하십니다.

④ 학개와 스가랴의 도움으로 성전을 재건하는 이야기가 에스라 5~6장에 나옵니다.

💡 통通으로 읽는 센스

남유다 백성은 바벨론으로 세 번에 걸쳐(1차 포로, 2차 포로, 3차 포로) 포로로 끌려갔습니다. 1차 포로들이 바벨론으로 끌려간 지 70년 만에 마침내 예레미야 선지자의 예언대로 바벨론 제국은 페르시아 제국에게 멸망했습니다. 그러자 그때부터 다시 세 번에 걸쳐(1차 귀환, 2차 귀환, 3차 귀환) 예루살렘으로의 귀환이 이루어졌습니다. 1차 귀환자들은 예루살렘 성전을 재건했고, 80년 후 2차 귀환자들은 재건된 성전을 중심으로 율법을 다시 세워갔으며, 2차 귀환한 지 14년 후 3차 귀환자들은 성벽을 재건했습니다. 먼저 1차 귀환자들의 수고와 헌신, 여러 어려움으로 인해 16년간이나 중단되었던 성전 재건을 다시 독려해 마침내 성전 재건을 완성하게 한 학개와 스가랴 선지자의 사역에 초점을 두고 살펴봅니다.

◆ 통通포인트

고레스 왕의 투자 정책과 1, 2차 포로 귀환
B.C.537년 페르시아의 왕 고레스의 조서 발표를 시작으로 유대인들은 세 번에 걸쳐서 예루살렘으로 귀환하게 됩니다. 이는 고레스 왕의 제국 경영 정책과 밀접한

관계가 있습니다. 이와 관련한 이야기가 <에스라>를 중심으로 다음과 같이 배열되어 있음을 살펴보며 역사순으로 공부합시다.

에스라 1~4장 ╱ 에스라 5~6장 ╱ 에스라 7~10장
학개, 스가랴   에스더

1. 고레스 왕의 투자 정책과 포로 귀환 스1~2장
#큰글자 일년일독 통독성경 | 1621~1625p

페르시아 왕 고레스는 바벨론이 포로로 잡아 온 사람들을 본국으로 돌려보내는 정책을 시행합니다. 페르시아 제국의 정책이 '지방분권화'였기 때문입니다. 그리고 이는 하나님께서 말씀하셨던 70년의 훈련 기간이 다 된 것을 의미합니다. 고레스 왕은 유대 민족을 본국으로 돌려보내며 하나님의 성전 재건을 허락합니다. 그런데 놀랍게도 고레스는 스룹바벨에게 바벨론 제국이 예루살렘 성전에서 약탈해 가지고 온 성전 기명들도 돌려보내 줍니다.

고레스의 '조서'(고레스 왕의 조서는 역대하와 에스라에 같은 내용으로 기록되어 있음)와 함께 페르시아의 각처에서 일어나 귀환하는 1차 귀환자들 49,897명의 고국으로 돌아가는 발걸음은 희망으로 가득 차 있습니다. 또한 이들을 이끈 지도자는 총독 스룹바벨과 대제사장 여호수아(예수아)를 비롯한 열한 명이었습니다. 새로 태어난 공동체, 이들을 바로 '재건세대'라고 부를 수 있겠습니다. 이들은 오래전에 불타버린 예루살렘 성전을 재건하고, 무너져 내린 이스라엘 신앙 공동체를 다시 세우는 중책을 감당하게 됩니다.

2. 1차 귀환과 성전 재건 시도 스3~4장
#큰글자 일년일독 통독성경 | 1625~1628p

재건세대는 예루살렘에 도착한 후, 먼저 제사장 나라의 절기를 회복합니다. 그리고 예루살렘에 이른 지 2년 2월에 본격적으로 성전 재건 역사를 시작합니다. 노인들은 옛날을 회상하며 기쁨의 눈물을 흘렸고, 수많은 사람이 함께 즐거워하였습니다. 그런데 앗수르에 의해 이스라엘 땅에 살게 된 이방 민족들이 성전 재건을 방해하기 시작합니다. 점점 사기를 잃게 된 재건세대는 결국 성전 건축을 중단하고 맙니다. 이때 하나님

<에스라>의 배경 시대
<에스라>는 페르시아 시대의 두 번의 귀환에 대한 이야기를 담고 있다.
1차 귀환 ······· 스룹바벨의 인도 아래 성전을 재건
80년의 간격 ······· 페르시아 왕후 에스더
2차 귀환 ······· 에스라의 인도 아래 제사장 나라 신앙 개혁 운동

께서 선지자 학개와 스가랴를 보내십니다.

3. 학개의 권면 학 1~2장
#큰글자 일년일독 통독성경 | 1629~1632p

　　성전 건축이 기초만 놓인 상태로 16년째 멈춰 있습니다. 성전 건축을 중
단한 채로 농사를 지어도, 장사를 해도, 결과가 시원치 않아 한숨과 불평만
내뱉고 있는 그들에게 학개 선지자는 그 이유를 설명하고 있습니다. 그것은
주변 상황만 탓하고 있고 성전 건축에 적극적으로 나서지 않은 그들 스스로
의 잘못 때문이라는 것입니다. "너희가 많은 것을 바랐으나 도리어 적었고
너희가 그것을 집으로 가져갔으나 내가 불어 버렸느니라 나 만군의 여호와
가 말하노라 이것이 무슨 까닭이냐 내 집은 황폐하였으되 너희는 각각 자기
의 집을 짓기 위하여 빨랐음이라"(학 1:9).

　　또한 학개는 성전을 건축하는 이들에게 위로의 말씀을 전하며, 예루살렘
성전이 지금은 황폐하지만 이후 하나님의 영광으로 가득 차리라고 말합니
다. 다행히도 귀환 공동체가 학개 선지자가 전한 하나님의 말씀을 청종합니
다. 하나님께서 용기를 주시며 말씀하십니다. "이 땅 모든 백성아 스스로 굳
세게 하여 일할지어다 내가 너희와 함께 하노라"(학 2:4).

<학개>와 <스가랴> 비교	
학개	스가랴
권면	격려
좀 더 구체적	조금 추상적
간결하게	멀리 전개됨
현재적 관심사	미래적 관심사
참여하라!	용기를 내라!
좀 나이든	좀 더 젊은
행동주의자	비전의 사람

4. 스가랴의 격려 슥 1~14장
#큰글자 일년일독 통독성경 | 1632~1649p

　　학개와 함께 스가랴 선지자도 하나님의 말씀을 듣고 일어납니다. 비록
성전 건축이 외부인들의 방해로 잠시 지연되고 있지만, 하나님께서는 귀환
공동체가 다시 시작할 수 있도록 격려와 위로를 주십니다. 특히 하나님께
서는 스룹바벨과 여호수아에게 성령의 능력을 덧입혀주겠다고 격려하시면
서 성전 재건을 끝까지 이루어낼 것을 촉구하십니다. 이제 귀환 공동체의
과제는 하나님의 약속, 곧 이스라엘을 하나님의 백성으로 삼으시겠다는 약
속을 믿고 순종하며 전진하는 일입니다. 16여 년 동안이나 중단되었던 성
전 재건의 역사가 다시 시작됩니다. 또한 하나님께서는 스가랴 선지자에게
환상을 보여주심으로 메시아로 오실 예수님과 예수님에 의해 영원한 하나

님의 성전이 건축될 것을 예표해주십니다. 그리고 하나님의 심판이 열방에 임할 것을 말씀하십니다.

그리스도에 대한 스가랴의 예언
• 여호와의 천사 (슥 3:1~2)
• 싹 (슥 3:8; 6:12)
• 일곱 눈을 가진 돌 (슥 3:9)
• 왕, 제사장 (슥 6:13)
• 겸손한 왕 (슥 9:9~10)
• 모퉁잇돌, 말뚝, 싸우는 활 (슥 10:4)
• 거부당함, 종의 삯에 해당하는
  은 30세겔에 팔린 선한 목자
  (슥 11:4~13)
• 찔린 자 (슥 12:10)
• 더러움을 씻는 샘 (슥 13:1)
• 칼에 치인 목자 (슥 13:7)
• 오실 재판장이시며 왕 (슥 14장)

5. 성전 재건의 기쁨 스 5~6장
#큰글자 일년일독 통독성경 | 1649~1653p

귀환 공동체가 학개와 스가랴의 말을 듣고 다시금 성전 건축을 시작하려고 할 때, 고레스 왕의 문서를 발견한 다리오 왕이 성전 건축을 신속히 재개하라는 명령을 내립니다. 방해하려던 자들도 왕이 이 같은 명령을 내리자 급히 달려와서 도와줍니다. 마침내 감격스럽고 기쁜 날이 왔습니다. 귀환 공동체는 그동안 제대로 지키지 못했던 유월절을 지키며 감격과 기쁨을 누립니다. 많은 어려움과 고난, 주변 사람들의 방해와 핍박, 이 모든 과정을 지나오면서 다시 일어선 귀환 공동체는 이제 하나님 앞에 다시 거룩한 백성으로 설 수 있게 되었습니다.

🔗 이 과의 내용을 통通 이야기(Tong story)로 적어보고 이야기해 보세요.

....

....

....

....

....

🙏 이 과의 내용을 자녀에게 가르칠 수 있도록 통성기도(Tongsung Gido)합시다.

• 너희의 자녀에게 가르치며 집에 앉아 있을 때에든지, 길을 갈 때에든지, 누워 있을 때에든지, 일어날 때에든지 이 말씀을 강론하고 … 너희의 날과 너희의 자녀의 날이 많아서 하늘이 땅을 덮는 날과 같으리라 (신명기 11:19~21)
• 너는 네가 누구에게서 배운 것을 알며 또 어려서부터 성경을 알았나니 (디모데후서 3:14~15)

28과 에스더의 파티

에스더

 큰글자 일년일독 통독성경

272일 : 에스더, 유다 민족의 위기   273일 : 부림절과 모르드개

통通으로 외우세요

① <에스더>는 '1차 귀환'과 '2차 귀환' 사이에 페르시아에서 있었던 일을 기록한 책입니다.

② 에스더의 헌신이 있었기에 페르시아 제국에서 살아 남게 된 에스라와 느헤미야가 각각 2, 3차 귀환의 지도자가 될 수 있었습니다.

통通으로 읽는 센스

<에스더>는 "죽으면 죽으리라"(에 4:16)라는 한마디로 끝낼 한 여인의 이야기가 아닙니다. 에스더 왕후는 바벨론에서 예루살렘으로의 1차 귀환과 2차 귀환의 연결고리가 되는 매우 중요한 정치인이자 하나님의 사람이기 때문입니다. 에스더의 목숨을 건 용기와 결단이 없었다면 1차 귀환 때에 예루살렘으로 돌아가지 않고 페르시아 제국에 남아 있던 디아스포라 유대인들은 모두 죽고 살아남지 못했을 것입니다. 그리고 2차와 3차 귀환의 지도자들인 에스라와 느헤미야도 없었을 것입니다.

바벨론 제국을 무너뜨리고 새로운 제국의 주인이 된 페르시아는 구약성경 후반부와 매우 깊은 관련이 있습니다. 먼저 페르시아 제국의 1대 왕 고레스는 스룹바벨, 학개, 스가랴 선지자와 관련이 있고, 4대 왕 아하수에로는 에스더와 관련이 있으며, 5대 왕 아닥사스다는 에스라, 느헤미야와 깊은 관련이 있습니다.

통通포인트

페르시아 왕후 에스더

에스더는 페르시아 제국의 왕후가 할 수 있는 최고의 정치인 '파티'를 도구로 하여 민족을 구했으며, 모르드개와 함께 세상에서 가장 품위 있는 명절인 '부림절'을 만든 주인공이기도 합니다. 그러므로 <에스더>는 '페르시아 7권' 가운데 매우 중요한 한 권으로 인식하며 공부할 필요가 있는 책입니다.

1. 페르시아 왕후 에스더 에 1~2장
큰글자 일년일독 통독성경 | 1653~1657p

바벨론 포로 70년을 마치고 예루살렘으로 귀환하게 된 유대인들은 과거 바벨론으로 끌려갔을 때처럼 세 차례에 걸쳐 귀환하게 됩니다. 1차 귀환과 2차 귀환 사이에는 80년의 시간이 들어 있습니다. 1차 귀환자들은 예루살렘에 돌아와 성전의 기초를 놓고 방해자들의 방해로 말미암아 16년 동안이나 성전 재건을 중단하게 됩니다. 그때에 하나님께서는 학개와 스가랴 선지자를 귀환 공동체에게 보내셔서 독려하심으로 마침내 성전을 재건하게 하십니다. 이렇게 예루살렘에서는 성전이 재건되고 예루살렘이 조금씩 과거의 모습을 회복하려고 할 즈음입니다. 당시 페르시아 제국이 그리스 연합군과의 3차 전쟁(살라미스 해전)을 앞두고 사기 진작을 위해 180일 동안 잔치를 하던 도중 와스디 왕후가 폐위되는 사건이 발생했습니다. 그 후에 새로운 왕후 간택 때 남유다 출신 에스더가 아하수에로 왕의 왕후가 되었던 것입니다. 이때 아하수에로 왕은 에스더 왕후를 맞이한 기념으로 페르시아 제국 전역에 세금을 면제해주는 호의를 베풀기도 했습니다.

아하수에로(크세르크세스) 왕은 다리오(다레이오스) 왕과 고레스(키루스 2세) 왕의 딸인 아토사 사이에서 태어난 장남으로 페르시아 제국의 네 번째 왕이었고, 아하수에로 왕의 아들은 페르시아 제국의 다섯 번째 왕인 아닥사스다(아르타 크세르크세스)입니다. 여기에서 아하수에로의 아들 아닥사스다 왕을 언급한 이유는 아닥사스다 왕의 자문이자 왕의 학사가 바로 에스라였고, 아닥사스다 왕의 술 맡은 관원장이 바로 느헤미야였기 때문입니다. 그러므로 에스더는 1차 귀환과 2차 귀환 사이에 페르시아 제국에서 유대 민족을 위해, 그리고 제사장 나라 회복을 위해 매우 큰 공헌을 한 인물이었습니다.

2. 죽으면 죽으리라 – 두 번의 파티 정치 에 3~7장
큰글자 일년일독 통독성경 | 1657~1663p

에스더가 페르시아 제국의 왕후가 된 때에 페르시아 제국의 권력 2인자는 아각 사람 하만이었습니다. 하만은 아하수에로 왕의 절대 신임을 받았던 왕의 오른팔이었습니다. 그런데 하만이 에스더의 사촌인 모르드개에게 원한을 품으면서 문제가 발생하기 시작했습니다. 결국 이 문제는 예루살렘으

아하수에로 왕 앞에 선 에스더 _ 안드레아 첼레스티 作

로 귀환하지 않고 페르시아 전역에 흩어져 '디아스포라 유대인'으로 살고 있던 남유다 백성 모두의 목숨을 위태롭게 했습니다. 이 문제를 해결하기 위해 에스더가 페르시아 제국의 법에 맞서 "죽으면 죽으리라"(에 4:16)라는 결심으로 목숨을 걸고 왕 앞에 나아갔습니다.

페르시아 제국은 와스디 폐위 사건을 계기로 아무리 왕후라도 왕이 부르지 않으면 왕 앞에 나아갈 수 없었고, 왕이 부르는데도 나아가지 않으면 죽는 것이 법으로 제정된 상황이었습니다. 페르시아 제국의 이 법을 잘 알고 있는 에스더가 모르드개의 설득과 자신의 결심으로 3일 금식하고 마침내 자신을 부르지도 않은 왕 앞에 나아갔던 것입니다. 그러자 하나님께서 에스더를 도우십니다. 아하수에로 왕이 법을 어기고 왕에게 온 에스더에게 벌 대신 소원을 말하면 들어주겠다고 한 것입니다. 이때 에스더는 계획한 대로 아하수에로 왕과 하만을 두 번이나 파티에 초대하고, 두 번째 파티에서 마침내 하만의 음모를 밝힙니다.

통通포인트

왕의 조서
페르시아 제국 왕의 조서는 메대(메디아)와 바사(페르시아)의 변치 않는 규례로 왕의 인장을 찍은 조서였습니다. 그런데 에스더 왕후는 3일 금식과 두 번의 파티를 통해 왕의 새로운 조서와 왕의 준마 사용을 허락받았던 것입니다.

3. 왕의 조서를 뛰어넘는 왕의 조서 에 8장
#큰글자 일년일독 통독성경 | 1663~1664p

하만은 아하수에로 왕의 신임을 이용해 페르시아 제국의 법인 '메대와 바사의 변치 않는 규례'로 페르시아 제국 전역에 흩어져 살고 있는 모르드개의 민족인 디아스포라 유대인들을 모두 죽이고, 유대인들을 죽인 자들이 그 유대인들의 재산을 가지게 된다는 법령에 '왕의 도장'인 어인(御印)을 이미 받아놓은 상태였습니다. 그리고 어인이 찍힌 왕의 조서는 이미 페르시아 제국 전역으로 전달되고 있는 상황이었습니다. 말 그대로 이미 페르시아 제국 내에 있는 모든 유대인의 생명은 어떤 방법으로도 구할 수 없는 처지가 된 것입니다. 그런데 에스더가 '두 번의 파티'를 이용해 이전 조서를 무효화시키는 조서를 받아냈습니다. 그리고 더 나아가 왕의 준마를 이용해 이전 조서보다 더 빨리 에스더의 조서가 페르시아 제국 전역으로 퍼지게 하는 놀라운 일을 해냅니다. 이는 기적이 아니고서는 일어날 수 없는 일이었습니다. 성경은 이처럼 하나님의 도우심으로 인간사에서 믿어지지 않는 기적들이 언제든 일어나는 '기적의 책'입니다.

시장조차 없었던 가난한 나라에서 '황금의 제국'이 된 페르시아 제국은 3대 왕 다리오(다레이오스, B.C.522~486) 때에 제국 전역을 120도로, 그리고 4대 왕 아하수에로(크세르크세스, B.C.486~465년) 때에는 제국 전역을 127개 도로 편성하고 왕(중앙정부)이 전국 127개 도에 관리를 파견하는 강력한 중앙집권 정책을 펼쳤습니다. 페르시아의 이 제도는 중국의 군현제보다 300년 먼저 실시한 중앙집권적 정치 형태였습니다.

또한 페르시아 제국은 제국 전역의 도로망을 분할하여 규칙적인 간격을 두고 파수꾼들이 대기하는 '우편로'를 만들었습니다. 그리고 111개의 우편역을 수사로부터 사데와 에베소에 이르는 약 2,700km의 도로를 따라 배치했습니다. 대상들은 이 도로를 이용하는 데 90일이 걸렸으나 왕의 사자들은 이 우편로를 통해 이 거리를 일주일 만에 주행할 수 있었습니다. 이후 페르시아 제국의 우편로는 로마 제국이 더 발전시켜 '모든 길은 로마로 통한다'로까지 발전시켰습니다.

에스더는 자신이 아하수에로 왕에게 받은 새로운 조서를 하만의 조서보다 먼저, 그리고 더 빠르게 페르시아 제국 전역에 전달하기 위해 왕의 준마와 페르시아 제국의 우편로를 이용했던 것입니다. 페르시아 제국의 우편로가 없었더라면, 그리고 에스더와 모르드개가 왕의 준마를 사용하는 일에 왕의 허락을 받아내지 못했다면 에스더가 받은 왕의 새로운 조서는 아무런 효력을 발생시키지 못했을 것입니다.

부림절에 대해 알리는 에스더와 모르드개 _ 아르트 데 헬데르 作

군현제(郡縣制制)
중국의 '군현제'(郡縣制制)는 춘추전국시대에 일곱 개의 힘 있는 나라 가운데 한 나라였던 진나라가 실행한 새로운 정치 형태였다. 진나라는 여타 다른 나라들과 달리 전국을 36개의 군(郡)으로 나누고 그 아래에 현(縣)을 두어 중앙정부에서 각 군(郡)과 현(縣)으로 관리를 파견하여 통치하게 하는 군현제를 실시한 것이다. 그리고 중앙정부에서 지방으로 파견된 관리들은 통치권을 세습할 수 없었고 임기도 정해져 있었다. 진나라는 그 이전에 각 지방의 호족들이 대대손손(代代孫孫) 통치권을 세습하며 중앙정부와 맞섰던 것을 없애고 강력한 중앙집권의 통치체제와 변법에 기반을 둔 통치로 B.C.221년 진시황이 춘추전국시대를 끝내고 중국을 통일하게 되었다. 페르시아 제국 또한 군현제를 통해 제국을 다스렸다.

4. 부림절, and NEXT 에 9~10장

큰글자 일년일독 통독성경 | 1664~1667p

에스더와 유대 민족은 그들이 페르시아 제국에서 목숨을 건지게 된 날을 기념하여 새로운 명절을 만듭니다. 그 이전까지 유대 민족의 3대 명절은 유월절, 칠칠절 그리고 초막절이었습니다. 여기에 페르시아 제국과 관련해 '부림절(Feast of Purim)'이라는 또 하나의 명절이 만들어졌고, 이어지는 헬라 제국과 관련해서는 '수전절'이라는 명절이 만들어집니다.

에스더 때에 페르시아 제국에서 만들어진 부림절은 매년 아달월 14일과 15일에 유대인들이 잔치를 베풀고 즐기며 서로 예물을 주며 가난한 자들을 구제하는 날로 지켰습니다. 페르시아 제국 전역에서 장사로 두각을 나타내던 유대인들이 매년 이틀 동안 가난한 자들을 구제하는 날로까지 부림절을 발전시키면서 부림절은 '앤드 넥스트(and NEXT)'가 있는 '세상에서 가장 품위 있는 명절'이 되었습니다.

부림절
유대 백성에게 가장 비극적인 날로 기억될 뻔했던 아달월 13일은 기쁨과 승리의 날로 변하였다.
부림절(Feast of Purim)이란 단어는 '제비'라는 뜻의 앗수르어 puru에서 유래되었는데, 이는 하만이 유대인 살육을 위한 날을 택일하고자 제비를 뽑은 데서 유래된 것이다.

🔗 이 과의 내용을 통通 이야기(Tong story)로 적어보고 이야기해 보세요.

━━━━━━━━━━━━━━━━━━━━

👤 이 과의 내용을 자녀에게 가르칠 수 있도록 통성기도(Tongsung Gido)합시다.

• 너희의 자녀에게 가르치며 집에 앉아 있을 때에든지, 길을 갈 때에든지, 누워 있을 때에든지, 일어날 때에든지 이 말씀을 강론하고 … 너희의 날과 너희의 자녀의 날이 많아서 하늘이 땅을 덮는 날과 같으리라 (신명기 11:19~21)
• 너는 네가 누구에게서 배운 것을 알며 또 어려서부터 성경을 알았나니 (디모데후서 3:14~15)

29과 에스라의 권한

에스라 7~10장

📖 **큰글자 일년일독** 통독성경

274일 : 에스라의 산헤드린 공회 설립   275일 : 에스라의 사법권과 회개 운동

🔖 통通으로 외우세요

① 페르시아 왕의 학사였던 에스라는 페르시아에서의 모든 기득권을 내려놓고 2차 귀환의 지도자가 되어 황폐한 예루살렘으로 돌아가 '율법'을 바로 세우는 일을 합니다.

② 페르시아 왕은 예루살렘으로 가는 에스라에게 '산헤드린 공회'를 세우도록 허락해줍니다. 이로 인해 유대는 에스라 때로부터 이후 로마 제국의 지배를 받을 때까지 계속해서 '자치 지도부'를 가지게 됩니다.

③ 에스라가 지었을 것이라고 추측되는 시편 119편도 함께 읽으면 좋습니다.

💡 통通으로 읽는 센스

페르시아 제국은 네 번째 왕 아하수에로의 뒤를 이어 다섯 번째 왕 아닥사스다가 왕위에 오릅니다. 에스라는 아닥사스다 왕의 자문 학사였습니다. 그런데 에스라가 아닥사스다 왕에게 예루살렘으로의 귀환을 요구하자 아닥사스다 왕은 에스라를 예루살렘으로 보내며 유대에 산헤드린 공회를 설립하게 해주고, 유프라테스강 서편 지역 전체를 다스리는 사법권을 부여해줍니다. 이처럼 페르시아 제국이 아끼며 존중해주었던 인재이자 왕의 자문 학사이며 뛰어난 학자가 바로 에스라였습니다.

➡️ 통通포인트

아하와 강가에서의 금식기도

페르시아 제국에서의 기득권을 포기하고 황폐한 예루살렘으로의 귀환을 결정한 에스라는 귀환자들과 함께 출발 전 아하와 강가에서 금식기도를 했습니다. 그 이유는 페르시아에서 예루살렘까지 4개월여의 여행 기간 동안 강도의 위험과 여타 어려움으로부터 하나님의 도우심이 절실했기 때문입니다. 하나님께서는 아하와 강가의 금식기도에 응답하셔서 에스라와 2차 귀환자들이 무사히 예루살렘에 귀환할 수 있게 지켜주셨습니다.

1. 2차 귀환의 지도자 에스라 스 7:1~20

 # 큰글자 일년일독 통독성경 | 1667~1668p

총독 스룹바벨(여호야긴 왕의 손자)의 지도하에 바벨론으로 부터 1차 귀환이 있은 지 80년 만에 학사 에스라의 지도하에 2차 귀환이 이루어집니다. 페르시아에서 출생한 에스라는 그 곳에서 페르시아 왕의 자문 학사가 된 월등한 지식인이었습니다. 에스라는 스스로 율법을 연구하여 자신이 아론의 16대손 임을 알게 되고 뜻을 정해 예루살렘으로의 귀환을 결심합니다.

성경 속 페르시아 왕들	
고레스	바벨론이 끌어온 포로들을 귀환시키고, 유대인들의 성전 재건을 지원함 (스 1:1~4)
다리오	예루살렘 성전 건축을 재개하도록 허락함 (스 6:1~5)
아하수에로	에스더의 남편 (에 2:16~18)
아닥사스다	에스라와 느헤미야의 귀환을 허락하고 지원함 (스 7:7; 느 2:1)

페르시아에서의 모든 기득권을 내려놓고 아직도 황폐한 예루살렘으로 귀환을 결심했을 뿐 아니라, 예루살렘으로 돌아가 율법을 연구하고, 준행하며, 가르칠 것을 굳게 결심했습니다. 에스라의 이 결심으로 귀환 공동체는 예루살렘에서 하나님께서 주신 법인 율법에 다시 집중할 수 있는 소중한 기회를 가지게 됩니다.

바벨론 제국은 남유다뿐 아니라, 고대 근동의 많은 나라로부터 포로들을 끌어가 강제 노역에 동원시켰습니다. 그런데 남유다 포로들을 제외한 여타 다른 나라에서 끌려간 포로들은 어느 누구도 바벨론 제국이 70년 만에 멸망할 것이라는 '고급 정보'(?)를 알지 못했습니다. 오직 남유다 출신 포로들 만이 예레미야의 편지로 바벨론 제국이 70년 만에 멸망한다는 것을 알고 있었습니다. 더 나아가 남유다 출신 포로들은 에스겔의 가르침에 따라 바벨론 제국에서 70년 동안 '제사장 나라 재교육'을 받으면서 다른 민족들과 달리 오히려 월등한 인재들이 되는 시간을 보냈습니다. 그러자 바벨론 제국을 무너뜨린 페르시아 제국은 여러 민족들 가운데 남유다 출신 포로들을 그들의 제국 발전을 위한 경제 파트너로 삼습니다.

그 대표적인 예가 바로 1차 귀환자들을 돌려보내며 바벨론의 마르둑 신전에 보관되어 있던 예루살렘의 성전 기명 5,400점을 되돌려준 것입니다. 더 나아가 페르시아 제국은 2차 귀환의 지도자로 에스라를 세워 예루살렘으로 귀환시킵니다.

통通포인트

70년 만에 다시 예루살렘으로

바벨론 포로	1차 (B.C. 605)	다니엘과 세 친구
	2차 (B.C. 598)	여호야긴 왕, 에스겔과 1만여 명
	3차 (B.C. 586)	시드기야 왕과 예루살렘에서 살아 남은 자들
귀환	1차 (B.C. 537)	스룹바벨과 49,897명
	2차 (B.C. 458)	에스라와 1,754명
	3차 (B.C. 445)	느헤미야와 다수 무리

2. 에스라의 권한 스 7:21~8장
#큰글자 일년일독 통독성경 | 1668~1672p

페르시아의 왕 아닥사스다는 에스라를 예루살렘으로 보내며 페르시아 제국의 인재인 에스라를 충분히 활용합니다. 아닥사스다 왕은 에스라에게 유프라테스강 서편 지역(레반트 지역) 전체 사법권을 맡기며 다음과 같은 권한을 부여했던 것입니다. 첫째, 페르시아에서 예

루살렘으로 돌아가고자 하는 사람들을 데리고 갈 수 있는 권한, 둘째, 예루살렘 성전을 위한 기금을 페르시아 제국 국고에서 받아 쓸 수 있는 권한(은 100달란트까지, 밀 100고르까지, 포도주와 기름 100밧까지, 소금 무제한), 셋째, 예루살렘 성전에서 쓸 동물들을 살 수 있는 권한, 넷째, 예루살렘 성전에서 일하는 사람들에게 페르시아 제국에 내는 세금을 면제해주는 권한, 다섯째, 유프라테스강 서편 지역에 사법부를 구성할 수 있는 권한이었습니다.

한편 에스라가 구성한 사법부에서 판결할 수 있는 권한은 다음과 같습니다. 에스라는 재판을 통해 하나님의 명령과 왕의 명령을 지키지 않는자에 대해 첫째, 사형을 언도할 수 있었습니다. 둘째, 귀양을 보낼 수 있었습니다. 셋째, 가산을 몰수할 수 있었습니다. 넷째, 감옥에 가둘 수 있었습니다 (스 7:25~26).

3. 에스라와 함께한 2차 귀환자들 스 8장
#큰글자 일년일독 통독성경 | 1669~1672p

에스라는 페르시아의 왕 아닥사스다의 전폭적인 지지와 도움으로 예루살렘으로 귀환하면서 자신과 함께 귀환한 유대인 족장들의 계보를 기록했습니다. 에스라와 함께 귀환한 2차 귀환자들은 약 1,754명이었으며 남유다 자손들, 레위인들, 노래하는 자들, 문지기들, 느디님 사람들이 주를 이루었습니다.

에스라는 2차 귀환자들과 함께 아하와 강가에서 출발해 예루살렘으로 귀환할 때에 왕에게 귀환자들의 보호를 요청하지 않았습니다. 그 대신 에스라는 2차 귀환자들과 함께 금식하며 하나님께 도움을 구합니다. 그 이유는 하나님께서 자신들의 귀환 길을 지켜주실 것이라고 왕에게 말했는데 왕에게 보병과 마병을 구하는 일은 부끄러운 일이라 생각했기 때문입니다. 그래서 에스라는 2차 귀환자들과 함께 아하와강에서 예루살렘으로 출발하기 전 함께 금식하며 하나님께 기도했다고 기록하고 있습니다(스 8:21~23).

그렇게 마음 졸이며 마침내 예루살렘에 도착한 에스라는 자신과 유대 족장들의 귀환이 하나님의 도우심 덕분이라고 고백했습니다. 또한 에스라는 자신이 특별하게 아닥사스다 왕으로부터 받은 놀라운 권한들까지도 하나님의 도우심이라고 고백하며 하나님께 영광을 돌렸습니다. 마침내 예루살렘에 도착한 에스라와 2차 귀환자들은 페르시아에서 가지고 온 예물인 은과 금과 그릇을 저울에 달아 확인하고 예루살렘 성전에 바칩니다(스 8:33~34).

4. 에스라 개혁과 산헤드린 공회 스 9~10장
#큰글자 일년일독 통독성경 | 1672~1677p

페르시아 제국의 아닥사스다 왕은 남유다 스스로 자치 활동을 하게 하기 위해 에스라 중심의 산헤드린 공회를 출범하도록 허락해주었습니다. 이렇게 에스라 때에 만들어진 71인 위원회인 산헤드린 공회는 유대 자치 기구로 계속해서 존속, 발전되면서 페르시아 제국과 헬라 제국, 로마 제국의 통치를 받을 때까지도 유지됩니다. 그리고 에스라 때 만들어진 산헤드린 공회는 이후 예수님과 예수님의 제자들, 스데반과 사도 바울까지 재판하게 됩니다. 시드기야를 끝으로 유대 민족에게 더 이상의 왕은 없었지만, 산헤드린 공회

'우리'를 생각하는 사람
에스라의 회개기도(스 9:6~15)의 내용을 보면 계속 '우리'의 죄를 사하여 달라고 하고 있다. 에스라는 '조상들의 때로부터 오늘까지'의 잘못을 '우리'의 죄로 보고 있다. 또한 이방 여인과 결혼한 귀환 공동체(스 10장)로 인해 '우리'의 죄를 용서해달라고 하고 있다.
에스라는 조상들과 이웃의 죄를 자신의 죄처럼 느끼며 회개한다. 그 이유는 죄를 짓는 그들을 안타까워하시는 하나님의 마음을 품고 자신과 자신의 공동체를 바라보았기 때문이었다.

를 중심으로 하는 유대 자치 지도부는 계속해서 예루살렘 성전을 중심으로 유대 민족을 이끌어가는 지도부로 역할을 감당했습니다.

그리고 에스라는 예루살렘을 개혁하기 시작했습니다. 그 이유는 약 90년 전에 예루살렘에 먼저 귀환한 1차 귀환자들 중 제사장들과 레위인들조차 율법을 어기며 이방 백성들과 통혼하고도 부끄러움을 모르며 살고 있었기 때문입니다.

에스라는 귀환 공동체 내의 여러 문제를 해결하기 위해 자신이 먼저 앞장서서 금식하며 회개하는 모습을 보여줍니다. 그러자 귀환 공동체는 그들 스스로 이방 여인을 아내로 삼은 것에 대해 잘못을 고백하고 율법대로 이방 여인들을 돌려보내기로 결의합니다. 이에 에스라가 그들의 말을 듣고 귀환 공동체 전체를 3일 안에 예루살렘에 다 모으고 이방 여인을 아내로 삼은 자들에 대한 전수 조사를 시행합니다. 이 조사에는 에스라가 종족에 따라 지명한 족장들 몇 사람이 선임되었고, 조사를 마친 후 약속에 따라 이방 여인들을 모두 그들의 나라로 돌려보냈습니다. 에스라는 그의 책의 결론 부분을 이방 여인들을 아내로 삼았다가 돌려보낸 자들의 명단으로 끝을 맺고 있습니다.

🔗 이 과의 내용을 통通 이야기(Tong story)로 적어보고 이야기해 보세요.

👤 이 과의 내용을 자녀에게 가르칠 수 있도록 통성기도(Tongsung Gido)합시다.

- 너희의 자녀에게 가르치며 집에 앉아 있을 때에든지, 길을 갈 때에든지, 누워 있을 때에든지, 일어날 때에든지 이 말씀을 강론하고 … 너희의 날과 너희의 자녀의 날이 많아서 하늘이 땅을 덮는 날과 같으리라 (신명기 11:19~21)
- 너는 네가 누구에게서 배운 것을 알며 또 어려서부터 성경을 알았나니 (디모데후서 3:14~15)

30과 성벽 재건

느헤미야

 큰글자 일년일독 통독성경

276일 : 최종 목표를 위한 중간 목표　　277일 : 느헤미야의 52일　　278일 : 느헤미야와 에스라의 초막절

279일 : 느헤미야의 최종 목표

통通으로 외우세요

① 에스라가 귀환한 지 약 14년째에 느헤미야가 3차로 예루살렘에 귀환합니다.

② 느헤미야는 예루살렘 성벽을 재건하겠다는 꿈을 안고 예루살렘 총독으로 부임합니다.

③ 예레미야와 예레미야로부터 150년 후 사람인 느헤미야의 공통점은 그들의 책 서두에 자신들의 아버지 이름을 밝히며 글을 시작했다는 것입니다. 예레미야와 느헤미야는 패밀리 스쿨(family school) 출신이었습니다.

통通으로 읽는 센스

예루살렘 성벽은 B.C.586년에 바벨론 군사들에 의해 허물어진 이후로 지금까지 140여 년간 그 상태 그대로 방치되어 있었습니다. 종교적인 건물인 성전은 재건을 허락받아 지을 수 있었지만, 정치적인 의미를 담고 있는 성벽은 누구도 감히 재건의 꿈을 꾸지 못했기 때문입니다. 그런데 그 꿈을 느헤미야가 품습니다. 마침내 느헤미야는 왕의 허락으로 예루살렘 총독으로 부임하게 되고 성벽 재건의 꿈을 이룹니다. 총독으로서 느헤미야는 겸손하고 정직했으며 백성을 향한 사랑과 열정, 경건, 그리고 희생의 본을 보인 사람이었습니다.

통通포인트

중간 목표 최종 목표

느헤미야가 왕의 술 관원이 되고 유대 총독이 된 것, 성벽을 재건한 것 모두가 중간 목표에 불과합니다. 그렇다면 느헤미야의 최종 목표는 무엇이었을까요? 바로 하나님의 기쁨과 이웃의 기쁨이 그의 최종 목표였습니다(느 12:43). 이는 멸망 당시의 예루살렘 모습(애 2:11~12)과 통(通)으로 볼 때 더 깊이 이해할 수 있습니다.

1. 느헤미야의 천 년을 담은 기도 _{느 1장}

느 1장

큰글자 일년일독 통독성경 | 1677~1678p

1차 귀환 때에 스룹바벨의 인도로 돌아온 백성이 성전을 재건했습니다. 그 후 2차 귀환 때에는 에스라를 지도자로 하여 백성이 돌아왔습니다. 두 번째 에스라에 의한 귀환이 있은 지도 벌써 십 년이 넘게

에스라, 느헤미야, 에스더의 연대적 관계			
B.C. 537~515년	B.C. 483~473년	B.C.458년	B.C. 445~425년
스룹바벨	에스더	에스라	느헤미야
에스라 1~6장	<에스더>	에스라 7~10장	<느헤미야>
첫 번째 귀환		두 번째 귀환	세 번째 귀환

지났습니다. 느헤미야는 예루살렘의 소식이 늘 궁금했습니다. 그러던 어느 날, 예루살렘의 피폐한 상황과 동포들이 당하고 있는 고난의 소식을 전해 듣게 됩니다. 이 소식을 들은 느헤미야는 수일 동안 앉아서 울고 금식하며 기도합니다. 그의 기도는 주의 율례와 계명과 법도를 잘 이해하고 그 말씀을 기반으로 한 기도입니다. 즉 느헤미야의 기도는 레위기 26장을 시작으로 천 년의 시간을 담고 있습니다.

"만일 내게로 돌아와 내 계명을 지켜 행하면 너희 쫓긴 자가 하늘 끝에 있을지라도 내가 거기서부터 그들을 모아 내 이름을 두려고 택한 곳에 돌아오게 하리라 하신 말씀을 이제 청하건대 기억하옵소서"(느 1:9).

조상들의 후손인 자신들이 징계를 달게 받고 돌아서서 계명을 지키면 다시 돌아오게 할 것이라는 하나님의 약속을 기억해주시고, 그 말씀을 이루는 적임자로 자신을 써달라고 기도합니다. 느헤미야는 자신이 직접 예루살렘에 돌아가 성벽을 재건해내겠다는 꿈을 꾸고 있습니다.

2. 3차 귀환의 지도자 느헤미야 _{느 2~3장}

느 2~3장

큰글자 일년일독 통독성경 | 1678~1682p

꿈꾸고 기도했던 대로 느헤미야는 왕과 가까운 사람이 되었습니다. 당시 '왕의 술 관원'이라는 직급은 왕의 측근으로서 정치적으로 매우 비중 있는 자리였습니다. 어느 날 느헤미야는 왕 앞에 술잔을 드릴 때, 평소와 달리 얼굴에 가득 수심을 표현합니다. 그러자 왕이 그 이유를 묻습니다. 이에 느헤미야는 크게 두려워합니다. 왜냐하면 당시 페르시아 법에는 신하가 왕 앞에서 근심을 표현하면 왕을 해하려는 것으로 의심을 받아 죽임을 당할 수도 있었기 때문입니다. 느헤미야는 에스더처럼 목숨을 걸고 왕과의 담판을 시도합니다.

예루살렘 성벽 재건이 어려운 이유
예루살렘 성벽 재건은 그 당시 역사적 상황 속에서 결코 쉽지 않은 일이었다. 에스라 4장 19~21절을 참고하면, "예루살렘을 다스리는 큰 군왕들이 있었고 그 성을 향해 주변에서 조공을 바쳤다."라는 역사적 기록으로 인해 페르시아 왕이 성읍과 성곽의 건축을 멈추게 했던 일이 있었다. 그러므로 그 성을 다시 재건하는 것은 위험한 일이 아닐 수 없었다. 그런데 느헤미야가 그 어려운 일에 도전하여 왕의 마음을 얻어낸 것이다.

느헤미야는 바로 이렇게 대답합니다. "왕은 만세수를 하옵소서." 왕을 해하려는 마음이 없다는 것을 밝히는 것입니다. 그리고 곧이어 "내 조상들의 묘실이 있는 성읍이 이제까지 황폐하고 성문이 불탔사오니 내가 어찌 얼굴에 수심이 없사오리이까."라고 말합니다. 그 말을 들은 왕이 "그러면 네가 무엇을 원하느냐?"라고 묻습니다. 그는 곧바로 하나님께 잠깐 묵도한 후 말합니다. "나를 유다 땅 나의 조상들의 묘실이 있는 성읍에 보내어 그 성을 건축하게 하옵소서"(느 2:5). 다시 말해 예루살렘에 자신을 총독으로 파견해주고, 성을 재건하도록 허락해달라는 것입니다. 왕은 평소의 두터운 신임에 기

이닥사스다 왕에게 탄원하는 느헤미야 _ 윌리엄 브레스 홀 作

반하여 이런 느헤미야의 요청을 흔쾌히 허락해줍니다. 예루살렘 총독 자리 외에도 왕의 조서와 건축 자재들, 게다가 구하지도 않은 군대 장관과 마병까지 줍니다. 왕이 느헤미야에게 아낌없는 투자를 한 것입니다.

많은 동지와 함께 3차 귀환자로 예루살렘에 도착한 느헤미야는 황폐한 예루살렘의 사전 답사를 실행한 다음, 구체적인 복구 계획을 세우고 백성을 설득합니다. 느헤미야의 제안을 들은 백성이 그 뜻을 받아들여 함께 성벽 재건을 시작하기로 마음을 모읍니다. 느헤미야는 성벽 재건을 위해 자신과 함께 땀과 눈물로 동역한 동지들의 명단을 느헤미야 3장에 기록으로 남깁니다.

3. 예루살렘 성벽 재건 느 4~7장

큰글자 일년일독 통독성경 | 1682~1690p

이렇게 시작된 성벽 재건은 내우외환(內憂外患)을 맞게 됩니다. 먼저 예루살렘의 피폐한 상황을 이용해 자신들의 이익을 챙기려는 외부 사람들의 방해였습니다. 그러나 느헤미야와 백성은 이에 굴하지 않고 한 손에는 연장, 또 한 손에는 칼을 들고 위기를 대처해갑니다. 느헤미야는 자신을 향한 그들의 암살 음모까지도 미리 간파하고 지혜롭게 문제를 해결해냈습니다. 또한 느헤미야는 제사장 나라 거룩한 시민이 결코 해서는 안 되는 두 가지 일, 토지 매매와 인신매매를 바로잡습니다.

마침내 성벽 재건이 완료됩니다. 최종 목표를 향하여 흔들림 없이 달려

느헤미야 리더십
1. 설득하여 함께 가는 것
2. 협력을 얻어내는 것
3. 방해자를 물리치는 것
4. 기본 질서를 개혁해내는 것

방해들 (느 4, 6장)
1. 비웃음
2. 정치적 모략과 암살 계획
3. 스마야의 거짓 예언
4. 뇌물

온 느헤미야는 52일 만에 예루살렘 성벽 재건 공사를 끝내고 예루살렘성의 관리 책임자까지 세웁니다. 느헤미야는 그동안 예루살렘에서 총독으로 12년 동안 재임하면서 월급을 수령하지 않았고, 오히려 매일 자기 집에서 150명 이상의 사람들에게 식사를 대접하며 솔선수범했습니다.

4. 성경통독 집회와 초막절 느 8~10장
큰글자 일년일독 통독성경 | 1691~1698p

성벽 재건 후 성경통독 집회를 개최합니다(느 8:1~3). 그리고 느헤미야와 에스라가 귀환 공동체와 힘을 합하여 하나님의 율법대로 초막절을 지킵니다. 제사장 에스라는 모세의 율법책을 낭독하며 가르쳤고, 백성은 말씀 앞에서 하나님의 뜻을 깨달으며 참회의 눈물을 흘렸습니다. 하나님의 말씀을 들은 백성이 죄를 깨닫기 시작함으로써 예루살렘에는 큰 회개 운동이 일어났습니다. 귀환 공동체는 함께 모여 금식하며 굵은 베옷을 입고 티끌을 무릅쓰며 이방 사람들과 절교하고, 조상들과 자신들의 죄를 하나님 앞에 자복했습니다. 그리고 그동안 하나님께서 베풀어주신 은혜를 되새기며 감사를 드렸습니다.

5. 느헤미야의 최종 목표 – 웃음꽃 느 11~13장
큰글자 일년일독 통독성경 | 1698~1706p

예루살렘이 불탔을 때의 예레미야의 울음이 150년 후 예루살렘 성벽이 재건되면서 느헤미야와 부녀와 어린아이의 웃음꽃으로 바뀝니다. 성벽 낙성식 때, 부녀와 어린아이도 기뻐하며, 예루살렘이 즐거워하는 소리가 멀리까지 들렸던 것입니다(느 12:43). 느헤미야가 그렇게 수고하고 애써서 이루고자 했던 것은 그냥 단순한 돌벽이 아니었습니다. 튼튼한 보호막이 없으면 안 되는, 가장 연약하고 힘없고 가난한 사람들을 위한 안전장치를 만들어주는 작업이었습니다. 부녀와 어린아이의 웃음꽃은 느헤미야 인생의 최종 목표였습니다. 술 맡은 관원장도 예루살렘 총독도 중간 목표였던 것입니다. 150년 전 예루살렘이 불타고 허물어졌을 때 부녀와 어린아이의 울음은 하나님의 눈물이었고, 이제 예루살렘 성벽을 재건했을 때 부녀와 어린아이의

사회적 안전망
사실 당시 성벽이라는 것은 첫째, 외적으로부터의 방어, 둘째, 짐승으로부터의 보호(들짐승이 대낮에도 활보하여 대문이 없는 가난한 사람은 위험에 노출되어 있었음)를 위한 것이다.
사회가 건강하다는 것은 그 사회의 상대적 약자들이 편안하고 안전할 수 있다는 의미이다. 느헤미야의 예루살렘 성벽 재건은 예루살렘에 사는 여자와 어린아이들이 안심하고 생활할 수 있는 기본적 안전장치를 마련하는 일이었다.

웃음은 곧 하나님의 웃음이었습니다.

느헤미야를 중심으로 한 성벽 재건과 에스라를 중심으로 한 신앙 개혁으로 말미암아 예루살렘은 신앙의 중심지가 되었고, 그곳에는 하나님께서 주시는 큰 기쁨이 넘치게 되었습니다. 느헤미야의 수고와 헌신으로 제사장 나라의 제사와 절기와 명절이 리셋(reset)되자 다시 풍성해진 예루살렘에는 최고의 무역 상인인 두로 사람들까지 들어와 예루살렘 경제를 크게 활성화시켰습니다.

🔗 이 과의 내용을 통通 이야기(Tong story)로 적어보고 이야기해 보세요.

🙏 이 과의 내용을 자녀에게 가르칠 수 있도록 통성기도(Tongsung Gido)합시다.

- 너희의 자녀에게 가르치며 집에 앉아 있을 때에든지, 길을 갈 때에든지, 누워 있을 때에든지, 일어날 때에든지 이 말씀을 강론하고 … 너희의 날과 너희의 자녀의 날이 많아서 하늘이 땅을 덮는 날과 같으리라 (신명기 11:19~21)
- 너는 네가 누구에게서 배운 것을 알며 또 어려서부터 성경을 알았나니 (디모데후서 3:14~15)

📖 큰글자 일년일독 통독성경

280일 : 천오백 년의 사랑의 아쉬움

🔖 통通으로 외우세요

① 느헤미야와 같은 시대, 혹은 그 이후까지 활동했던 선지자가 구약성경의 마지막 선지
자인 말라기입니다.

② <말라기>는 역사순에 따라 <에스라>와 <느헤미야>를 읽고 난 후 통독해야 합니다.

💡 통通으로 읽는 센스

느헤미야가 12년간의 총독 생활을 마치고 페르시아에 돌아간 이후, 귀환 공동체는 또다
시 죄악 속으로 빠져들어 갔습니다. 제사장들은 자기 책임을 소홀히 하였고, 이혼하고 나
서 이방 여인과 재혼하는 일 등 심각한 문제가 생겼으며, 십일조와 봉헌물도 소홀히 했습
니다. 이러한 상황에서 사랑의 하나님께서도 침묵하기로 작정하십니다. 앞으로 400여
년간 그 침묵이 계속됩니다. 그 후 하나님께서 더 큰 사랑으로 우리를 찾아오십니다. 하
나님의 침묵은 더 놀라운 사랑의 준비 기간이었습니다.

◆ 통通포인트

천오백 년 사랑의 아쉬움
<말라기>는 하나님의 이스라엘 백성을 향한 지난 천오백 년 사랑의 아쉬움 그 자체입
니다. '어떻게' 우리를 사랑하셨느냐고 반문하는 백성에게 하나님께서 400년간 침묵
하십니다.

1. 하나님과 이스라엘의 슬픈 대화   말 1:1~5

#큰글자 일년일독 통독성경 | 1706~1707p

하나님의 말씀대로 70년의 훈련 기간을 마치고 돌아와서 정말 이제는 잘

할 것이라 기대했던 귀환 공동체는 안타깝게도 시간이 갈수록 점점 냉소적으로 변해갑니다. 그들을 큰 민족으로 만드시고 제사장 나라 삼으신 하나님의 사랑에 대해 시큰둥하고 있는 것입니다.

하나님께서 천 년을 하루같이 사랑하셨는데, 이스라엘 백성은 하나님을 사랑한 기간보다는 하나님을 등진 기간이 더 많았습니다. 그토록 하나님의 마음을 많이 아프게 하고 늘 교만하여 범죄하는 이스라엘에 대해 하나님께서 말씀하십니다.

"내가 너희를 사랑하였노라."

그들이 대답합니다.

"주께서 어떻게 우리를 사랑하셨나이까?"(말 1:2)

하나님과 이스라엘의 참으로 쓸쓸하고 가슴 아픈 대화입니다.

선지자 말라기
말라기 선지자는 총독 느헤미야와 같은 시대, 혹은 약간 후대에 활동했다. 느헤미야가 직면했던 많은 죄악을 <말라기>에서 구체적으로 질책하고 있다. <말라기>와 <느헤미야>에서 묘사된 하나님에 대한 냉담한 무관심은 당시 이스라엘에 팽배했던 시대적 분위기이다.

2. 제사장들과 백성의 범죄 말 1:6~3장
#큰글자 일년일독 통독성경 | 1707~1711p

하나님께서 제사장들의 죄악을 지적하십니다.

"너희가 더러운 떡을 나의 제단에 드리고도 말하기를 우리가 어떻게 주를 더럽게 하였나이까 하는도다 이는 너희가 여호와의 식탁은 경멸히 여길 것이라 말하기 때문이라 만군의 여호와가 이르노라 너희가 눈 먼 희생제물을 바치는 것이 어찌 악하지 아니하며 저는 것, 병든 것을 드리는 것이 어찌 악하지 아니하냐 이제 그것을 너희 총독에게 드려 보라 그가 너를 기뻐하겠으며 너를 받아 주겠느냐"(말 1:7~8).

또한 백성의 죄악도 하나둘 폭로됩니다. 하나님께 드리는 제단에 더러운 떡을 놓고, 눈먼 것, 저는 것, 병든 것을 제물로 바치는 등의 기계적인 예배, 우상숭배, 이방 여인과 결혼하기 위해 젊었을 때 맞이한 아내를 버리는 백성의 이혼, 하나님의 정의에 대한 의심, 하나님의 것인 십일조와 봉헌물 도적질, 하나님을 경외하지 않고 완악한 말로 대적하는 죄 등 그들의 죄악은 손으로 다 꼽을 수가 없을 정도입니다.

하나님의 답답한 마음
<말라기>의 55구절 중 47구절이 하나님께서 말씀하신 것이다. 이 비율은 모든 예언서 중에 가장 높은 비율이다.

말라기
하나님의 직접 말씀
85.4%

#큰글자 일년일독 통독성경 | 1711~1712p

하나님께서는 늘 그의 자녀 된 이스라엘과 대화하기를 좋아하셨습니다. 그들이 죄악 된 길로 갈 때마다 하나님의 사람들을 보내셔서 돌아오라고 애타게 부르셨습니다. 막대기를 들어 벌을 주시고 남의 나라에 포로로 다녀오게도 하셨습니다. 그런 하나님께서 이제 침묵하십니다. 그것도 하루 이틀이 아닌 400년을 침묵하십니다. "어떻게 우리를 사랑하셨나이까?"라는 이스라엘에게 "이렇게 너희를 사랑하였노라."라고 직접 보여주시기 위해 침묵의 준비 기간을 보내시는 것입니다.

하나님께서는 하나님께서 정하신 '여호와의 날' 전에 엘리야를 보내겠다고 말씀하십니다. 그래서 아버지의 마음을 자녀에게로 돌이키게 하고 자녀들의 마음을 그들의 아버지에게로 돌이키게 하겠다고 말씀하십니다. 400여 년의 침묵 후, 하나님의 약속대로 엘리야인 세례 요한이 등장할 것입니다(마 3:3). 그리고 마침내 하나님의 독생자 예수 그리스도를 이 땅에 보내심으로 구원 역사를 이루어가실 것입니다. 인생들을 포기하실 수 없기 때문입니다. 하나님은 사랑이십니다. 사랑의 본체이신 하나님의 '400년 침묵'(중간사 400년)은 더 깊은 사랑의 실체를 보여주시기 위한 침묵이었습니다.

🔗 **이 과의 내용을 통通 이야기(Tong story)로 적어보고 이야기해 보세요.**

_____

_____

_____

_____

_____

👤 **이 과의 내용을 자녀에게 가르칠 수 있도록 통성기도(Tongsung Gido)합시다.**

• 너희의 자녀에게 가르치며 집에 앉아 있을 때에든지, 길을 갈 때에든지, 누워 있을 때에든지, 일어날 때에든지 이 말씀을 강론하고 … 너희의 날과 너희의 자녀의 날이 많아서 하늘이 땅을 덮는 날과 같으리라 (신명기 11:19~21)
• 너는 네가 누구에게서 배운 것을 알며 또 어려서부터 성경을 알았나니 (디모데후서 3:14~15)

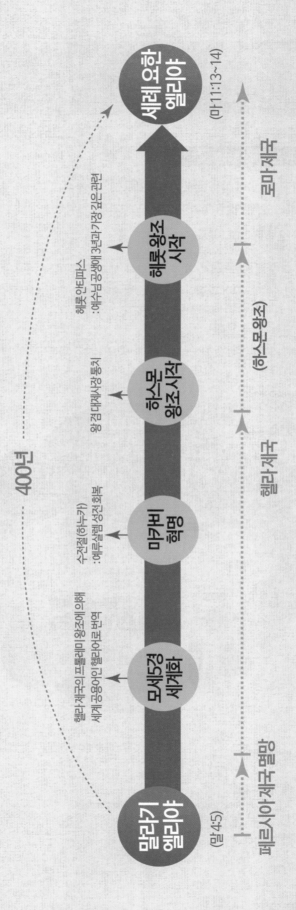

통通프레임

중간사 400년

400 YEARS OF INTERTESTAMENTAL PERIOD

400년

헬라 제국의 프톨레미 왕조에 의해
세계 공용인 헬라어로 번역

수건절(하누카)
:예루살렘 성전 회복

헬롯 안티파스
:예수님 공생애 3년과 가장 깊은 관련

말라기
엘리야
(말 4:5)

모세오경
세계화

마카비
혁명

하스몬
왕조 시작

헤롯 왕조
시작

세례 요한
엘리야
(마 11:13~14)

왕 겸 대제사장 통치

페르시아 제국 멸망

헬라 제국

(하스몬 왕조)

로마 제국

251

중간사 400년

유대인들에 의해 형식화된 제사장 나라

[통으로 본 중간사 400년 분위기]

'중간사 400년'은 하나님의 침묵 속에 '구약성경의 세계화와 유대 분파가 형성'되는 분위기라고 할 수 있습니다. 중간사 시기는 구약성경의 마지막 책인 〈말라기〉와 신약성경의 첫 번째 책인 〈마태복음〉 사이에 있는 400여 년의 시간입니다.

'중간사 400년' 기간에 히브리어로 된 구약성경이 헬라 제국의 프톨레미 왕조에 의해 당시 세계 공용어인 헬라어로 번역되었습니다. 그리고 헬라 제국의 셀루커스 왕조 때에는 유대 핍박으로 말미암아 유대에 여러 분파(사두개파, 바리새파, 에세네파 등)가 생겨났습니다.

하나님께서는 이 기간을 '예수 그리스도를 이 땅에 보내시기 위한 준비 기간'으로 사용하셨습니다.

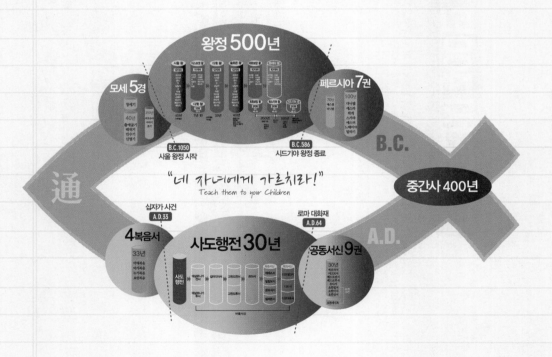

* '중간사 400년' 참조 : 《통通박사 조병호의 신구약 중간사》, 통독원, 2012

'어떻게'와 '이렇게' 사이
A Blank Page Full of History

📍 **통通Map** 11마당 전체의 구조와 흐름을 한눈에 담아봅시다.

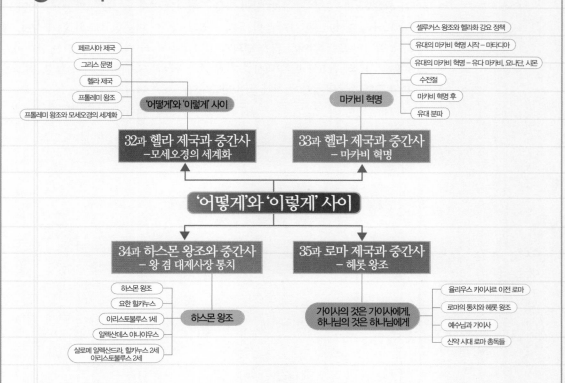

- 페르시아 제국
- 그리스 문명
- 헬라 제국
- 프톨레미 왕조
- 프톨레미 왕조와 모세오경의 세계화

→ **'어떻게'와 '이렇게' 사이**

- 셀루커스 왕조와 헬라화 강요 정책
- 유대의 마카비 혁명 시작 – 마타디아
- 유대의 마카비 혁명 – 유다 마카비, 요나단, 시몬
- 수전절
- 마카비 혁명 후
- 유대 분파

→ **마카비 혁명**

**32과 헬라 제국과 중간사
–모세오경의 세계화**

**33과 헬라 제국과 중간사
– 마카비 혁명**

'어떻게'와 '이렇게' 사이

**34과 하스몬 왕조와 중간사
– 왕 겸 대제사장 통치**

**35과 로마 제국과 중간사
– 헤롯 왕조**

- 하스몬 왕조
- 요한 힐카누스
- 아리스토불루스 1세
- 알렉산데스 야나이우스
- 살로메 알렉산드라, 힐카누스 2세
  아리스토불루스 2세

→ **하스몬 왕조**

→ **가이사의 것은 가이사에게,
하나님의 것은 하나님에게**

- 율리우스 카이사르 이전 로마
- 로마의 통치와 헤롯 왕조
- 예수님과 가이사
- 신약 시대 로마 총독들

🎓 **11마당-통通 Concept**

· 신구약 중간사 400년 : 어떤 일들이 있었나?

구약성경의 마지막 책인 <말라기>에서 신약성경의 처음 책인 <마태복음>으로 책장을 넘기는 데는 1초면 될 것입니다. 그러나 이 사이에는 400여 년이라는 역사가 들어 있습니다. 구약의 마지막은 페르시아 시대였는데, 신약의 시작은 로마 시대입니다. '중간사 400년' 기간에 세계사에 어떤 변화의 흐름이 있었는지 알아봅시다.

· 신약성경과 로마 시대는 어떤 관계?

신약성경 전체 사건은 로마 제국의 통치하에서 일어났던 일입니다. <마태복음>에서 <요한계시록>까지 27권 전체가 로마 제국과 뗄 수 없는 관계에 있습니다. 신약성경을 이해하기 위해 로마 제국과 함께 그 이전 중간사 이야기까지 살펴봅시다.

＊ 신구약 중간사　구약성경의 후반 부분은 페르시아로부터 예루살렘으로 귀환한 재건세대 이야기입니다. 그런데 신약성경으로 들어가면 곧바로 로마 시대를 배경으로 이야기가 시작됩니다. 이처럼 구약과 신약 사이에 얇은 종이 한 장이 있을 뿐이지만 역사적으로는 그 안에 400여 년의 시간이 들어 있습니다. 이 시기 동안 유대 지역의 패권이 바뀌면서 그와 함께 정치, 경제, 사회, 문화적인 모든 면에서 많은 변화가 있었습니다. 즉 신구약 중간기는 페르시아 제국으로부터 시작해 260여 년의 역사를 가진 헬라 제국과 유대의 마카비 혁명, 하스몬 왕조 그리고 로마 제국의 유대 통치가 들어 있습니다.

32과 헬라 제국과 중간사
-모세오경의 세계화

📑 通으로 외우세요

① <말라기>와 <마태복음> 사이 400년을 '중간사 400년'이라 부릅니다.

② '중간사 400년'에는 페르시아, 헬라, 로마 제국의 흥망성쇠가 들어 있습니다.

③ 유대는 '중간사 400년' 사이에 이집트 헬라 제국과 시리아 헬라 제국의 지배를 받습니다.

④ 이집트 헬라 제국의 프톨레미 왕조 통치 때 히브리어 '모세오경'의 헬라어 번역으로 '모세오경'의 세계화를 이룹니다.

💡 通으로 읽는 센스

흩어져 사는 유대인들을 '디아스포라(Diaspora)'라고 부릅니다. 이들은 바벨론 포로로 끌려간 사람들이 그곳에 정착해 산다거나, 애굽으로 내려가 살기를 선택했다거나, 혹은 로마의 통치가 시작되면서 주요한 도시로 모여들었다거나 하는 등의 여차한 이유로 유대 외의 지역에 살게 된 사람들입니다.

32과와 33과에서는 유대 땅에 남아 있던 유대인들과 또한 그 지역을 벗어나 지중해 일대에 흩어져 살고 있던 디아스포라들에게 지대한 영향을 미쳤던 신구약 중간기 국제 정세의 흐름과 헬라 제국에 대해 살펴봅니다. 유대는 분열된 헬라 제국 치하에서 먼저 122년 동안 이집트 헬라 제국의 프톨레미 왕조의 지배를 받았습니다. 이때 유대는 종교에 대해 간섭하지 않는 프톨레미 왕조로 인해 세금은 바치지만 비교적 평화를 누리며 살았고, 이 시기에 모세오경의 세계화를 이루었습니다.

🔶 通포인트

'어떻게'와 '이렇게' 사이

왜 신구약 중간사를 '어떻게'와 '이렇게' 사이라고 할까요? 중간사는 <말라기>에서 보았듯이, 하나님의 사랑 고백에 '어떻게' 우리를 사랑하셨느냐고 반문하는 이스라엘 백성을 위해 요한복음 3장 16절의 말씀처럼 하나님의 사랑의 결정체인 예수 그리스도를 이 땅에 보내시며 '이렇게' 너희를 사랑한다고 보여주시기 위해 준비하신 시간이라고 할 수 있습니다.

1. 페르시아 제국

바벨론 제국을 멸망시킨 페르시아 제국의 창건자 키루스 2세(성경의 고레스) 왕은 잔인하고 폭력적인 지배 방법을 지양하고, 오히려 피정복민들에게 일정 범위의 자유를 주는 유화 정책, 관용 정책 그리고 지방화 정책을 펼칩니다. 이러한 정책 덕분에 바벨론에 포로로 끌려갔던 유대인들은 고국으로 돌아갈 수 있었습니다(스 1:1~3). 70년간 바벨론에서 포로 생활을 할 때에는 유대인들이 예루살렘 성전 대신 회당 중심으로, 제사장 대신 서기관 중심으로밖에 살 수 없었습니다. 그러나 유대 땅으로 귀환한 후부터는 성전과 제사장, 회당과 서기관이 공존하기 시작했습니다.

키루스 2세의 뒤를 이어 나라를 다스린 캄비세스 2세가 후사를 남기지 않고 사망하자, 일곱 명의 귀족 대표 가운데 다레이오스 1세(성경의 다리오)가 왕위에 오릅니다. 그때가 페르시아의 찬란한 전성기였습니다. 화려한 궁궐과 건물들이 세워졌고, 각 통치 구역은 조직적으로 관리되었습니다.

든든한 제국의 안정을 기반으로 페르시아는 끊임없이 정복 정책을 펼쳤습니다. 자기들의 영토와 지배 범위를 마케도니아(마게도냐), 즉 유럽까지 넓히려고 무던히도 애를 썼습니다. 그러나 다레이오스 1세는 그리스 본토를 침략하러 가다가 큰 폭풍을 만나 귀환하고, 이후 다시 그리스로 쳐들어갔으

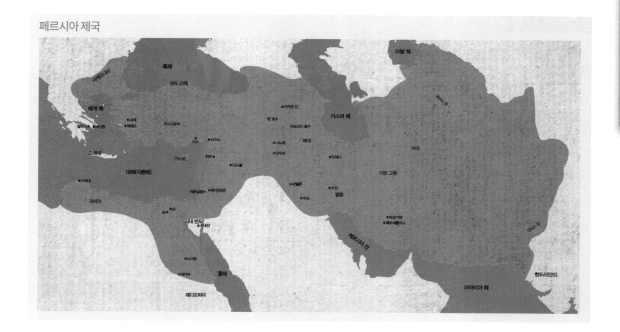

페르시아 제국

나 마라톤 전투에서 패배하고 맙니다. 다레이오스 1세의 뒤를 이어 왕위에
오른 그의 아들 크세르크세스(성경의 아하수에로. 에스더 왕후의 남편)가 다시 그
리스를 공격했지만, 살라미스 해전을 포함한 여러 전투에서 또다시 참패함
으로써 페르시아의 유럽 정복은 끝내 이뤄지지 못합니다. 결국 페르시아는
다레이오스 3세 때 마케도니아의 알렉산더 대왕에게 세계의 패권을 빼앗기
게 됩니다.

통通포인트

- 델로스 동맹
  - 다시 침략해올 페르시아를 대비하고자 그리스의 도시국가들이 아테네를 중심
    으로 동맹을 맺음(아테네, 스파르타, 고린도, 테베 등)
- 페리클레스
  - 델로스 동맹을 이끌며 그리스의 번영 주도
  - 델로스 동맹의 파기
    - 아테네의 페리클레스가 동맹국들의 비용을 아테네 발전을 위해 사용
    - 아테네의 고린도(코린트) 통치가 문제가 됨
- 펠로폰네소스 전쟁
  - 아테네 중심의 델로스 동맹 vs. 스파르타 중심의 펠로폰네소스 동맹
  - 스파르타의 승리, 스파르타가 약 30년간 그리스 통치
  - 이후 테베의 그리스 통치

2. 그리스 문명

여러 개의 도시국가로 이루어진 그리스는 우리가 익히 알고 있는 소크라테스, 플라톤, 아리스토텔레스 등 철학자들의 사상과 정신을 기반으로 고도의 문명을 꽃피우고 있었습니다. 이렇게 그리스의 문명이 한창 흥왕하고 있던 B.C.480년 8월, 페르시아 군대가 그리스를 향해 출발했다는 소식을 들은 아테네와 스파르타 및 그리스의 여러 도시가 동맹을 맺어 페르시아의 대군에 맞섭니다. 치열했던 전쟁은 결국 그리스의 승리로 끝났고, 전쟁에서 이긴 그리스는 국력을 키워가는 가운데 그들의 문화를 더욱 발전시킬 수 있었습니다.

이 같은 그리스의 발전된 문명은 이후 서양 문명의 근간이 됩니다. 이때 마케도니아 지방에서는 B.C.359년경 필립포스 2세(알렉산더의 아버지)가 왕으로 즉위하면서 그 세력을 확장해가기 시작합니다. 그전까지는 그리스인들에 의해서 '야만인'이라고 불리던 그들이 오히려 그리스의 발전된 문화를 받아들이면서 힘을 키워간 결과, 세계에 위협적인 존재로 등장할 준비를 마쳐가고 있었습니다.

그리스의 철학자들

B.C.481년경, 프로타고라스라는 소피스트가 '사람은 만물의 척도'라는 주관적 진리를 강하게 설파했다. 그러자 "너 자신을 알라."라는 말로 유명한 소크라테스는 그런 소피스트들의 논리를 거부하며 객관적 진리가 존재함을 이야기했다. 플라톤은 진실의 존재를 '이데아'라고 부르며, "물질적인 것들은 '이데아'의 그림자에 불과하다."라고 말했다. 또 그의 제자 아리스토텔레스는 "결국 실체는 형상과 동일물인데, 그게 형상과 질료로 나눠져 있을 뿐이다."라고 주장했다. 이런 그리스의 철학자들이 정치, 경제, 윤리, 철학 등 여러 분야에 대한 사상의 기초를 놓아가고 있었고, 동시대에 예루살렘에서는 에스라, 느헤미야가 활동하고 있었다.

◆ 통通포인트

- **필립포스 2세**
  - 크레니데스(Crenides)에서 금광 발견, 막대한 재원 확충
  - 크레니데스의 지명을 자신의 이름을 따서 '빌립보'로 고침
    - 바울의 2차 전도여행 시 유럽의 첫 관문
  - 그리스 점령 : 장창 밀집 부대
- **알렉산더**
  - 필립포스 2세의 아들
  - 10대에 약 4년간 아리스토텔레스를 가정교사로 모시고 교육받음
  - 페르시아 점령 계획
    - 페르시아를 방어하는 데에서 그치는 것이 아닌, 페르시아 점령을 계획
    - 베뢰아에서 진군식
    - 이수스 전투 : 페르시아의 다레이오스 3세를 물리침
    - 페르시아 수도 수사성에 쳐들어가기보다는 지중해 연안으로 방향 변경
  - 두로 점령
    - 두로(페니키아의 주요 도시) : 지중해 해상권 장악, 천연 요새
    - 알렉산더가 군인 1만 명을 동원, 바위를 굴려 방파제를 놓아 점령
    - 아모스, 예레미야, 에스겔의 두로 멸망에 대한 예언 성취

- 블레셋의 가사(Gaza) 및 예루살렘 점령
- 이집트 점령 : 알렉산드리아(Alexandria) 건설
- 페르시아의 4대 수도 점령
- 페르시아 제국 전체와 더 나아가 인도 부근까지 지배 범위 넓힘
- 헬라 제국 : 세계동포주의, 헬라화 강요

3. 헬라 제국

마케도니아 왕 필립포스 2세는 크레니데스(이후 신약성경의 빌립보)라는 곳에서 금광을 발견하여 엄청난 재력을 확보하게 됩니다. 훗날 사도 바울이 마케도니아(지금의 유럽)에 복음을 전하기 위해 처음 발걸음을 내디딘 곳이 바로 이곳이었습니다(행 16:11~12).

필립포스 2세는 왕이 된 후 얼마 지나지 않아 그동안 자신들을 얕잡아 보던 그리스 전체를 점령하게 됩니다. 여기까지 이루어놓은 필립포스 2세가 갑자기 암살당하자, 그의 뒤를 이어 20세의 젊은 왕자 알렉산더(재위 B.C.336~323년)가 왕이 됩니다. 그는 강한 패기와 원대한 꿈을 가지고 있던 사람으로, 10여 년이라는 짧은 기간 동안 거대한 제국을 소유하게 됩니다.

왕위에 오른 알렉산더는 부친 필립포스 2세가 만들어놓은 강력한 군사력을 기반으로 진군하기 시작합니다. B.C.334년 겨울, 알렉산더는 소아시아 서부와 남부를 점령하고, 그 이듬해엔 이수스(Issus)에서 다레이오스 3세가 이끄는 페르시아 군대와 접전하여 크게 승리를 얻습니다. 그런 후, 알렉산더는 곧바로 페르시아의 수도인 수사성으로 쳐들어가기보다는 방향을 돌려 지중해안을 따라 이집트를 향해 내려옵니다.

이집트를 향해 내려오는 도중, 알렉산더는 지중해 연안에서 약간 떨어져 있는 해상도시 두로(Tyre)를 점령할 계획을 세웁니다. 당시 페니키아의 주요 도시로 지중해의 해상권을 장악하고 있었던 두로는 주변에 있는 다른 도시들과는 달리, 끝까지 항복하기를 거절했습니다. 워낙 영토 자체가 천혜의 요새였기 때문에 그들은 결코 전쟁에서 지지 않을 자신이 있었던 것입니다.

알렉산더 역시 두로를 점령하기가 쉽지 않았습니다. 7개월 동안 여러 차례 점령을 시도했으나 번번이 실패하고 맙니다. 곰곰이 생각한 알렉산더는 1만여 명의 군인들을 동원해 산에 가서 커다란 바위들을 굴려오라고 한 후, 해변과 두로 사이의 바다를 그 돌들로 메워가기 시작합니다. 그렇게 육지와

알렉산더의 정복 목적
알렉산더는 피정복지에도 상당히 선정을 베푼다. 그의 정복 목적이 오직 세금을 많이 걷고 자신의 절대 권력이 행사되는 지배 범위를 넓히려는 욕심에서만이 나온 것이라기보다는, 인간 세계에 대한 자신의 사상을 넓히고 세계 민족을 하나로 묶어내려는 의도도 있었기 때문이다. 알렉산더는 마케도니아에서 데리고 온 군인들과 항복한 페르시아 군인들의 대우를 동등하게 해주었다. 또한 마케도니아 군사들과 페르시아 처녀들의 합동결혼식도 거행한다. 마케도니아 학자들, 페르시아의 학자들과 함께 학문적 연구를 해나가면서 문화를 통합시키는 작업도 진행하게 한다.

섬 사이에 방파제를 만든 알렉산더의 군대가 마침내 두로를 점령합니다.

이전에 아모스와 예레미야, 에스겔 선지자가 두로의 멸망을 예언한 바 있습니다. 마찬가지로 알렉산더에게 항복하기를 거부했던 블레셋의 가사(Gaza)도 두로와 마찬가지로 공격을 받아 두 달 만에 함락되었는데, 이는 스가랴 선지자의 예언이 성취된 것입니다(슥 9:5). 신구약 중간 시기는 이처럼 다른 나라들에 대한 예언의 말씀들이 성취되었던 때이기도 합니다.

알렉산더는 B.C.332년에 이집트를 정복하고, 그곳에 자신의 이름을 딴 알렉산드리아(Alexandria)라는 도시를 세웁니다. 그곳에는 당시 세계에서 가장 큰 도서관이 세워집니다. 이처럼 알렉산더는 어느 지역을 점령하러 갈 때마다 각 분야의 학자들과 기술자들을 데리고 가서 정복지 문화와 그리스 문화 간의 교류를 시도하고, 많은 알렉산드리아를 세우며 그리스 문화로 정복민들을 개화시켰습니다. 고대 동방의 문명을 가리켜 오리엔트 문명이라고 합니다. 알렉산더 시대에 오리엔트 문명과 그리스의 문명이 만나서 헬라 문명, 곧 헬레니즘(Hellenism)이 형성됩니다. 알렉산더의 정복을 통해 이 문명들이 통합된 것입니다.

알렉산더는 이집트에서 다시 지중해 연안을 타고 올라가 페르시아의 4대 수도인 수사, 바벨론, 페르세폴리스(바사), 엑바타나(악메다)를 차례로 점령합니다. 이렇게 큰 제국을 만든 알렉산더는 B.C.326년 동쪽으로 계속 진군하여 인도까지 이르렀을 때 오랜 전쟁에 지친 군인들의 종군 거부로 인해 군대를 돌려 돌아오게 되었고, B.C.323년 32세의 젊은 나이로 죽고 맙니다.

알렉산더의 갑작스런 죽음은 헬라 제국에 큰 변화를 가져옵니다. 알렉산더가 죽자 큰 제국은 그의 일곱 명의 장수에 의해 나뉘어 다스려지다가, 권력 싸움에 의해 세 명은 도태되고 네 명의 장수가 분할 통치하게 됩니다.

일단, 우리의 관심은 유대 지역과 연관이 있는 프톨레미(Ptolemy) 왕조에게 모아집니다. 애굽을 다스리게 된 프톨레미 왕조에는 셀루커스라는 군대 총사령관이 있었습니다. 그런데 군대의 총사령관으로

알렉산드리아를 건설하는 알렉산더 _ 플라치도 콘스탄치 作

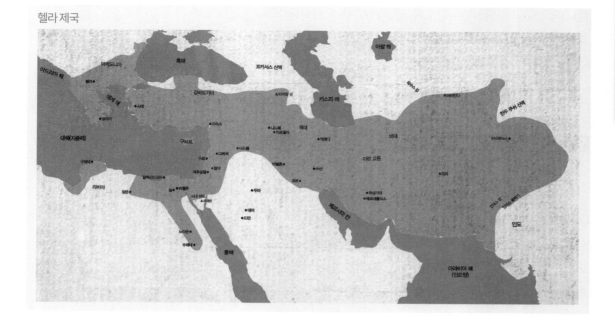

헬라 제국

만족하지 않았던 셀루커스는 프톨레미 왕이 알렉산더의 후계자로 자처하고
나서는 안티고누스를 저지하러 나간 사이, 독자적인 정치 세력을 확보하고
결국 셀루커스 왕조를 세웁니다. 이때부터 셀루커스 왕조가 메소포타미아
유역의 시리아 지역을 다스리게 됩니다.

즉, 유대를 사이에 두고 북쪽에서는 셀루커스 왕조가 시리아 헬라 제국
을, 남쪽에서는 프톨레미 왕조가 이집트 헬라 제국을 세웁니다. 이 두 나라
는 당시 세력이 가장 큰 나라들이었고, 시간이 흐르면서 유대 지역을 사이
에 두고 서로 다투게 됩니다.

4. 프톨레미 왕조

B.C.322년 프톨레미 1세는 애굽을 손에 넣고,
B.C.320년 유대까지 합병합니다. 이때부터 유대 지역
은 프톨레미 왕조의 통치를 122년간 받게 됩니다.

프톨레미 왕조의 왕들은 대체로 속국민들의 종교적
신념과 관습에 대해 관대한 정책을 펼쳤습니다. 그래서
이 시기에 유대는 평화와 안정을 누렸으며, 유대의 대제
사장들은 정치와 종교의 지도자로 계속 자리를 보존했

이집트를 통치한 프톨레미 왕조
• 프톨레미 1세 - Lagus의 아들, Ptolemy Soter / B.C.323~283
• 프톨레미 2세 - Ptolemy Philadelphus / B.C.283~247
• 프톨레미 3세 - Euergetes / B.C.247~221
• 프톨레미 4세 - Philopator / B.C.221~203
• 프톨레미 5세 - Epiphanes / B.C.203~181
• 프톨레미 6세 - Philometer / B.C.181~146
• 프톨레미 7세 - Euergetes II / B.C.146~117

- *Introduction to the Intertestamental Period by R. F. Surburg*

습니다. 하지만 프톨레미 왕조와 셀루커스 왕조 사이에 계속된 전쟁으로 인해 유대는 양쪽 군대의 말발굽에 짓밟히면서 이후 여러 차례 수난을 당하게 됩니다.

5. 프톨레미 왕조(이집트 헬라 제국)와 모세오경의 세계화

이집트 헬라 제국 프톨레미 왕조의 두 번째 왕인 프톨레미 2세 때에 이집트 헬라 제국의 수도이자 그들의 자랑인 알렉산드리아의 도서관에는 약 20만 권의 장서를 보유하고 있었습니다. 프톨레미 2세는 알렉산드리아 도서관의 관장인 데메트리우스 파레리우스와 대화를 나누던 중 알렉산드리아 도서관 장서를 50만 권까지 확대하기로 결정합니다. 그리고 가장 중요한 사업으로 유대의 모세오경을 히브리어에서 헬라어로 번역해 알렉산드리아 도서관에 소장하기로 했습니다.

이 프로젝트를 위해 프톨레미 2세는 유대로부터 70명의 학자들을 이집트로 직접 초빙해 일정 기간을 정해주고 그들이 각각 다른 처소에 머물면서 번역 작업을 하게 했습니다. 그리고 70명이 각각 번역한 모세오경을 하나하나 모두 검토했는데 놀랍게도 70명의 번역이 모두 완벽하게 똑같았다고 합니다. 그래서 이때 히브리어에서 헬라어로 번역된 모세오경을 '70인역'(Septuagint, LXX)이라고 부르게 된 것입니다.

모세오경이 히브리어에서 헬라어로 번역됨으로 헬라 제국 전역에서 모세오경을 읽을 수 있게 되었고, 이 일은 모세오경이 세계화되는 역사적인 계기가 되었습니다.

이 과의 내용을 통通 이야기(Tong story)로 적어보고 이야기해 보세요.

이 과의 내용을 자녀에게 가르칠 수 있도록 통성기도(Tongsung Gido)합시다.

- 너희의 자녀에게 가르치며 집에 앉아 있을 때에든지, 길을 갈 때에든지, 누워 있을 때에든지, 일어날 때에든지 이 말씀을 강론하고 … 너희의 날과 너희의 자녀의 날이 많아서 하늘이 땅을 덮는 날과 같으리라 (신명기 11:19~21)
- 너는 네가 누구에게서 배운 것을 알며 또 어려서부터 성경을 알았나니 (디모데후서 3:14~15)

헬라 제국과 중간사
– 마카비 혁명

📑 通으로 외우세요

① 마카비 혁명은 유대가 시리아 헬라 제국의 지배를 받을 때 일어난 저항이었습니다.
② 마카비 혁명 후 하시딤이 마카비 가문과 뜻을 달리하면서 유대는 사두개파, 바리새파, 에세네파 등으로 나뉩니다.

💡 通으로 읽는 센스

유대가 이집트 헬라 제국 대신 시리아 헬라 제국과 가까이하면서 유대는 시리아 헬라 제국의 지배로 넘어가게 됩니다.

시리아 헬라 제국은 유대를 통치하면서 3년간 세금을 면제해주는 등 많은 혜택을 주며 호의를 베풀었습니다. 그러던 중 신흥 세력인 로마가 발흥하면서 시리아 헬라 제국이 로마와 전쟁을 하게 되고, 그 전쟁에서 패배한 시리아 헬라 제국이 로마에 막대한 배상금을 물게 됩니다. 결국 시리아 헬라 제국은 로마에 배상금을 갚기 위해 유대 예루살렘 성전의 헌금까지 손을 대고 더 나아가 유대에 강력한 헬라화까지 요구합니다. 이에 일어난 유대의 저항 운동이 바로 '마카비 혁명'입니다.

'마카비 혁명' 초기에는 하시딤과 마카비 일가가 동맹을 맺었습니다. 그러나 시간이 지나면서 마카비 일가와 하시딤은 뜻을 달리하기 시작했습니다. 그러면서 유대는 세 개의 분파, 사두개파, 바리새파, 에세네파로 나뉘었습니다. 이때 생겨난 분파들은 로마 제국이 지배하던 신약 시대에도 계속 이어집니다.

◆ 通포인트

마카비 혁명
마카비 혁명은 유대가 시리아 헬라 제국의 지배를 받을 당시 지독한 헬라화 요구와 율법과 할례 금지, 그리고 예루살렘 성전 모독과 안식일에 유대인들을 공격하는 일에 대한 저항이었습니다. 즉, 마카비 혁명은 하스몬 가문의 마타디아 제사장이 그의 다섯 아들을 데리고 시작한, 시리아 헬라 제국의 폭정에 맞선 혁명입니다.

1. 셀루커스 왕조(시리아 헬라 제국)와 헬라화 강요 정책

시리아 헬라 제국이 유대에 헬라화를 강요한 이유는 첫째, 그들이 로마와의 전쟁에서 패했기 때문입니다. 전쟁에서 패한 시리아 헬라 제국은 당시 고대 사회에서 징수된 배상금으로는 가장 큰 액수인, 1만 5천 달란트를 로마에 지불해야 했기 때문에 유대를 비롯한 그들의 모든 식민지로부터 어마어마한 돈을 탈취해야만 했습니다. 이를 위해 시리아 헬라 제국은 관용이나 세금 면제와 같은 정책 대신 무자비한 세금 징수와 성전 헌금 탈취, 더 나아가 성전 압류까지도 감행했습니다.

둘째, 시리아 헬라 제국이 유독 유대에 헬라화를 더욱 강요한 이유는 시리아 헬라 제국이 그들의 라이벌인 이집트 헬라 제국과의 전쟁을 위해 이집트(애굽)로 출정했는데, 이집트 헬라 제국이 로마에 도움을 요청해 로마의 대군이 이미 바다를 가득 메우고 있었던 것입니다. 그러자 시리아 헬라 제국은 단 한 차례의 전투도 치르지 못하고 자국으로 철수하면서 괜한 분풀이를 유대에 해댔던 것입니다.

시리아 헬라 제국은 유대 민족에게 할례를 금지시키고, 하나님께 올려드리는 제사 또한 금지시켰으며, 예루살렘 성전에 제우스 신상을 세워놓고, 성전 안에 돼지 피를 흘려보내는 등 온갖 만행을 자행하며 헬라화를 강요했습니다. 그리고 할례를 행한 부모들을 아이와 함께 죽이고, 안식일을 지키거나 율법서를 소지한 자를 죽이고, 성전을 늑탈하고, 인두세와 제왕세와 성전세 등을 부과하며 유대 민족을 괴롭혔습니다.

시리아를 통치한 셀루커스 왕조
- 셀루커스 1세 - Nicator / B.C.312~280
- 안티오쿠스 1세 - Soter / B.C.280~261
- 안티오쿠스 2세 - Theos / B.C.261~246
- 셀루커스 2세 - Callinicus / B.C.246~226
- 셀루커스 3세 - Keroneos / B.C.226~223
- 안티오쿠스 3세 - B.C.223~187
- 셀루커스 4세 - Philopator / B.C.187~175
- 안티오쿠스 4세 - Epiphanes / B.C.175~163
- 안티오쿠스 5세 - Eupator / B.C.163~162
- 데메트리우스 1세, 데메트리우스 2세와 알렉산더, 발라스의 권좌를 위한 투쟁
- 알렉산더 발라스 - B.C.150~145
- 데메트리우스 2세 - B.C.145~139
- 안티오쿠스 7세 - B.C.139~134

- *Introduction to the Intertestamental Period* by R. F. Surburg

◆ 통通포인트

- 마타디아
  - '모데인(Modein)'이라는 작은 시골 마을의 제사장
  - 이방 신에게 제사드리라는 셀루커스 왕조의 요구 거절
  - 저항군 이끎
- 마카비 (마타디아의 셋째 아들 유다)
  - 안티오쿠스 4세의 죽음으로 셀루커스 왕조의 탄압이 중단됨
  - 수전절(하누카) : 예루살렘 성전을 회복

2. 유대의 마카비 혁명 시작 - 마타디아

시리아 헬라 제국에서 가장 잔인하게 유대를 괴롭힌 왕은 안티오쿠스 4세였습니다. 안티오쿠스 4세의 박해를 참다못한 유대에서 시리아 헬라 제국에 대항하는 '마카비 혁명'이 일어납니다. 예루살렘을 완전히 장악한 시리아 헬라 제국이 대표자 한 사람을 모데인에 보내 그곳에서도 제우스 신을 위한 제사를 집례하라고 강요하자, 늙은 제사장 마타디아 하스몬이 그를 돌로 쳐 죽이고 다섯 명의 아들과 함께 무력항쟁을 일으켰습니다. 그동안 안티오쿠스 4세의 박해에 고통당하던 하시딤(Hasidim)들까지 마타디아와 연합하여 저항 세력은 더욱 커졌습니다.

3. 유대의 마카비 혁명 - 유다 마카비, 요나단, 시몬

모데인의 제사장 마타디아 하스몬(B.C.167~166)이 반란군을 이끌다가 1년 만에 죽자, 마타디아의 셋째 아들 유다(B.C.166~160)가 아버지의 뒤를 이어 반란군을 이끕니다. 유다는 '망치질하는 자'라는 뜻의 '마카비'라는 별명을 가진 자로 유다 마카비가 이끈 3,000명의 혁명군은 게릴라전을 통해 시

리아의 정규군(보병 46,000명, 기병 7,000명)을 물리치기까지 합니다. 그러자 시리아 헬라 제국은 유다 마카비와 타협을 하며 예루살렘 성전을 다시 원래 목적대로 사용하도록 허락해줍니다. 성전 회복을 약속 받은 하시딤들은 혁명 대열에서 철수합니다. 그러나 유다 마카비는 자신이 죽을 때까지 유대의 완전한 독립을 위해 시리아 헬라 제국과의 전쟁을 계속했습니다.

마카비 가문의 순교 _ 프란츠 J. 헤르만 作

4. 수전절 (하누카)

유다 마카비 때에 예루살렘 성전이 회복되자, 유대 민족은 이날을 기념하는 축제를 정합니다. 이는 마치 페르시아 제국 때에 부림절을 제정했던 것처럼 헬라 제국 때에 수전절(Festival of Dedicatio, 히브리어로 '하누카'

수전절 촛대 (위키피디아)

Hanukkah – '봉헌'이라는 뜻)이 생기게 된 이유입니다. 예루살렘 성전이 다시 청결하게 되고 회복된 기념으로 만든 명절이 수전절입니다.

5. 마카비 혁명 후

유다 마카비가 죽은 후 유다 마카비의 막냇동생 요나단이 둘째 형 시몬의 도움을 받아 유대 민족의 지도자로 활동합니다. 그러다가 B.C.142년 요나단이 시리아 헬라 제국의 한 장군에게 살해당하자, 당시 마타디아 하스몬의 유일하게 살아남은 아들인 둘째 시몬이 고령에도 불구하고 유대의 지배권을 물려받습니다. 그러나 시몬이 B.C.134년 사위에게 살해당하자, 시몬의 아들 요한 힐카누스가 대제사장직을 물려받게 됩니다.

6. 유대 분파

예수님께서 사역을 하시는 동안, 적대적인 관계에 있었던 집단 중 가장 두드러지는 이들은 바리새파와 사두개파입니다. 바리새파와 사두개파가 등장한 시기가 바로 이 시기입니다. 이들이 어떤 사람들이었는지를 이해하는 것은 신약성경을 이해하는 데에 매우 중요합니다.

● 바리새파

셀루커스 왕조의 안티오쿠스 4세가 유대인들을 헬라 문화로 개종시키기 위해 유대인들에게 율법을 금지하고 율법을 지키는 자들을 극심하게 핍박했을 때, 끝까지 정절을 지킨 사람들을 '하시딤'이라고 합니다. 이들은 앞서 살펴본 대로 '마카비 혁명' 초기에는 마카비 일가와 동맹했었습니다. 바로 이 '하시딤'에서 '바리새파'가 나오게 됩니다. '바리새'라는 말은 '분리하다'라는 뜻을 가지고 있습니다.

역사가 요세푸스의 기록에 의하면, A.D.1세기에 바리새파는 약 6천 명이었다고 합니다. 사두개인들이 몇몇 부유한 가문, 제사장 가문으로 이루어진 반면, 바리새파는 도시 상인의 후손들이었습니다. 그들은 경제적으로 대단히 성공한 집단으로서, 사회적 언어와 종교적 언어를 능숙하게 구사하는 사람들이었습니다. 예수님을 찾아왔던 니고데모나 사도 바울이 바리새파 출신이었습니다.

● 사두개파

사두개인들은 제사장의 후손들 가운데 헬라 사상의 일부를 받아들여 종교 권력을 유지했던 자들의 후손으로서 한마디로 최고 권력의 종교 지도자들입니다. 솔로몬 시대 대제사장이었던 '사독'의 후손들이라 하여 '사두개파'로 불렸고, 그들은 성전 관리 일체를 맡고 있었습니다.

그들은 종교 귀족으로서의 삶을 유지하기 위해 한쪽으로는 율법을 지키는 척하고, 한쪽으로는 현실 권력과 타협했습니다. 그들의 생활은 현세적이었으며, 율법을 어기면서까지도 당시 정치적 힘을 행사하는 로마 총독이나 헤롯 왕과 타협했습니다.

사두개파는 바리새파와 달리, 전통을 거절하고 기록된 율법 곧 '모세오경'만을 받아들였습니다. 또 육체의 부활이나 죽음 후의 심판, 천사와 악마의 존재를 부인했습니다. 쉽게 말해, 부활을 믿지 않는 것입니다. 그래서 그들에게는 내세가 아닌 현재가 더 중요했습니다. 이후에 사도 바울이 5차 산헤드린 공회 재판정에 서게 됐을 때, 부활에 대한 사두개파와 바리새파의 다른 입장을 이용하여 그 자리를 빠져나오기도 했습니다(행 23:6~11). 확실히 바리새인들에 비하면 율법이나 생활 전반에 있어서 융통성이 있었는데, 이는 사실 세속적이고 자유주의적인 태도였습니다.

● 에세네파

에세네파는 '침묵', '경건'을 의미합니다. 바리새파와 사두개파로부터 자극을 받아 생겨난 새로운 종파였습니다. 율법에 대해서는 바리새파와 비슷하게 엄격한 입장이었으나 현실 도피적이고 은둔적인 입장을 취했습니다. 그들은 물도 나무도 거의 없는 지역의 동굴에 모여 살았습니다. 그 동굴에서 사해 사본이라고 부르는 성경 사본이 발견되기도 했습니다.

그들은 농업 같은 종류의 일에 종사하고, 성경 해석을 포함하여 도덕적, 종교적 문제점들을 공동으로 연구하는 데 많은 시간을 할애했다고 전해집니다. 모든 재산을 공유하고 노예를 두지 않았으며, 정결예식에 세심한 주의를 기울이며 살았습니다. 세례 요한이 이 에세네파 출신이었을 것으로 보기도 합니다.

● 열심당 (젤롯당)

유대 사회에는 바리새파, 사두개파, 에세네파 이외에도 열심당이라고 하는 젤롯당이 있었습니다. 이들은 있는 현실을 그대로 받아들이기보다는 게릴라식으로 테러를 하거나, 신념을 바로 행동으로 옮기는 과격함을 그 특징으로 한 사람들입니다. 기본적으로 유대교를 수호하려 했다는 대전제에서는 바리새파와 다를 게 없었지만, 바리새파가 이방인의 통치를 수용하고 하나님의 때를 기다렸던 것에 반해, 열심당은 마카비 혁명을 일으켰던 마타디아처럼 이스라엘을 무력으로라도 로마로부터 해방시키는 것을 자신들의 목표로 삼았습니다. 단순한 폭도도 아니며, 체계적인 종교 신념을 가지고 항거한 사람들도 아니지만, 애국적 유대인인 것만은 확실합니다. 에세네파가 철저한 분리주의자적 자세로 탈세상적이었다면, 열심당은 현실 참여를 위해 세상 한복판으로 뛰어들었던 사람들이라고 할 수 있습니다.

예수님의 제자 중에도 열심당이었던 사람이 있었습니다(눅 6:15). 혹은 예수님과 함께 십자가형을 당한 '강도'나 '바라바'도 이 열심당원이었을 것으로 추측하기도 합니다.

🔗 **이 과의 내용을 통通 이야기**(Tong story)**로 적어보고 이야기해 보세요.**

👤 **이 과의 내용을 자녀에게 가르칠 수 있도록 통성기도**(Tongsung Gido)**합시다.**

• 너희의 자녀에게 가르치며 집에 앉아 있을 때에든지, 길을 갈 때에든지, 누워 있을 때에든지, 일어날 때에든지 이 말씀을 강론하고 … 너희의 날과 너희의 자녀의 날이 많아서 하늘이 땅을 덮는 날과 같으리라 (신명기 11:19~21)
• 너는 네가 누구에게서 배운 것을 알며 또 어려서부터 성경을 알았나니 (디모데후서 3:14~15)

34과 하스몬 왕조와 중간사
– 왕 겸 대제사장 통치

📑 통通으로 외우세요

① 마카비 혁명을 성공시킨 하스몬 가문이 세운 왕조가 '하스몬 왕조'입니다.
② '하스몬 왕조'는 80년간 유대를 독립국가로 이끌었습니다.

💡 통通으로 읽는 센스

하스몬 왕조는 유대가 시리아 헬라 제국으로부터 독립하고 다시 로마 제국의 식민지가 되기까지 그 사이 80여 년 동안 세워진 유대의 왕조였습니다. 이때는 이스라엘의 '왕정 500년' 이후 앗수르, 바벨론, 페르시아, 헬라 제국의 지배를 받는 동안 완전히 사라졌던 왕조가 잠시나마 부활한 시기였습니다. 하스몬 왕조가 끝나고 다시 로마 제국의 지배를 받게 되면서 유대 민족은 그들 자체적으로 지도자를 세우지 못하게 됩니다. 그 후 유대 민족은 계속 로마 제국의 지배를 받다가 A.D.66년 로마 정권에 반대하는 유대 전쟁을 시작했고, A.D.70년 유대 전쟁의 패배로 끝이 납니다.

◆ 통通포인트

> **하스몬 왕조**
> 마카비 혁명을 이끈 하스몬 가문이 마침내 시리아 헬라 제국을 유대에서 몰아내고 오랫만에 유대의 독립을 이루며 세운 왕조가 '하스몬 왕조'입니다. 하스몬 왕조의 특징은 왕이 대제사장직을 겸했다는 것입니다.
> - 알렉산데스 야나이우스 시절 : 친헬라적, 사두개파의 지지, 사두개파와 바리새파 간의 불화 절정
> - 살로메 알렉산드라 : 바리새파와 우호적 관계
> - 힐카누스 2세(바리새파 지지) vs. 아리스토불루스 2세(사두개파 지지)
> - 위 둘의 왕권 다툼의 중재를 위해 로마가 유대로 옴

1. 하스몬 왕조

'왕정 500년' 동안 이스라엘은 통일 왕국의 왕으로 사울, 다윗, 솔로몬이 왕으로 다스렸습니다. 이후 르호보암 때 한 민족 두 국가로 나뉜 후 북이스라엘은 200여 년 동안 19명이, 남유다는 350여 년 동안 20명의 왕이 나라를 다스렸습니다. 그러나 '왕정 500년' 동안 이스라엘의 왕들은 모두 나라만 다스렸지 언제나 대제사장은 따로 존재했습니다. 그런데 하스몬 왕조는 왕이 대제사장직을 겸한 독

마카비 가문과 하스몬 왕조

하스몬 : 마카비 가문의 성(姓)

- 마타디아
- 유다 마카비
- 요나단(★)
- 시몬(★)
- 요한 힐카누스(★과 왕)
- 아리스토불루스(★과 왕)
- 알렉산데스 야나이우스(★과 왕)
- 살로메 알렉산드라(왕)
- 힐카누스 2세(★)
- 아리스토불루스 2세(★과 왕)
- 안티고누스(★과 왕)

(★)표시는 대제사장을 겸했다는 표시

특한 왕조였습니다. 그 이유는 마카비 혁명을 이끈 마타디아 가문의 후손들이 대제사장과 왕을 겸해 나라를 통치하면서 동시에 예루살렘 성전에서 대제사장의 일을 함께 감당했던 것입니다.

2. 요한 힐카누스

마타디아, 유다 마카비, 요나단, 시몬까지는 마카비 혁명을 이끈 제사장 가문으로 분류됩니다. 그런데 시몬의 아들인 요한 힐카누스부터 하스몬 왕조로 분류합니다. 그들은 왕과 대제사장을 겸직한 유대의 종교와 정치 지도자였기 때문입니다.

요한 힐카누스 (위키피디아)

먼저 요한 힐카누스는 하스몬 왕조의 첫 왕으로 시몬의 아들이자 용감한 마타디아의 손자다운 왕이었습니다. 요한 힐카누스는 유대를 다시 다윗 시대처럼 만들려는 목표를 가지고 정복자의 삶을 살았습니다. 그는 사마리아 성을 1년간 포위해서 정복했고, 옛 에돔 왕국인 이두매 지역을 정벌하고, 이두매인들을 유대교로 개종시켰습니다. 그리고 주화를 발행해 자신의 이름을 새기기까지 했습니다. 요한 힐카누스는 스스로 사두개인이라 칭하며 31년간 유대를 통치했습니다.

3. 아리스토불루스 1세

요한 힐카누스는 죽으면서 유대의 통치를 자기 아내에게 물려주려 했습니다. 그러나 요한 힐카누스의 장남인 아리스토불루스 1세가 어머니와 세

명의 동생을 감옥에 가두고, 막냇동생을 살해한 후 자신이 왕위에 올랐습니다. 아리스토불루스 1세는 하스몬 왕조에서 공식적으로 왕의 칭호를 사용한 왕이었습니다. 헬라화를 너무나도 동경한 아리스토불루스 1세는 헬레니즘 애호가로 유명해 '필 헬레네'라는 별명을 얻을 정도였습니다. 그런데 동생을 죽인 죄책감으로 재위 1년 만에 창자가 썩어 들어가 피를 토하는 고통 가운데 죽고 말았습니다.

4. 알렉산데스 야나이우스

아리스토불루스 1세가 왕으로 재임한 지 1년 만에 죽자, 아리스토불루스 1세의 아내였던 살로메 알렉산드라는 감옥 안에 갇혀 있던 아리스토불루스 1세의 세 명의 동생을 풀어주고 그 가운데 가장 나이 많은 알렉산데스 야나이우스와 결혼했습니다. 그런데 알렉산데스 야나이우스가 왕이 되는 것은 문제가 없었지만, 대제사장은 과부와 결혼할 수 없다는 율법 조항으로 인해 알렉산데스 야나이우스는 대제사장으로는 취임할 수 없었습니다.

하지만 유대 백성들의 반대에도 불구하고 알렉산데스 야나이우스는 왕과 대제사장직을 겸했고, 자신의 결혼식에 올리브 가지를 던지며 반대를 표한 바리새파 사람들 800여 명을 십자가에 매달아 죽이기까지 했습니다. 그러자 유대인들 8,000여 명이 알렉산데스 야나이우스를 피해 도망했습니다.

알렉산데스 야나이우스는 다윗 시대 때만큼 영토를 확장했으며 31년간 통치하다가 자신의 아내 살로메 알렉산드라에게 왕위를 물려주고 죽었습니다.

5. 살로메 알렉산드라, 힐카누스 2세, 아리스토불루스 2세

살로메 알렉산드라는 하스몬 왕조 최초의 여왕이 됩니다. 그러나 여왕으로 즉위한 살로메 알렉산드라는 하스몬 왕조가 그동안 유지해온 왕과 대제사장을 겸하지는 못합니다. 그래서 살로메 알렉산드라는 자신의 장남인 힐카누스 2세를 대제사장으로 삼습니다. 그리고 살로메 알렉산드라는 유대를 9년간 통치하다가 73세에 죽습니다.

그 후 살로메 알렉산드라의 장남 힐카누스 2세와 차남 아리스토불루스

2세가 6년간 권력을 차지하기 위해 내전을 벌이다가 결국 유대는 80여 년 만에 다시 로마 제국의 통치를 받는 식민지가 되고 맙니다. 유대가 로마의 통치로 넘어가게 된 데에는 하스몬 왕조의 2인자이자 총리였던 에돔 출신 안티파터의 역할(유대를 로마의 폼페이우스에게 바침)이 컸습니다. 덕분에 안티파터는 로마 제국에 의해 유대를 다스리게 되고, 그의 아들 헤롯이 그 뒤를 이어 유대의 분봉 왕이 됩니다.

🔗 **이 과의 내용을 통**通 **이야기**(Tong story)**로 적어보고 이야기해 보세요.**

🙏 **이 과의 내용을 자녀에게 가르칠 수 있도록 통성기도**(Tongsung Gido)**합시다.**

• 너희의 자녀에게 가르치며 집에 앉아 있을 때에든지, 길을 갈 때에든지, 누워 있을 때에든지, 일어날 때에든지 이 말씀을 강론하고 … 너희의 날과 너희의 자녀의 날이 많아서 하늘이 땅을 덮는 날과 같으리라 (신명기 11:19~21)
• 너는 네가 누구에게서 배운 것을 알며 또 어려서부터 성경을 알았나니 (디모데후서 3:14~15)

🔖 통通으로 외우세요

① 신약성경 전체 27권은 모두 로마 제국의 통치하에서 일어났던 일입니다.
② 로마는 헤롯 왕조를 유대의 분봉 왕으로 삼아 예루살렘을 효과적으로 다스렸습니다.

💡 통通으로 읽는 센스

역사적 사건의 시대적 배경을 안다는 것은 매우 중요합니다. 신약성경 전체 사건은 로마 제국의 통치하에서 일어났던 일입니다. 로마는 자신들이 다스리는 모든 나라에 호적을 정확하게 정리하여 단 한 푼의 세금도 누락되지 않도록 철저한 정책을 펼쳤습니다. 그래서 로마의 첫 번째 황제인 옥타비아누스 때 요셉과 마리아는 고향인 베들레헴으로 가서 호적해야 했습니다.

그리고 신약성경의 마지막 책인 <요한계시록>은 요한이 로마에 의해 채석장이 있었던 밧모섬에 유배되었을 당시 기록한 책입니다.

✦ 통通포인트

> **가이사의 것은 가이사에게, 하나님의 것은 하나님에게**
> 신약성경의 삭개오와 마태의 직업 세리, 그리고 요셉과 마리아가 호적을 위해 베들레헴까지 먼 길을 여행한 것 모두 로마의 '세금'과 관련이 있습니다. 화폐와 세금에 관한 이야기를 알아야 바리새인들이 예수님을 곤경에 빠뜨리기 위해 시험했던 내용을 이해할 수 있습니다.
>   - 바리새인의 질문 : 로마인들에게 세금을 내는 것이 옳은가, 그른가?
>   · 옳다고 대답할 경우 : 세금으로 힘들어 하는 백성이 예수님에게서 등을 돌림
>   · 그르다고 대답할 경우 : 로마로부터 반체제 인사로 지목될 위험
>   - 예수님의 대답 : 가이사의 것은 가이사에게, 하나님의 것은 하나님께 바치라
>   (마 22:21)

1. 율리우스 카이사르 이전 로마

"로마는 하루아침에 이루어지지 않았다."라고 말합니다. B.C.8세기 북이스라엘에서는 아모스, 호세아, 요나 선지자가 그리고 남유다에서는 이사야, 미가 선지자가 하나님의 말씀을 전할 때에 로마는 '신화'를 쓰면서 탄생했습니다. 그 시절 로마에서는 쌍둥이 로물루스와 레무스가 늑대의 젖을 먹고 자라면서 로물루스가 레무스를 죽이고 '로마'라는 나라를 세웠다고 합니다.

로마는 처음 300여 년 동안은 왕정을 했고, 그 이후 율리우스 카이사르가 '제정'을 수립하기 이전까지 500여 년간 공화정을 실시했습니다. 공화정은 '원로원과 시민의 협의체'로 왕 한 명의 독재를 견제하고 300명의 원로원 의원이 모여 회의를 하고 안건을 만들면 그 후 시민들의 의견을 물어 나라의 일을 결정하는 시스템이었습니다. 로마는 제국이 되기 이전까지 이러한 공화정 체제를 잘 유지하고 있었습니다. 그러다가 B.C.100년에 태어난 율리우스 카이스르에 의해 드넓은 제국을 통치하기 위한 수단으로 황제의 통치인 제정이 확립됩니다. 로마의 제정 청사진은 모두 율리우스 카이사르가 만들었고, 율리우스 카이사르의 양자로 로마의 초대 황제가 된 옥타비아누스가 제정을 로마의 정치 체제로 확고하게 수립했습니다.

◑ 통通포인트

- 폼페이우스
  - B.C.63년, 유대 내부 싸움을 중재한다는 명목으로 예루살렘 침략, 오리엔트 세계 점령
- 대제국 로마
  - 포에니 전쟁 승리 후 아프리카, 서유럽(카이사르), 오리엔트(폼페이우스) 전체를 지배함
  - 대제국 로마의 운영 방식에 대한 의견
    : 원로원 중심 (키케로를 대표로 하는 원로원 의원들) vs. 제정 (율리우스 카이사르)
- 율리우스 카이사르 (줄리어스 시저)
  - B.C.100년 출생 / 40세에 로마의 핵으로 부상 / 갈리아(켈트) 점령
  - 1차 삼두정치 : 카이사르, 폼페이우스, 크라수스
  - 원로원이 폼페이우스를 설득해 카이사르와 적이 되게 함
  - "주사위는 던져졌다." : 루비콘강을 건너 로마 장악
  - 2년여 내전 카이사르 승 : 종신독재관, 56세에 암살당함
  - 카이사르가 남긴 것 : 후계자 옥타비아누스 / 로마 경영 청사진
                        / 로마 시민들에게 유산

- 옥타비아누스 (존칭 : 아우구스투스, 성경 : 가이사 아구스도)
  - 로마 시민들이 카이사르 암살범들을 '아버지를 죽인 자'로 생각하게 함
    : 옥타비아누스는 이 상황을 이용해 정치적 입지를 확보
  - 2차 삼두정치 : 옥타비아누스, 안토니우스, 레피두스
  - 악티움 해전 : 안토니우스와 이집트 여왕 클레오파트라의 군대 격파
  - 로마의 초대 황제
  - 신약성경 '가이사 아구스도' : 호적 명령 (눅 2:1)
- 대헤롯
  - 에돔 출신
  - 탁월한 정치적 술수와 아첨으로 로마로부터 '분봉 왕' 칭호 받음
  - 가이사랴(카이사레아)라는 신도시를 세움
    * 카이사르를 위한 도시, 즉 로마 황제에게 바친 도시라는 뜻
  - 예루살렘 성전 건축
  - 마태복음 2장의 헤롯
  - 세 아들에게 왕국 분할

헤롯 아켈라오	헤롯 안티파스	헤롯 빌립(헤롯 빌립 2세)
·유대 (사마리아와 이두매 포함) ·마 2:22~23	·갈릴리와 베뢰아 ·예수님의 공생애 3년과 가장 깊은 관련 ·세례 요한을 죽임 ·'저 여우'(눅 13:31~32) ·눅 23:12	·갈릴리 호수의 동부와 남동부 ·빌립보 가이사랴를 세움

2. 로마의 통치와 헤롯 왕조

B.C.64년경 로마의 장군 폼페이우스는 헤롯의 아버지인 안티파터(하스몬 왕조의 2인자)의 요구로 유대의 내부 싸움(하스몬 왕조의 6년 간의 내전)을 중재한다는 명목하에 예루살렘에 옵니다. 폼페이우스가 보낸 바비누스 장군은 예루살렘 성문이 닫혀 있는 것을 보고 계속되는 포위 공격에 들어갑니다. 결국 로마 군대는 세 달 만에 성벽에 구멍을 뚫어 예루살렘을 점령하고, 이로써 예루살렘을 비롯한 유대 땅은 신흥 제국 로마의 지배하에 들어가게 됩니다. 폼페이우스는 로마의 이익을 위하여 아리스토불루스 2세와 그의 두 아들과 두 딸을 로마로 압송하고, 힐카누스 2세를 다시 대제사장의 자리에 올려놓습니다. 이로 인해 하스몬 왕조의 80년간의 유대 통치는 끝이 나고, 유대는 또다시 제국의 식민지 백성이 됩니다.

그런가 하면 로마 자체도 변하고 있었습니다. 예수님께서 오시기 60여 년 전, 로마에 율리우스 카이사르가 등장해 로마의 원로원 제도를 흔들기

시작한 것입니다. 카이사르는 현행 원로원 제도로는 로마라는 대제국을 유지하고 발전시킬 수 없으므로 로마는 황제가 다스리는 나라가 되어야 한다고 생각했습니다. 카이사르는 자신과 폼페이우스, 크라수스를 묶어 1차 삼두정치를 이루어내고 로마를 함께 다스렸습니다.

율리우스 카이사르는 지금의 서유럽인 갈리아를 정복하여 로마에서 큰 명성과 함께 막대한 부를 획득합니다. 그러자 카이사르의 힘이 커지는 것을 두려워하던 원로원은 카이사르와 폼페이우스 사이를 갈라놓습니다. 이 사실을 눈치챈 카이사르는 군대를 해산하고 로마로 돌아오라는 원로원의 결의가 나오자, B.C.49년 1월, 그 유명한 "주사위는 던져졌다."라는 말과 함께 국경인 루비콘강을 건너 로마를 향해 진격합니다.

마침내 2년에 걸친 내전을 통해 로마를 평정한 카이사르가 권력을 장악하게 됩니다. 이로써 1인 지배자가 된 그는 각종 사회 정책, 빈민구제 사업 등의 개혁 사업을 추진했습니다. 그러나 권력이 한 몸에 집중된 결과, 왕위를 탐내는 자로 의심을 받게 된 카이사르는 B.C.44년 3월 원로원 회의장에서 원로원의 공화정 옹호파들에 의해 암살당합니다.

율리우스 카이사르가 죽은 후, 그의 양자인 옥타비아누스는 카이사르의 부하였던 안토니우스, 레피두스와 함께 2차 삼두정치를 시작합니다. 이후 옥타비아누스와 안토니우스의 대립이 본격화됩니다. B.C.31년 옥타비아누스의 로마군이 안토니우스와 이집트 여왕 클레오파트라의 군대를 악티움 해전에서 격파한 후 로마의 패권을 잡습니다. 이로써 로마는 공화정의 명목을 유지하면서 실질적으로는 제정(帝政)을 시작하게 됩니다.

그 어간에 이두매(에돔)인들은 그 틈에 끼어들어서 식민지 내에서 지분을 얻으려고 애를 씁니다. 에돔 출신인 안티파터의 아들 헤롯은 로마로 가서 탁월한 정치적 술수와 아첨을 통해 '분봉 왕'이라는 칭호를 받아서 유대로 옵니다. 로마는 식민지에 로마 총독을 파견하거나 제국에 충성도가 높은 분봉 왕을 세워 다스리는 것을 그들의 정책으로 삼고 있었습니다. 이를 이용한 헤롯이 분봉 왕의 자리를 차지하여 유대인들의 왕이 된 것입니다.

헤롯 왕조
• 대헤롯 - Herod Great
• 헤롯 아켈라오 - Herod Archelaus
• 헤롯 빌립 2세 - Herod Philip II
• 헤롯 안티파스 - Herod Antipas
• 헤롯 아그립바 - Herod Agrippa
• 헤롯 아그립바 2세 - Herod Agrippa II

로마 제국이 유대 지역 통치에 헤롯을 이용한 것은 탁월한 선택이라 할 수 있습니다. 유대는 앗수르, 바벨론, 페르시아, 헬라에 이어 로마 제국의 지배를 받으면서 어느 식민지보다 많은 세금을 바치는 민족이었고, 동시에 어느 민족보다 종교적인 민족임을 드러냈습니다. 이는 다시 말해 종교 부문을 잘 관리해주면 유대 민족은 제국에 큰 힘이 되는 민족이 된다는 것입니다.

앗수르 제국은 예루살렘을 포위하러 갔다가 18만 5천 명이 죽었고, 바벨론 제국은 예루살렘 성전을 불태웠습니다. 그러나 유대 민족은 페르시아 제국의 지배를 받으면서도 예루살렘 성전을 재건했고, 헬라 제국의 지배를 받을 때 성전이 모독당하자 마카비 혁명을 일으켰습니다. 로마 제국은 유대 민족의 이러한 역사를 공부해 헤롯을 통해 예루살렘 성전을 증축해주며 유대 민족을 통치했습니다.

그러나 헤롯은 하나님을 두려워할 줄도 모르고 율법에 무관심했으며 많은 인명을 살상했기 때문에, 유대인들은 그를 싫어했습니다. 결국 헤롯은 유대 분봉 왕으로 34년간 통치한 후 죽고, 헤롯의 뜻에 따라 유대 지역은 세 아들에게 분할됩니다. 헤롯 아켈라오는 유대(사마리아와 이두매 포함)의 왕, 헤롯 안티파스는 갈릴리와 베뢰아의 분봉 왕, 헤롯 빌립 2세는 갈릴리 호수의 동부와 남동부에 위치한 속주의 분봉 왕이었습니다.

이처럼 계속 강대국들의 지배와 억압을 견디며 살아가는 유대인들에게는 자연히 '구원'에 대한 열망이 생겼습니다. 마치 오래전 그들의 조상들이 애굽에서 수백 년간 노예 생활을 하다가 하나님께 구원을 하소연했듯이, 유대인들도 하나님께서 언젠가는 구원자를 보내주실 것이라고 믿으며 기대하는 메시아 사상을 가졌던 것입니다. 하나님께서 복을 주시면 다윗같이 강한 구원자가 나타나서 로마를 물리치고 다윗 시대의 영화를 재현할 것이라고 믿었습니다. 그런 강한 열망을 품고 살아가던 유대인들, 바로 그들에게 우리 예수님께서 오십니다.

3. 예수님과 가이사

예수님께서 이 땅에 오셨던 그 당시의 유대는 로마라는 제국이 지금의 영국과 프랑스, 스페인을 포함한 전 유럽과 북아프리카 그리고 유대를 포함한 중동 지역까지 다스리던 시대였습니다. 로마 제국은 그 전에 있었던 제국과는 달리 나라의 자치를 많이 인정해주는 정책을 폈으며 특히 종교 면에서는 많은 자유를 주었습니다. 왜냐하면 로마는 다신교 국가로, 예수님 당시에 로마에는 약 30만 개 이상의 신이 있었기 때문입니다.

따라서 로마의 통치하에 있으면서도 유대의 종교 지도자들의 삶은 이전에 비해서 크게 달라지지 않았습니다. 하지만 과중한 세금 때문에 피폐한 생활을 해야 했던 유대 백성에게는 구약성경에 나타난 메시아를 기다리는 것만이 종교적이며 또한 정치적인 희망이었습니다. 유대인들이 생각했던 메시아는 이사야 9장에 근거한, 강하고 힘 있는 메시아였습니다. 하지만 이미 〈이사야〉에서 공부했듯이 이사야가 예언한 메시아는 이사야 9장의 강력한 메시아와 53장의 고난 받는 메시아를 함께 보아야 합니다. 당시 유대인들은 메시아가 나타나서 자신들이 로마로부터 해방되고 전 세계에 우뚝 선 선민으로 특권을 누리며 살 수 있는 날이 오기를 기대하고 있었습니다. 그래서 예수님께서 유대 땅 베들레헴에 오셨을 때 어느 누구의 주목도 받지 못하셨던 것입니다. 그저 별을 따라 동방으로부터 온 박사들과 베들레헴에서 양을 치던 목자들이 예수님의 나심을 기뻐했을 뿐입니다.

헤롯과 동방박사 〈켄터베리 대성당〉

예수님의 육신의 부모인 요셉과 마리아가 베들레헴으로 호적하러 간 일은 로마의 초대 황제 옥타비아누스의 명령 때문이었습니다. 로마에 율리우스 카이사르라는 걸출한 인물이 등장하면서 황제에 의해 통치되는 제국의 정책이 싹트기 시작했고, 그의 양자 옥타비아누스가 아우구스투스(뜻: 존엄한 자, 원로원이 옥타비아누스에게 바친 존칭)가 되어 로마의 초대 황제가 됩니다. 그가 바로 신약성경에 등장하는 가이사 아구스도입니다. '가이사'란 '카이사르'를 말합니다. 율리우스 카이사르 이후에 카이사르라는 그의 성(姓)이 '황제'라는 칭호가 된 것입니다.

로마의 초대 황제인 가이사 아구스도는 제국 전체의 정확한 호적을 근거로 더 많은 세금을 걷고자 했습니다. 따라서 만삭인 마리아와 요셉은 해산을 곧 앞두고도 로마 황제의 명을 거역할 수 없었습니다. 그래서 예수님께서 베들레헴에서 나신 것입니다. 물론 이 일은 "베들레헴 에브라다야 너는 유다 족속 중에 작을지라도 이스라엘을 다스릴 자가 네게서 내게로 나올 것이라 그의 근본은 상고에, 영원에 있느니라"(미 5:2)라는 미가 선지자의 예언이 성취된 것이기도 합니다.

유대를 통치한 로마 황제
- 옥타비아누스 (Octavianus, B.C.27~A.D.14)
- 티베리우스 (Tiberius, A.D.14~37)
- 칼리굴라 (Caligula, A.D.37~41)
- 클라우디우스 (Claudius, A.D.41~54)
- 네로 (Nero, A.D.54~68)
- 베스파시아누스 (Vespasian, A.D.69~79)
- 티투스 (Titus, A.D.79~81)
- 도미티아누스 (Domitian, A.D.81~96)
- 네르바 (Nerva, A.D.96~98)
- 트라야누스 (Trajan, A.D.98~117)
- 하드리아누스 (Hadrian, A.D.117~138)

오늘날 세계 각 나라의 지폐에는 대부분 사람의 얼굴들이 있습니다. 우리나라 지폐에는 세종대왕, 율곡 이이 등이 있고 미국의 지폐에는 링컨 대통령이나 워싱턴 대통령의 얼굴이 있으며 영국 지폐에는 엘리자베스 여왕의 얼굴이 있습니다. 이와 같이 화폐에 자신의 얼굴을 넣어 정치적으로 이용한 것은 율리우스 카이사르가 처음이었습니다.

세금 _ 루벤스 作

그는 로마 제국 전체에 자신을 알리기 위해서 동전에 자신의 얼굴을 새겨 넣도록 했습니다. 그 옛날, 지금으로부터 2천여 년 전에 율리우스 카이사르라는 사람이 돈의 위력을 알았던 것입니다. 그래서 로마 제국 통치하에 있는 모든 나라 사람은 직접 율리우스 카이사르의 얼굴을 본 적은 없지만, 동전을 통해 누구나 그의 얼굴을 알고 있었습니다.

예수님 당시의 바리새인들이 우리 예수님을 곤경에 빠뜨리기 위해 시험한 적이 있습니다. 당시 유대인들은 과중한 세금 때문에 몹시 힘들어하고 있었습니다. 그런 상태에서 바리새인들이 예수님께 질문했습니다. "로마인들에게 세금을 내는 것이 옳은 일입니까? 아니면 그른 일입니까?" 이때 예수님께서 로마에 세금을 내는 일이 옳다고 말씀하신다면, 많은 세금으로 힘들어하는 백성은 예수님에게서 등을 돌릴 것이고, 반대로 로마에 세금을 내는 일이 옳지 않다고 말할 경우에는 로마로부터 반체제 인사로 지목되어 체포당할 위험을 안게 되는 것이었습니다.

이때 우리 예수님께서는 "데나리온 한 닢을 보여다오. 이 돈에 누구의 얼굴과 글자가 새겨져 있느냐?"(눅 20:24)라고 사람들에게 물었습니다. 그러자 그곳에 모인 사람이 "황제의 것입니다."라고 대답했습니다. 그러자 예수님께서는 어느 누구도 생각하지 못했던 명쾌한 답을 주십니다. "그러면 가이사의 것은 가이사에게 주고 하나님의 것은 하나님께 돌려드려라." 황제의 얼굴이 새겨져 있는 돈은 로마 황제에게 세금으로 바치고, 하나님께 드려야 할 예물은 하나님께 드려야 한다는 것입니다.

4. 신약 시대 로마 총독들

예수님께서 십자가에 달려 돌아가실 때에도 로마와의 관계를 생각해야 합니다. 당시 로마로부터 유대를 다스리는 권한을 위임받은 왕은 헤롯이었습니다. 그러나 로마는 또한 그들이 다스리는 전 세계의 나라에 전직 집정관들을 총독으로 파견하고 있었습니다. 예수님 당시에 로마로부터 파견된 총독은 빌라도였습니다. 바리새인들과 사두개인들 그리고 대제사장을 포함한 유대의 지도자들이 모인 산헤드린 공회는 예수님을 모함하고 죽이려는 계획을 세우고, 빌라도 총독에게 예수님을 고발했습니다.

로마가 유대를 다스릴 때, 민족 내의 종교 문제나 가벼운 민사 사건은 산헤드린 공회를 통해 해결하도록 일정 권한을 주고 있었지만, 정치적인 사안이나 형사 문제는 로마가 직접 관리하고 있었습니다. 그러므로 대제사장을 중심으로 한 세력들이 예수님을 죽음으로까지 몰아가려면, 로마 총독이 사형 판결을 내려야 했습니다. 그래서 예수님께서 대제사장의 집 안뜰에서 일차적으로 산헤드린 공회의 심문을 받으시고 빌라도에게 가서 다시 재판을 받으신 것입니다.

예수님께 지워진 죄목은 로마의 허락 없이 백성을 선동하여 유대의 왕이 되려 한다는 것이었습니다. 그들은 이것이 로마 총독을 가장 예민하게 만드는 사안임을 간파했던 것입니다. 하지만 총독 빌라도가 예수님을 심문해 본 결과, 법적으로 예수님에게서 아무런 죄를 발견할 수가 없었습니다. 그렇지만 총독 빌라도가 가장 두려워하는 것은 민란이었습니다. 그래서 바리새인과 대제사장을 포함한 종교 지도자들의 회유를 받은 유대 백성은 민란을 일으킬 만한 분위기를 만들어서 총독 빌라도를 불안하게 만들었습니다. 때문에 총독 빌라도는 우리 예수님께 죄가 없음을 알고도 예수님을 십자가에 못 박도록 무책임하게 허락했던 것입니다. 이렇게 예수님의 십자가 사건 역시, 로마 제국이라는 시대 배경과 깊이 연관되어 있습니다.

또한 우리는 바울이 로마 시민권을 가지고 있었다는 사실을 알고 있습니다. 당시 로마 시민권을 가진 사람들이 누릴 수 있는 특혜는 대단했습니다. 재판을 통해 유죄가 증명되기 전까지 로마 시민권자는 함부로 누군가에게 맞거나 감옥에 갇히지 않습니다.

사도 바울이 3차 전도여행 후 예루살렘에 방문했을 때 예루살렘 성전 안에서 죽을 위험에 처했습니다. 그

유대를 다스린 로마 총독
- 코포니우스 (Coponius)
- 발레리우스 그라투스 (Valerius Gratus)
- 본디오 빌라도 (Pontius Pilate)
- 쿠피루스 파투스 (Cuspius Fadus)
- 티베리우스 알렉산더 (Tiberius Julius Alexander)
- 쿠마누스 (Ventidius Cumanus)
- 벨릭스 (펠릭스, Felix)
- 베스도 (페스투스, Festus)
- 알비누스 (Lucceius Albinus)
- 가이우스 케스티우스 플로루스 (Gaius Gessius Florus)

빌라도 앞에 선 예수님 _ 두치오 디 부오닌세냐 作

때 바울은 로마의 천부장에게 자신이 로마의 시민권자임을 말하고 목숨을 지킵니다. 당시 예루살렘 치안을 담당하고 있던 천부장은 자기 담당 지역에서 로마 시민권자가 이유 없이 억울하게 죽게 된다면 그 책임을 면할 수가 없게 됩니다. 그래서 천부장이 많은 군인을 동원하여 로마 시민권자인 바울을 보호해주었던 것입니다. 그리고 바울은 로마 시민권자의 자격으로 황제에게 재판을 요청할 수 있었습니다.

로마에서 황제 재판을 기다리던 바울에게 좋지 않은 소식이 전해집니다. 안타깝게도 당시 로마 제국을 다스리던 황제는 우리가 잘 알고 있는 악명 높은 네로 황제였습니다. 그때 안타깝게도 네로 황제가 로마의 대화재 사건을 기독교인들에게 뒤집어씌움으로 바울이 로마에서 순교하게 된 것입니다. 〈요한계시록〉의 저자인 사도 요한을 밧모섬에 유배 보낸 것도 로마 제국이었습니다.

🔗 이 과의 내용을 통通 이야기(Tong story)로 적어보고 이야기해 보세요.

_____

_____

_____

_____

_____

🙏 이 과의 내용을 자녀에게 가르칠 수 있도록 통성기도(Tongsung Gido)합시다.

• 너희의 자녀에게 가르치며 집에 앉아 있을 때에든지, 길을 갈 때에든지, 누워 있을 때에든지, 일어날 때에든지 이 말씀을 강론하고 … 너희의 날과 너희의 자녀의 날이 많아서 하늘이 땅을 덮는 날과 같으리라 (신명기 11:19~21)
• 너는 네가 누구에게서 배운 것을 알며 또 어려서부터 성경을 알았나니 (디모데후서 3:14~15)

통通프레임

은혜 언약과 쌍무 언약을 통通으로

GRACE COVENANT AND BILATERAL COVENANT THROUGH TONG

아브라함, 이삭, 야곱 = 은혜 언약 "땅의 모든 족속이 너로 말미암아 복을 얻을 것이라" (창 12:2~3)

 은혜 언약 기반 위에 출애굽 (출 12:37~42)

모세 언약 = 십계명을 통한 쌍무 언약 "너희가 내게 대하여 제사장 나라가 되며 거룩한 백성이 되리라"
"명령하신 대로 우리가 다 행하리이다" (출 19:5~8)
레위기 제사장 나라 처벌 1, 2, 3단계 법 예고 (레 26장)

 쌍무 언약 위기 1 ⇒ 금송아지 사건 (출 32:7~10)

 쌍무 언약 위기 2 ⇒ 가데스 바네아 정탐 사건 (민 14:11~12)

 가나안 정착

다윗 언약 = 성전 건축을 통한 왕권의 지속 약속 "그는 내 이름을 위하여 집을 건축할 것이요
나는 그의 나라 왕위를 영원히 견고하게 하리라" (삼하 7:13)

 북이스라엘 멸망 (왕하 17장)

 남유다 멸망 (왕하 25장)

예레미야 = 네 가지 70년을 통한 새 언약 예고 쌍무 언약의 한계를 느끼고, 은혜 언약으로 긍휼을 깨닫다
"보라 날이 이르리니 내가 이스라엘 집과 유다 집에
새 언약을 맺으리라" (렘 31:31)

 네 가지 70년 (징계, 교육, 안식, 바벨론 제국 수명)
: 돌 같은 마음을 제거, 살처럼 부드러운 마음으로

 에스겔의 화평 언약 (겔 37:26~28)

 말라기 – 엘리야 보내기로 약속 (말 4:5~6)
"마음을 돌이키게 하리라" (말 4:6)

 세례 요한(엘리야)의 외침
: 마음을 돌이키라. 하나님 나라가 가까이 왔다 (마 3:2)

예수님의 십자가 = 새 언약 성취 마지막 유월절과 첫 번째 성찬식

: "다 이루었다" (요 19:30)
"모든 민족을 제자로 삼아 … 너희에게 분부한 모든 것을 가르쳐 지키게 하라" (마 28:19~20)

4복음서

예수님이 완성하신 하나님 나라

[통으로 본 4복음서 분위기]

'4복음서'는 세례 요한으로 시작하여 예수님이 완성하신 '하나님 나라(The Kingdom of God) 셋업(setup)' 분위기입니다. 예수님의 길을 예비하기 위해 등장한 세례 요한이 하나님 나라를 소개했고, 예수 그리스도께서는 본격적으로 하나님 나라를 실천과 비유를 통해서 자세히 가르쳐주셨습니다.

"요한이 잡힌 후 예수께서 갈릴리에 오셔서 하나님의 복음을 전파하여 이르시되 때가 찼고 하나님의 나라가 가까이 왔으니 회개하고 복음을 믿으라 하시더라"(막 1:14~15).

예수님께서는 농부들에게는 씨 뿌리는 비유로, 어부들에게는 그물 비유로, 주부들에게는 누룩 비유로, 장사하는 사람들에게는 진주 비유를 들어 누구나 쉽게 하나님 나라를 알 수 있게 가르쳐주셨습니다.

모든 제국은 하나같이 "제국이여 영원하라."를 외쳤습니다. 그러나 모든 제국은 결국 다 망했습니다. 그러나 하나님 나라는 영원하며 우리의 소망은 하나님 나라에 있습니다.

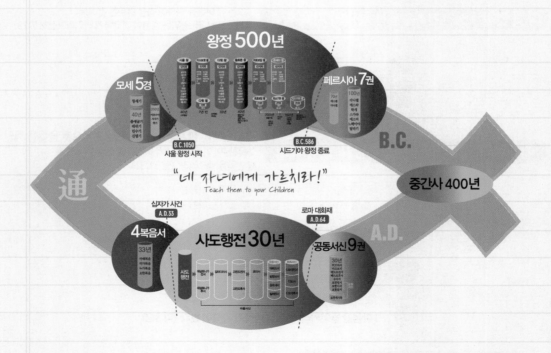

12 마당 기쁨을 위한 탄생
A Joyful Birth

📍 **통通Map** 12마당 전체의 구조와 흐름을 한눈에 담아봅시다.

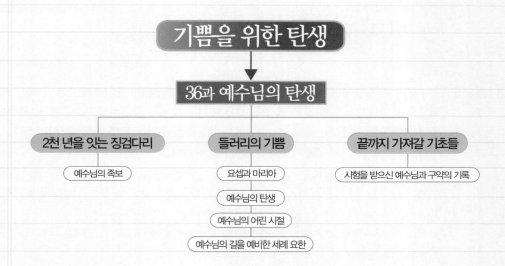

기쁨을 위한 탄생

36과 예수님의 탄생

2천 년을 잇는 징검다리	들러리의 기쁨	끝까지 가져갈 기초들
예수님의 족보	요셉과 마리아	시험을 받으신 예수님과 구약의 기록
	예수님의 탄생	
	예수님의 어린 시절	
	예수님의 길을 예비한 세례 요한	

🏫 **12마당-통通 Concept**

• 기쁨을 위한 탄생!

예수님께서 이 땅에 오심으로 하나님의 큰 빛이 사망의 땅과 그늘에 앉아 있는 이들에게 비취고, 하나님의 나라가 임하게 됩니다. 참 기쁨을 위한 탄생이었음을 기억하며 공부해봅시다.

• 2천 년을 잇는 징검다리, 족보!

아브라함 때부터 시작된 하나님의 구원 역사가 다윗이라는 천 년의 징검다리를 건너 예수님에게서 완성됩니다. 2천 년의 구약 역사를 기반으로 이 땅에 오신 예수님을 소개하는 데에 매우 소중한 역할을 하는 족보를 건너뛰지 맙시다.

• 예수님의 탄생을 돕다, 들러리의 기쁨!

예수님께서 이 땅에 오실 때 애쓰고 수고한 사람들, 충성을 다한 사람들을 살펴봅시다.

* **숲 둘러보기**　네 개의 복음서 가운데 예수님의 탄생을 기록한 복음서는 〈마태복음〉과 〈누가복음〉입니다. 〈마가복음〉은 세례 요한이 유대 광야에 나타나 사역을 시작하는 이야기에서부터 출발하고, 〈요한복음〉은 "태초에 말씀이 계시니라"(요 1:1)라는 말씀으로, 세상이 시작되기 전으로까지 거슬러 올라가 예수님에 대해 소개합니다.

　신약성경은 "아브라함과 다윗의 자손 예수 그리스도의 계보라"(마 1:1)라고 시작합니다. 이 말씀은 〈마태복음〉과 신약성경의 핵심이며, 나아가 성경 전체를 한마디로 압축한 키워드(keyword)입니다.

* **터와 나이테**　예수님께서 이 땅에 오실 때, 팔레스타인 땅은 로마 제국에 의해 다스려지고 있었고, 크게 세 지역으로 나눠져 있었습니다. 맨 위는 갈릴리 바다가 있는 갈릴리 지역, 중간 지대는 사마리아인들이 사는 사마리아 지역, 맨 아래에는 예루살렘이 있는 유대 지역입니다. 이 세 지역은 사막, 계곡, 들판 등 다양한 지형을 포함하고 있습니다.

　예수님께서 공생애를 시작하기 전까지 사셨던 나사렛은 갈릴리에 있던 동네 이름입니다. 예수님의 사역은 주로 갈릴리와 유대 지역에서 이루어졌습니다. 유대와 갈릴리 땅에 사는 대부분의 사람은 농사를 짓거나 물고기를 잡아서 생계를 이어갔으나, 로마의 통치가 본격적으로 이 지역에 뻗치면서 각종 도로와 항구가 만들어졌으며, 팔레스타인 지역은 국제적인 교역을 시작하게 되었습니다.

　또 한 곳의 중요 장소인 베들레헴은 유대 지역의 예루살렘 남서쪽 구릉 지대에 있습니다. 베들레헴은 구약 시대의 예언자인 미가가 고통과 속박과 불의에서 백성을 건져낼 메시아가 탄생할 곳이라고 예언했던 장소입니다(미 5:2).

* **바람과 토양**　예수님의 탄생을 축하하기 위해 동방으로부터 별을 보고 찾아온 박사들이 있었습니다. 아마도 이들은 멀리 아라비아나 바벨론 또는 페르시아에서 온 것으로 보입니다. 동방박사들과 양치던 목자들의 축하와 경배를 받으시며 이 땅에 오신 우리 예수님. 예수님은 하늘 보좌를 버리시고 낮고 천한 이 땅에 인간의 몸을 입고 오신 하나님의 아들이십니다.

* 마태복음 *Matthew*

로마는 이스라엘 백성 중에서 세리를 뽑아 철저하게 세금을 거두어 로마로 가져갔습니다. 그래서 당시 유대인들은 로마에 대한 적개심 못지않게 자기 동족 출신인 세리에 대해 미워하는 마음이 강했습니다. 그런데 예수님께서 그런 세리 마태를 찾아오셔서 제자로 삼아주신 것입니다.

마태는 3년 동안 예수님의 제자로 살면서 이보다 더 행복한 때는 없다고 생각했을 것입니다. 예수님의 제자로 사는 일은 세리로 살 때보다 육체적으로 더 힘들고, 경제적으로도 턱없이 낮은 수준의 생활이었지만, 마태는 정말 보람 있고 의미 있는 하루하루를 보내며 자신과 같은 사람이 예수님의 제자가 된 것에 대하여 감사와 감격의 눈물을 참 많이 흘렸을 것입니다.

마태는 동족 유대인들에게 우리 예수님이 얼마나 좋은 분인지, 그리고 예수님께서 왜 이 땅에 오셔서 우리를 위해 십자가 위에서 죽으셨는지 자세히 알려주고 싶어서 '마태복음'을 기록했습니다. 그래서 〈마태복음〉은 유대인들이 가장 좋아하는 유대 역사에 대한 이야기로 포문을 열고 있으며, 유대인들이 잘 이해할 수 있는 구약적 지식과 배경을 통해 예수님을 설명하는 부분들이 많이 등장합니다.

* 마가복음 *Mark*

〈마가복음〉은 1장부터 16장까지 기록되어 있습니다. 그중에 11장부터 16장까지, 여섯 장에 걸쳐 예수님의 고난과 십자가 위에서의 죽으심과 부활에 대해서 기록해놓았습니다. 왜냐하면 당시 유대인이 '오실 메시아는 로마로부터 정치적인 해방을 이룰 왕일 것'이라고 오해하고 있었기 때문입니다. 그러나 진정한 메시아이신 우리 예수님은 우리의 죄를 대신하여 십자가 위에서 죽으심으로 우리를 죄에서 해방시켜주신 분이며, 하나님의 아들이십니다. 마가는 유대인들에게 예수님에 대한 오해를 풀어주고 로마에 있는 성도들에게도 우리 예수님에 대해 바르게 알려주기 위해 〈마가복음〉을 기록했습니다.

이러한 〈마가복음〉에는 모든 병을 고치시며 인생을 변화시키시는 예수님의 능력이 강조되어 있습니다. 중풍병자의 치유, 거라사 광인을 온전하게 하신 일, 손 마른 자를 고치신 일, 혈루병 여인의 치유 등, 예수님의 이적에 대해서 많이 기록하고 있습니다. 또한 마가는 '손을 붙드시다, 고치시다, 데리고 가시다, 슬퍼하시다, 한숨 쉬시다, 사랑하시다, 노하시다' 등 예수님께서 행하신 많은 동사(動詞)를 통해 예수님의 인간적인 면과 진한 사랑을 표현했습니다.

＊ 누가복음 *Luke*   〈누가복음〉을 기록한 누가는 헬라인으로서 그의 직업은 의사이며 역사가입니다. 누가는 직접 예수님을 대면한 적이 없습니다. 그러나 바울을 통해 드로아에서 예수 그리스도에 대해 듣고 알고 믿게 된 후, 바울과 함께 평생 복음 전도에 일생을 바친 전도인이 되었습니다. 누가는 〈누가복음〉 외에도 〈사도행전〉을 기록했습니다.

〈마태복음〉이 유대인들을 대상으로 기록되었고, 〈마가복음〉이 로마에 있는 성도들을 위해 기록되었다면, 〈누가복음〉과 〈사도행전〉은 오직 한 사람 데오빌로를 위해 기록된 편지입니다.

〈누가복음〉은 누가가 서두에서 말한 것처럼, 우리 예수님에 대해 모든 일을 근원부터 자세히 차례대로 기록했습니다. 헬라인, 즉 당시에 이방인이었던 누가는 〈누가복음〉 안에 사마리아인에 대한 기록과 소외된 자들에 대한 기록도 많이 썼습니다.

특별히 누가는 가난한 자들과 그 사회의 소외된 자들을 위해 정성을 다해 애쓰시는 예수님의 모습을 강조합니다. 또한 엠마오로 가는 두 제자, 삭개오, 부자와 나사로, 마리아와 마르다 이야기 등 다른 복음서에서 다루지 않은 예수님에 대한 많은 자료도 잘 모아 기록으로 남겼습니다.

＊ 요한복음 *John*   요한은 〈요한복음〉과 〈요한일 · 이 · 삼서〉, 그리고 〈요한계시록〉을 기록했습니다. 또한 요한은 예수님께서 십자가 위에서 죽으실 때, 예수님의 육신의 어머니 마리아를 돌보도록 부탁받았고 끝까지 그 일을 잘 감당했습니다. 예수님의 제자 중 가장 오랫동안 남아 사역을 감당했던 그가 깊이 생각해보고 또 생각한 결론은 "하나님은 사랑이시라"(요일 4:16)라는 것이었습니다.

하나님께서 세상을 이처럼 사랑하지 않으셨으면 그의 독생자 외아들을 우리를 위해 죽기까지 내어주실 수 없기 때문입니다(요 3:16). 요한은 이 거대한 하나님의 사랑을 깊이 깨닫고 큰 감격 속에서 〈요한복음〉을 기록했습니다.

〈요한복음〉은 나머지 세 복음서와는 다른 특징을 가지고 있습니다. 그 기록의 관점이 다르다 하여, 사복음서를 '공관(共觀)복음'과 〈요한복음〉으로 나누기도 합니다. 사실 사도 요한은 예수님의 품에 안겨보았던 제자(요 13:23)로 예수님의 인간적인 체온을 가장 많이 느꼈던 제자였습니다. 그런데 놀랍게도 〈요한복음〉은 예수님이 하나님의 아들이시라는 것, 즉 그분의 신성(神性)을 강조하고 있습니다. 마치 구약의 〈창세기〉처럼 태초의 이야기부터 시작하는 〈요한복음〉은 깊은 영적 지식을 바탕으로 예수님을 소개하고 있습니다.

36과 예수님의 탄생

마태복음, 마가복음, 누가복음, 요한복음

📖 큰글자 일년일독 통독성경 (281~315일 중 5일치를 통독하겠습니다.)

281일 : 하나님의 독생자 예수   282일 : 산상수훈   283일 : 예수님과 제사장 나라

284일 : 예수님의 멍에를 메면   285일 : 예수님의 치유 사역

※ '통통트랙 4복음서'에 속한 36~41과를 공부할 때에는 <마태복음>부터 <요한복음>까지를 차례로 통독합니다.

🔖 통通으로 외우세요

① 예수님의 탄생은 <마태복음>과 <누가복음>에 기록되어 있습니다.

② 예수님의 탄생과 어린 시절, 예수님이 오실 길을 예비한 세례 요한 이야기, 즉 예수님의 공생애 이전의 사건들을 살펴봅니다.

💡 통通으로 읽는 센스

비록 헤롯(대헤롯)이 자신의 권력에 대한 위기감으로 예수님의 생명을 위협하는 일도 있었지만, 이 땅에 참 기쁨과 구원을 주기 위해 오신 예수님의 탄생은 그 누구도 막을 수 없습니다. 예수님께서는 온 인류를 구원하시기 위한 하나님의 '사랑의 결정체'로 이 땅에 오셨습니다.

◆ 통通포인트

▲ 2천 년을 잇는 징검다리

"아브라함과 다윗의 자손 예수 그리스도의 계보라"(마 1:1). 마태는 구약의 2천 년 역사를 이 한마디 문장으로 정리하고 있습니다. 예수님의 족보가 구약과 신약의 2천 년을 잇는 징검다리인 셈입니다.

1. 예수님의 족보   마 1:1~17/ 막 1:1/ 눅 1:1~4; 3:23~38/ 요 1:1~18

#큰글자 일년일독 통독성경 | 1~2p/ 68p/ 110~111; 119~120p/ 183~184p

신약성경은 "아브라함과 다윗의 자손 예수 그리스도의 계보라"(마 1:1)라고 시작하고 있습니다. 아브라함은 예수님보다 2천 년 전 사람이고 다윗은

예수님의 족보
마태복음 1장
아브라함-다윗-솔로몬-예수님의 어머니 마리아
누가복음 3장
하나님-아담-다윗-나단-예수님의 아버지 요셉
(누가는 역대기에 나타난 이스라엘의 역사에 대해 자세히 공부하고 그 자료를 모았음)

1천 년 전 사람입니다. 그러므로 이 한 문장 안에 구약 2천 년의 역사가 정리되면서 동시에 신약 시대가 열리고 있다고 할 수 있겠습니다. 즉, 마태복음 1장에는 2천 년의 시간이 담겨 있습니다. 특히, 마태복음 1장 1절은 성경 전체의 숲이 결국 예수 그리스도 한 분에게로 집중되고 있다는 사실을 웅변하고 있습니다.

마태복음 1장 족보 속의 여인들		
다말	·야곱의 넷째 아들 유다의 며느리 ·창녀로 위장하여 유다와 동침, 쌍둥이를 낳음	창38장
라합	·여리고에서 이스라엘 두 정탐꾼을 숨겨준 여인 ·살몬의 아내	수2장
룻	·모압 여인으로서 나오미의 아들인 말론의 아내 ·베들레헴에서 보아스와 재혼	룻기
우리아의 아내(밧세바)	·다윗이 전 남편인 우리아를 죽이고 얻은 부인 ·솔로몬의 어머니	삼하11장
마리아	·성령으로 예수님을 잉태함	마1장

예수님의 족보에서 찾아볼 수 있는 또 한 가지 특징은 족보에 등장하는 여인들의 이름입니다. 그런데 다말, 라합, 룻, 우리아(우리야)의 아내, 마리아, 이렇게 다섯 여인의 이름 중 한 가지 이상한 점이 눈에 띄지 않습니까? 네 사람은 이름을 썼는데, 유독 한 여인만은 이름을 쓰지 않았습니다. 만약 네 사람의 방식을 따를 것 같으면, '우리아의 아내'가 아니라 원래 이름인 '밧세바'라고 써야 합니다. 무슨 의도가 있는 것일까요?

다윗은 역사상 가장 위대한 왕이었고 훌륭한 사람이었음에 분명합니다. 그런데 그 위대한 다윗에게는 생애 최대의 부끄러운 기억이 한 가지 있었는데, 자신의 죄를 감추기 위해 죄 없는 우리아를 죽이고 말았던 일입니다. 마태는 이 점을 꼬집으면서, 유대인들이 그토록 추앙하고 받드는 위대한 왕 다윗도 한 사람의 죄인에 불과하다는 것을 말하고 있습니다. 그도 우리와 똑같이 예수님의 십자가 보혈로 죄를 용서받아야 할 죄인이라는 것입니다. 모든 사람이 예수님의 이름 앞에 꿇어 경배해야 한다는 것, 이것이 바로 마태가 하고 싶은 이야기의 요점이었습니다.

◆ 통通포인트

들러리의 기쁨
예수님의 탄생을 위해 헌신과 충성을 다한 요셉과 마리아, 동방박사와 목자들, 그리고 예수님의 길을 예비한 세례 요한까지, 모두 들러리로서의 기쁨을 충만히 누렸던 사람들입니다. 이들의 기쁨을 기억하며 예수님의 탄생을 살펴봅시다.

2. 요셉과 마리아 마 1:18~25/ 눅 1:26~56
#큰글자 일년일독 통독성경 | 2p/ 112~114p

하나님께서는 마리아라는 여인을 통해 예수 그리스도께서 이 땅에 오시는 길을 여십니다. 믿음의 여인 마리아는 천사가 찾아와 "네가 잉태하여 아들을 낳으리니 그 이름을 예수라 하라"(눅 1:31)라고 하나님의 뜻을 전하자, "주의 여종이오니 말씀대로 내게 이루어지이다"(눅 1:38)라고 답하며 순종합니다.

얼마 후, 마리아의 약혼자였던 요셉은 영문도 모른 채 마리아가 임신했다는 소식을 듣게 됩니다. 만약 일이 커져서 처녀가 아이를 가졌다는 소문이 퍼지면, 마리아는 율법대로 돌에 맞아 죽을 수도 있었습니다. 의로운 요셉은 마리아와의 약혼 관계를 가만히 끊음으로써 마리아를 보호해주려고 합니다. 그때 천사가 요셉을 찾아와 마리아의 잉태가 성령으로 된 것임을 알려주며 "아들을 낳으리니 이름을 예수라 하라 이는 그가 자기 백성을 그들의 죄에서 구원할 자이심이라"(마 1:21)라고 일러줍니다. 요셉은 주의 사자의 분부대로 마리아를 데려오고 아들을 낳기까지 동침하지 않습니다. 예수님께서 이 땅에 오시는 길목에서 마리아와 요셉이 우리 주님을 위하여 참 아름다운 역할을 감당해주었습니다.

3. 예수님의 탄생 마 2:1~12/ 눅 2:1~21
#큰글자 일년일독 통독성경 | 2~3p/ 115~116p

로마 황제 가이사 아구스도(옥타비아누스)가 모든 사람은 자신이 태어난 곳으로 돌아가 호적을 시행하라고 명령을 내렸습니다(눅 2:1~2). 이는 인구를 정확히 파악하여 세금을 더 많이 걷기 위함이었습니다. 이 때문에 요셉과 만삭의 몸인 마리아도 나사렛에서 베들레헴까지 먼 길을 가게 됩니다.

목자들의 경배 _ 바르톨로메 에스테반 무리요 作

힘들게 베들레헴에 도착하자 마리아가 해산할 때가 되었습니다. 그런데 이미 베들레헴 마을의 여관들이 다 차버려서 요셉과 마리아는 따뜻한 방을 찾지 못하고 결국 아기를 낳아 구유에 뉘어야 했습니다.

예수님의 공생애 기간 중 유대 통치자들		
로마 황제	디베료(티베리우스)	눅 3:1
총독	본디오 빌라도	눅 3:1; 마 27:2
분봉왕	헤롯(헤롯 안티파스) - 갈릴리 헤롯 빌립 - 이두래, 드라고닛 루사니아 - 아빌레네	눅 3:1
대제사장	안나스 가야바(안나스의 사위)	눅 3:2; 요 18:13

우리 주님은 이런 이들의 헌신과 충성을 통해 이 땅에 오셨습니다.

"베들레헴 에브라다야 너는 유다 족속 중에 작을지라도 이스라엘을 다스릴 자가 네게서 내게로 나올 것이라"(미 5:2)라는 미가 선지자의 예언대로 드디어 예수님께서 이 땅에 태어나셨습니다. 그 밤에 베들레헴 근처에서 양떼를 지키던 목자들이 천사들의 음성을 듣고 달려와서 경배했습니다. 또 멀리 동방으로부터 박사들이 별을 보고 찾아옵니다. 그들은 아기가 있는 곳에 머문 별을 보고 "매우 크게 기뻐하고 기뻐"했습니다(마 2:9~10). 이처럼 예수님의 베들레헴 탄생은 800년 전 미가 선지자의 예언과 로마 황제의 호적 명령이 맞물린 이야기입니다.

이 부분의 성경을 통독하면서, 우리도 그 베들레헴 마을에 들어가 예수님의 탄생을 축하하는 마음으로 새 찬송가 122장 〈참 반가운 성도여〉를 불러봅시다. "참 반가운 성도여 다 이리 와서 베들레헴 성안에 가봅시다 저 구유에 누이신 아기를 보고 엎드려 절하세 엎드려 절하세 엎드려 절하세 구주 나셨네~!"

4. 예수님의 어린 시절　마 2:13~23/ 눅 2:22~52
#큰글자 일년일독 통독성경 | 3~4p/ 116~117p

얼마 후, '유대인의 왕'이 될 아이가 태어났다는 말을 듣고 자신의 왕권에 대해 위기감과 불안을 느낀 헤롯(대헤롯)이 베들레헴과 그 인근 마을의 어린 남자아이들을 모두 죽이라는 명령을 내립니다. 이때 요셉과 마리아는 아기 예수님을 데리고 헤롯을 피해 애굽으로 도망을 갔기에 가까스로 그 위기를 피할 수 있었습니다. 당시 로마 제국이 '여우' 헤롯을 유대의 분봉 왕으로 세웠던 이유는 그들이 앗수르, 바벨론, 페르시아, 헬라 제국의 '역사'를 공부했기 때문입니다.

대헤롯이 죽은 후에, 유대 지방은 그의 아들 헤롯 아켈라오에게 분배됩니다. 이를 알고 요셉이 애굽에서 돌아올 때, 유대 지역이 아닌 갈릴리 지방에 있는 나사렛 동네로 가서 살았다고 성경은 기록합니다(마 2:19~23). 그래서 예수님께서 이후에 '나사렛 예수'라고 불리게 되는 것입니다.

예수님의 어린 시절에 관해서는 오로지 〈누가복음〉 한 군데에만 짧은 기록이 남아 있을 뿐입니다. 예수님께서 열두 살이 되셨을 때, 유월절을 지키

나사렛
예수님께서는 공생애를 시작하시기 전, 나사렛에서 사셨다. 당시 나사렛은 주목받지 못하는 작은 시골 마을에 불과했기에, 나다나엘은 빌립으로부터 예수님이 나사렛 출신임을 들었을 때, "나사렛에서 무슨 선한 것이 날 수 있느냐"(요 1:46)라고 대꾸했다. 바로 이런 나사렛에서 예수님께서는 겸손히 자신을 낮추시며 앞으로의 사역을 준비하셨던 것이다.

기 위해 예루살렘에 가셨던 일입니다. 그때 예수님께서는 성전에서 만난 선생들에게 부지런히 율법을 듣고 또 질문도 하셨는데, 듣는 사람들이 다 예수님의 지혜로운 대답을 놀라워했다고 합니다. 누가는 예수님에 대해 "지혜와 키가 자라가며 하나님과 사람에게 더욱 사랑스러워 가시더라"라고 기록했습니다(눅 2:52).

5. 예수님의 길을 예비한 세례 요한 마 3장 (11:1~19; 14:1~12)/
막 1:2~11 (6:14~29)/ 눅 1:5~25,57~80; 3:1~22 (7:18~35)/ 요 1:19~34 (3:22~36)
#큰글자 일년일독 통독성경 | 4~5p (21~22; 30p)/ 68~69p (80~81p)/
111~112, 114~115; 118~119p (130~131p)/ 184~185p (189p)

예수님께서 서른 살이 되셨을 때, 유대 땅은 세례 요한이라는 사람의 등장으로 온통 떠들썩했습니다. 선지자 세례 요한의 등장은 이사야와 말라기 선지자를 통한 하나님의 말씀이 성취된 것입니다(사 40:3; 말 3:1; 4:5). 세례 요한의 사역은 예수님께서 등장하시기 전, 6개월이 전부였습니다. 그는 보통 사람들이 입지 않는 낙타털 옷을 입고, 메뚜기와 석청으로 식사를 하고, 잠도 거친 광야에서 잤습니다. 사람들이 와서 세례를 받겠다고 하면, 흐르는 강물 속에 몸을 푹 담갔다가 뺍니다. 게다가 그가 베푸는 설교와 세례는 매우 파격적이었습니다. 그의 설교는 도끼로 나무를 내리찍는 것처럼 거침없고 예리해서 일명 '도끼 설교'라고 이름 붙일 만했습니다(눅 3:7~14).

세례 받으시는 예수님 _ 피에로 델라 프란체스카 作

이렇게 세례 요한이 6개월여 만에 온 유대 백성의 이목을 집중시켜 놓았을 때, 우리 예수님께서 나타나십니다. 세례 요한은 예수님을 '하나님의 어린 양'으로 소개합니다. 그리고 예수님께 물로 세례를 베풉니다. 예수님께서 세례 받으실 때 비둘기같이 성령이 임하시고, "이는 내 사랑하는 아들이요 내 기뻐하는 자"(마 3:17)라고 하늘로부터 소리가 들립니다.

점점 많은 사람이 예수님께로 몰려갑니다. 이를 지켜본 세례 요한의 제자들이 "사람들이 다 그에게로 갑니다."라고 불평하자, 세례 요한은 침착하게 자기 제자들의 오

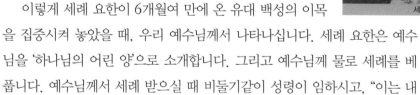

세례 요한 vs. 예수님

세례 요한	예수님
약 6개월 사역	약 3년의 공생애
"심판이 가까이 왔으니 회개하라"	"하나님의 통치가 가까이 왔으니 회개하고 나를 믿으라"
회개의 물 세례	불과 성령의 세례
이사야와 말라기에 의해 그의 사역이 예언됨	이사야, 예레미야, 스가랴 등에 의해 예언됨

해를 풀어줍니다.

"내가 말한 바 나는 그리스도가 아니요 그의 앞에 보내심을 받은 자라고 한 것을 증언할 자는 너희니라 신부를 취하는 자는 신랑이나 서서 신랑의 음성을 듣는 친구가 크게 기뻐하나니 나는 이러한 기쁨으로 충만하였노라 그는 흥하여야 하겠고 나는 쇠하여야 하리라 하니라"(요 3:28~30).

세례 요한은 자신이 서야 할 자리를 아는 사람이었고, 때가 되었을 때 그 자리를 예수님께 내어드릴 줄 아는 사람이었습니다. 이렇게 성경 속 '선지자'는 아브라함에서 시작해서 세례 요한으로 끝이 났습니다.

그 후 세례 요한은 헤롯(헤롯 안티파스)이 그 형제 빌립의 아내 헤로디아를 차지한 것이 옳지 않다고 정면으로 지적함으로써 헤롯에 의해 죽임을 당하고 맙니다(마 14:1~12). 이후에 예수님께서는 이러한 세례 요한에게 "선지자보다 더 나은 자"(마 11:9)이며, "여자가 낳은 자 중에 가장 큰 자"(마 11:11)라는 높은 평가를 내려주십니다.

6. 시험을 받으신 예수님과 구약의 기록
마 4:1~11/ 막 1:12~13/ 눅 4:1~13
큰글자 일년일독 통독성경 | 5~6p/ 69p/ 120~121p

세례 요한에게 세례를 받으신 후, 예수님께서는 광야로 가셔서 40일간 금식기도를 하시며 공생애를 준비하십니다. 그리고 기도를 마치실 즈음, 예수님의 사역을 훼방하려는 사탄에게 시험을 받으십니다.

사탄은 "네가 만일 하나님의 아들이어든 명하여 이 돌들로 떡덩이가 되게 하라", "네가 만일 하나님의 아들이어든 이 높은 성전 꼭대기에서 뛰어내리라", "만일 내게 엎드려 경배하면 이 세상 모든 것을 네게 주리라"라는 세 가지 사항으로 예수님을 시험합니다(마 4:3~9). 쉽게 말해, 차근차근 단계를 밟아 3년 동안 이루어야 하는 사역을 놓고 사탄은 "그럴 거 뭐 있냐? 순간에

예수님께서 당하신 시험
• 첫째 시험
경제적 메시아가 되는 것.

• 둘째 시험
신비한 메시아가 되는 것. 예수님께서는 굉장한 기적을 행하여 추종자들을 확보하라는 유혹을 받았다. 유대인의 삶의 중심인 예루살렘 성전 꼭대기에서 뛰어내림으로써 예수님께서는 큰 집단의 지지자들과 함께 사역을 시작하실 수도 있었다.

• 셋째 시험
정치적 메시아가 되는 것. 예수님께서는 로마 제국의 발굽이 그의 백성의 목을 짓누르고 있음을 예리하게 느끼셨다. 다윗과 똑같이 되라는 유혹은 고난받는 종의 길을 피하라는 것이었다.

이루어라."라고 유혹한 것입니다. 굳이 돌아갈 것 없이 자기에게 절하기만 하면 이 땅의 나라가 훨씬 수월하게 그리고 보다 빠르게 예수님의 것이 될 수 있다고 유혹했던 것입니다(마 4:9).

예수님께서는 단호하게 사탄의 유혹을 물리치십니다. 특히 예수님께서는 "기록되었으되 사람이 떡으로만 살 것이 아니요 하나님의 입으로부터 나오는 모든 말씀으로 살 것이라 하였느니라", "기록되었으되 주 너의 하나님을 시험하지 말라 하였느니라", "기록되었으되 주 너의 하나님께 경배하고 다만 그를 섬기라 하였느니라"라고 대답하심으로 사탄을 물리치십니다(마 4:4~10). 기록된 말씀인 모세오경과 예언서들, 다시 말해 하나님의 말씀으로 사탄에게 대응하신 것입니다. 예수님께서는 하나님의 말씀에 능력이 있음을 누구보다도 잘 알고 계신 분이었습니다.

◉ 이 과의 내용을 통通 이야기(Tong story)로 적어보고 이야기해 보세요.

◉ 이 과의 내용을 자녀에게 가르칠 수 있도록 통성기도(Tongsung Gido)합시다.

• 너희의 자녀에게 가르치며 집에 앉아 있을 때에든지, 길을 갈 때에든지, 누워 있을 때에든지, 일어날 때에든지 이 말씀을 강론하고 … 너희의 날과 너희의 자녀의 날이 많아서 하늘이 땅을 덮는 날과 같으리라 (신명기 11:19~21)
• 너는 네가 누구에게서 배운 것을 알며 또 어려서부터 성경을 알았나니 (디모데후서 3:14~15)

13마당 한 영혼 사랑
Love for One Soul

📍 **통通Map** 13마당 전체의 구조와 흐름을 한눈에 담아봅시다.

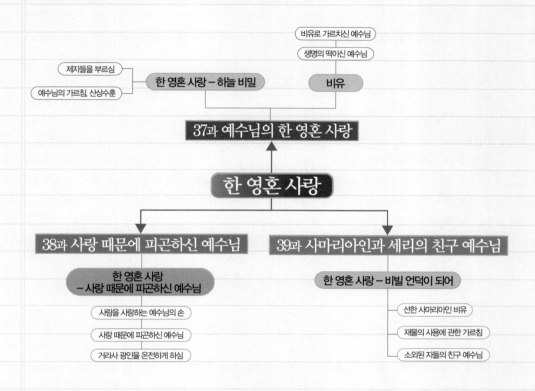

🎓 **13마당-통通 Concept**

한 영혼 사랑을 위한 공생애 3년

예수님께서는 3년의 공생애 기간 동안, 시공을 초월하여 기적의 능력을 베풀기도 하시지만 직접 당신의 손을 사용하셔서 사람들을 어루만지고 치유하십니다. '한 영혼 사랑'을 위해 예수님께서 행하신 모든 사역에 초점을 맞추어 공부해봅시다.

＊ 숲 둘러보기 예수님의 삶 가운데 빼놓을 수 없는 것이 한 영혼을 사랑하신 예수님의 모습입니다. 바리새인들의 시비가 있을 것을 감내하시면서 안식일에 아픈 병자들을 고치시고, 아무도 만나려 하지 않는 광인을 치료하시며 혈루증 앓는 여인을 고치십니다.

피곤하신 모습, 시장하신 모습, 당시 힘 있는 대적자들과 당당히 맞서시는 모습, 스스로 낮은 자리를 찾아가시는 모습, 종의 모습 등은 모든 이를 섬기고자 낮고 낮은 곳으로 찾아오신 예수님의 마음 표현이었습니다. 예수님의 크신 사랑은 십자가를 지시는 날, 가장 극적으로 표현됩니다.

＊ 터와 나이테 예수님께서는 갈릴리와 유대 지역을 다니시며 때때로 이방인들이 사는 지역들(두로, 수로보니게, 데가볼리 등)까지 찾아가시며 하나님 나라를 가르치시고, 사람들을 섬기고 사랑하시며 많은 사람을 치유하는 기적을 행하셨습니다. 갈릴리는 복음서에서 매우 자주 등장하는 지명 중 하나로, 가버나움, 가나, 나사렛 등이 모두 갈릴리 지방에 있습니다. 예수님의 삶과 가르침은 대부분 갈릴리 지방에서 이루어졌습니다.

또한 예루살렘은 더 이상 그 중요성을 강조할 필요도 없을 만한 곳입니다. 예루살렘이 중요하게 여겨지는 이유는 성전 때문입니다. 예루살렘 성전은 유대인의 정신을 이루는 핵심으로, 이곳 대제사장들은 당시 최고의 권위를 누리고 있었습니다.

＊ 바람과 토양 예수님께서 여러 비유를 들어 천국을 가르쳐주신 것은 누구나 쉽게 천국에 대해서 이해하고 천국을 소망하게 하기 위함이었습니다. 그래서 농부들에게는 씨 뿌리는 비유로, 어부들에게는 그물 비유로, 장사하는 사람들을 위해서는 진주 비유로, 주부들을 위해서는 누룩 비유를 들어 천국에 대해서 설명해주시고 천국을 사모하게 만들어주신 것입니다.

37과 예수님의 한 영혼 사랑

마태복음, 마가복음, 누가복음, 요한복음 / 공생애 3년 ①

📖 큰글자 일년일독 통독성경 (281~315일 중 6일치를 통독하겠습니다.)

286일 : 천국에서 큰 자, 세 가지 조건   287일 : 예수님의 논쟁 스페셜   288일 : 예수님의 종말 이야기
289일 : 십자가, 모든 민족   290일 : 복음, 하나님 나라   291일 : 난 예수가 참 좋다

🔖 통通으로 외우세요

① 하나님의 아들로 이 땅에 오신 예수님께서 직접 당신의 손을 사용하셔서 사람들을 어루만지고 치유하시며 천국 복음을 전파하신 3년간의 기록을 함께 살펴봅니다.

② 예수님께서 사역을 시작하신 이후부터 십자가를 지시기 위해 공생애 3년째인 유월절에 예루살렘에 올라가시기 전까지의 기간이 그 중심이 됩니다.

💡 통通으로 읽는 센스

세례 요한에게 세례를 받으시고 40일간 광야에서 금식하시며 공생애 사역을 준비하신 예수님께서 이제 본격적으로 "회개하라 천국이 가까이 왔느니라"(마 4:17)를 외치시는 가운데 사역을 시작하십니다. 당시 이스라엘 백성은 농업이나 목축업, 또는 어업 등의 기초적인 생산 활동을 그들의 생업으로 삼고 있었습니다. 그래서 복음서에는 예수님께서 그러한 생업과 관련하여 비유적 표현으로 하신 말씀들이 기록되어 있습니다.

◆ 통通포인트

▸ **한 영혼 사랑 - 하늘 비밀**
예수님의 공생애 3년을 한마디로 요약하면 '한 영혼 사랑'을 몸소 실천하신 시간이라고 볼 수 있습니다. '한 영혼 사랑'의 첫 번째 내용은 천국을 인생들에게 전해주신 것입니다. 천국에 대해 가장 잘 소개하실 수 있는 분이 바로 우리 예수님입니다. 그 소개에 귀 기울여봅시다.

1. 제자들을 부르심

마 4:12~25; 10장; 16~17장/ 막 1:14~20; 2:13~17; 3:13~19; 8:27~9장
눅 4:14~6:19; 9장~10:24/ 요 1:35~2:12
큰글자 일년일독 통독성경 | 6; 18~21; 34~38p/ 69; 71~72; 73~74; 87~91p/
121~127; 136~142p/ 185~186p

예수님께서는 이사야 선지자의 예언대로 갈릴리에서 사역을 시작하십니다. 그리고 예수님께서는 '사도행전 30년'을 준비하시며 '공생애 3년'을 동행할 열두 명의 제자를 부르십니다. 갈릴리 해변에서 그물을 던지던 베드로와 안드레, 야고보, 요한 같은 어부들을 부르셨습니다. 그 부르심에 응답한 그들은 복음을 위한 자유인, 예수님을 따르는 제자들이 되었습니다. 제자들은 예수님과 3년 동안 동고동락하며 예수님의 곁에서 사역을 돕는 가운데 많은 것을 배우게 됩니다.

예수님과 더위와 추위, 배고픔을 함께했던 열두 제자가 참 고맙다는 생각이 듭니다. 열두 제자는 우리 예수님의 구속 사역에 크고 작은 힘을 보탰습니다. 결국 이들은 예수님과 함께한 소중한 추억을 기반으로 사람들에게 예수님의 사람 사랑 이야기를 증언하고 복음을 전하는 생명의 디딤돌이 됩니다.

예수님의 열두 제자
베드로, 안드레, 야고보, 요한, 빌립, 바돌로매, 도마, 마태, 알패오의 아들 야고보, 다대오, 시몬, 가룟 유다

제자들의 삶
3년간 예수님을 따라다니는 제자들의 삶이 쉽고 편한 것은 아니었다. 갈릴리 바다에서는 노를 저어야 하고, 벳새다 들녘에서는 떡을 날라야 하고, 예수님께서 밤새 환자들을 치유하시는 날에는 옆에서 허드렛일을 도와야 했다. 예수님께서는 동역자로 함께할 열두 명을 선발하셨는데, 그 열두 명은 3년 동안 예수님의 말씀을 듣고 배우며, 예수님 곁에서 사람들을 사랑하는 데 함께 시간을 보냈다.

2. 예수님의 가르침, 산상수훈 마 5~7장/ 눅 6:20~49; 11~12장

큰글자 일년일독 통독성경 | 7~14p/ 127~129; 143~151p

예수님께서 입을 열어 하늘의 비밀을 전하십니다. 특히 마태가 예수님께서 산 위에서 하신 설교들을 마태복음 5, 6, 7장에 기록했기에 우리는 예수님께서 직접 말씀해주시는 것과 같은 느낌으로 예수님의 말씀을 들을 수 있습니다.

예수님께서 산에 올라가 선포하신 첫 말씀은 '복'에 대한 것입니다.

"심령이 가난한 자는 복이 있나니 천국이 그들의 것임이요
애통하는 자는 복이 있나니 그들이 위로를 받을 것임이요
온유한 자는 복이 있나니 그들이 땅을 기업으로 받을 것임이요
의에 주리고 목마른 자는 복이 있나니 그들이 배부를 것임이요
긍휼히 여기는 자는 복이 있나니 그들이 긍휼히 여김을 받을 것임이요
마음이 청결한 자는 복이 있나니 그들이 하나님을 볼 것임이요

화평하게 하는 자는 복이 있나니 그들이 하나님의 아들이라 일컬음을 받을 것임이요 의를 위하여 박해를 받은 자는 복이 있나니 천국이 그들의 것임이라"(마 5:3~10).

예수님께서 말씀하신 '복'은 세상 사람이 생각하는 '복'의 개념과는 완전히 다릅니다. 이 땅에서 만사형통하는 것이 복이라고 여기는 사람들에게 예수님께서는 진정한 복이란 하늘의 것, 곧 보이지 않는 천국을 마음에 소유하는 것이라고 말씀해주십니다.

또한 예수님께서는 하나님께서 얼마나 인생들을 아끼시는지에 대해서도 말씀하십니다(마 6:25~26). "들에 백합화가 어떻게 자라는가 생각하여 보라."라고 하시며, "너희는 이것들보다 귀하지 아니하냐?"라고 말씀하십니다. 그렇습니다. 공중의 새와 들의 백합화를 먹이고 입히시는 하나님의 섭리

산상수훈 _ 칼 하인리히 블로흐 作

를 기억한다면, 우리는 염려나 불평, 원망으로 인생을 허비하지 않을 수 있습니다. 그러므로 "너희는 먼저 그의 나라와 그의 의를 구하라 그리하면 이 모든 것을 너희에게 더하시리라"(마 6:33)라는 말씀은 성경 전체 숲의 요약이며 핵심이라고 할 수 있습니다.

또 한편, 산상수훈 중의 한 구절인 "남에게 대접을 받고자 하는 대로 너희도 남을 대접하라"(마 7:12)라는 말씀은 이웃과의 관계에서 가장 새겨들어야 할 말씀입니다. 예수님의 이 말씀은 모든 인간관계를 성공으로 이끄는 핵심 방법입니다. 다른 사람들로부터 칭찬받고 싶습니까? 먼저 다른 사람들의 좋은 점을 찾아 칭찬하십시오. 누군가로부터 사랑을 받고 싶습니까? 그 사람을 먼저 사랑하면 됩니다. 곱씹으면 곱씹을수록 깊고도 오묘한 말씀이 아닐 수 없습니다.

누가는 누가복음 6장을 통해 〈마태복음〉의 '산상수훈'과 같은 맥락인 '평지수훈'을 기록합니다. 누가는 '복과 화'를 대비함으로 하나님 나라에서의 복이 이 땅에서의 복과 다름을 강조합니다.

산상수훈과 평지수훈

산상수훈 (마 5:3~12)		평지수훈 (눅 6:20~26)
심령이 가난한 자	복	가난한 자
애통하는 자		주린 자
온유한 자		우는 자
의에 주리고 목마른 자		핍박당하는 자
긍휼히 여기는 자	화	부요한 자
마음이 청결한 자		배부른 자
화평하게 하는 자		웃는 자
의를 위하여 박해를 받은 자		칭찬받는 자

○ 통通포인트

▸ **비유**

예수님께서는 '비유'라는 교수법을 이용하여 이해하기 어려운 상황을 참으로 명쾌하게 설명하심으로, 듣는 이로 하여금 분명한 의미를 깨닫게 이끄십니다.

3. 비유로 가르치신 예수님 마 13장/ 막 4:1~34/ 눅 8:4~21; 13장

#큰글자 일년일독 통독성경 | 26~30p/ 75~76p/ 133~134; 151~153p

예수님께서는 당시 지식이 많지 않았던 일반 백성을 위해 그들이 가장 잘 알아듣기 쉽게 예화를 들어 하나님의 나라, 곧 천국에 대해 말씀해주셨습니다. 농부들에게는 씨 뿌리는 비유로, 주부들을 위해서는 누룩의 비유로, 어부들을 위해서는 그물 비유로 말씀해주셨습니다. 한마디로, 예수님께서는 당시 특별한 교육을 받지 못하고 농부나 어부로 살아가고 있는 평범한 사람들이 가장 잘 이해할 수 있도록 설명해주셨습니다.

예수님께서는 "천국은 마치 좋은 진주를 구하는 장사와 같으니"(마 13:45)라고 말씀하십니다. 진주 장사를 하는 사람은 좋은 진주 하나를 만나면, 자기 소유를 다 팔아서 그 진주 하나를 얻습니다. 자기의 소유를 다 팔아 얻을 만큼, 천국의 기쁨은 현재 이 세상의 그 어떤 기쁨과도 비할 수 없는 것입니다.

천국 비유
1. 씨 뿌리는 비유 (마 13:3~8)
2. 가라지 비유 (마 13:24~30)
3. 겨자씨 비유 (마 13:31~32)
4. 누룩 비유 (마 13:33)
5. 감추인 보화 비유 (마 13:44)
6. 좋은 진주를 구하는 장사 비유 (마 13:45~46)
7. 그물 비유 (마 13:47~50)

4. 생명의 떡이신 예수님

마 14:13~36; 15:32~39/ 막 6:30~56; 8:1~26/ 눅 9:1~17/ 요 3:1~21; 4:1~42; 6~7장

#큰글자 일년일독 통독성경 | 30~32; 34p/ 81~83; 85~87p/ 136~137p/ 187~189; 190~192; 196~203p

예수님께서는 열심히 하나님 나라를 가르치심과 동시에 많은 기적도 행하셨습니다. 누가복음 9장 10~17절(마 14:13~21; 막 6:30~44; 요 6:1~14)에는 벳새다 들녘에서 5천 명을 먹이신 사건이 기록되어 있습니다. 하루 종일 말씀을 전하시고 날이 저물자 모인 사람들을 불쌍히 여기신 예수님께서 이들에게 먹을 것을 주기로 결심하십니다.

예수님께서는 5천 명이 예수님을 바라보도록 앉히고 난 후, 기도로 사람들 앞에 떡과 생선이 하나씩 뚝뚝 떨어지게 하실 수도 있었을 것입니다. 그러나 그리하지 않으시고, 제자들이 소년에게 건네받은 물고기 두 마리와 보

리떡 다섯 개를 가지고 축사하신 후 제자들을 시켜서 떡 바구니를 들고 뛰어다니게 하십니다. 예수님께서는 기적 자체보다는 가르치신 하나님 나라 이야기가 사람들에게 더 기억되기를 원하셨기 때문입니다. 그래서 다음 날, 어제 먹은 떡을 기억하고 모여든 사람들에게 예수님께서는, "나는 생명의 떡이니 내게 오는 자는 결코 주리지 아니할 터이요 나를 믿는 자는 영원히 목마르지 아니하리라"(요 6:35)라고 말씀하십니다.

어느 날 바리새인 중 유대인의 관원인 니고데모라 하는 사람이 밤에 예수님을 찾아옵니다. 그런 니고데모에게 예수님께서는 "사람이 거듭나지 아니하면 하나님의 나라를 볼 수 없느니라"(요 3:3)라고 말씀하십니다. 그러나 말씀을 잘 이해하지 못한 니고데모는 "두 번째 모태에 들어갔다가 날 수 있사옵나이까?"라며 엉뚱한 질문을 던집니다. 그러자 예수님께서는 '거듭남'은 '물과 성령으로' 새롭게 태어나는 것, 즉 우리의 모든 것이 하늘에서 오는 하나님의 능력을 통해 완전히 새로운 생명을 얻는 것을 의미한다고 설명해 주십니다.

예수님의 자기소개
1. 나는 생명의 떡이다 (요 6:35,41)
2. 나는 세상의 빛이다 (요 8:12)
3. 나는 양의 문이다 (요 10:7,9)
4. 나는 선한 목자다 (요 10:11,14)
5. 나는 부활이요 생명이다 (요 11:25)
6. 나는 길이요 진리요 생명이다 (요 14:6)
7. 나는 참 포도나무다 (요 15:1,5)

🔗 **이 과의 내용을 통通 이야기**(Tong story)**로 적어보고 이야기해 보세요.**

👤 **이 과의 내용을 자녀에게 가르칠 수 있도록 통성기도**(Tongsung Gido)**합시다.**

• 너희의 자녀에게 가르치며 집에 앉아 있을 때에든지, 길을 갈 때에든지, 누워 있을 때에든지, 일어날 때에든지 이 말씀을 강론하고 …너희의 날과 너희의 자녀의 날이 많아서 하늘이 땅을 덮는 날과 같으리라 (신명기 11:19~21)
• 너는 네가 누구에게서 배운 것을 알며 또 어려서부터 성경을 알았나니 (디모데후서 3:14~15)

📖 큰글자 일년일독 통독성경 (281~315일 중 6일치를 통독하겠습니다.)

292일 : 예수님의 손끝 대화 293일 : 변화산의 예수님 294일 : 마지막 일주일

295일 : 마지막 유월절과 첫 번째 성찬식 296일 : 열두 살 때 유월절 297일 : 40일 광야 금식

🔖 통通으로 외우세요

① 예수님의 공생애 3년은 식사하실 겨를도 없으실 정도로 바쁘게 사람 사랑하는 일에
온 정성을 다 쏟으신 기간입니다.

② 예수님께서는 밤에 배를 타고 갈릴리 바다를 건너실 때에 큰 풍랑이 일어나도 느끼지
못하고 주무셨습니다. 낮 동안 쉬지 않고 병든 자들을 고치시고 하나님 나라를 가르치
시느라 많이 피곤하셨기 때문입니다. 그런데 예수님께서는 그 밤에도 한 영혼을 구원
하시고자 피곤을 무릅쓰고 갈릴리 바다를 건너가셨습니다.

💡 통通으로 읽는 센스

이스라엘 땅은 갈릴리 해변 지역을 제외하고는 농사짓기에 알맞은 땅이 아니었기 때문
에 경제 수준이 높은 편이 아니었습니다. 그나마 가지고 있던 것도 로마 제국의 통치하에
서 가혹하리만큼 많은 세금으로 빼앗기고 있는 것이 그 당시 평범한 이스라엘 백성이 겪
고 있는 고통이었습니다. 이러한 상황에서 예수님의 말씀과 기적은 그들에게 삶의 의미
와 목적을 갖게 하는 놀라운 기쁨이 되었습니다. 세상으로부터 버려지고 억눌린 사람들
이 곳곳에 가득한 이때, 마음이 가난한 한 영혼을 위로하며 싸매어주시기 위해서 예수님
께서 이 땅에 오신 것입니다.

◆ 통通포인트

> **한 영혼 사랑 - 사랑 때문에 피곤하신 예수님**
> '한 영혼 사랑'의 두 번째 내용은 예수님께서 자신의 몸을 사랑을 위한 도구로 내놓
> 으셨다는 것입니다. 시공을 초월하여 능력을 베풀기도 하시지만, 직접 당신의 손을
> 사용하셔서 사람들을 어루만지고 치유하시느라 피곤하셨던 예수님의 모습을 살펴
> 봅시다.

1. 사람을 사랑하는 예수님의 손
마 8:1~17/ 막 1:21~3:12,20~35 / 눅 4:14~6:11; 7:1~17; 8:40~56/ 요 4:43~5장; 9장
#큰글자 일년일독 통독성경 | 14~15p/ 69~73,74p/ 121~126; 129~130; 135~136p/ 192~196; 207~210p

예수님께서는 한 사람 한 사람을 너무나 소중하게 여기셨습니다. 특별히 가난하고 병든 사람들에게 큰 위로와 회복의 기쁨을 주셨습니다. 예수님께서는 병자들을 치유하시며 긍휼의 마음, 예수님의 신성, 그리고 예수님의 손을 모두 사용하셨습니다. "해 질 무렵에 사람들이 온갖 병자들을 데리고 나아오매 예수께서 일일이 그 위에 손을 얹으사 고치시니 … 날이 밝으매 예수께서 나오사 한적한 곳에 가시니"(눅 4:40~42).

예수님께서는 해가 떠 있을 때에는 열심히 하나님의 말씀을 가르치시고, 해 질 무렵부터 밤을 꼬박 새워가며 병자들 한 사람 한 사람 일일이 손을 얹어 고쳐주십니다. 예수님께서는 사람 사랑하는 일에 온몸을 아끼지 않으셨습니다. 마치 제사장의 옷이 하나님과 사람을 섬기기 위한 작업복이듯이 예수님의 옷 또한 병자들의 고름이 묻은 옷이었습니다. 예수님께서는 이렇게 당신의 손을 부지런히 사용하셨습니다. 이렇게 손을 사용하시는 예수님이 정말 좋습니다.

특별히 예수님께서는 나병 환자를 고쳐주시고 레위기 13~14장의 정결법대로 제사장에게 보내십니다. 그가 제사장에게 확인을 받고 다시 사회로 복귀할 수 있도록 하신 것입니다. 예수님께서는 십자가를 지시기 전까지 구약성경의 기록대로 제사장 나라의 법을 잘 지켜 행하셨습니다.

안식일에 행하신 기적
• 가버나움에서 귀신 들린 사람 치유 (막 1:21~28)
• 시몬의 장모의 열병 치유 (막 1:29~31)
• 손 마른 사람 치유 (막 3:1~6)
• 18년간 귀신 들리고 꼬부라진 여자 치유 (눅 13:10~17)
• 수종병 든 사람 치유 (눅 14:1~6)
• 베데스다에서 38년 된 병자 치유 (요 5:1~15)
• 날 때부터 맹인인 사람 치유 (요 9:1~14)

고치시는 예수님 _ 엘 그레코 作

2. 사랑 때문에 피곤하신 예수님
마 8:18~27/ 막 4:35~41/ 눅 8:22~25
#큰글자 일년일독 통독성경 | 15~16p/ 76~77p/ 134p

여느 때와 같이 하루 종일 사람들을 가르치신 어느 날, 예수님께서는 해가 저물 때에 바다 저편으로 건너가자고 하십니다. 그런데 갈릴리 바다를 건너가는 도중, 광풍이 일어 배에 물이 들어옵니다. 배가 심하게 흔들려서 배가 가라앉을 것만 같습니다.

이때 예수님께서는 무얼하고 계셨습니까? 주무시고 계십니다. 얼마나 피곤하셨으면, 얼마나 지치셨으면 그토록 배가 흔들리는 와중에서도 주무시고

계실까 싶습니다. 수많은 사람을 향해 목이 쉬도록 가르치시고, 또 밤에는 그 수많은 병자를 일일이 만지고 고치셨으니 얼마나 피곤하셨겠습니까?

광풍이 점점 거세지자 죽음의 공포 속에서 제자들이 예수님을 깨웁니다. 깨어나신 예수님께서 바람과 바다를 꾸짖어 잔잔하게 하십니다. 제자들이 "그가 누구이기에 바람과 바다도 순종하는가"(막 4:41) 하며 놀라워합니다. 물론 파도와 바람을 잔잔하게 하신 일은 놀라운 기적입니다. 그러나 우리는 그 기적 뒤에 숨어 있는 배경, 즉 사람을 사랑하시느라 피곤하여 주무시고 계신 예수님의 모습도 알아야 할 것입니다.

3. 거라사 광인을 온전하게 하심 마 8:28~34/ 막 5:1~20/ 눅 8:26~39
 # 큰글자 일년일독 통독성경 | 16p/ 77~78p/ 134~135p

그 폭풍을 뚫고 예수님과 제자들이 바다를 건너 도착한 곳은 거라사인의 지방이었습니다. 그리고 배에서 내리자마자 만난 사람이 귀신 들린 사람이 었습니다. 너무 난폭해서 쇠사슬로도 묶을 수 없는 사람, 가족도 친구도 포기해버리고 홀로 무덤 사이에서 돌로 제 몸을 해치고 있는, 한마디로 '망가져 버린 사람'입니다. 예수님께서 이 한 사람을 고쳐주시려고 그 밤에 피곤하신 몸으로 여기까지 오신 것입니다.

예수님께서 거라사 광인에게 들어 있는 귀신의 이름을 물으니 군대라고 합니다. 그러고는 자기들을 그 지방에서 내보내지 마시기를 간구하며 돼지 에게로 보내어 들어가게 해달라고 합니다. 예수님께서 이를 허락하시자 귀신들이 돼지에게 들어가 2천 마리나 되는 돼지 떼가 바다로 내리달아 몰사하고 맙니다. 그 돼지 2천 마리와 한 사람의 생명을 놓고 볼 때, 예수님 보시기에는 한 사람의 생명이 더 귀하다는 것입니다. 가족도 친구도 포기한 사람, 아무런 미래도 희망도 없는 한 사람을 온전하게 하는 일에 돼지 2천 마리를 대가로 지불하신 것입니다. 거라사 광인을 향하셨던 그 사랑이 바로 우리에게도 향하고 있습니다.

거라사
갈릴리 바다 동쪽에 위치한 도시로 알렉산더와 그의 장군들이 팔레스타인에 건설한 열 개 도시인 데가볼리에 속한다. 이곳에는 석회암 동굴이 많이 있었으며, 그중의 많은 것이 시체를 넣는 묘지로 사용되었다.

거라사 광인을 고치시는 예수님 _ 슈노어 폰 카롤스펠트 作

◐ 통通포인트

일곱 가지 기적

사도 요한은 그리스도의 신성을 간단명료하게 나타내기 위해 그리스도께서 베푸신 많은 기적 중에서 일곱 가지만 택하여 기록했습니다.

물이 포도주가 됨	종교적인 의식이 실제적인 은혜로 대치됨 (요 2:1~11)
고위 관리의 아들을 고치심	복음이 영적인 회복을 가져옴 (요 4:46~54)
38년 된 병자를 고침	약함이 강함으로 바뀜 (요 5:1~9)
많은 무리를 먹이심	영적인 배고픔을 채워주심 (요 6:1~13)
물 위를 걸으심	두려움을 믿음으로 변화시키심 (요 6:16~21)
날 때부터 맹인 된 자가 보게 됨	어두움을 이기고 빛으로 오심 (요 9:1~7)
나사로를 살리심	복음이 사람들을 죽음에서 생명으로 옮겨줌 (요 11:1~44)

◐ 이 과의 내용을 통通 이야기(Tong story)로 적어보고 이야기해 보세요.

....

....

....

....

....

◐ 이 과의 내용을 자녀에게 가르칠 수 있도록 통성기도(Tongsung Gido)합시다.

- 너희의 자녀에게 가르치며 집에 앉아 있을 때에든지, 길을 갈 때에든지, 누워 있을 때에든지, 일어날 때에든지 이 말씀을 강론하고 … 너희의 날과 너희의 자녀의 날이 많아서 하늘이 땅을 덮는 날과 같으리라 (신명기 11:19~21)
- 너는 네가 누구에게서 배운 것을 알며 또 어려서부터 성경을 알았나니 (디모데후서 3:14~15)

사마리아인과 세리의 친구 예수님

마태복음, 마가복음, 누가복음, 요한복음 / 공생애 3년 ③

📖 **큰글자 일년일독 통독성경** (281~315일 중 6일치를 통독하겠습니다.)

298일 : 훈련과 동행　　　299일 : 놀라운 믿음, 백부장　　　300일 : 사마리아의 회복　　　301일 : 기도의 올바른 태도
302일 : 돈을 좋아하는 바리새인　　　303일 : 예수, 하나님의 나라

🔖 통通으로 외우세요

① 사람들은 누구나 힘 있고 능력 있는 사람을 친구로 사귀려 합니다. 그러나 예수님께서
는 당시 유대인들이 가장 멀리하려 했던 세리와 창기 그리고 죄인들의 친구가 되어주
셨습니다.

② 예수님께서는 높고 높은 보좌에서 낮고 낮은 이 땅에 오셔서 우리의 친구가 되어주셨
습니다.

💡 통通으로 읽는 센스

예수님께서 이 땅에 오셔서 앗수르 제국의 정책에 의해 혼혈족이 되어 800여 년 동안 동
족인 유대 백성과 주변 나라 사람에게 온갖 무시와 수모를 당하던 사마리아를 회복시키
십니다. 사마리아의 완전한 회복은 예수님의 지상명령으로 이루어집니다.

당시 바리새인들은 세리와 죄인들이 하나님께 벌을 받아 지금의 모습으로 사는 것이라
생각했습니다. 호세아 선지자를 통해 '하나님의 긍휼' 선언이 선포된 지 800여 년 만에
예수님께서 사마리아인과 세리와 죄인들의 친구가 되어주심으로 '하나님의 긍휼'의
실체를 보여주십니다. 예수님의 기록인 사복음서는 하나님의 긍휼이 불붙는 진한 사
랑 이야기입니다.

➕ 통通포인트

▸ **한 영혼 사랑 - 비빌 언덕이 되어**
누군가의 '비빌 언덕'이 되고 있습니까? 예수님께서는 사마리아인, 세리, 창기, 약한
이웃들의 진정한 '비빌 언덕'이 되어주셨습니다.

1. 선한 사마리아인 비유

마 9장: 11:20~12장/ 막 5:21~6:13; 10:1~16/ 눅 7:36~50; 10:25~42

#큰글자 일년일독 통독성경 | 16~18; 22~26p; 78~80; 91~92p; 131~132; 142~143p

당시 유대 사회에서 최고의 석학, 지식인 중의 지식인인 한 율법교사가 예수님께 찾아와 질문합니다. "선생님 내가 무엇을 하여야 영생을 얻으리이까?"(눅 10:25).

예수님께서 되물으십니다. "율법에 무엇이라 기록되었으며 네가 어떻게 읽느냐?" 예수님의 이 물음에 그는 최고 수준의 지식인답게 "네 마음을 다하며 목숨을 다하며 힘을 다하며 뜻을 다하여 주 너의 하나님을 사랑하고 또한 네 이웃을 네 자신과 같이 사랑하라 하였나이다"(눅 10:27)라고 명쾌하게 답을 합니다. 그러자 예수님께서 "네 대답이 옳도다 이를 행하라 그러면 살리라(눅 10:28)"라고 하십니다. 율법교사가 다시 한 번 더 묻습니다. "그러면 내 이웃이 누구니이까(눅 10:29)"

이에 대해 예수님께서는 강도 만난 자의 비유(선한 사마리아인 비유)를 말씀해주십니다. "강도를 만나 상처 입고 쓰러져 있는 사람을 보고도 못 본 척 지나가는 제사장과 레위인이 있었다. 반대로 그의 상처를 싸매고 자신의 가진 것을 내어 그를 도와준 사마리아 사람이 있었다. 네 생각에는 이 세 사람 중에 누가 강도 만난 자의 이웃이 되겠느냐?" 당시 사마리아 사람은 유대인

선한 사마리아 사람 _ Pelegrin Clavé 作

들로부터 사람 취급을 받지 못했던 사람입니다. 하지만 아무런 대가를 바라지 않고 정성을 다해 강도 만난 자를 도와준 사마리아 사람, 그가 진정한 이웃임에 틀림없습니다. 예수님께서는 "자비를 베푼 자니이다."라고 대답하는 율법교사에게 "가서 너도 이와 같이 하라"(눅 10:37)라고 말씀하십니다.

예수님의 화법
율법교사가 영생을 얻는 방법에 대해 묻자 예수님께서는 선한 사마리아인의 비유를 이야기하신 후 그에게 질문하셨다. "누가 강도 만난 자의 이웃이 되겠느냐"(눅 10:36). 예수님께서는 질문을 받으셨을 때, 바로 대답하시는 경우도 있었고, 혹은 이처럼 또다시 질문을 하시는 경우도 있었다. 예수님께서는 다시 질문하셔서 그들의 생각을 고쳐주는 화법을 자주 사용하셨다.

2. 재물의 사용에 관한 가르침

마 19:16~30/ 막 7:1~23; 10:17~31/ 눅 12:13~21; 16장; 18:18~43

#큰글자 일년일독 통독성경 | 41~42p; 83~84; 92~93p; 148; 157~159; 163~164p

어느 날 한 관리가 예수님께 찾아와 물었습니다. "선한 선생님이여 내가 무엇을 하여야 영생을 얻으리이까?"(눅 18:18). 이에 예수님께서는 "네가 계명을 아나니 간음하지 말라, 살인하지 말라, 도둑질하지 말라, 거짓 증언하

'얼마'가 아니라 '어떻게'
가난한 과부가 헌금함에 두 렙돈을 넣는 것을 보시고 예수님께서는 그의 헌금이 가장 큰 헌금이라고 평가하셨다(눅 21:1~4). 주님은 '얼마'를 드리는가보다는 '어떻게' 드리는가를 보신다. 예수님의 관심은 예물이 아니라 예물을 드리는 사람의 마음에 있다.

지 말라, 네 부모를 공경하라 하였느니라"(눅 18:20)라고 말씀하십니다.

그는 그 모든 계명을 어렸을 때부터 다 지키고 있다고 말합니다. 그러자 예수님께서는 "네게 아직도 한 가지 부족한 것이 있으니 네게 있는 것을 다 팔아 가난한 자들에게 나눠주라. 그리하면 하늘에서 네게 보화가 있으리라."라고 말씀하십니다. 그러나 이 청년 관리는 큰 부자인 까닭에 이 말씀을 듣고 심히 근심하며 돌아갔다고 합니다.

하나님께서는 이미 율법을 통해 품꾼(청지기) 정신(레 25:55)과 이웃과의 나눔(레 19:9~10) 등 재물에 대한 바른 인식과 사용법에 대해 상세히 이르신 바 있습니다. 그 말씀을 실제 삶으로 살아낸 사람들을 따르는 것이야말로 하나님께서 기대하시는 그리스도인의 삶일 것입니다.

3. 소외된 자들의 친구 예수님
마 15:1~31; 18장~19:15/ 막 7:24~37/ 눅 14~15장; 17장~18:17; 19:1~10 / 요 8, 10~11장
#큰글자 일년일독 통독성경 | 32~34; 38~41p/ 84~85p/ 153~157; 160~163; 165p/ 203~207, 210~215p

예수님께서는 '죄인인 한 여자'가 예수님의 발에 향유를 부은 그 헌신과 믿음을 인정하셨고, 또한 여리고에 사는 세리장 삭개오가 예수님을 보고자 돌무화과나무에 올라가 있는 것을 보시고 그를 따뜻한 음성으로 부르시며 그의 집에 유하러 가십니다. 이렇게 성경에는 약한 자들에 대한 예수님의 관심이 묻어난 기록들이 많습니다.

어느 날, 바리새인들과 서기관들은 간음한 여자를 예수님 앞으로 끌고 와서 어떻게 할 것인지 물으며 예수님을 시험합니다(요 8:1~5). 그때 예수님은 잠시 땅에 글을 쓰시다가 조용히 고개를 드시더니 "너희 중에 죄 없는 자가 먼저 돌로 치라"(요 8:7)라고 말씀하십니다. 잠깐의 정적이 흐른 후, 돌을 들었던 자들이 양심의 찔림을 느끼고 하나둘 돌을 떨어뜨리고 돌아갑니다. 사람들이 모두 돌아가자 예수님께서는 그 여인에게 "나도 너를 정죄하지 아니하노니 가서 다시는 죄를 범하지 말라"(요 8:11)라고 부드러운 음성으로 말씀해주셨습니다.

예수님과 그리스도인의 관계를 나타낸 표현
- 신랑과 신부 (막 2:19~20)
- 어머니와 형제 (눅 8:21)
- 구원자와 잃어버린 자 (눅 19:10)
- 스승과 제자 (요 8:31)
- 목자와 양 (요 10:11~18)
- 친구 (요 15:13~15)
- 포도나무와 그 가지 (요 15:1~8)

예수님과 죄를 지은 여인 _ 바실리 폴레노프 作

온몸으로 친히 세상의 모든 힘없고 약한 이들의 비빌 언덕이 되어주신 우리 예수님이 참 좋습니다.

🔗 **이 과의 내용을 통通 이야기**(Tong story)**로 적어보고 이야기해 보세요.**

👤 **이 과의 내용을 자녀에게 가르칠 수 있도록 통성기도**(Tongsung Gido)**합시다.**

- 너희의 자녀에게 가르치며 집에 앉아 있을 때에든지, 길을 갈 때에든지, 누워 있을 때에든지, 일어날 때에든지 이 말씀을 강론하고 … 너희의 날과 너희의 자녀의 날이 많아서 하늘이 땅을 덮는 날과 같으리라 (신명기 11:19~21)
- 너는 네가 누구에게서 배운 것을 알며 또 어려서부터 성경을 알았나니 (디모데후서 3:14~15)

14 마당 용서를 향한 열정
Passion towards Forgiveness

🔘 **통通Map** 14마당 전체의 구조와 흐름을 한눈에 담아봅시다.

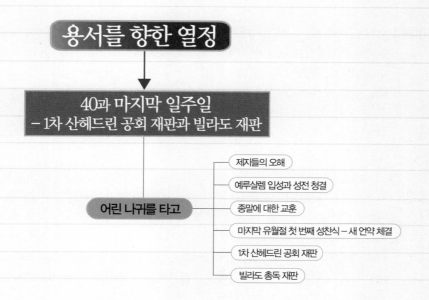

🎓 14마당-통通 Concept

용서를 향한 열정의 마지막 일주일!

예수님의 마지막 사역은 유월절을 중심으로, 예루살렘에서 일주일 안에 모두 이루어졌습니다. 죄의 문제를 스스로 해결할 수 없는 인생들을 구원의 길로 이끄시고자 스스로 선택하신 길입니다. 모든 인생의 죄를 용서하시기 위해 십자가를 향한 열정을 모두 쏟아놓으신 일주일이었습니다. 예수님께서 마지막 일주일간 행하신 일들을 시간 순서에 따라 살펴보며 공부해봅시다.

* 숲 둘러보기

사복음서는 모두 예수님의 공생애에 초점을 맞추고 있습니다. 특히 예수님께서 예루살렘에서 마지막 일주일을 보내신 시간에 집중하고 있습니다. 마지막 한 주간. 예루살렘에 입성하신 예수님께서는 삶의 마지막을 골고다 언덕에 세워진 거친 나무 십자가 위에서 마치십니다.

* 터와 나이테

모든 인간의 죄를 사해주시기 위해 스스로 하나님의 어린 양이 되신 예수님의 공생애 마지막 일주일 이야기가 펼쳐집니다. 이는 인간의 죄를 용서하시기 위한 하나님의 열정이라 표현할 수 있습니다. 공의의 하나님께서 인간의 죄를 아들이 대신 처벌받게 하심으로 인간이 다시 하나님 앞에 나아갈 수 있는 길을 여신 것입니다. 용서를 향한 하나님의 열정은 예수 그리스도의 십자가로 나타납니다.

* 바람과 토양

유대인의 장례 문화는 예수님과 나사로의 장례 이야기 속에서 충분히 찾아볼 수 있습니다. 유대인은 시신을 매장하기 전, 시신을 깨끗이 씻고 향료를 바른 후에 고운 베로 전체를 감쌌습니다. 나사로가 다시 살아났을 때, 수족을 베로 동인 채로 나왔다고 하는 부분에서도 장례 관습을 추정할 수 있습니다(요 11:44). 또한 문상객들이 연주자들의 피리 소리에 따라 죽음을 슬퍼하는 것이 관례였기에 예수님께서 나사로의 무덤을 찾아갈 때, 유대인들은 "무덤에 곡하러 가는 줄로 생각"(요 11:31)했습니다.

매장지는 보통 땅속이나 동굴, 돌무덤이었는데, 나사로의 경우에는 동굴을 막은 동굴 무덤이었고, 예수님의 경우에는 인공의 돌무덤이었습니다. 이런 무덤은 돈이 많은 부자가 자신과 가족을 위해 만든 것으로 예수님의 무덤은 아리마대 부자 요셉이 준비했습니다.

40과 마지막 일주일 마태복음, 마가복음, 누가복음, 요한복음
– 1차 산헤드린 공회 재판과 빌라도 재판

📖 **큰글자 일년일독 통독성경** (281~315일 중 6일치를 통독하겠습니다.)

304일 : 알기 쉬운 비유   305일 : 기다린 최후의 만찬   306일 : 영광과 평화로의 증인

307일 : 말씀의 빛 되신 예수님   308일 : 참된 예배   309일 : 예수님과 초막절

🔖 通으로 외우세요

① 예수님의 공생애 3년은 결국 예수님의 마지막 일주일로 귀결됩니다. 마지막 일주일 동안 예수님께서는 예루살렘에 입성하시고, 성전을 정결하게 하시고, 마지막 유월절을 첫 번째 성찬식으로 지키시고, 십자가에서 인류 구원의 대속을 이루십니다.

💡 通으로 읽는 센스

예루살렘에 도착하신 예수님께서는 월요일에는 예루살렘 성전을 청결히 하셨고, 화요일부터는 당시 유대 종교 지도자들인 대제사장 세력과 장로들의 질문에 답하시고, 바리새인, 사두개인 등과 논쟁하신 후, 그들의 외식을 날카롭게 꾸짖으셨습니다. 또한 감람산에서 예루살렘을 보시며 우시고, 이 세상의 종말에 대해 가르쳐주셨습니다.

목요일은 십자가에 달려 돌아가시기 바로 전날로 예수님께서는 이 땅에서의 마지막 날을 제자들과 함께 보내십니다. 유월절을 위해 예비된 다락방에서 함께 마지막 만찬을 나누시고 제자들의 발을 씻겨주셨습니다. 또한 긴 이야기를 나누시며, 제자들을 위해 기도해주셨습니다.

그날 밤, 대제사장 세력에게 잡히신 예수님께서는 밤새도록 이리저리 끌려다니시며 심문을 당하셨습니다. 그리고 그 다음 날 금요일에 빌라도에게서 사형 판결을 받으시고 십자가에 달리셨습니다. 이렇게 급박한 시간 흐름 속에서 예수님께서는 하셔야 할 일들을 구약성경의 기록대로 하나하나 감당하셨습니다.

▶ 어린 나귀를 타고
공생애 3년 동안 '하나님의 사랑'과 '사람의 가치'를 말씀하신 예수님께서 드디어 십자가를 향한 마지막 일주일의 여정을 겸손한 왕의 모습으로 시작하십니다. 당시 로마 제국의 황제는 백마를 타며 자신의 힘을 과시하곤 했습니다. 그러나 예수님께서는 예루살렘에 입성하시며 어린 나귀를 타고 겸손한 모습을 보여주셨습니다.

1. 제자들의 오해 마 20장/ 막 10:32~52/ (눅 9:46~48)
#큰글자 일년일독 통독성경 | 42~44p/ 93~94p/ (139p)

예수님께서 이 땅에서 감당하셔야 할 가장 중요한 십자가 사역을 일주일 남겨놓으신 시점입니다. 이 중요한 순간에 요한과 야고보의 어머니인 세베대의 아내가 예수님을 찾아와 한 가지 부탁을 합니다. 분위기를 살펴보니 예수님께서 곧 예루살렘에서 왕이 되실 것 같은데, 그때 자신의 두 아들을 우의정, 좌의정으로 삼아달라는 것입니다.

당시 이스라엘 백성에게는 메시아가 와서 로마의 통치를 물리치고, 다윗 때처럼 강한 이스라엘을 다시 일으켜 세울 것이라는 믿음이 있었습니다. 많은 사람이 예수님을 향해 그런 기대를 가졌던 것입니다.

하지만 예수님께서는 야고보와 요한에게 화를 내시거나 그들을 꾸짖지 않으십니다. 예수님께서는 그들이 낮은 수준의 욕심을 버리고 높은 수준의 꿈을 꿀 수 있는 훗날을 기다리시는 것입니다.

세월이 지난 후 야고보와 요한을 비롯한 제자들은 그때 주님께서 자신들의 수준 낮은 행동을 참고 기다려주신 것을 깨닫고 가슴 벅찬 감사를 느꼈을 것입니다. 이처럼 크신 예수님의 사랑을 깨달은 제자들은 예수님의 죽음과 부활 이후, 그 사랑을 온몸으로 전하며 실천하는 데에 더욱 큰 열심을 쏟는 사도들이 됩니다.

2. 예루살렘 입성과 성전 청결
마 21:12~46/ 막 11:12~12:12/ 눅 19:28~48/ 요 12:1~43 (2:13~25)
#큰글자 일년일독 통독성경 | 45~47p/ 95~97p/ 166~167p/ 216~218p (187p)

지금까지 갈릴리를 중심으로 하나님 나라 복음을 전해오신 예수님께서 이제 가장 중요한 마지막 사명을 완수하시기 위해 유대의 종교, 정치의 중

복음 전도자의 규칙
복음을 전하러 가는 제자들에게 귀신을 쫓아내는 권능과 병 고치는 능력을 주신 예수님께서는 복음 전도자가 지켜야 할 중요한 규칙을 말씀하신다. "너희가 거저 받았으니 거저 주어라!" (마 10:8)

겸손
• 모세 : 하나님과 사람 앞에 엎드릴 줄 알았던 모세는 온유함이 지면의 모든 사람보다 더하였다.
• 다윗 : 왕이었음에도 불구하고 다윗은 하나님 앞에서 스스로를 '종'이라 일컬었다.
• 예수님 : 스가랴의 예언대로 예루살렘에 입성하실 때 나귀 새끼를 타셨다.
• 바울 : 자기 자신을 '모든 성도 중에 지극히 작은 자보다 더 작은 자'라고 여기었다.

심지인 예루살렘으로 들어가십니다.

예루살렘으로 들어가실 때 예수님께서는 새끼 나귀를 타셨습니다. 나귀 타는 일은 이미 4백여 년 전에 스가랴 선지자가 미리 예언한 바 있습니다. 그렇다면 예수님께서는 왜 작은 새끼 나귀를 타시고 입성하셨을까요?

예수님께서 새끼 나귀를 준비하신 이유는 모든 사람과 가까이 하시기 위해서였습니다. 덩치가 큰 말에는 아이나 노인들이 가까이 갈 수 없습니다. 하지만 새끼 나귀를 탄 예수님께는 많은 사람이 가까이 와서 옷을 벗어 깔고 종려나무 가지를 베어 길에 펴고 환호할 수 있었습니다. 예수님께서 나귀를 타신 중요한 이유 중 또 하나는 겸손입니다. 예수님께서 나귀를 준비하신 것에는 겸손하고 온유한 마음으로 사람들에게 가까이 다가서서 그들을 위로하고 격려하시겠다는 뜻이 담겨 있었습니다.

예루살렘 성전에 들어가신 예수님께서는 성전에서 물건 파는 사람들을 보고 분노하십니다. 만민이 기도하는 집인 성전을 강도의 소굴로 만들었다고 말씀하시며, 성전 안에서 장사하는 사람들을 내쫓으시고, 환전하는 사람들의 상과 비둘기 파는 사람들의 의자를 둘러엎으셨습니다. 이를 보고 예루살렘의 심장부인 성전을 쥐고 거기에서 나오는 이익을 누리고 있던 대제사장 세력들이 달려와서 "무슨 권위로 이런 일을 하느냐 누가 이런 일 할 권위를 주었느냐?"(막 11:28)라고 따져 묻습니다.

그러자 예수님께서 그들의 질문에 질문으로 응대하십니다. "나도 한 말을 너희에게 물으리니 대답하라 그리하면 나도 무슨 권위로 이런 일을 하는지 이르리라 요한의 세례가 하늘로부터냐 사람으로부터냐 내게 대답하라"(막 11:29~30). 그들이 모여 의논해보지만 이는 쉽게 대답할 수 있는 문제가 아니었습니다. 그들이 말합니다. "모르겠다." 그러자 예수님께서도 말씀하십니다. "나도 너희의 질문에 대답하지 않겠다." 온유하고 겸손하시지만 또한 고수(高手)이신 예수님이셨습니다.

> **호산나** (막 11:9)
> 시편에 나온 "여호와여 구하옵나니 이제 구원하소서"(시 118:25)라는 말의 히브리어는 '호시아 나'이다. 이 말을 신약 시대에 다른 언어로 번역할 때, '호시아 나'를 음역하여 '호산나'라고 했다. '호산나'는 예수님께서 공생애 3년의 마지막 무렵에 이르러 십자가 사역을 앞두고 예루살렘에 입성하실 때, 많은 사람이 예수님을 환영하기 위해 종려나무 가지를 흔들며 소리 높여 외친 말이다.

3. 종말에 대한 교훈 마 24~25장/ 막 13장/ 눅 19:11~44; 21:5~38/ 요 12:44~50

#큰글자 일년일독 통독성경 53~58p/ 100~102p/ 165~167; 171~173p/ 218~219p

예수님께서 성전에서 나가실 때 한 제자가 예수님께 '성전이 어떻게 될 것인가'를 묻습니다. 예수님께서는 "돌 하나도 돌 위에 남기지 아니하리니"

(눅 19:44) 말씀하십니다. 예루살렘 성전이라 할지라도 그곳이 하나님의 뜻에서 멀어진다면 하나님의 심판 대상이 될 것이라는 말씀입니다. 또한 예수님께서는 장차 다가올 고난의 시간에 대하여 예고하시며 제자들에게 인내와 승리를 부탁하십니다.

예수님께서 언제 다시 오실지 아무도 알 수 없습니다. 우리는 언젠가 반드시 오실 그분을 맞이할 준비를 늘 갖추고 있어야 하겠습니다.

"가까이 오사 성을 보시고 우시며"(눅 19:41) _ 엔리케 시모네 作

4. 마지막 유월절 첫 번째 성찬식 – 새 언약 체결
마 26:1~35/ 막 14:1~31/ 눅 22:1~38/ 요 13~17장
#큰글자 일년일독 통독성경 | 58~60p/ 102~104p/ 173~175p/ 219~230p

드디어 예수님의 예루살렘에서의 마지막 일주일 사역 가운데 하이라이트(highlight)가 펼쳐집니다. 예수님께서는 제자들과의 유월절 식사를 기다리고 또 기다리셨다고 말씀하십니다. 예수님과 제자들의 마지막 유월절 식사는 그만큼 중요한 시간이었습니다.

예수님께서는 출애굽 전날 밤 애굽에서 행해졌던 첫 번째 유월절 이후 1,500년이 지난 이번 유월절을 제자들과 마지막으로 지키시고, 이를 첫 번째 성찬식을 제정하시고자 오래전부터 계획을 세우셨습니다. 그리고 예수님께서는 이날을 기점으로 오고 오는 모든 세대가 더 이상 유월절을 지키는 것이 아니라, 예수님께서 제정하신 성찬식에 함께 참여하라고 말씀하십니다.

예수님께서는 제자들과 마지막 유월절 음식을 드시고, 식후에 떡과 포도주를 가지고 첫 번째 성찬식을 집례하셨습니다. 이때 예수님께서는 새 언약을 체결하셨습니다. 예수님께서 제자들에게 직접 나누어주신 떡은 예수님의 몸을 상징했으며, 포도주는 예수님의 피를 상징했습니다. 이는 1,500년 전 애굽에서의 유월절 어린 양이 히브리 민족의 장자들을 살렸듯이, 예수님께서 하나님의 어린 양이 되셔서 인류 구원을 이루실 것을 의미했습니다. 그동안 유월절이 '이날을 기념하라'였다면, 이제 첫 번째 성찬식을 기점으로 '나를 기념하라'로 바뀌게 됩니다. 그리고 예수님의 십자가를 기점으로 제사

성만찬
십자가 위에서 흘리신 예수님의 피와 찢겨진 몸을 기념하는 성만찬은 예수님께서 제자들에게 친히 기념할 것을 명하심으로써, '세례'와 함께 기독교의 중요한 예식이 되었다. 예수님께서는 유월절 만찬 때, 이 예식을 행하시며, 당신이 유월절 어린 양과 같이 희생당하실 것을 암시하셨다(요 1:29; 고전 5:7; 계 5:6).
성만찬 때에는 떡과 포도주를 먹고 마시며 예수님의 피 흘림을 통한 죄사함의 은총을 기억하고, 그리스도 안에서 한 형제자매 된 성도들의 연합을 확인한다.

장 나라의 '5대 제사'는 하나님 나라의 '오직 예배'로 바뀌게 됩니다.

5. 1차 산헤드린 공회 재판
마 26:36~75/ 막 14:32~72/ 눅 22:39~62/ 요 18:1~27

#큰글자 일년일독 통독성경 | 60~63p/ 104~106p/ 175~176p/ 230~232p

예수님께서는 제자들과 마지막 유월절을 지키시고 첫 번째 성찬식을 거행하신 후 그 밤에 기도하기 위해 감람산으로 가셨습니다. 예수님께서는 다른 제자들은 멀찍이 남겨두시고 베드로와 요한과 야고보는 예수님을 따르게 하셨습니다. 그리고 예수님께서는 세 제자에게 "너희는 여기 머물러 깨어 있으라."라고 당부하신 후 조금 떨어진 곳으로 가셔서 하늘의 하나님께 기도하십니다.

"아버지여 만일 아버지의 뜻이거든 이 잔을 내게서 옮기시옵소서 그러나 내 원대로 마시옵고 아버지의 원대로 되기를 원하나이다"(눅 22:42).

예수님께서는 하나님의 뜻을 따르기 위해 땀방울이 핏방울이 될 정도로 혼신의 힘을 다해 기도하셨습니다. 그때 예수님을 배신한 가룟 유다가 산헤드린 공회 사람들과 함께 예수님을 체포하기 위해 '그 밤에 그곳 감람산'에 나타납니다.

산헤드린 공회는 예수님을 체포하기 위해 사람들을 보내면서 그들의 손에 검과 몽치를 들려 보냈습니다. 그렇게 무장한 사람들과 함께 예수님 앞에 나타난 가룟 유다는 "랍비여!"라는 말과 함께 예수님께 다가와 입맞춤을 합니다. 그것이 예수님을 체포하라는 신호였던 것입니다. 그러자 베드로가 예수님을 잡으러 온 자들 가운데 한 사람이었던 대제사장의 종 말고의 귀를 칼로 뱁니다. 그 장면을 보신 예수님께서는 자신의 안위보다도 귀를 베인 말고를 불쌍히 여기시며 그의 귀를 고쳐주십니다. 예수님께서는 산헤드린 공회에 체포되는 그 순간에도 고치시는 예수님의 사역을 감당하셨습니다.

그렇게 한밤중에 산헤드린 공회에 체포되어 가신 예수님께서는 그 밤에 1차 산헤드린 공회 재판을 받으십니다. 원래 산헤드린 공회는 밤에는 재판을 하지 않는 것이 법이었으나 예수님에 대한 재판은 예외적으로 체포와 함께 곧바로 재판이 열린 것입니다.

예수님의 대표적인 네 가지 기도
1. 공생애 시작 전에 40일 동안 금식 기도하심 (마 4:1~2)
2. 열두 제자를 선택하시기 전에 밤을 새워 기도하심 (눅 6:12~13)
3. 제자들의 발을 씻기신 후 자신과 제자들을 위해 기도하심 (요 17장)
4. 십자가 사역을 앞두고 겟세마네에서 깊이 기도하심 (마 26:36~46)

1차 산헤드린 공회 재판에서 피고는 예수님, 재판장은 산헤드린 공회의 의장인 대제사장 가야바였습니다. 재판이 열린 곳은 대제사장의 집 안뜰이었습니다. 그리고 예수님을 위한 변호인은 없었으며 검사는 거짓 증인을 데려다 예수님께 불리한 증언만을 쏟아놓게 했습니다.

한편 1차 산헤드린 공회 재판이 열렸던 대제사장의 집 안뜰을 살펴보면, 당시 유대는 로마 제국의 식민지였음에도 불구하고 대제사장의 '집 안뜰' 영어성경에서는 대제사장의 집을 '성채(castle)'라고 표현할 정도로 큰 성(城)이었습니다. 그래서 대제사장의 집 안뜰은 70여 명의 재판관들이 모여 재판을 할 수 있을 정도였고, 베드로를 비롯한 수많은 방청객이 드나들 수 있을 만큼 큰 규모였습니다. 그러니 그들이 종교 기득권을 내려놓는다는 것은 상상조차 할 수 없는 일이었습니다.

대제사장을 비롯한 예수님 당시의 산헤드린 공회가 가진 권한은 크게 네 가지였습니다. 첫째, 예루살렘 성전 헌금 예 · 결산 권한, 둘째, 3대 명절(유월절, 오순절, 초막절) 관리 권한, 셋째, 종교법(율법)으로 재판하고 판결 및 처형할 수 있는 권한, 넷째, 유대 내부 및 로마 제국 전역에 있는 회당 관리 및 공문 발송 권한입니다. 그리고 그들은 로마 제국조차 함부로 하지 못하는, 마치 '치외법권(治外法權)' 같은 예루살렘 성전에서의 주도권을 가지고 있었습니다. 그러므로 유대 민족에게는 로마 제국도 무서운 존재였지만, 산헤드린 공회 또한 종교적으로는 로마 제국만큼이나 힘 있는 권력 기관이 아닐 수 없었습니다. 그러한 산헤드린 공회가 예수님을 체포한 그 밤에 재판을 열었던 것입니다.

그런데 예수님께서는 산헤드린 공회 재판관들의 질문에 묵비권을 행사하십니다. 예수님께서 그들의 검은 속내를 너무나도 훤히 꿰뚫고 계셨기 때문입니다. 마침내 산헤드린 공회는 그들의 히든카드(hidden card)를 내밉니다. 예수님께 "네가 정말 하나님의 아들이냐?"라고 물은 것입니다. 그러자 예수님께서는 "내가 그니라 인자가 권능자의 우편에 앉은 것과 하늘 구름을 타고 오는 것을 너희가 보리라"(막 14:62)라고 답하십니다.

유대 민족은 오랫동안 메시아를 기다려 온 민족입니다. 그런데 산헤드린 공회는 메시아로 오신 예수님 앞에 엎드려 절하지 않고, 오히려 달려들어 침을 뱉고 주먹으로 때리고 욕하며 예수님을 '신성모독자'라고 정죄했습니다. 또한 '성전 모독자'라고도 죄를 정했습니다.

산헤드린 공회
'공회'의 헬라어는 '쉬네드리온'으로, 이는 특정하게 정해진 사람들이 함께 모이는 자리를 뜻한다. 이 말의 아람어 표현은 '산헤드린'으로, 신약 시대 유대인들의 최고 의결기관이다. 대제사장, 서기관, 바리새인, 사두개인들로 구성되었고 총 71명이었다.

그런데 산헤드린 공회의 이어지는 행동은 이상하기 이를 데 없습니다. 그들은 그들 재판에 따른 판결대로 예수님을 처형하는 대신 로마 제국이 유대에 파견한 총독에게로 예수님을 보낸 것입니다. 산헤드린 공회는 종교 재판 대신 로마 제국을 통한 정치 재판으로 예수님에 대한 재판을 이끌 생각이었습니다. 그들이 이미 예수님을 돌로 쳐 죽이는 대신 로마 제국의 형틀인 십자가에 매달아 죽이기로 모의했던 것입니다. 때문에 밤새워 진행했던 예수님에 대한 1차 산헤드린 공회 재판은 새벽에 로마 총독 재판으로 넘어갔습니다.

6. 빌라도 총독 재판
마 27:1~26/ 막 15:1~15/ 눅 23:1~25/ 요 18:28~19:16
큰글자 일년일독 통독성경 | 63~65p/ 106~107p/ 177~178p/ 232~234p

예수님께서 잡히신 후, 대제사장의 집으로 끌려가십니다(눅 22:54). 그 밤 내내 맞으시고 조롱을 당하셨습니다. 날이 샌 후엔 공회로 끌려가십니다(눅 22:66). 그리고 또다시 빌라도에게 끌려가십니다(눅 23:1). 누가는 예수님께서 이리저리 끌려다니시는 장면을 빼놓지 않고 기록했습니다.

빌라도가 묻습니다. "네가 유대인의 왕이냐?"(막 15:2). 예수님께서 대답하십니다. "네 말이 옳도다"(막 15:2). 그리고 난 후, 예수님께서는 대제사장과 장로들이 예수님을 향하여 거짓으로 고소하는 말들에 대해 어떠한 항변도 하지 않고 침묵하십니다. 여기서 자신을 변호하시면 십자가를 지고자 하신 예수님의 뜻이 이루어지지 않기 때문입니다.

예수님께 죄가 없다고 판단한 빌라도는 헤롯(헤롯 안티파스)에게로 예수님을 보냅니다. 헤롯이 여러 말로 물었으나 예수님께서는 역시 대답하지 않으십니다. 헤롯도 예수님을 사형에 처해야 할 어떠한 죄목도 찾지 못합니다.

무엇이 진리이냐, 그리스도와 빌라도 _ 니콜라이 게 作

결국 빌라도가 다시 예수님의 재판을 시작합니다. 빌라도가 예수님께 자기변호의 기회를 주지만 예수님께서는 묵묵히 침묵을 지키셨습니다. 그러자 빌라도가 명절의 전례에 따른 사면 카드를 꺼내 듭니다. 그러나 백성들은 예수님을 사면하는 데에 찬성하지 않고, 오히려 "바라바를 놓아주고 예수는 십자가에 못 박으라."라고 외칩니다. 빌라도는 아무 죄 없으신 예수님과 점점 커져가는 군중들의 아우성 사이에서 갈등하다가 잘못하다가는 민란이 생길 수 있다는 우려에 결국 십자가형을 선고합니다.

판결은 빌라도가 내렸지만, 실상은 예수님께서 스스로 십자가를 선택하신 것입니다. 이 땅에 오신 목적을 이루시기 위해 예수님께서는 미움과 멸시를 감당하시며 묵묵히 십자가로 향하고 계신 것입니다.

🔗 이 과의 내용을 통通 이야기(Tong story)로 적어보고 이야기해 보세요.

👤 이 과의 내용을 자녀에게 가르칠 수 있도록 통성기도(Tongsung Gido)합시다.

- 너희의 자녀에게 가르치며 집에 앉아 있을 때에든지, 길을 갈 때에든지, 누워 있을 때에든지, 일어날 때에든지 이 말씀을 강론하고 … 너희의 날과 너희의 자녀의 날이 많아서 하늘이 땅을 덮는 날과 같으리라 (신명기 11:19~21)
- 너는 네가 누구에게서 배운 것을 알며 또 어려서부터 성경을 알았나니 (디모데후서 3:14~15)

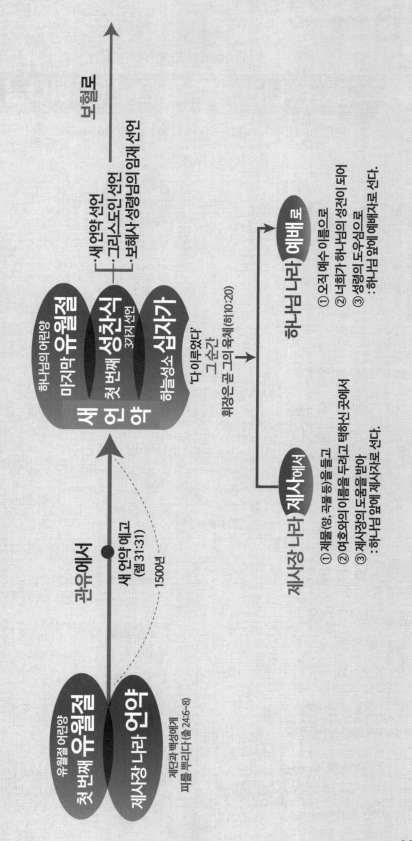

마지막 유월절 첫 번째 성찬식
THE LAST PASSOVER AND FIRST COMMUNION
'이 날'을 기념하라에서 '나'를 기념하라

보혈로

새 언약 선언
그리스도인 선언
보혜사 성령님의 임재 선언

하나님의 어린양
마지막 유월절
첫 번째 성찬식 (3가지 선언)
하늘성소 십자가

새 언 약

'다 이루었다' 그 순간

휘장은 곧 그의 육체(히10:20)

새 언약 예고 (렘 31:31)

관유에서

1500년

유월절 어린양
첫 번째 유월절
제사장 나라 연약

제단과 백성에게
피를 뿌리다 (출 24:6-8)

제사장 나라 제사에서
①제물 (양, 곡물 등)을 들고
②여호와의 이름을 두려고 택하신 곳에서
③제사장의 도움을 받아
: 하나님 앞에 제사자로 선다.

하나님 나라 예배로
①오직 예수 이름으로
②너희가 하나님의 성전이 되어
③성령의 도우심으로
: 하나님 앞에 예배자로 선다.

THE BIBLE AS JESUS' ONE STORY

제사장 나라, 십자가 그 순간, 하나님 나라로

A KINGDOM OF PRIESTS, THE MOMENT OF THE CROSS, THE KINGDOM OF GOD

모리아산 번제
- 거기서 그를 번제로 드리라 (창 22:2)
  : 아버지와 아들 – 하나님의 친구
  (네 사랑하는 독자 이삭)

움직이는 성막 500년
- 시내산
- 제사장 나라 5대 제사 (출 40:17, 33~34)
  (번제, 소제, 화목제, 속죄제, 속건제)
- 휘장으로 증거궤를 가리라 (출 40:21)

500년

제사장 나라

1. 유월절 어린 양으로 시작한 나라
2. 하나님의 용서가 있는 나라
3. 이웃 사이에 나눔과 거룩이 있는 나라
4. 민족 사이에 평화가 있는 나라
5. 장자와 성전으로 이끄는 나라

예루살렘 성전 1,000년
- 지성소, 성소, 이방인의 뜰 (왕상 8:41~43)
- 왕의 만민이 주의 백성처럼 (왕상 8:43)

1000년

세례 요한
: 하나님 나라가 가까이 왔다 (마 3:2)

갈보리산 번제
- 성부 하나님, 성자 예수님
  : 아버지의 원대로 하옵소서 (마 26:39)
- 대제사장 예수, 하나님의 어린 양, 하늘 성소
  : 오직 자기의 피로 영원한 속죄를 이룸 (히 9:12)

십자가 그 순간
- 성전 휘장이 찢어짐 (막 15:37~38)
- 예수님의 몸이 휘장 (히 10:19~20)

하나님 나라

1. 하나님의 어린 양으로 시작한 나라
2. 하나님을 아버지라 부르는 나라
3. 한 영혼이 천하보다 귀한 나라
4. 십자가를 통해서 완성되는 나라
5. 제자와 교회로 이끄는 나라

너희 몸이 성전
(고전 3:16)
- 너희가 성령의 전 (고전 6:19)
- 너희가 그리스도의 몸 (고전 12:27)
- 하나님 우리 아버지 (고후 6:18)

15 마당

영광과 평화로의 초대
Invitation to Glory and Peace

📍 **통通Map** 15마당 전체의 구조와 흐름을 한눈에 담아봅시다.

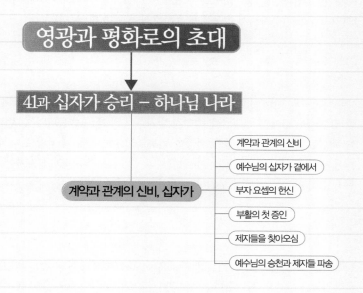

🎓 **15마당-통通 Concept**

• 십자가와 부활
차갑게 얼어버린 인생들의 영혼에 봄비 같은 은혜를 내려주시고자, 기꺼이 십자가의 고난을 감내하신 예수님께서는 약속대로 3일 만에 사망의 권세를 이기고 부활하십니다. 그 내용을 중심으로 공부해봅시다.

• 영광과 평화로의 초대
예수님께서는 우리를 생각 너머의 생각으로 이끄시며 영광과 평화의 세계로 초대하십니다. 예수님의 사랑으로 새로운 인생의 시작을 경험한 제자들이 참 평화의 사도로 파송되기까지의 과정을 살펴봅시다.

＊ 숲 둘러보기　부활하신 예수님께서는 먼저 예루살렘에서 막달라 마리아와 다른 여자들, 제자들에게 나타나셨습니다. 엠마오로 가던 두 제자에게, 그리고 디베랴 바다에서 고기를 잡고 있던 제자들에게 나타나셨습니다.

그리고 열한 제자가 예수님께서 지시하신 갈릴리 한 산에 이르렀을 때 예수님께서는 제자들에게 선교의 사명을 당부하셨습니다(마 28:16~20). 마지막으로 예수님께서는 제자들을 데리고 베다니 앞까지 나가셔서 그들에게 축복하신 후 승천하셨습니다.

＊ 터와 나이테　예수님께서는 이번 명절에 십자가를 지기로 결정하셨습니다. 사실, 대제사장들은 처음에 이번 명절(유월절)에는 예수님을 죽이지 말자는 결정을 내렸습니다. 그런데 가룟 유다가 예수님을 배신함으로 대제사장들이 결정을 번복하고 예수님을 죽이기로 다시 결정합니다. 마치 그들이 십자가 처형을 주도하는 것 같습니다. 그러나 예수님의 십자가는 처음부터 하나님의 계획이셨고, 우리를 죄에서 구원하시기 위한 유일한 방법이었습니다.

＊ 바람과 토양　신약 시대 사람들은 각자 나름대로 죽음 이후의 세계에 관해 깊은 관심을 가지고 있었습니다. 로마인들은 영혼이 불멸한다고 생각했고, 그 외의 신비 종교를 믿는 사람들은 환생을 의미하는 신들을 믿었습니다. 그래서 세례 요한이 엘리야의 환생이며, 예수님이 세례 요한의 환생이라고 생각하는 사람들도 있었습니다.

그러나 이런저런 다양한 내세관들 중 그 어떤 것도 예수님의 부활과 비슷할 수 없습니다. 예수님의 부활은 모든 인생의 부활의 첫 열매가 되시는 위대한 실재적 사건입니다. 예수님의 부활은 우리가 노래해야 할 진정한 승리, 가장 영원한 승리입니다.

41과 십자가 승리 – 하나님 나라

마태복음, 마가복음, 누가복음, 요한복음

🔖 큰글자 일년일독 통독성경 (281~315일 중 6일치를 통독하겠습니다.)

310일 : 선한 목자　　　　311일 : 예수님과 새 계명　　　　312일 : 보혜사 성령

313일 : 하나님의 영광을 위한 기도　　314일 : 십자가, 하늘 지성소　　315일 : 부활, 가장 위대한 승리

📑 통通으로 외우세요

① 마침내 예수님께서 골고다 언덕에서 십자가를 지시고 숨을 거두신 후, 장사 지낸 지 사흘 만에 부활하십니다.

② 예수님께서는 실의에 빠져 있던 제자들에게 다시 찾아오셔서 그들을 회복시켜주십니다.

💡 통通으로 읽는 센스

유대인들의 최고 의결기관인 산헤드린 공회에서는 유대 백성에 관한 종교 또는 민사에 관련된 사건들은 자치적으로 판결할 수 있었지만, 사형 선고는 내릴 수 없었습니다. 물론 때로는 율법에 따라 돌 처형을 강행하기도 했습니다. 로마 제국의 손으로 예수님을 죽이기로 결심한 산헤드린 공회는 금요일 새벽 예수님을 로마 총독 빌라도의 재판정으로 넘겼습니다. 그리고 예수님께서는 정오가 되기 전에 십자가형을 선고받으셨습니다. 십자가는 로마의 처형 방식이었습니다.

예수님께서는 십자가에 달리신 지 6시간(오전 9시~오후 3시) 만에 숨을 거두셨고, 시신은 안식일이 시작되기 전, 해 지기 전에 장사되었습니다. 그러나 예수님께서는 말씀대로 부활하셨고, 그 이후 제자들은 다시 회복되기 시작합니다. 절망에 빠져 흩어졌던 제자들이 다시 예루살렘에 모이기 시작한 것입니다. 예수님의 죽음과 부활은 끝이 아니라 새로운 시작입니다.

▶ **계약과 관계의 신비, 십자가**

계약으로 보면 십자가는 처벌이며 심판의 장소입니다. 죄의 값은 사망(롬 6:23)이라고 정하신 그 계약에 따른 것입니다. 온 인류가 죄로 인해 심판받아야 하기에 독생자 예수 그리스도께서 대신 십자가에 달려 죽으셔야만 했습니다. 그러나 십자가에는 또한 관계의 신비가 담겨 있습니다. 십자가는 계약과 관계, 처벌과 용서, 공의와 사랑이 함께 완성된 장소입니다. 그래서 어느 한 방향으로 십자가를 볼 것이 아니라 계약과 관계의 두 방향을 통(通)으로 봐야 함을 기억합시다.

1. 계약과 관계의 신비 마 27:32~54/ 막 15:21~39/ 눅 23:26~48/ 요 19:17~37

\# 큰글자 일년일독 통독성경 | 65~66p/ 107~108p/ 178~179p/ 234~236p

로마 군병들이 예수님을 때리고 가시 면류관을 씌우고, 침 뱉고, 갈대로 머리를 칩니다. 대제사장들과 서기관들과 유대 장로들은 십자가에 달려 계신 예수님께 지금 십자가에서 내려와라, 그러면 네가 하나님의 아들인 것을 믿겠노라고 희롱합니다. 같이 달린 강도도 예수님을 욕합니다. 예수님께서는 그 모든 아픔과 고통, 멸시와 조롱을 참으시며 6시간 동안 십자가 위에 손과 발에 못이 박힌 채로 달려 계셨습니다. 로마인들이 손과 발에 못을 박은 이유는 심장에서 가장 먼 곳에 못을 박음으로써 극심한 고통을 겪게 한 후 죽게 하기 위해서였습니다.

예수님의 고통이 최고조에 달합니다. 땅이 어두워지고 예수님께서 크게 소리 지르십니다. "엘리 엘리 라마 사박다니 하시니 이는 곧 나의 하나님, 나의 하나님, 어찌하여 나를 버리셨나이까"(마 27:46). 이렇게 십자가 위에서 고통당하시는 예수님을 보고, 누군가 그 고통을 덜게 하는 신 포도주를 드리려고 했지만 예수님께서는 그것까지도 거절하셨습니다.

그 후에 예수님께서 모든 일이 이루어진 줄 아시고 성경의 기록대로 "내가 목마르다"(요 19:28) 하시니 사람들이 신 포도주를 적신 해면을 우슬초에 매어 드립니다. "예수께서 신 포도주를 받으신 후에 이르시되 다 이루었다 하시고 머리를 숙이니 영혼이 떠나가시니라"(요 19:30).

예수님께서 다 이루셨습니다. 가난한 영혼, 주린 영혼, 아파하는 영혼을 사랑하셨던 예수님의 삶은 이렇게 마지막을 고합니다. 십자가의 보혈로 우리는 하나님의 자녀가 되었습니다. 끊어졌던 하나님과 인간의 관계를 예수님께서 십자가로 온전히 연결시키셨습니다. 구약의 긴 세월 동안 대제사장

십자가상 칠언
1. 아버지여, 그들을 용서하여 주십시오. 그들은 그들이 하는 것을 알지 못하기 때문입니다. (눅 23:34)
2. 내가 진정으로 네게 말한다. 너는 오늘 나와 함께 낙원에 있게 될 것이다. (눅 23:43)
3. 어머니, 보십시오. 당신의 아들입니다. 보라, 네 어머니이다. (요 19:26~27)
4. 나의 하나님, 나의 하나님, 어찌하여 나를 버리셨나이까? (마 27:46; 막 15:34)
5. 내가 목마르다. (요 19:28)
6. 다 이루었다. (요 19:30)
7. 아버지, 내 영혼을 아버지 손에 맡기옵니다. (눅 23:46)

만 출입하던 성막의 휘장이 위로부터 아래로 갈라졌습니다. 이제 더 이상 동물의 피를 통한 제사를 드릴 필요가 없게 되었습니다. 예수님께서 십자가에서 죽으심으로 단번에 온 인류가 구속받았습니다.

성경의 모든 부분이 아름답고 감동적이지만, 그중에서도 가장 소중하고 아름다운 장면을 꼽아보라면, 우리 예수님께서 십자가에 달리신 그 순간일 것입니다. 그 시간은 성경에서뿐만 아니라 이 세상에서 가장 아름다운 순간이었습니다.

십자가 _ 안토니 반 데이크 作

2. 예수님의 십자가 곁에서
마 27:55~56/ 막 15:40~41/ 눅 23:49 (8:1~3)/ 요 19:25~27

#큰글자 일년일독 통독성경 | 66p/ 109p/ 179p (132~133p)/ 235p

예수님께서 십자가에서 고통당하실 때 제자들은 모두 다 도망갔지만, 예수님을 섬기며 갈릴리에서부터 따라온 여인들은 끝까지 먼발치에서 예수님을 바라보고 있었습니다(마 27:55~56). 여인들의 가슴이 타 들어갔을 것입니다. 그저 멀리서 서로 바라만 보고 있는 여인들과 예수님. 이를 통해 서로 심장을 나누는 뜨거운 사랑을 느낄 수 있습니다.

그러나 또 한편으로 생각해봅니다. 이 여인들만큼 큰 복을 누린 행복한 사람들이 또 있을까! 사실 이들이 세상에서 가장 아름답고 감동적인 순간을 지켜본 사람들이기 때문입니다. 이들은 예수님의 사랑과 공의가 붉은 꽃으로 피어난 그 순간을 함께한 복된 자들이었습니다.

3. 부자 요셉의 헌신
마 27:57~66/ 막 15:42~47/ 눅 23:50~56/ 요 19:38~42

#큰글자 일년일독 통독성경 | 66~67p/ 109p/ 179~180p/ 236p

예수님께서는 공생애 3년 동안 하나님 나라를 전하시는 일에 최선을 다하신 후 당신의 목숨을 바치셨습니다. 그런데 지금, 아무도 예수님을 장사 지내 줄 사람이 없습니다. 제자들은 다 도망가버리고, 아무도 없습니다.

이 상황에서 아리마대의 부자 요셉이라는 사람이 나섭니다. 그는 빌라도를 찾아가서 예수님의 시신을 달라고 요청합니다. 그러자 빌라도가 요셉의

아리마대 부자 요셉
예수님의 시신을 장사 지낸 요셉에 관한 기록은 사복음서에 모두 기록되어 있다(마 27:57~61; 막 15:42~47; 눅 23:50~56; 요 19:38~42).
그는 "존경 받는 공회원이요 하나님의 나라를 기다리는 자"(막 15:43)로 마가의 기록에 의하면 '당돌히' 빌라도를 찾아가 예수님의 시신을 달라고 요구했다. 그리고 그는 아직 사람을 장사한 일이 없는 새 무덤에 예수님을 장사했다.

요구대로 예수님의 시신을 내어줍니다. 이 일의 대가로 부자 요셉의 재산 중 일부를 얻을 수 있다는 계산을 했기 때문일 것입니다. 요셉은 자신의 재산을 꼭 써야 할 가치가 있는 곳에 쓸 줄 아는 사람이었습니다. 요셉은 예수님의 시신을 깨끗한 세마포로 싸서 새 무덤에 장사 지냅니다. 곧 부활하실 우리 예수님의 육신의 마지막을 정성으로 살핀 요셉이 얼마나 고마운지 모르겠습니다.

4. 부활의 첫 증인 마 28:1~15/ 막 16:1~11/ 눅 24:1~12/ 요 20:1~18
#큰글자 일년일독 통독성경 | 67~68p/ 109~110p/ 180p/ 236~237p

예수님께서는 십자가를 지시기 전에 이미 제자들에게 십자가에 못 박혀 죽으셨다가 제삼일에 살아나리라고 말씀하신 바 있으십니다(마 20:17~19). 그리고 말씀하신 대로 우리 주님께서 3일 만에 부활하십니다. 3일 만에 어둠의 권세를 깨뜨리고 부활의 첫 열매가 되신 것입니다. 선하신 하나님의 아들은 결코 어두운 세력의 생각대로 그렇게 끝나지 않으셨습니다. 아무 흠도 티도 없으신 분이 죽으셨다가 부활하셨습니다. 마침내 승리하셨고 사망 권세를 이기셨습니다.

그런데 예수님의 부활 약속을 직접 들은 제자들은 안식 후 첫날 새벽에 실제 부활의 현장에 아무도 찾아가지 않았습니다. 간접적으로 그 말씀을 들었을 두 여인, 막달라 마리아와 다른 마리아만이 그날 새벽, 무덤에 왔다가 부활하신 주님을 만납니다. 다시 사신 예수님께서는 여인들에게 무서워하지 말라고 하시며 예루살렘이 아니라 갈릴리에서 제자들을 만날 것을 말씀하십니다.

5. 제자들을 찾아오심 막 16:12~14/ 눅 24:13~43/ 요 20:19~21장
#큰글자 일년일독 통독성경 | 110p/ 180~182p/ 237~240p

부활하신 예수님께서는 예수님의 죽음으로 인해 상심과 절망 가운데 빠져 있는 제자들을 찾아와 다시금 힘을 주고 사명을 주시는 작업을 40일 동안 수행하십니다. 몇 번이나 제자들에게 나타나심으로써 제자들로 하여금 예수님을 살아 계신 하나님으로 확신하게 하십니다.

도마
아람어 '도마'와 헬라어 '디두모'는 둘 다 '쌍둥이'라는 뜻이다. 다른 세 복음서와는 달리, <요한복음>에는 도마의 이름이 세 번이나 등장한다(요 11:16; 14:5; 20:24~29). 도마는 예수님의 부활을 의심했지만, 주님을 직접 만난 후 진심으로 믿게 되었다.

사실 시몬 베드로와 몇몇의 제자들은 아예 고향으로 돌아가 있었습니다. 그들은 예수님을 만나기 전에 그랬던 것처럼 디베랴 바닷가에 배를 띄우고 고기를 잡고 있었습니다. 그때 부활하신 예수님께서 그들을 찾아가십니다.

요한이 가만히 보더니 "어! 예수님 같아!"라고 말합니다. 베드로가 그 말을 듣자마자 겉옷을 두르더니 바다로 뛰어들어 헤엄쳐갑니다. 얼마 전에 예수님을 모른다고 부인해버린 부끄러움이 그대로 남아 있지만, 그래도 베드로는 제일 먼저 뛰어가서 예수님을 만납니다. 예수님께서는 제자들의 부끄러움을 덮으시고 다시 새로운 관계를 시작하십니다. 이렇게 부끄러움과 아쉬움을 가진 사람들에게 다가오셔서 그 부끄러움을 열심으로 회복시켜주시는 예수님이 참 좋습니다.

능력의 이름, 예수

성령을 받은 제자들에게 '예수의 이름'은 자랑이요, 능력의 근원이 된다. 예수 그리스도의 이름을 믿고 행하는 모든 자에게 그 이름의 놀라운 권세가 주어진다(요 14:13~14). 많은 어려움에 처하여 우리의 모습이 작아지려 할 때마다 우리는 가슴속에 있는 예수 그리스도, 그 놀라운 이름을 선포해야 한다.

6. 예수님의 승천과 제자들 파송 마 28:16~20/ 막 16:15~20/ 눅 24:44~53
큰글자 일년일독 통독성경 | 68p / 110p / 182~183p

예수님의 죽음으로 흩어질 것만 같았던 제자들이 예루살렘에 다시 모이기 시작합니다. 예수님께서 십자가에 돌아가실 때에는 모든 것이 끝난 것만 같았으나, 예수님의 부활을 경험한 제자들이 다시 모이고 있는 것입니다. 예수님께서 제자들에게 당부하십니다.

승천 _ 라파엘 作

"하늘과 땅의 모든 권세를 내게 주셨으니 그러므로 너희는 가서 모든 민족을 제자로 삼아 아버지와 아들과 성령의 이름으로 세례를 베풀고 내가 너희에게 분부한 모든 것을 가르쳐 지키게 하라"(마 28:18~20). "오직 성령이 너희에게 임하시면 너희가 권능을 받고 예루살렘과 온 유대와 사마리아와 땅 끝까지 이르러 내 증인이 되리라"(행 1:8).

숲에서 볼 때 예수님의 이 말씀은 제자들이 죽음도 두려워하지 않고 천국 복음을 전하는 힘의 원천이 됩니다. 바로 이들을 통해 교회의 역사가 시작됩니다.

이 과의 내용을 통通 **이야기**(Tong story)**로 적어보고 이야기해 보세요.**

이 과의 내용을 자녀에게 가르칠 수 있도록 통성기도(Tongsung Gido)**합시다.**

- 너희의 자녀에게 가르치며 집에 앉아 있을 때에든지, 길을 갈 때에든지, 누워 있을 때에든지, 일어날 때에든지 이 말씀을 강론하고 … 너희의 날과 너희의 자녀의 날이 많아서 하늘이 땅을 덮는 날과 같으리라 (신명기 11:19~21)
- 너는 네가 누구에게서 배운 것을 알며 또 어려서부터 성경을 알았나니 (디모데후서 3:14~15)

사도행전 30년

30 YEARS OF ACTS

산헤드린 공회 결정 vs. 예루살렘 공회 결정

('전도인 죽이는') ('전도인 세우는')

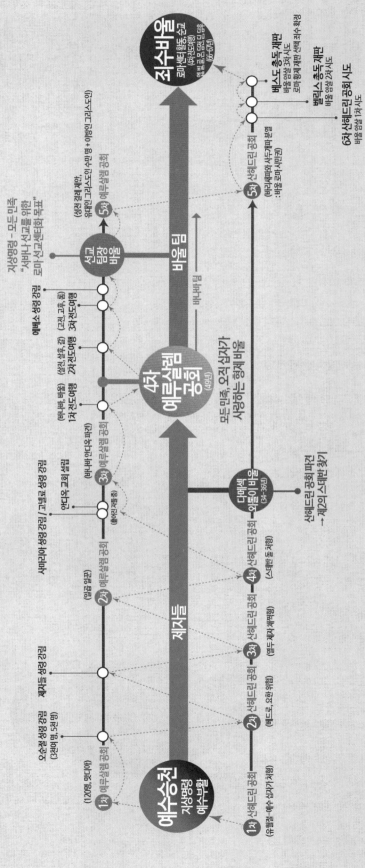

333

사도행전 30년

복음 1세대(사도들)들이 유대인의 박해 속에서 전한 하나님 나라

[통으로 본 사도행전 30년 분위기]

'사도행전 30년'은 '대제사장들과 사도들의 대립 속에서 하나님 나라가 땅끝까지 전파'되는 분위기입니다.

신약 시대, 로마 제국의 속국이었음에도 불구하고 유대 예루살렘의 대제사장 세력, 곧 산헤드린 공회 세력은 로마 황제나 로마 총독, 그리고 심지어 분봉 왕 헤롯까지도 무시할 수 없는 존재였습니다. 그런 그들이 나서서 로마를 이용해 예수님을 십자가에서 죽게 했습니다. 그런데 얼마간의 시간이 흐른 뒤 예수님의 제자들이 사도가 되어 오히려 전보다 더 열심히 하나님 나라(The Kingdom of God)를 전하기 시작한 것입니다.

"대제사장의 문중이 다 참여하여 사도들을 가운데 세우고 묻되 너희가 무슨 권세와 누구의 이름으로 이 일을 행하였느냐 이에 베드로가 성령이 충만하여 이르되 백성의 관리들과 장로들아 만일 병자에게 행한 착한 일에 대하여 이 사람이 어떻게 구원을 받았느냐고 오늘 우리에게 질문한다면 너희와 모든 이스라엘 백성들은 알라 너희가 십자가에 못 박고 하나님이 죽은 자 가운데서 살리신 나사렛 예수 그리스도의 이름으로 이 사람이 건강하게 되어 너희 앞에 섰느니라"(행 4:6~10).

이렇게 사도행전 4장을 기점으로 사도들이 대제사장 세력들과 각을 세우며 하나님 나라의 복음을 전파하게 됩니다. 4복음서의 분위기와는 다른 역동적인 공기가 생성되고 있습니다.

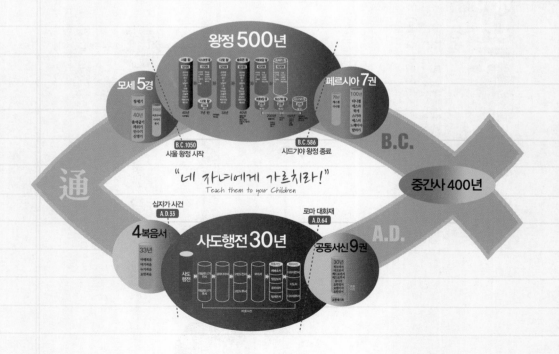

16 마당 열리는 제자 시대
The Disciple Era

📍 **통通Map** 16마당 전체의 구조와 흐름을 한눈에 담아봅시다.

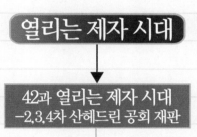

🎓 **16마당-통通 Concept**

열리는 제자 시대

예수님의 유언을 자신의 비전으로 삼은 제자들에 의해 본격적인 세계 선교의 시대가 열립니다. 다음 내용을 중심으로 살펴봅시다.

- 베드로를 비롯한 사도들의 활동
- 스데반과 빌립을 비롯한 일곱 일꾼의 활동
- 이방인의 사도로 부름 받은 사도 바울
- 고넬료 사건을 통해 비로소 깨달은 '함께'의 의미

* 숲 둘러보기　사도행전 1~12장은 예루살렘 교회와 베드로의 사역을 중심으로 기록된 부분입니다. 특별히 사도행전 10장에 나오는 베드로와 로마인 백부장 고넬료와의 만남은 이어지는 사도 바울의 사역문을 여는 데 매우 중요한 포석이 되는 사건입니다.

또한 스데반이 순교를 당하고, 헤롯(헤롯 아그립바 1세)에 의해 사도 야고보가 순교하게 됨으로써 복음은 더 이상 예루살렘에만 머무르지 않고 곳곳으로 퍼져 나가게 됩니다. 이제 본격적으로 세계 선교 시대가 열리기 시작하는 것입니다.

* 터와 나이테　예수님께서 승천하시고 오순절 성령 강림이 있던 때를 A.D.30(33)년으로, 사도 바울을 비롯해 복음 1세대 지도자 200여 명이 죽는 원인이 된 로마 대화재 사건이 일어난 A.D.64년을 기준으로 본다면 〈사도행전〉의 시간적 배경이 되는 기간은 약 30년이라고 할 수 있습니다.

이 기간은 기독교에 있어 아주 중요한 변천기였습니다. 복음이 처음에는 유대인들에게만 전파되었고, 초기교회는 유대인들 중심으로 구성되어 있었습니다. 그러나 점차 이방인들도 복음을 믿고 받아들이게 되었습니다. 이를 위해 초기교회는 사도행전 15장에 나오는 예루살렘 공회를 통해 이방인들을 그리스도인으로 받아들이는 데 합의했습니다. 이로써 기독교는 유대교와 공식적으로 결별하게 됩니다.

* 바람과 토양　당시의 유대 지방은 로마의 지배를 받았는데, 그때 로마 황제는 디베료(티베리우스, A.D.14~37년)였습니다. 유대 지방은 로마 총독과 함께 분봉 왕의 통치를 받았습니다. 그래서 '사도행전 30년' 기간 동안에는 본디오 빌라도를 비롯해 벨릭스, 베스도 등의 총독과 헤롯 아그립바 1세, 헤롯 아그립바 2세가 통치했습니다. 특히 사도행전 12장 1절에 '헤롯 왕'이라고 언급되는 사람은 헤롯 아그립바 1세로 요한의 형제 야고보를 순교하게 만든 왕이었습니다.

스데반과 야고보의 순교 이후 복음은 더 이상 예루살렘에만 머무르지 않습니다. 박해를 피해 흩어진 그리스도인들에 의해 복음이 확산되면서 이방 선교의 중심 교회인 안디옥 교회도 세워졌습니다. 이제 본격적인 세계 선교 시대가 열리게 됩니다.

* **사도행전** *Acts*

〈사도행전〉에는 초기교회에 충만하게 역사하셨던 성령님의 활동이 소개되어 있습니다. 예수님께서 승천하신 이후, 약속대로 임하신 성령을 받은 초기교회에 권능이 나타나고 서로 사랑하며 담대히 복음을 전하게 되는 놀라운 변화가 일어납니다. 성령님의 도우심과 하나님께서 택하신 사람들의 헌신을 통해 결국 복음이 예루살렘에서 시작하여 온 유대와 사마리아와 땅끝까지 전파되는 과정이 자세히 기록되어 나옵니다.

〈사도행전〉의 저자는 바울의 전도여행에 동행했던 의사 누가였기 때문에 〈사도행전〉의 후반부는 사도 바울의 사역을 중심으로 기록되어 있습니다.

42과 열리는 제자 시대 - 2, 3, 4차 산헤드린 공회 재판

사도행전 1~12장

📖 큰글자 일년일독 통독성경

316일 : 열리는 제자 시대   317일 : 2차 산헤드린 공회   318일 : 스데반 순교   319일 : 고넬료의 성령 충만

📖 통通으로 외우세요

① 예수님께서 승천하신 후 남겨진 제자들은 사도가 되어 복음 전파 사역을 시작합니다.

② 예수님의 십자가와 부활의 증인 된 제자들이 오순절 날 성령을 받은 이후, 담대하게 복음을 증거하기 시작합니다. 그리고 복음은 예루살렘과 유대를 넘어 사마리아 지역까지 퍼져나갑니다.

💡 통通으로 읽는 센스

<사도행전>의 저자 누가는 의사이며 역사가입니다. 바울을 만난 후 남은 평생 전도팀과 함께 복음 전도에 힘쓰며, 동시에 매 맞고 고문당한 바울과 전도인들을 돌보며 치료하는 일이 누가의 중요한 일이었습니다. 그리고 역사가로서 <누가복음>에 이어 <사도행전>을 기록하여 21세기를 사는 우리에게도 성령님의 역사하심을 강하게 기대하도록 만들어주었습니다.

우리는 <사도행전>을 통해 초기교회의 시작과 그 확장의 과정, 그리고 복음이 예루살렘과 온 유대와 사마리아와 땅끝까지 전파되는 성령님의 역사를 알 수 있습니다.

❖

◆ 통通포인트

◢ **교회, 사명과 축복의 통로**
성령을 받은 제자들에 의해 예수의 이름으로 능력을 행하며 하나님의 은혜의 복음을 전하는 교회가 예루살렘에서 시작됩니다.

1. 증인이 된 제자들 행 1장
큰글자 일년일독 통독성경 | 241~242p

● 제자세대 탄생

40일 금식으로 공생애를 시작하신 예수님께서는 부활 후 40일 동안 이 땅에 머무시면서 제자들에게 하나님 나라의 일을 말씀해주셨습니다. 그렇게 예수님의 3년 사역의 열매로 훈련된 '제자세대'가 탄생합니다. 예수님께서는 "오직 성령이 너희에게 임하시면 너희가 권능을 받고 예루살렘과 온 유대와 사마리아와 땅 끝까지 이르러 내 증인이 되리라"(행 1:8)라고 유언을 남기시고 제자들이 보는 앞에서 하늘로 올라가셨습니다.

<사도행전>과 기독교
<사도행전>은 기독교 변천에 있어서 중추적인 책이다.

징검다리	구 분
복음서들로부터 서신서들까지	역사
유대주의로부터 기독교까지	종교
율법으로부터 은혜까지	하나님의 역사하심
유대인만으로부터	하나님의 백성
유대인과 이방인까지	
하나님 나라로부터 교회까지	하나님의 계획

● 조직 정비

사도가 된 제자들은 다시 새로운 시작을 위해 가룟 유다 대신 새로운 한 사도를 뽑기로 합니다. 먼저 요셉과 맛디아, 두 명을 추천합니다. 그리고 기도한 후 제비뽑기를 통해 맛디아를 뽑습니다. 이는 인간의 선택과 하나님의 섭리에 대한 믿음이 어우러진 방법이었습니다.

2. 오순절 성령 강림 – 교회의 시작 행 2장
큰글자 일년일독 통독성경 | 243~245p

"예루살렘을 떠나지 말고 내게서 들은 바 아버지께서 약속하신 것을 기다리라"(행 1:4)라고 당부하신 예수님의 말씀대로 제자들은 한곳에 모여 기도에 힘씁니다. 예수님의 말씀대로 제자들에게 성령께서 임하셨습니다.

"홀연히 하늘로부터 급하고 강한 바람 같은 소리가 있어 그들이 앉은 온 집에 가득하며 마치 불의 혀처럼 갈라지는 것들이 그들에게 보여 각 사람 위에 하나씩 임하여 있더니"(행 2:2~3).

성령을 받은 제자들이 각 나라의 언어로 담대히 '하나님의 큰일'을 전하기 시작합니다. 이때는 마침 여러 나라로부터 온 사람들이 예루살렘을 가득 메우고 있던 오순절이었습니다. 오순절 날 베드로의 설교를 듣고 3천 명이 회개하는 놀라운 역사가 일어났습니다. 사도들은 기사와 표적을 행하며 담대히 주의 말씀을 전했고, 구원받은 자들은 날로 더해 갔습니다.

성령님이 오시면
예수님께서 승천하시고 성령님께서 오셨다. 예수님께서 십자가를 지시기 전 제자들에게 주셨던 약속(요 16:7)이 이루어진 것이다. 성령 충만을 받은 베드로가 예수님의 그리스도 되심을 전할 때 3천 명이 회개하는 역사가 일어났다.

3. 변화된 제자들, 변하지 않는 사두개파들
– 2, 3차 산헤드린 공회 재판 _{행 3~5장}

#큰글자 일년일독 통독성경 | 246~252p

산헤드린 공회가 '1차 산헤드린 공회 재판'과 '빌라도 총독 재판'을 통해 예수님을 십자가에서 달려 죽게 한 때는 유대의 3대 명절(유월절, 오순절, 초막절) 가운데 하나인 유월절이었습니다. 그리고 부활하신 예수님의 말씀대로 유월절로부터 50일이 지난 시점인 오순절에 다같이 모인 한곳에 성령께서 임하셨습니다. 그러자 예수님의 부활과 승천을 목도한 사도들을 비롯한 예수님을 믿는 사람들이 담대하게 나아가 예수를 증거하기 시작했습니다. 그리고 예수님의 십자가 사건 이전에는 은근 라이벌(?) 관계였던 베드로와 요한이 성령이 충만하여 함께 손잡고 성전에 기도하러 가다가 성전 미문에서 구걸하던, 나면서부터 걷지 못했던 사람을 '예수 이름'으로 고쳐주는 일이 벌어집니다. 이 일은 50일 전인 유월절 이후 다시 한번 예루살렘을 발칵 뒤집어지게 하는 일로 발전됩니다.

그러자 산헤드린 공회가 다시 긴장하기 시작했습니다. 지난 1차 산헤드린 공회 재판 때에는 눈길도 주지 않았던 예수님의 제자들을 주목하며 그들을 1차 산헤드린 공회 재판 때와 마찬가지로 70여 명의 산헤드린 공회원들이 모두 모여 예수님의 제자 베드로와 요한을 세워놓고 위협적이고 험악한 분위기 속에서 2차 산헤드린 공회 재판을 시작했습니다.

그런데 2차 산헤드린 공회 재판은 1차 때와 달리 '거짓 증인'이 통하지 않았습니다. 2차 산헤드린 공회 재판에는 방청객(?)으로 병에서 나음을 입어 '걷고 뛰고 하나님을 찬양하게 된 증인'이 있었기 때문입니다. 결국 2차 산헤드린 공회 재판의 판결은 베드로와 요한에게 "예수의 이름으로 말하지도 말고 가르치지도 말라"(행 4:18)라고 경고한 후 석방하는 것이었습니다.

그러나 2차 산헤드린 공회 재판의 판결에도 불구하고 사도들은 목숨을 걸고 예수님의 십자가와 부활과 승천, 그리고 재림에 대한 약속을 알리는 데 주저하지 않았습니다. 그러자 산헤드린 공회는 다시 사도들을 체포해 3차 산헤드린 공회 재판을 열었습니다. 이때 율법학자로 존경받는 바리새인 가말리엘이 나서주지 않았다면 사도들은 3차 산헤드린 공회 재판 후에 목숨을 잃었을지도 모릅니다. 결국 3차 산헤드린 공회는 사도들에 대해 "채찍질하며 예수의 이름으로 말하는 것을 금하고"(행 5:40) 이번에도 석방했습니다.

교회
제사장들과 서기관들의 핍박에도 불구하고, 사도들이 성령의 힘으로 날마다 지치지 않고 "예수는 그리스도라고 가르치기와 전도하기를"(행 5:42) 그치지 아니하였기에 이 위대한 조직은 2천 년을 이어 오늘에까지 이르고 있다.

아마도 이때 사도들은 그 유명한 '40에 하나 감한 매' 즉 39대의 채찍을 맞았을 것입니다. 사도들은 예수님의 이름을 위하여 능욕 받는 일을 기뻐하며 어느 곳에 있든지 "예수는 그리스도라고 가르치기와 전도하기를"(행 5:42) 그치지 않았습니다.

4. 일곱 일꾼 선출과 스데반 순교- 4차 산헤드린 공회 재판
행 6~8장

#큰글자 일년일독 통독성경 | 252~260p

사도들이 산헤드린 공회에 체포되어 두 번(2, 3차 산헤드린 공회 재판)이나 재판을 받았음에도 불구하고 두려워하지 않고 오히려 더욱 담대하게 복음을 전하므로 예루살렘에 예수를 믿기로 작정한 사람의 수가 더욱 증가했습니다. 그런데 성령이 충만한 예루살렘 교회에서도 먹는 문제를 가지고 시험에 드는 일이 발생했습니다. 만약 그들이 경제적으로 넉넉한 상황이었으면 먹는 문제는 사소한 일이었을 것입니다. 그러나 가난한 예루살렘 교회 성도들이 함께 생활하며 적은 음식을 나누어 먹어야 하는 상황에서 이 일은 무시할 만한 사소한 일이 아니었습니다.

사도들은 이 문제를 해결하기 위해 산헤드린 공회의 압박 속에서도 예루살렘 교회에 일곱 명의 월등한 평신도 지도자를 세웁니다. 평신도 지도자의 조건은 두 가지였습니다. 첫째는, 성령과 지혜가 충만한 사람, 둘째는 사람들에게 칭찬받는 사람이었습니다. 그렇게 선출된 일곱 명의 일꾼은 교회 안에서 음식 먹는 문제뿐만 아니라 성도들을 돌보는 일에도 탁월한 재능을 발휘했습니다. 그러자 예루살렘에서는 예루살렘 교회 성도들에 대한 칭찬이 자자하게 되었습니다.

이렇게 예루살렘 교회가 선한 영향력을 끼치는 아름다운 공동체로 점점 발전해가자 산헤드린 공회는 이 문제를 좌시하지 않습니다. 그들은 예루살렘 교회를 뿌리부터 흔들기 위해 예루살렘 교회의 일곱 일꾼 가운데 한 사람인 스데반을 본보기로 체포해 4차 산헤드린 공회 재판을 열었습니다. 그러나 스데반은 오히려 재판정을 복음 전도의 장으로 만들어 구약 2,000년의 역사를 정리하며 구약성경이 예수 그리스도를 증거하는 책이라고 밝힙니다. 스데반이 산헤드린 공회원들에게 구약성경 전체와 예수님 이야기를 통

초기교회 일곱 일꾼
스데반, 빌립, 브로고로, 니가노르, 디몬, 바메나, 니골라

창조적 대안
초기교회 내부에 문제가 생기자 사도들은 이를 지혜로운 방법으로 대처한다. 그들은 이전까지 해오던 구제의 방법을 새롭게 한다든지, 어떤 규칙을 새롭게 제정하는 등의 방법을 사용하는 대신, 먼저 그 일을 책임있게 감당할 '사람'을 세웠다.
사람을 잘 세우는 것이 지혜이다. 사도들의 창조적 대안은 바로 '사람'이었다.

(通)으로 묶어서 전해준 것입니다. 그러자 산헤드린 공회는 더 이상 스데반을 살려둘 수 없다고 판단해 스데반을 돌로 쳐 즉결 처형했습니다. 바로 그 자리에 청년 사울이 있었는데 사울조차도 산헤드린 공회가 주장한 예수님에 대한 네 가지 거짓말(신성모독자, 성전 모독자, 부활을 속이는 자, 자칭 유대인의 왕)을 믿었기에 스데반의 죽음이 당연하다고 생각했습니다. 이때 예수님께서는 하나님 보좌 우편에 서서 스데반을 기

스데반 _ 렘브란트 作

다려주셨고, 이후에 사울은 다메섹 도상으로 찾아가 만나주셨습니다.

스데반의 순교를 시작으로 교회에 대한 대대적인 박해가 시작됩니다. 박해를 피해 흩어진 초기교회 성도들의 발걸음을 통해 복음은 더욱더 넓은 지역으로 전파됩니다. 이때 일곱 일꾼 가운데 한 사람인 빌립은 사마리아성으로 가서 복음을 전했습니다. 사마리아에 복음의 문이 열렸다는 소식을 들은 베드로와 요한은 직접 사마리아로 가서 성령의 임하심을 기도했고, 그로 인해 사마리아인들이 성령을 받는 기쁜 일이 일어났습니다.

◉ 통通포인트

▸ **비로소 깨달은 '함께'의 의미**
고넬료 사건을 통해 사도들은 그동안 온전히 깨닫지 못했던 '함께'의 의미를 비로소 깨닫습니다. 이로써 드디어 예루살렘 교회가 교회로서의 진정한 정체성을 가지고 '열방을 향한 교회'로 서게 되었음을 기억합시다.

5. 사울의 회심과 고넬료 사건 행 9~12장
#큰글자 일년일독 통독성경 | 260~269p

● 사울의 회심

스데반이 순교할 당시 증인들의 옷을 지키고 있던 사람, 믿는 성도들을 잔멸하고자 집집마다 들어가 잡아서 옥에 넘겼던 사람, 그 한 사람의 놀라운 변화가 준비되고 있습니다. 바로 사도 바울입니다.

바울은 예수 믿는 사람들을 잡아 옥에 가두기 위해 다메섹으로 가던 중에 예수님을 만납니다. 이때가 바울의 '다메섹 그 순간'입니다. 이로 인해 바

울은 한순간에 초기교회 박해자에서 복음 전도자로 급변합니다. 이렇게 바울이 준비되면서 이제 복음은 유대를 넘어 이방인들에게까지 갈 수 있게 되었습니다.

● 고넬료 사건

바울의 이방인 사역이 잘 진행되기 위해서는 먼저 준비되어야 할 부분이 있었습니다. 그 일이 바로 사도행전 10장에 나오는 고넬료 사건입니다.

〈누가복음〉과 〈사도행전〉의 저자인 누가는 두 편지의 수신자인 데오빌로에게 앞서 〈누가복음〉에서 소개한 백부장(눅 7:2~10)에 이어 또 한 명의 백부장을 소개해줍니다. 누가가 소개한 로마의 백부장 고넬료는 의인이었으며 하나님을 경외하는 자로 구제에 힘쓰는 사람이었습니다. 그는 하나님을 더 알고 싶어 했고, 더욱 하나님의 뜻을 행하고 싶어 했습니다. 그래서 환상 중에 하나님의 사자가 가르쳐준 대로 베드로를 초대했고, 베드로가 그의 집에 당도하자 그 앞에 엎드렸습니다. 배우려는 마음 자세가 갖추어져 있었던 것입니다.

이런 고넬료와 달리, 사실 베드로는 고넬료의 집에 가는 것을 매우 꺼렸습니다. 그에게도 이방인과 유대인에 대한 뿌리 깊은 차별 의식이 존재했기 때문입니다. 하지만 성령께서 베드로를 깨우쳐주십니다. 이방인들이 성령을 받아 방언을 말하며 하나님을 높이는 것을 보면서 베드로 안에서 선민과 이방인을 구분하는 편견이 깨졌습니다. 드디어 세계 만민을 그리스도인으로 부를 수 있게 되는 문이 열리게 된 것입니다. 베드로는 고넬료를 통해 '복음, 모든 민족(All Nations)과 함께'의 의미를 비로소 깨닫게 된 것입니다.

고넬료 사건 이후 예루살렘 교회는 사마리아에 베드로와 요한을 파송했듯이 안디옥에 바나바를 파송합니다. 한편, 헤롯 아그립바 1세는 산헤드린 공회와 유대인들의 환심을 얻기 위해 요한의 형제 사도 야고보를 처형합니다.

고넬료
고넬료에게는 기도와 구제가 함께 어울려 있었다. 마치 오른손과 왼손이 한 몸 안에서 자유롭고 적절하게 일을 하듯이, 기도와 구제가 그렇게 잘 어울려 있다는 것은 주변에 큰 본이 될 만한 일이었다.

차별 폐지
사람들은 외모로 다른 사람을 판단하지만 하나님께서는 사람을 외모로 보지 않으신다. 사실 이는 예수님께서 이 땅에 계실 때 누차에 걸쳐 하신 말씀이었다. 남녀를 차별하고, 피부색으로 인종을 차별하고, 부와 가난의 문제로 사람을 차별하는 것은 옳지 않다는 것 하나님께서는 외모로 사람을 판단치 않으신다는 것을 예수님께서는 삶으로 보여주셨다.

백부장 고넬료에게 세례를 주는 베드로 _ 프란체스코 트레비사니 作

🔗 **이 과의 내용을 통通 이야기**(Tong story)**로 적어보고 이야기해 보세요.**

....

....

....

....

....

🙏 **이 과의 내용을 자녀에게 가르칠 수 있도록 통성기도**(Tongsung Gido)**합시다.**

• 너희의 자녀에게 가르치며 집에 앉아 있을 때에든지, 길을 갈 때에든지, 누워 있을 때에든지, 일어날 때에든지 이 말씀을 강론하고 … 너희의 날과 너희의 자녀의 날이 많아서 하늘이 땅을 덮는 날과 같으리라 (신명기 11:19~21)
• 너는 네가 누구에게서 배운 것을 알며 또 어려서부터 성경을 알았나니 (디모데후서 3:14~15)

17마당 경계를 넘어선 복음의 확장
Extension of the Gospel with no Boundaries

📍 **통通Map** 17마당 전체의 구조와 흐름을 한눈에 담아봅시다.

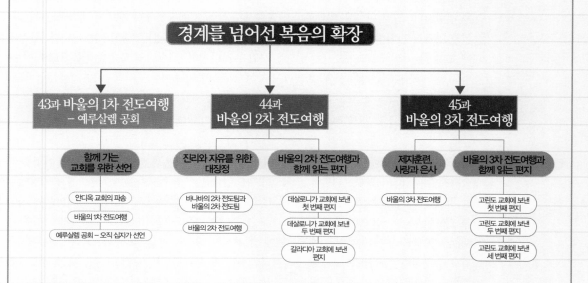

경계를 넘어선 복음의 확장

| 43과 바울의 1차 전도여행
– 예루살렘 공회 | 44과
바울의 2차 전도여행 | 45과
바울의 3차 전도여행 |

함께 가는 교회를 위한 선언
- 안디옥 교회의 파송
- 바울의 1차 전도여행
- 예루살렘 공회 – 오직 십자가 선언

진리와 자유를 위한 대장정
- 바나바의 2차 전도팀과 바울의 2차 전도팀
- 바울의 2차 전도여행

바울의 2차 전도여행과 함께 읽는 편지
- 데살로니가 교회에 보낸 첫 번째 편지
- 데살로니가 교회에 보낸 두 번째 편지
- 갈라디아 교회에 보낸 편지

제자훈련, 사랑과 은사
- 바울의 3차 전도여행

바울의 3차 전도여행과 함께 읽는 편지
- 고린도 교회에 보낸 첫 번째 편지
- 고린도 교회에 보낸 두 번째 편지
- 고린도 교회에 보낸 세 번째 편지

🎓 17마당-통通 Concept

· 바울의 전도여행

바울이 동역자들과 더불어 전도여행을 시작합니다. 복음이 유대의 경계를 넘어 이방 땅으로 확장됩니다.
각각의 전도여행지에서 일어난 사건들을 중심으로 살펴봅니다.

· 바울의 전도여행과 서신서를 통(通)으로!

전도여행의 여정을 공부할 때, <사도행전>과 서신서들을 역사순으로 연결하여 살펴봅니다.

사도행전	서신서	바울의 전도여행	단원
행 13장~15:35		바울의 1차 전도여행	43과
행 15:36~18:22	살전, 살후, 갈	바울의 2차 전도여행 및 서신서	44과
행 18:23~19장	고전, 고후	바울의 3차 전도여행 및 서신서	45과

* 숲 둘러보기

고넬료 사건을 통해서 비로소 '함께'라는 의미를 깨달은 예수님의 제자들은 이제 본격적으로 이방인을 향하여 복음을 전하기 시작합니다. 1차 전도여행 후에 예루살렘에 모인 사도와 장로들은 이방인 신자들을 율법의 틀로 괴롭게 하지 않고 품어가기로 결정합니다. 그 뒤에 바울은 동역자들과 함께 2차, 3차 전도여행을 다시 떠납니다. 여행하는 도중, 그는 이전에 말씀을 전하며 돌보았던 교회들에 여러 가지 문제가 생겨났다는 소식을 전해 듣고, 편지로 위로와 권면을 전합니다. 먼저 바울은 데살로니가 교회 성도들에게 예수님께서 반드시 재림하신다는 사실을 명확히 전하며, 아울러 일상생활에서 흔들림이 있어서는 안 된다고 가르칩니다. 갈라디아 교회에는 예수 그리스도 안에서 모든 사람은 하나이며, 예수님의 복음을 마음으로 믿어 구원을 받는 데에는 조건이 있을 수 없다고 강하게 충고합니다.

고린도 교회는 내부 분쟁을 비롯해 여러 가지 문제로 시끄러웠습니다. 이에 대해 바울은 〈고린도전 · 후서〉를 써서 충고합니다.

* 터와 나이테

이방인 선교의 전초기지가 된 안디옥 교회의 파송을 받아 바울과 바나바가 1차 전도여행을 시작하게 됩니다. 처음에는 회당을 중심으로 유대인들을 향해 복음을 전했지만, 점차 이방인들을 향해서 사역하게 됩니다. 바나바의 고향 구브로에서 시작하여 약 2년 동안 소아시아 지역을 전도한 후 안디옥으로 돌아옵니다. 이후 전도여행 보고와 함께 안디옥 교회에서 발생한 할례(율법과 구원) 문제를 가지고 예루살렘에 갑니다. 이때 예루살렘 공회에서 오직 구원은 십자가로 충분하다는 결정을 내림으로 본격적인 이방인 선교가 가능해졌습니다. 또한 예루살렘 공회의 인준을 받은 바울이 독자적으로 팀을 꾸려 다음 전도여행을 떠날 수 있게 되었습니다. 바나바와 헤어진 바울은 새로운 동역자들과 함께 2차 전도여행을 떠나 약 3년에 걸쳐 마케도니아 지역에서 복음을 전합니다. 이때 1년 6개월 정도 고린도에 머물면서 데살로니가 교회에 보낸 편지가 〈데살로니가전 · 후서〉입니다. 〈갈라디아서〉는 갈라디아 지방에 있는 여러 교회에 보낸 편지로 정확한 시기는 알 수 없습니다. 갈라디아 여러 교회에 보낸 것으로 보아 1차 전도여행 후이며, 비교적 바울의 사역 초기에 쓴 편지로 봅니다.

바울의 3차 전도여행과 예루살렘 여행은 사도행전 18장 23절부터 21장 16절까지에 기록되어 있으며, 4년여에 걸쳐 이루어졌습니다.

* 바람과 토양

데살로니가는 알렉산더 사후 카산더가 그의 아내 데살로니가의 이름을 붙인 도시로, 마케도니아 지역의 주요 항구 도시였습니다. 그리고 갈라디아 지방은 소아시아 중앙에 위치한 로마 제국의 영토로, 바울은 남쪽 갈라디아 지역을 주로 방문했습니다. 루스드라, 더베, 비시디아 안디옥, 이고니온 등이 그곳입니다. 고린도는 당시 인구가 60만 명이나 되는, 남부 헬라의 중요한 상업 중심지였습니다. 그런 만큼 고린도는 각종 신을 섬기는 신전들로 가득했습니다. 또한 고린도는 상업과 부패로 번성했는데, 당시에 "고린도인처럼 행동한다."라는 말은 '방탕하다'는 말과 동의어로 쓰일 정도였습니다.

* 데살로니가전서
Thessalonians 1

데살로니가는 바울이 복음을 전하다가 유대인들의 위협으로 3주 만에 쫓겨난 곳입니다. 하지만 그곳에 복음의 씨앗이 뿌리를 내려 교회가 세워진 것입니다. 바울이 데살로니가 교회의 성도들에게 다시 오실 예수님에 대한 기대와 희망으로 지금의 어려움과 고난을 이겨 나가라는 격려를 하고자 쓴 편지가 〈데살로니가전서〉입니다.

당시 초기교회는, 승천하시면서 곧 다시 오시겠다고 하셨던 예수님의 말씀을 붙들고 복음 전파에 더 긴박감을 가지고 있었습니다. 그런데 예수님의 재림 시기가 조금씩 늦어지자 데살로니가 성도들의 마음에 예수님의 재림에 대한 궁금증이 커지기 시작했습니다. 이 소식을 들은 바울이 예수님께서는 반드시 다시 오실 것이라고 말하며 그들을 격려하는 편지를 쓴 것입니다.

* 데살로니가후서
Thessalonians 2

데살로니가 교회에 일어난 여러 가지 문제 중 가장 심각한 것은, 예수님께서 곧 오실 것이라는 '종말 사상'이 퍼져서 많은 성도가 일상을 놓고 혼란에 빠져 있다는 것이었습니다. 아마도 바울이 이전에 보낸 〈데살로니가전서〉를 읽고, 일부 성도들이 몇몇 구절만을 확대 해석한 결과이기도 했을 것입니다.

바울은 예수님께서 반드시 재림하시는 것은 분명한 사실이지만, 우리는 그때와 시기를 알 수 없고, 이 땅에 사는 동안 하루하루의 생활을 성실히 해야 하는 것임을 〈데살로니가후서〉를 통해 강하게 교훈합니다.

* 갈라디아서
Galatians

갈라디아 지방에 바울이 편지를 보냅니다. 갈라디아 교회에 거짓 복음이 들어왔다는 소식이 들려온 것입니다. 거짓 복음을 전하는 자들은 예수 그리스도를 믿더라도 구원을 받기 위해서는 할례를 받아야 한다고 주장하는 유대 율법주의자들이었습니다. 한마디로, 율법을 지켜야 구원을 받는다는 것이었습니다.

그러나 예수 그리스도의 복음에는 그 어떠한 조건도 없습니다. 율법을 강조하는 이들은 아직도 사람을 외모로 판단하는 것입니다. 자유인과 종, 남자와 여자, 할례를 받은 사람과 그렇지 않은 사람을 구분하여 하나님의 은혜를 받는 조건에 이러한 것들을 포함시켰던 것입니다. 〈갈라디아서〉에는 이들의 논리에 대항하여 예수 그리스도의 복음을 수호하려는 바울의 열정과 결심이 나타나 있습니다.

* 고린도전서
Corinthians 1

에베소에 있는 바울에게 고린도 교회의 소식이 들려왔습니다. 다름이 아니라 고린도 교인들이 바울파, 아볼로파, 게바파, 그리스도파로 나뉘어서 서로 대립하며 갈등하고 있다는 것입니다. 〈고린도전서〉는 교회의 분열과 성도들의 삶에 나타난 여러 문제에 대한 바울의 대답입니다.

교회가 분열되는 것은 자신의 지혜로 다른 사람을 판단하기 때문입니다. 그러나 교회가 사람의 지혜가 아닌 하나님의 지혜를 인정할 때, 서로의 작은 차이는 그 안에서 사라지게 된다고 바울은 강조합니다. 서로를 하나로 만드는 사랑에 관하여 자세히 서술한 고린도전서 13장은 '사랑장'으로 유명합니다.

* 고린도후서
Corinthians 2

〈고린도전서〉를 써 보내고 공동체가 화합하게 되었다는 좋은 소식을 기다리던 바울에게 들려온 것은 문제가 해결되기는커녕, 오히려 공동체 안에 '바울의 사도성'에 대해 의문을 제기하고 바울을 공격하는 사람들이 생겼다는 소식이 들려왔습니다.

바울은 자신의 사도성이 의심받는 것은 곧 자신이 전한 복음에까지 영향을 미칠 수 있기에, 자신이 사도인 것과 자신이 그동안 복음을 전하며 받아온 고난에 대해 담대하고도 솔직하게 고백합니다. 이 편지가 고린도후서 10~13장입니다.

그리고 고린도후서 1~9장은 두 번째 편지(고후 10~13장)를 받고 회개한 고린도 성도들에게 감사와 기쁨의 마음을 담아 보낸 편지입니다.

43과 바울의 1차 전도여행 – 예루살렘 공회

사도행전 13장~15:35

 큰글자 일년일독 통독성경

320일 : 예루살렘 공회(공의회)

통通으로 외우세요

① 안디옥 교회에서 파송한 바울과 바나바의 1차 전도여행과 예루살렘 공회의 결과가 기록되어 있습니다.

② 바울의 1차 전도여행은 2년여에 걸쳐 소아시아 지역에서 이루어졌습니다.

통通으로 읽는 센스

<누가복음>과 <사도행전>의 저자인 누가는 당시 여러 전도여행 팀들 가운데 샘플로 사도 바울 전도여행팀을 <사도행전>에 기록했습니다. 안디옥 교회의 파송을 받아 바울과 바나바가 소아시아 지역을 중심으로 행한 전도여행을 1차 전도여행이라고 합니다 (A.D.46~48년경). 전도여행을 마치고 바울과 바나바가 안디옥으로 돌아온 후(A.D.49년), 기독교 역사에서 매우 중요한 한 회의가 예루살렘에서 열립니다. 바로 예루살렘 공회(공의회)입니다. 이 회의에서 초기교회는 유대교와의 분리를 선언하고, 율법이 아니라 예수 그리스도를 믿는 믿음으로 구원이 이루어짐을 선포했습니다.

통通포인트

함께 가는 교회를 위한 선언
안디옥 교회는 이방인 선교의 전초기지가 됩니다. 앞으로 바울 전도여행의 베이스캠프(base camp)라고 생각하면 됩니다. 그리고 1차 전도여행 이후 예루살렘 공회에서 내린 중요한 결정은 결국 '함께 가는 교회를 위한 선언'이었음을 기억합시다.

1. 안디옥 교회의 파송 행 13:1~3

큰글자 일년일독 통독성경 | 269p

복음에는 생명이 있기에 역동적일 수밖에 없습니다. 스데반의 일로 인해 흩어진 사람들이 안디옥에 이르러 헬라인에게도 복음을 전했습니다. 복음의 씨앗을 받은 그리스도인들이 안디옥에 모이기 시작합니다. 이 소식을 들은 예루살렘 교회에서 바나바를 안디옥으로 파송합니다. 이때 바나바는 다소에 머물고 있던 바울을 찾아가 데리고 와서 함께 사역을 시작합니다(행 11:25). 이렇게 예루살렘 교회와 안디옥 교회는 서로 도왔습니다. 그리고 바울과 바나바는 안디옥 교회에서 파송을 받아 1차 전도여행을 시작하게 됩니다. 처음에는 각 지역에 있는 회당을 중심으로 유대인들을 향해 복음을 전하지만, 바울은 곧 여러 동역자들과 함께 땅끝 이방인들을 향해서 사역하게 됩니다. 이들의 발걸음이 미치는 곳곳마다 생명의 복음이 함께 퍼져나갑니다.

2. 바울의 1차 전도여행 행 13:4~14장
큰글자 일년일독 통독성경 | 269~274p

● 구브로 (행 13:4~12)

바울과 바나바, 그리고 이들을 돕는 마가(본명 요한. 바나바의 조카)는 배를 타고 바나바의 고향인 구브로로 갑니다. 그들은 처음으로 구브로의 살라미 회당에서 복음을 전했습니다. 섬 가운데 바보라는 곳에서는 유대인 거짓 선지자 바예수의 훼방이 있었지만, 총독 서기오 바울이 복음을 받아들이는 좋은 일도 있었습니다. 그러나 버가에서 마가가 예루살렘으로 되돌아가는 일이 생기기도 했습니다. 열정으로 떠난 전도여행이었지만 그 여행길이 너무 고되고 힘들었기 때문입니다.

● 비시디아 안디옥 (행 13:13~52)

바울 일행은 비시디아 안디옥에 도착한 후, 안식일에 회당에서 예배를 드렸습니다. 그때 바울이 출애굽부터 시작하여 예수님의 승천 이야기까지 이스라엘 역사가 예수님께로 향한다는 사실을 증거했더니, 안디옥에 있는 많은 사람이 바울이 전한 말씀을 따르기로 합니다. 사람들이 다음 안식일에도 설교를 요청했고, 수많은 무리가 모여 그 말씀을 들었습니다.

그러나 모든 사람이 복음을 받아들인 것은 아니었습니다. 지독한 선민의식을 가지고 예수님을 오해하고 있는 유대인들이 계획적으로 바울과 바나

그리스도인이란?
우리는 그리스도인이다. 그렇다면 그리스도인이 누구인가? 첫째, 하나님의 사랑을 알고 알아가는 사람이다. 둘째, 사람의 가치를 알고 알아가는 사람이다. 셋째, 놀라운 하나님의 용서를 받았고, 또 용서를 행하는 사람이다. 우리가 그리스도인이 된 것, 이것은 하나님의 큰 은혜이다. 그리스도인 됨의 자격은 예수 그리스도를 믿는 믿음을 통해서만 획득할 수 있다. 이 기본 위에서 우리는 진정한 자유와 평등과 정의를 꿈꾸며 살아갈 수 있다.

바나바
예루살렘 교회에서는 바울의 회심을 쉽게 믿어주지 않았다. 이때 바나바가 징검다리가 되어 바울을 도와준다. 자기 재산의 많은 부분을 팔아서 내어놓았던 그는 초기교회에서 무척 존경받는 중심 인물이었을 것이다. 이런 그가 바울을 믿어주고 신뢰해줌으로써 바울 사역의 기반이 되어준다.

사도 바울
이 사람의 이름은 아람어로는 사울이었고 라틴어로는 파울루스(Paulus)였는데 이에 따라서 우리는 그를 바울이라 부른다. 그는 로마 시민으로 태어났다. 그는 예루살렘에서 어느 천부장에게 "나는 유대 사람으로 길리기아 지방의 유명한 도시 다소의 시민입니다."(행 21:39)라고 말했다. 바울은 풍부한 유대적 유산을 물려받았고 번영하는 헬라 문화의 계승자였다. 그는 "난 지 팔 일 만에 할례를 받았고 이스라엘 민족으로서 베냐민 지파에 태어났고 히브리 사람 중의 히브리 사람이며 율법에 있어서는 바리새파 사람이었고 열심에 있어서는 교회를 박해한 자며 율법의 의에 있어서는 흠이 없는 사람"이었다. 그는 예루살렘에서 바리새인인 유명한 가말리엘 문하에서 수학했다.

바를 반대했습니다. 결국 그들은 귀부인들과 성안의 힘 있는 자들을 선동하여 바울과 바나바를 핍박하고, 성에서 내쫓았습니다.

바울의 1차 전도여행 요약
• 수리아 안디옥 교회에서 파송받아 출발
• 구브로 섬의 살라미에서 전도
• 비시디아 안디옥에서 전도
• 이고니온에서 전도
• 루스드라에서 전도
• 더베에서 전도
• 거쳐 왔던 도시들을 다시 방문함
• 수리아 안디옥으로 돌아왔다가 예루살렘 방문

● 이고니온 (행 14:1~7)

이고니온에 도착한 바울과 바나바가 유대인의 회당에 들어가 복음을 전하자, 많은 이고니온 사람이 예수님을 믿습니다. 그러나 역시 그곳에서도 예수님을 믿지 아니하는 유대인들이 복음 전하는 일을 방해하며 끝내 바울과 바나바를 돌로 치려고 달려듭니다. 결국 두 사도는 이곳을 떠나 루스드라로 향할 수밖에 없었습니다.

● 루스드라 (행 14:8~20)

루스드라에서 바울은 태어나면서부터 걷지 못했던 사람을 고치는 기적을 행합니다. 사람들이 이 일을 보고 신들이 강림했다면서, 바나바는 '제우스', 바울은 '헤르메스'라고 부르며 바울과 바나바 앞에 제사를 드리려고 했습니다. 놀란 두 사도는 입고 있던 옷을 찢으면서 겨우 이들을 말렸고, 그 일을 행하신 이는 자기들이 아니라 하나님이심을 증거했습니다. 그런데 안디옥과 이고니온에서 바울의 사역을 방해하던 사람들이 루스드라까지 따라왔습니다. 그들은 바울과 바나바의 사역을 방해하고, 사람들을 선동하여 바울을 돌로 친 후, 그가 죽은 줄로 알고 성 밖으로 끌어내어 버립니다. 그러나 바울은 죽을 만큼

루스드라에서 복음을 전하는 바울과 바나바 _ 니콜라스 베르헴 作

돌에 맞고도 다시 털고 일어나 다음 날 더베로 가서 또 복음을 전했습니다. 정말 대단한 사람입니다. 한편으로 생각하면, 자신이 돌에 맞고 있을 때, 바울은 아마도 스데반이 자기 눈앞에서 돌에 맞아 순교했던 장면을 떠올리지 않았을까 싶습니다.

● 안디옥으로 귀환 (행 14:21~28)

바울은 몸과 마음을 추스른 후에 루스드라, 이고니온, 안디옥에 들러 교회를 돌보고 있는 지도자들을 불러놓고 "우리가 하나님 나라에 들어가려면 많은 환난을 겪어야 할 것이다."라고 말합니다. 복음으로 인한 기쁨과 더불어 고난이 있다는 것을 강조한 것입니다. 그리고 바울은 다시 비시디아 안

디옥을 거쳐 버가로 간 후 그곳에서 복음을 전하고 다시 앗달리아에서 배를 타고 수리아 안디옥에 돌아와 전도여행 보고를 합니다. 바울은 이 보고에서 "하나님이 함께 행하신 모든 일과 이방인들에게 믿음의 문을 여신 것"(행 14:27)을 강조합니다.

3. 예루살렘 공회 – 오직 십자가 선언 행 15:1~35
#큰글자 일년일독 통독성경 | 274~276p

　　1차 전도여행을 마치고 안디옥으로 돌아온 바울 일행이 예루살렘으로 갑니다. 앞으로 계속될 이방 지역 선교를 위해서는 꼭 해결해야 할 문제가 있었기 때문입니다. 바리새인이었다가 예수님을 믿게 된 그리스도인 몇 명이 안디옥 교회에 와서 구약과 율법에 대해 가르친 적이 있었습니다. 그런데 문제는 그들이 율법을 모르는 안디옥 성도들에게 예수님을 믿고 하나님의 자녀가 되기 위해서는 모세의 율법도 지켜야 하고, 할례도 받아야 한다고 말한 것입니다. 이 일을 쉽게 받아들이기 힘든 안디옥 성도들 사이에서이 일에 대한 논쟁이 일파만파로 퍼지게 되었습니다. 안디옥 교회 자체 내에서 이 문제를 해결할 수 없는 상황에 이르자, 결국 안디옥 교회는 문제의 해결을 예루살렘 교회에 부탁합니다. '이방인의 할례 문제'에 대해 예루살렘 공회의 판단을 받기로 한 것입니다. 할례를 비롯한 모세의 율법을 지켜야 구원을 받는지, 아니면 예수 그리스도의 십자가와 부활만 믿어도 구원을 얻는지 확실히 답해 달라는 것입니다.

　　이 문제를 받아든 예루살렘 교회 지도자들은 오랜 시간 이 문제를 놓고 이야기를 나눴습니다. 베드로가 일어나 고넬료 사건을 간증합니다. 뒤이어 바울과 바나바도 자신들이 직접 경험한 이방인 선교에 대해 이야기했습니다. 마지막으로 그 당시 모임의 의장이라 할 수 있는 야고보(예수님의 동생)가 회의의 결론을 내립니다.

　　"그들이나 우리나 차별하지 아니하셨느니라"(행 15:9), "그들이 우리와 동일하게 주 예수의 은혜로 구원 받는 줄을 믿노라"(행 15:11)라고 주장한 베드로의 의견을 다시 정리하여 선언합니다. "이방인 중에서 하나님께로 돌아오는 자들을 괴롭게 하지 말고 다만 우상의 더러운 것과 음행과 목매어 죽인 것과 피를 멀리하라고 편지하는 것이 옳으니"(행 15:19~20). 즉 할례나 율법의

이방인과 선민의 구분
일찍이 하나님께서는 아브라함에게 "땅의 모든 족속이 너로 말미암아 복을 얻을 것이라"(창 12:3)라는 약속을 주셨다. 아브라함은 하나님께 받은 이 약속을 가지고 평생을 살았다. 그리고 하나님께서는 출애굽한 이스라엘을 제사장 나라로 삼으셨다(출 19:5~6). 그러니 이스라엘 민족은 당연히 모든 열방을 위한 복의 통로가 되어야 했다. 그런데 이스라엘 자손들은 점차 그 핵심을 놓친 채, 편협한 선민사상에 사로잡혀 있었던 것이다.

준수가 구원의 기준이 될 수 없음을 명확히 한 것입니다. 이것은 2천 년 동안 내려온 선민과 이방인과의 구분 문제를 확실하게 정리하는 것입니다. 이제 기독교에서 유대인과 이방인의 구분은 필요치 않습니다. 이스라엘 백성이 선민의식에 머물러 예수 그리스도의 복음을 이스라엘만의 복음으로 좁히는 것은 예수님의 뜻이 아니었습니다. 예수님께서는 땅끝까지 복음이 전해지기를 원한다고 이미 말씀하셨기 때문입니다. 예루살렘 공회에서 결정된 사항들은 편지로도 전달되지만, 유다와 실라, 바울과 바나바, 이렇게 네 사람이 안디옥에 가서 직접 회의 결과를 전해줍니다. 안디옥의 이방인 교인들은 이 소식을 듣고 매우 기뻐했습니다.

예루살렘 공회의 결정으로 말미암아 유대인들이 쌓아놓은 이방인과 선민 사이의 벽이 허물어졌습니다. 예루살렘 공회의 결론은 안디옥 교회를 비롯한 제2, 제3의 이방인 교회들에게도 큰 기쁨을 주었습니다.

🔗 이 과의 내용을 통通 이야기(Tong story)로 적어보고 이야기해 보세요.

_____

_____

_____

_____

_____

_____

🙏 이 과의 내용을 자녀에게 가르칠 수 있도록 통성기도(Tongsung Gido)합시다.

• 너희의 자녀에게 가르치며 집에 앉아 있을 때에든지, 길을 갈 때에든지, 누워 있을 때에든지, 일어날 때에든지 이 말씀을 강론하고 … 너희의 날과 너희의 자녀의 날이 많아서 하늘이 땅을 덮는 날과 같으리라 (신명기 11:19~21)
• 너는 네가 누구에게서 배운 것을 알며 또 어려서부터 성경을 알았나니 (디모데후서 3:14~15)

44과 바울의 2차 전도여행
사도행전 15:36~18:22, 데살로니가전 · 후서, 갈라디아서

🔒 큰글자 일년일독 통독성경

321일 : 바울의 2차 전도여행   322일 : 재림과 부활에 대한 가르침   323일 : 재림과 종말에 대한 바른 자세
324일 : 오직 십자가   325일 : 성령의 열매를 맺으라

📑 通으로 외우세요

① 사도행전 15:36~18:22를 읽고, 바울이 2차 전도여행 때 고린도에서 쓴 <데살로니가
전서>와 <데살로니가후서>를 통독합니다. 또한 바울의 초기 편지인 <갈라디아서>도
이때 함께 읽습니다.
② 바울의 2차 전도여행은 3년여에 걸쳐 소아시아와 유럽에서 펼쳐졌으며, 중간에 디모
데와 누가가 전도팀에 합류했습니다.

💡 通으로 읽는 센스

바울의 2차 전도여행은 1차 전도여행 때와 마찬가지로 안디옥에서 시작되었고 약 3년이
걸렸습니다. 이번 여행을 통해서 바울은 아시아에서 유럽까지 복음을 전할 수 있게 됩니
다. 바울은 2차 전도여행 중, 고린도에 머물렀던 기간에 <데살로니가전·후서>를 기록했
습니다. <갈라디아서>는 바울이 갈라디아 지방에 있는 교회들에 보낸 편지로, 예루살렘
공회에서 내려진 결정들을 상기시키며, 유대 율법주의자들의 말에 흔들리지 말고, 오직
믿음으로 말미암는 복음에 든든히 뿌리내릴 것을 강조하고 있습니다.

➡️ 通포인트

진리와 자유를 위한 대장정
1차 전도여행이 끝나고 그 다음 전도여행의 꿈을 갖는다는 것 자체가 정말 대단한
것입니다. 그 길이 얼마나 고생스러운 길인지 모두 경험해본 두 사람이 복음에 대한
열정 하나로 또다시 전도여행을 가려 하니 말입니다. 이들의 열정을 먼저 대전제로
두고 다음 사건을 보아야 합니다. 2차 전도여행에 합의한 두 사람, 바울과 바나바가
갈라서게 됩니다. 문제는 '마가'의 동행 여부였습니다. 바나바는 마가를 또 데려가
자고 했고, 바울은 이를 반대했기 때문입니다. 결국 두 사람은 따로 전도팀을 꾸리기
로 합니다.

- 바나바와 마가 팀: 구브로로 출발
- 바울과 실라 팀: 수리아와 길리기아로 출발

1. 바나바의 2차 전도팀과 바울의 2차 전도팀 행 15:36~41

#큰글자 일년일독 통독성경 |276~277p

예수 그리스도를 주로 섬기기로 작정한 후에도 바울은 교회 안으로 들어오기가 쉽지 않았습니다. 바울의 과거가 워낙 그리스도에 대해 적대적이었기 때문에 바울의 회심이 혹시 거짓이 아닌가 하고 의심하는 사람들이 많았기 때문입니다. 이때 바나바가 바울의 추천자가 되어주었습니다. 바나바는 교회를 위해 아낌없이 헌신하며 초기교회의 성장에 크게 공헌한 고상한 인격의 소유자였습니다. 그래서 초기교회 사람들이 바나바에 대한 신뢰 기반 위에서 바울을 받아들여 준 것입니다. 그러므로 바울에게 있어 바나바는 몹시 고마운 은인입니다. 그런데 1차 전도여행이 끝나고 그 다음 전도여행을 떠나려고 할 때, 바울과 바나바가 갈라서게 됩니다. '마가'와의 동행 문제 때문입니다.

마가는 지난 1차 전도여행 때 중간에 포기하고 돌아갔습니다. 그런데 두 번째 전도여행을 시작하려는 시점에 바나바가 마가를 또 데려가자고 하는 것입니다. 마가에게 전도인으로서의 기회를 다시 주자는 바나바와 이를 반대해 마가를 데려가지 않으려는 바울의 의견이 부딪히게 됩니다. 바울은 복음 사역에 있어 철저함을 중요하게 생각했고, 바나바는 너그러움을 중요하게 생각했던 것 같습니다. 둘 다 중요한 것입니다. 이들의 다툼은 개인적인 주장이 아니었습니다. 두 주장은 팽팽했고, 결국 두 사람은 따로 전도팀을 꾸리기로 합니다. 그래서 바나바는 마가를 데리고 구브로로 가고, 바울은 실라와 함께 수리아와 길리기아로 갑니다. 이후로 〈사도행전〉에서 바나바의 기록은 빠지지만, 바나바 역시 귀한 사역을 하였으리라 충분히 짐작할 수 있습니다. 바나바와 함께하지 못한 채 2차 전도여행을 떠나는 바울의 마음에는 약간의 허전함도 있었을 것입니다. 그러나 바울은 실라 등 새로운 동역자들과 함께 복음을 위한 발걸음을 힘차게 내딛습니다.

바울의 2차 전도여행의 동행자
실라 예루살렘에서 상당한 영향력을 행사하던 사람
디모데 1차 전도여행에서 전도된 사람. 바울의 영적 아들
누가 2차 전도여행 중 예수님을 믿게 되어 동행함

#큰글자 일년일독 통독성경 | 277~283p

1차 전도여행을 함께했던 바나바와 바울이 각자의 팀을 꾸려 2차 전도여행을 떠나게 된 것은 마가 문제도 있었지만, 또 한 가지 중요한 이유가 있었습니다. 그것은 '예루살렘 공회'의 의결이 담긴 공식 문서에 기록된 '우리의 사랑을 받는 형제 바나바와 바울'이라는 표현이 중요한 이유였습니다. 사실 바나바는 처음부터 예루살렘 교회 모든 사도와 성도들의 사랑을 받는 형제였습니다. 그런데 사도 바울은 1차 전도여행 후 예루살렘 공회 공식 문서를 통해 바나바급으로 '우리의 사랑을 받는 형제 바울'이 된 것입니다(행 15:25~26). 이 문건은 바울이 따로 팀을 꾸려 전도여행을 떠날 수 있도록 예루살렘 공회가 보증해주는 인증서였습니다.

● 1차 전도여행지 재방문 (행 16:1~5)

2차 전도여행을 시작하면서 바울은 귀한 동역자 한 사람을 얻게 됩니다. 어머니는 유대인, 아버지는 헬라인인 디모데라는 청년으로, 그는 인근 지역에서 두루 칭찬받는 사람이었습니다. 바울은 디모데를 전도팀에 합류시키고 1차 전도여행을 했던 곳들을 다니며 예루살렘 공회에서 결정된 사항을 알리고, 교회가 바로 설 수 있도록 돕습니다.

● 마게도냐로의 부르심 (행 16:6~10)

바울의 처음 계획은 1차 전도여행 지역을 다시 돌아보고 교회들을 든든하게 한 후, 소아시아 지역을 두루 다니며 복음을 전하는 것이었습니다. 그러나 성령님께서 이런 바울의 뜻을 허락하지 않으십니다(행 16:6~7). 이때 바울은 드로아에서 마게도냐인의 환상을 보고, 유럽 지역 선교를 위해 마게도냐로 낯선 걸음을 옮기게 됩니다.

● 빌립보 (행 16:11~40)

마게도냐의 첫 성읍인 빌립보에 도착한 바울은 자색 옷감 장사 루디아를 만나 전도했습니다. 또한 바울과 실라는 그곳에서 귀신 들린 한 여종을 고쳐줍니다. 그런데 종의 주인은 점을 치는 이 여종을 통해 심심찮은 돈벌이를 하고 있던 터라, 자신의 사업을 망쳐놓은 바울과 실라를 모함하고 때린

후 옥에 가두어버립니다. 바울과 실라는 많이 맞은 몸으로 차가운 감옥에 앉아서도 하나님을 찬양했습니다. 그런데 그때 갑자기 큰 지진이 나서 옥문이 열립니다.

자다 깨어 이 사실을 알게 된 간수는 죄수들을 잘 지키지 못한 죄로 처벌받을 것을 염려하여 자결하려 합니다. 당시 로마 제국에서는 간수가 죄수를 잃어버리면, 그 죄수가 받을 벌을 대신 받게 하거나 심지어는 사형에 처하기까지 엄히 다스렸기 때문입니다. 그때 바울이 큰 목소리로 "네 몸을 상하지 말라. 우리가 다 여기 있노라."라고 말하면서 간수를 안심시킵니다. 놀라서 뛰어온 간수는 바울과 실라를 보고, 그 앞에 엎드립니다. 어떻게 하여야 구원을 받는지를 묻는 간수에게 바울은 "주 예수를 믿으라 그리하면 너와 네 집이 구원을 받으리라"(행 16:31)라고 말합니다. 간수와 그의 온 가족이 바울에게 세례를 받고 예수님을 믿게 되는 기쁜 일이 일어납니다.

● 데살로니가 (행 17:1~9)

바울이 이번에는 남쪽 데살로니가로 내려갑니다. 헬라인의 많은 무리가 바울이 전하는 복음을 받아들이는 반면, 유대인들은 바울의 복음 전파를 시기하고 방해합니다. 이 때문에 바울이 데살로니가에 머물 수 있는 기간은 3주밖에 되지 않았습니다. 그런데 그 짧은 기간의 전도에도 불구하고 예수님을 믿는 사람들이 생겼고, 데살로니가 교회가 세워집니다.

● 베뢰아 (행 17:10~15)

베뢰아에 도착한 바울 일행은 유대인의 회당에서 복음을 전합니다. 신사적이고 날마다 성경을 공부하는 베뢰아 사람들 중에서도 복음을 믿는 사람들이 많이 생겼습니다. 그런데 데살로니가에서부터 따라온 유대인들이 거기서도 바울을 훼방합니다. 결국 실라와 디모데만 거기 머물고, 바울은 먼저 아덴(아테네)으로 가게 됩니다.

● 아덴 (행 17:16~34)

아덴은 그리스 철학의 출발지입니다. 바울은 온 성에 우상이 가득한 것을 발견하고 그들에게 세상의 참 주인이신 하나님을 소개했습니다. 당시 지식인이라고 자처하던

아덴에서 설교하는 바울 _ 라파엘 作

아덴 사람들은 바울의 말을 잘 듣기는 하면서도, 복음을 다른 종류의 철학 이론 정도로 받아들였습니다. 그곳에서 바울은 '예수 그리스도의 도가 세상의 지식을 찾는 사람들에게 또 하나의 지식으로 소개되는 것은 옳지 않다.'는 생각을 하게 됩니다.

● 고린도 (행 18:1~11)

바울은 아덴을 떠나 고린도로 옮겨옵니다. 그는 이곳에서 '브리스길라와 아굴라'라는 좋은 동역자를 얻습니다. 바울은 이 부부를 통해 큰 위로와 자신감을 얻었습니다. 마침 실라와 디모데도 마게도냐에서 고린도로 내려오고, 이에 힘을 얻은 바울은 고린도에 있는 회당에서 유대인들에게 복음을 전합니다. 그런데 반응이 냉랭하기 이를 데 없었습니다. 이때 바울은 '유대인들을 대상으로 복음 전하는 열정을 잠시 접고 이방인에게 복음을 전해야겠다.'라고 결심합니다.

그런데 회당장 그리스보의 집에 머물며 잠시 머뭇거리고 있을 때, 바울의 마음 한쪽 구석에 '두려움'이 찾아옵니다. 이후 〈고린도전·후서〉를 공부할 때 자세히 보겠지만, 고린도라는 도시가 항구도시의 특성을 그대로 간직한 험하고 거친 분위기의 도시였기 때문입니다. 그래서 한동안 바울은 입을 다물고 있었습니다. 그러자 환상 가운데 주님이 찾아오셔서 말씀하십니다. "두려워하지 말며 침묵하지 말고 말하라 내가 너와 함께 있으매 어떤 사람도 너를 대적하여 해롭게 할 자가 없을 것이니 이는 이 성중에 내 백성이 많음이라"(행 18:9~10). 그 말씀에 순종한 바울은 1년 6개월 정도 고린도에 머물며 하나님의 말씀을 전했고, 고린도 교회가 세워집니다.

● 고린도에서 안디옥으로 (행 18:12~22)

바울은 1년 6개월 만에 고린도를 떠나야 했습니다. 그동안 예수님을 믿는 사람들의 수가 늘어나자, 또 훼방꾼들이 찾아와 괴롭혔기 때문입니다. 더욱이 그들은 총독의 힘까지 빌려 바울을 괴롭혔습니다. 비록 총독이 그들의 거짓 고소를 무시했지만, 더 이상 고린도에 머무를 수 없게 된 바울은 에베소를 거쳐 안디옥으로 돌아옵니다. 여기까지가 바울의 2차 전도여행입니다.

브리스길라와 아굴라 부부
이 부부는 본래 로마에서 살고 있었는데, 당시 로마 황제 글라우디오가 유대인들을 로마에서 떠나게 하여 고린도로 건너왔다. 그들은 그곳에서 천막 만드는 일을 하다가 같은 직업을 가진 바울을 만났다. 그들은 서로가 그리스도인이라는 것, 또한 누군가에게 간절히 복음을 전하려는 열정으로 가득 차 있는 사람들이라는 것을 발견하고 매우 기뻤을 것이다. 후에 바울은 자신을 위해 목숨까지도 내어놓는 사람들이라고 이 부부를 소개한다(롬 16:3~4).

◆ 통通포인트

바울의 2차 전도여행과 함께 읽는 편지 : <데살로니가전 · 후서>, <갈라디아서>
이제부터는 사도 바울의 전도여행의 동선과 그가 쓴 서신서들을 함께 읽어야 합니다. 신약성경의 주를 이루는 서신서들은 발신자와 수신자가 엄연히 존재했습니다. 그래서 사도 바울의 전도여행 내용과 서신서들을 함께 묶어 읽는 것은 그 편지가 쓰인 이유, 시대적 상황과 배경, 편지 안에 담긴 바울의 마음 등을 이해하는 데에 큰 도움이 됩니다.

3. 데살로니가 교회에 보낸 첫 번째 편지 살전 1~5장

#큰글자 일년일독 통독성경 | 283~289p

데살로니가 교회는 바울이 데살로니가에 머물렀던 3주만에 세워진 교회였습니다. 그런데 이들이 예수님을 잘 믿고 있다는 소식이 고린도에 있던 바울에게 들려왔습니다. 바울은 데살로니가의 성도들이 너무나도 자랑스러웠고, 그 마음을 감출 수 없어 데살로니가 교회에 편지를 썼습니다. 이 편지가 〈데살로니가전서〉입니다.

편지를 읽는 성도들은 자신들이 그리스도인인 것에 대해 큰 자부심과 기쁨을 가졌을 것입니다. 바울은 아버지의 심정으로 데살로니가 성도들을 권면하고, 위로하고, 경계했습니다. 또한 바울은 데살로니가 성도들에게 소망을 가지라고 말합니다. 이 소망은 영원한 하나님의 나라에 대한 소망입니다.

그런데 교인들 중 편지의 숲을 못 보고 한쪽으로 치우쳐버린 사람들이 생겼습니다. 바울의 편지를 읽으면서 바울이 몇 번 반복적으로 말한 '예수님의 재림' 부분을 지나치게 확대 해석한 것입니다.

물론 예수님께서는 부활하신 후 승천하셨고 올라가신 모습 그대로 반드시 재림하실 것입니다. 바울이 고난 중에 있는 성도들에게 소망을 주기 위해 이를 강조했던 것입니다. 그런데 데살로니가 성도들은 그 부분만을 확대 해석하여 '예수님께서 곧 오실 텐데, 장사하면 뭐하나? 공부하면 뭐하나?'라는 생각을 했던 것입니다. 교인들 중 몇몇이 일은 하지 않고 재림을 강조하며 다른 사람의 일을 방해한다는 소식을 들은 바울은 다시 펜을 들어 두 번째 편지를 씁니다.

편지
사도 바울은 자신이 보낸 모든 편지에 '은혜와 평강'이라는 단어를 꼭 쓴다. 이는 민수기 6장에서 아론이 이스라엘 백성에게 축복을 베풀며 썼던 단어이다. 바울은 천오백여 년 전의 방식을 따라 그리스도인들을 축복하고 있는 것이다.

바울 _ 벨렌틴 데 불로뉴 作

4. 데살로니가 교회에 보낸 두 번째 편지 살후 1~3장

#큰글자 일년일독 통독성경 | 289~293p

앞서 보낸 편지의 숲을 보기보다는, 나무 하나를 붙들고 바울의 의도를 오해한 이들을 위해 바울이 다시 데살로니가 교회에 써 보낸 편지가 〈데살로니가후서〉입니다.

바울은 예수님의 재림이 얼마 남지 않았다고 해서 마음의 중심을 잃고 일상생활을 바르게 하지 못하는 일부 교인들에게 충고합니다. "우리가 들은 즉 너희 가운데 게으르게 행하여 도무지 일하지 아니하고 일을 만들기만 하는 자들이 있다 하니 이런 자들에게 우리가 명하고 주 예수 그리스도 안에서 권하기를 조용히 일하여 자기 양식을 먹으라 하노라"(살후 3:11~12). 일하지 않고 이집 저집 다니면서 얻어먹지 말라는 말입니다. 바울은 이어서 말합니다. "누가 이 편지에 한 우리 말을 순종하지 아니하거든 그 사람을 지목하여 사귀지 말고 그로 하여금 부끄럽게 하라 그러나 원수와 같이 생각하지 말고 형제 같이 권면하라"(살후 3:14~15).

육체의 건강을 위해서 음식을 가리지 말고 골고루 먹어야 하듯, 영적 건강을 유지하기 위해서도 편식하면 안 됩니다. 찬양, 기도, 말씀, 봉사, 어느 것 하나 소홀히 해서는 안 되는 것이며, 성경을 읽을 때에도 부분이 아닌 전체를 읽고 균형을 갖추기 위해 애써야 합니다. 어느 한쪽으로 치우쳐 버리면 그것이 가지고 있는 장점까지도 잃어버릴 수 있습니다. 균형 있게 숲을 보면서 우리의 신앙생활을 지켜가야 할 것입니다.

바울이 데살로니가 성도들에게 주의 재림의 때를 위한 최선의 준비는 '기록된 성경'으로 무장하는 것임을 가르쳐준 것입니다.

<데살로니가후서>
<데살로니가후서>는 바울이 교회에 쓴 편지 9편 중에서 가장 짧지만, 종말에 관한 매우 중요한 사실을 기록하고 있다.

규모 있는 삶
노동은 하나님께서 인생들에게 주신 고귀한 의무요, 권리이다. 자신의 직무를 성실히 행하는 것은 하나님께서 우리에게 요구하시는 또 다른 경건의 방식이다. 하나님께서는 눈물로 씨를 뿌리고 기쁨으로 거두는 사람을 기뻐하신다.

5. 갈라디아 교회에 보낸 편지 갈 1~6장

#큰글자 일년일독 통독성경 | 293~303p

〈갈라디아서〉는 '자유를 위한 대선언'이라고 불리는 서신입니다. 바울이 갈라디아 지역을 다니며 복음을 전한 결과, 하나님의 은혜로 그 지역에 교회가 세워졌습니다. 그런데 갈라디아 여러 교회로부터 들려온 소식은 할례와 율법을 통해야 구원받을 수 있다는 유대인들의 말을 믿는 사람들이 생겼다는 것입니다. 바울은 이러한 유대인들의 말에 현혹된 성도들을 설득하기 위해 〈갈라디아서〉를 썼습니다. 바울이 예루살렘 공회의 결론인 '이신칭의(以信稱義)'를 가르친 것입니다. "우리가 율법의 행위로써가 아니고 그리스도를 믿음으로써 의롭다 함을 얻으려 함이라"(갈 2:16).

이미 바울은 예루살렘 공회(행 15장)에서 이방인들이 할례를 받지 않고도 예수 그리스도의 복음을 받아들여 구원을 얻을 수 있다는 합의를 이끌어냈습니다. 그런데 갈라디아에는 아직도 할례를 받아야 구원을 얻을 수 있다고 주장하는 이들이 있었던 것입니다.

율법을 강조하는 이들은 아직도 사람을 외모로 판단하고 있는 것이나 다름없습니다. 자유인과 종, 남자와 여자, 할례를 받은 사람과 그렇지 않은 사람을 구분하여 하나님의 은혜를 받는 조건에 이러한 것들을 포함시킨 것입니다. 그러나 예수 그리스도의 복음에는 그 어떠한 조건도 없습니다. 예수 그리스도의 복음을 마음으로 믿어 구원을 받는 데에는 조건이 있을 수 없는 것입니다. 할례나 율법이 아니라 오직 복음으로써만 의롭게 된다는 진리를 지키기 위해 애쓰는 바울의 마음이 〈갈라디아서〉에 잘 나타나 있습니다. 바울의 '오직 복음', '오직 십자가' 주장은 초기 편지인 〈갈라디아서〉와 후기 편지인 〈로마서〉에 담겨 있습니다.

종노릇하는 자유
바울은 믿음을 통해 얻은 진정한 자유를 가지고 오직 사랑 안에서 서로 종노릇하라고 말한다(갈 5:13). '자유'와 '종노릇'은 얼핏 보면 전혀 상반된 단어이지만, 그 둘의 아름다운 조화가 예수 이름 안에서 가능하다. 하나님께서 주신 자유를 서로 섬기며 종노릇하는 데 사용하는 인생이라면 하나님께서 그에게 더 큰 자유를 더하실 것이다.

🔗 **이 과의 내용을 통通 이야기(Tong story)로 적어보고 이야기해 보세요.**

🙏 **이 과의 내용을 자녀에게 가르칠 수 있도록 통성기도(Tongsung Gido)합시다.**

• 너희의 자녀에게 가르치며 집에 앉아 있을 때에든지, 길을 갈 때에든지, 누워 있을 때에든지, 일어날 때에든지 이 말씀을 강론하고 … 너희의 날과 너희의 자녀의 날이 많아서 하늘이 땅을 덮는 날과 같으리라 (신명기 11:19~21)
• 너는 네가 누구에게서 배운 것을 알며 또 어려서부터 성경을 알았나니 (디모데후서 3:14~15)

45과 바울의 3차 전도여행

사도행전 18:23~19장, 고린도전 · 후서

🔖 큰글자 일년일독 통독성경

326일 : 바울의 3차 전도여행   327일 : 너희 몸이 성전   328일 : 성도 간의 분쟁 문제

329일 : 예수 그리스도를 아는 지식   330일 : 그리스도인이란?   331일 : 부활의 증인들

332일 : 너희는 그리스도의 편지   333일 : 마음을 넓히라   334일 : 사도 바울의 영적 체험

🔖 통通으로 외우세요

① 바울이 3차 전도여행을 떠납니다. 이때 바울은 주로 에베소 지역에 머물렀는데, 그곳에서 고린도 교회에 보내는 편지 <고린도전서>와 <고린도후서>를 썼습니다.

② 사도행전 18장 23절부터 19장까지는 바울의 3차 전도여행 기록입니다. 바울은 약 3년간 에베소에서 머무를 때 2년 동안은 두란노 서원에서 제자들을 집중적으로 길러냈습니다.

💡 통通으로 읽는 센스

복음 전도의 가장 큰 어려움은 유대 전통에 사로잡혀서 예수님을 오해한 자들이 가로막는 조직적인 방해였습니다. 그리고 거짓 선생들이 나타나 교회를 분열시키고, 교회 안에서도 성도들이 한마음이 되지 못해 분쟁이 생기는 등 교회에는 돌보아야 할 일들이 많았습니다. 바울은 직접 가서 이 일들을 해결할 수 없을 때, 주로 편지를 보내 성도들을 격려하고 가르쳤습니다. 얼굴과 얼굴로 대하지 못하는 이유로 오해가 생기면, 거기에 대한 오해를 풀기 위해 또 편지를 써서 보내며, 바울은 자식을 사랑하는 아버지와 같은 심정으로 사역을 감당했습니다.

🔷 통通포인트

> **제자 훈련, 사랑과 은사**
> 바울은 예루살렘을 거쳐 로마에까지 가서 복음을 전하려는 소망 가운데, 에베소에 머물면서 집중적으로 제자들을 길러냅니다. 바울이 에베소에 있을 때 고린도 교회에서 목회를 하고 있던 아볼로가 고린도 교회의 많은 문제를 들고 바울을 찾아옵니다. 이 소식을 듣고 바울이 사랑의 권면을 담아 편지를 보냅니다.

1. 바울의 3차 전도여행 행 18:23~19장

#큰글자 일년일독 통독성경 | 303~306p

바울의 3차 전도여행은 에베소에서의 사역과 고린도 교회를 위한 편지 사역이 주를 이룹니다.

바울이 소아시아의 수도인 에베소에 도착하기 전, 에베소에서는 바울보다 먼저 알렉산드리아 출신의 아볼로라는 사람이 열심히 예수님에 관한 것을 가르치고 있었습니다. 그런데 브리스길라와 아굴라가 보니 그는 요한의 세례만 알고 있을 따름이었습니다. 그래서 브리스길라와 아굴라는 바울에게 배운 복음을 다시 아볼로에게 전해주며, 그의 복음 사역을 돕습니다. 그리고 그들 부부는 아직 목회자가 없는 고린도 교회로 아볼로를 보냅니다.

에베소에서 전하는 바울의 설교 _ 외스타슈 르 쉬외르 作

그 무렵 바울이 에베소에 도착했고, 복음을 잘 받아들이는 사람들을 따로 모아 약 2년 동안 두란노 서원에서 집중적으로 가르칩니다. 이 교육을 통해 많은 제자가 생깁니다. 후에 〈빌레몬서〉 편지를 받는 빌레몬이 이곳에서 바울에게 배웠던 제자 중 한 명이었습니다.

이때 바울은 에베소에서 새로운 계획을 세웁니다. 그것은 당시 세계의 중심지인 로마에 가려는 계획이었습니다. 예루살렘에 마지막으로 들렀다가 로마로 가야겠다는 계획을 세운 바울은 디모데와 에라스도를 마게도냐로 보내고, 자신은 에베소에 잠시 더 머무릅니다. 바로 그때 에베소에서 큰 소동이 일어납니다.

에베소에는 이방 신에게 제사를 드리는 큰 신전이 있었습니다. 그런데 바울로부터 복음을 듣고 더 이상 우상을 섬기지 않겠다는 사람들이 많이 생기자, 우상을 만들고 우상의 신전에 필요한 물건들을 팔아 사업을 하던 사람들이 불만을 품고 바울 일행을 내쫓기 위한 집회를 연 것입니다. 바울은 이 소동으로 인해 또다시 에베소를 떠나야만 했습니다.

통通포인트

▶ **바울의 3차 전도여행과 함께 읽는 편지 : 〈고린도전·후서〉**
바울이 에베소에서 머무는 동안 고린도 교회에 보낸 이 편지들은 낮은 마음을 향한 높은 설득이었음을 기억하며 고린도 교회의 목회자였던 바울의 마음을 품고 읽어봅시다.

바울이 아직 에베소에 있을 때, 고린도 교회에서 목회를 하고 있던 아볼로가 바울을 찾아옵니다. 아볼로가 전한 소식은 고린도 교회에 많은 문제가 있다는 것입니다. 도저히 혼자서는 교회의 문제를 해결할 수 없었던 아볼로가 에베소에 있는 바울에게 찾아와서 고린도 교회의 문제들을 털어놓았습니다.

바울은 2차 전도여행 중 고린도에 1년 6개월 정도 머물면서 복음을 전하여 고린도 교회를 세웠습니다. 이후 바울이 떠나고 아볼로가 고린도 교회에서 목회를 하게 되었는데, 아볼로를 유난히 좋아하는 사람들이 '아볼로를 사랑하는 사람들의 모임', 일명 '아사모'를 만들었습니다. 그러자 다른 무리들이 "비록 바울이 아볼로에 비해 외모가 좀 떨어지고 말도 잘 못하기는 하지만, 그래도 바울이 처음 우리에게 복음을 전했는데 그 사람을 소홀히 해서야 되겠느냐?" 그러면서 '바사모'를 만들었습니다. 곧이어 또 다른 무리들이 "가급적이면 우리는 예수님의 직계 뿌리인 베드로로 가자." 하며 '베사모'를 만들었습니다. 그러자 이곳에도 저곳에도 끼지 못하는 이들이 모여서 "그리스도를 따르는 사람들이 되자."면서 '그사모'를 만들었습니다. 이렇게 이런저런 파가 형성된 후에는 사사건건 파당에 따라 의견이 엇갈리게 되었고, 시간이 지나자 교회가 분열되는 양상을 띠게 된 것입니다.

이 소식을 들은 바울은 고린도 성도들에게 편지를 써서 하나님의 지혜와 십자가 복음의 능력 안에서 서로 하나가 될 것을 권면합니다. 바울이 고린도 땅에 복음의 씨를 뿌렸고 아볼로가 그 밭에 물을 주었지만, 오직 자라나게 하시는 분은 하나님뿐이라고 바울은 강조합니다. 또한 바울은 예수님의 십자가 그 순간부터 대속의 은혜로 '너희 몸이 성전'이 되었다고 가르칩니다. 그러므로 고린도 성도들은 그 누구의 소속도 아닌 모두 예수 그리스도께 속한 하나님의 사람임을 명확히 합니다.

그리고 나서 바울은 아볼로가 전해준 고린도 교회의 문제들에 관해 하나하나 해결책들을 써 내려갔습니다. 고린도전서 7장은 '결혼'에 대해, 8장에서 10장까지는 '우상 제물'에 대해, 11장에서 14장까지는 '예배'에 대해, 15장은 '부활'에 대해 다루고 있습니다. 특히 고린도 성도들이 하나가 되어야 할 성찬식을 가지고 오히려 파당과 분쟁을 만들고 있음을 책망하며 예수님의 첫

고린도
고린도는 바울 당시에 인구가 약 60만 명 정도, 그중에 자유인이 20만, 노예들이 40만 정도였다고 한다. 아가야 지방의 수도였던 고린도는 그리스에서 가장 활발한 상업 중심지였다.

<고린도전서>의 교훈들
1. 교회 안의 분쟁 (1~4장)
2. 성(性)과 결혼 (5장; 6:9~7:40)
3. 소송 문제 (6:1~8)
4. 우상에게 바친 음식 (8:1~11:1)
5. 교회 안에 있는 여인들
　　(11:2~16; 14:34~36)
6. 주의 만찬 (11:17~34)
7. 성령의 선물 (12~14장)
8. 몸의 부활 (15장)

번째 성찬식을 다시 한번 강조하며 교육합니다. 또한 바울은 교회의 머리 되신 분이 예수님이며, 그 몸과 지체인 성도들은 서로서로 돌보아야 한다는 것을 강조합니다. 그리고 성령의 은사를 내세워 서로 다투는 교인들을 향하여 최고의 은사인 사랑에 관해서도 언급합니다. 그 내용이 '사랑장'으로 유명한 고린도전서 13장입니다. 또한 바울은 고린도전서 16장에서 예루살렘 교회 성도들을 돕기 위한 구제헌금에 참여할 것을 부탁합니다. 복음에 장애가 되지 않도록 하기 위해 자비량 선교를 하는 바울이었지만, 성도들을 돕는 일에는 교회가 적극적으로 나서도록 독려하고 있는 것입니다. 이처럼 바울은 가난한 성도들을 위해서 연보를 모으는 일에 열심을 냈습니다.

바울은 고린도 성도들에게 자신을 대신해 파송한 디모데를 잘 대해 줄 것을 당부하고, "너희 모든 일을 사랑으로 행하라"(고전 16:14)라고 말하며 편지를 마무리합니다. 디모데가 고린도 성도들을 만나 바울의 마음을 잘 전달할 것입니다. 이때 바울은 아볼로에게 고린도에 다시 돌아가라고 여러 차례 권면했지만, 아직 아볼로는 전혀 갈 마음이 없었습니다. 아볼로가 고린도 교회에서 정말 많이 힘들었던 것 같습니다.

3. 고린도 교회에 보낸 두 번째 편지 _고후 10~13장_

큰글자 일년일독 통독성경 | 349~355p

〈고린도후서〉는 두 편의 편지를 모아놓은 책이라고 할 수 있습니다. 그래서 읽는 순서를 달리해야 내용을 더욱 잘 이해할 수 있습니다. 고린도후서 10~13장은 첫 번째 편지(고린도전서)를 보낸 후에 쓴 두 번째 편지이고, 고린도후서 1~9장은 그 후에 쓴 세 번째 편지입니다.

〈고린도전서〉를 읽고 난 고린도 교회 성도들 중에는 바울의 말을 받아들여 바울의 권고대로 하려는 사람들이 있는가 하면, 바울을 더 오해하여 바울의 사도직에 대해 의심하는 사람들까지 생겨났습니다. 그 소식을 전해 들은 바울은 몹시 서운했습니다. 그래서 〈고린도전서〉 후에 다시 쓴 편지가 고린도후서 10~13장입니다.

"그들이 그리스도의 일꾼이냐 정신 없는 말을 하거니와 나는 더욱 그러하도다 내가 수고를 넘치도록 하고 옥에 갇히기도 더 많이 하고 매도 수없이 맞고 여러 번 죽을 뻔하였으니 유대인들에게 사십에서 하나 감한 매를

나를 본받으라
바울은 고린도 교회에게 자신을 본받으라고 말한다(고전 11:1). 교회를 위한 자신의 수고, 눈물과 땀, 그리고 섬김을 본받으라는 것이다. 바울은 "누가 약한 것 같으면 내가 약하게 되고, 또 누가 고기 먹는 것 때문에 신앙이 흔들리면, 나는 고기를 먹지 않겠다."라고 말할 만큼 공동체에 믿음의 진보가 있게 하기 위해서라면 자신의 어떤 부분이든 포기할 마음이 있다고 강조했다.

다섯 번 맞았으며 세 번 태장으로 맞고 한 번 돌로 맞고 세 번 파선하고 일
주야를 깊은 바다에서 지냈으며 여러 번 여행하면서 강의 위험과 강도의 위
험과 동족의 위험과 이방인의 위험과 시내의 위험과 광야의 위험과 바다의
위험과 거짓 형제 중의 위험을 당하고 또 수고하며 애쓰고 여러 번 자지 못
하고 주리며 목마르고 여러 번 굶고 춥고 헐벗었노라"(고후 11:23~27).

　　바울은 지난 시절 자신이 어떤 고난을 당했는지 다 털어놓고 있습니다.
고린도 성도들이 바울은 사도가 아니라는 등의 어이없는 비판을 하면서 자
신이 전한 복음의 내용까지 왜곡시키는 것을 보고 이를 어떻게든 막아야 한
다는 생각에 그동안 겪어온 일들을 드러내며 자신의 사도직을 증명합니다.
바울에게는 그가 히브리인이라는 것, 율법에 정통하다는 것이 자랑이 아니
었습니다. 오히려 그가 생각하는 그리스도의 일꾼 됨의 기준은 '그리스도를
위해 얼마나 많은 고난을 받았느냐'는 것입니다. 후대 우리 입장에서 보면
이 편지를 통해 바울이 전도여행 과정 속에서 얼마나 많은 고난을 겪었는지
알게 됩니다.

　　그런가 하면 바울을 대적하는 이들이 바울은 영적 경험이 부족하다고 공
격합니다. 그들의 공격이 거세어지자 바울은 어쩔 수 없이 자신이 셋째 하
늘에 갔었던 경험을 이야기합니다. 하지만 바울이 여기에서 자신의 영적 경
험을 이야기하는 이유는 자신의 영적 능력을 자랑하기 위해서가 아니라, 자
신의 약한 부분을 통해 역사하시는 크신 하나님을 보이기 위함이었습니다.
이런 내용의 편지를 이번에는 디도 편에 보냈습니다. 다행스럽게도 고린도
성도들이 이 편지를 읽고 모두 크게 반성합니다.

디도
'디도'는 헬라인 출신이었다. 바울의
1차 전도여행 때 회심한 디도는 고린
도 교회에 파송되어 사역을 감당했
고, 후에는 그레데섬에서 목회했다(딛
1:5). 그는 바울의 믿음의 아들로서 유
능하고 신실한 목회자였고, 바울이 쓴
<디도서>의 수신자이기도 하다.

4. 고린도 교회에 보낸 세 번째 편지 고후 1~9장
#큰글자 일년일독 통독성경 | 336~349p

　　바울이 에베소에서 마게도냐로 갑니다. 그곳을
거쳐서 고린도로 가려는 계획이었습니다. 그런데 디
도가 고린도 성도들이 회개했다는 좋은 소식을 가지
고 돌아옵니다. 마게도냐에서 디도를 통해 기쁜 소식
을 들은 바울은 다시 고린도 성도들에게 감사와 기쁨
의 편지를 보내는데, 이번에 쓴 편지가 고린도후서

율법 vs. 복음 (고후 3장)	
율법	**복음**
옛 언약	새 언약
율법 조문	영(靈)
죽이는 것	살리는 것
정죄의 직분	의의 직분
영광이 있음	더욱 영광이 있음
없어질 것	길이 있을 것
수건을 쓴 것처럼 가려져 있음	수건을 벗은 것처럼 명백함

1~9장입니다.

바울은 고린도 교회로 인해 그동안 걱정하고 근심했으나 끝에는 하나님께 대한 감사로 충만해진 자신을 돌아보며, 환난 중에 위로하시는 하나님을 찬양합니다. 그리고 자신이 직접 고린도 교회를 방문하여 교회의 여러 문제를 해결하는 데에 도움을 주고 싶은 마음이 간절했으나 그 계획이 뜻대로 되지 않았던 이유 중 하나가 아시아에서 당한 고난 때문이었다고 말함으로 고린도 성도들의 오해를 풀어줍니다.

그리고 바울은 편지에서 또다시 고린도 교회에 연보를 요구합니다. 사실, 그동안 이 문제로 바울은 오해도 많이 받았습니다. 말로는 자비량한다고 하면서 뒤에서는 돈을 걷어간다는 식의 기가 막힌 오해였습니다. 하지만 바울은 고린도 교회에서 연보를 모아 다른 지역의 가난한 성도 섬기는 일을 포기할 수 없었습니다. 바울은 복음을 위해서라면 자신에게 있는 모든 특권을 포기할 수 있는 사람입니다. 그러나 도움이 필요한 성도들을 위한 일이었기에 이렇게 열심히 교회를 설득해 철저히 연보를 모았던 것입니다.

📧 이 과의 내용을 通 이야기(Tong story)로 적어보고 이야기해 보세요.

👤 이 과의 내용을 자녀에게 가르칠 수 있도록 통성기도(Tongsung Gido)합시다.

• 너희의 자녀에게 가르치며 집에 앉아 있을 때에든지, 길을 갈 때에든지, 누워 있을 때에든지, 일어날 때에든지 이 말씀을 강론하고 … 너희의 날과 너희의 자녀의 날이 많아서 하늘이 땅을 덮는 날과 같으리라 (신명기 11:19~21)
• 너는 네가 누구에게서 배운 것을 알며 또 어려서부터 성경을 알았나니 (디모데후서 3:14~15)

18 마당 준비된 면류관 남겨진 부탁
Eternal Crown and handed-down Request

📍 **통通Map** 18마당 전체의 구조와 흐름을 한눈에 담아봅시다.

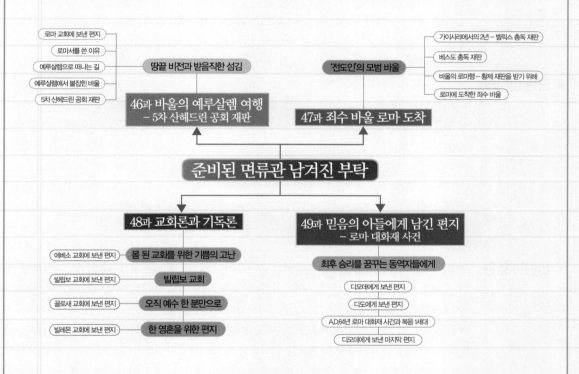

🎓 **18마당-통通 Concept**

바울의 전도여행과 서신서를 통(通)으로!

바울의 예루살렘 여행과 <로마서>를 통(通)으로, 로마에 갇힌 바울의 삶과 옥중서신을 통(通)으로 살펴봅니다.

＊ 숲 둘러보기 예루살렘에서 붙잡힌 바울은 가이사랴에서 2년을 보낸 후, 비록 죄수의 몸이지만 가고 싶던 로마를 향해 드디어 떠나게 됩니다.

로마에 도착한 바울은 가택 연금 상태로 2년을 머무르게 됩니다(A.D.61~63년경). 이 기간에 바울은 자유롭게 다닐 수는 없었지만, 자신을 찾아오는 사람들과는 만날 수 있었습니다. 바울은 로마에서 갇혀 있는 중에도 많은 편지를 썼습니다. 이 중 〈에베소서〉, 〈골로새서〉, 〈빌립보서〉, 〈빌레몬서〉를 4대 옥중서신이라고 부릅니다. 한편 〈디모데전서〉, 〈디도서〉는 목회서신이며, 〈디모데후서〉는 바울의 유언이라고 할 수 있는 편지입니다.

＊ 터와 나이테 〈사도행전〉에 나타나는 기독교 박해와 관련 있는 로마 황제는 글라우디오(클라우디우스, A.D.41~54년)와 네로(A.D.54~68년)였습니다. 글라우디오의 통치 시대에 로마 정부는 기독교인과 유대인을 따로 구분하지 않고, 모두 같은 유대인으로 생각했습니다. 글라우디오 황제는 로마 상권을 둘러싼 분쟁의 주요 원인이 되고 있는 유대인들을 로마에서 추방시키기도 했습니다.

이후 네로 황제의 통치 기간인 A.D.64년 로마에 발생한 화재가 6일 동안 계속되었습니다. 이 때 네로 황제가 이 화재의 책임을 기독교인들에게 돌렸습니다. 이때부터 기독교인들에 대한 로마 제국의 핍박이 가속화됩니다.

＊ 바람과 토양 에베소는 로마 제국 내에서도 손꼽히는 큰 도시였습니다. 에베소에는 세계 7대 불가사의 중의 하나인 아데미 신전도 있었는데, 여기서 바울이 큰 소요에 휘말렸던 적도 있었습니다(행 19:23~41).

바울은 2차 전도여행 때 에베소를 방문했고, 이어서 3차 전도여행 때에는(행 19:1) 에베소를 방문하여 두란노 서원에서 약 2년간 제자들을 양육했습니다. 바로 그곳에 있는 에베소 성도들에게 〈에베소서〉를 보낸 것입니다. 또한 이후에 바울은 젊은 목회자 디모데에게 거짓 교리를 물리치고 에베소 교회를 잘 감독할 수 있도록 돕고자 〈디모데전서〉를 써 보냅니다.

한편, 골로새는 소아시아에 있는 로마 식민지로 이곳 사람들도 수많은 신을 섬기고 있었습니다. 교회 안에도 거짓 교사들이 나타나 이방 종교와 유대교의 규례들을 이상하게 혼합한 새로운 사상들을 들고 나오며 교인들을 미혹했습니다. 바울은 이러한 상황에 처한 골로새 교회를 향해 그리스도가 누구이신지 자세히 설명하는 편지를 보냅니다.

로마 제국은 '스파르타쿠스의 난'을 통해서 보여주었듯이 노예 제도를 절대 포기하지 않는 나라입니다. 그러나 바울은 '하나님 나라' 안에서 주인과 종이 형제가 될 수 있다는 놀라운 제안을 합니다. 그 기적의 편지가 〈빌레몬서〉입니다.

＊ 로마서 *Romans*

바울의 최종 목표는 로마를 거쳐 당시 땅끝으로 여기고 있던 서바나까지 가서 복음을 전하는 것이었습니다. 이를 위해 바울은 로마 교회에서 후원받기를 원하며 자신을 소개하는 〈로마서〉를 써 보냈습니다.

이 편지를 통해 바울은 죄에 빠져 죽을 수밖에 없는 인생을 구원하시는 분도, 율법과 죽음으로부터 자유하게 하시는 분도, 하나님과 인생들의 막힌 죄의 담을 허물어버리신 분도 예수 그리스도이심을 전합니다. 바울의 서신서들 중에서 가장 논리적이고 체계적으로 복음이 무엇인가를 설명하고 있는 책입니다.

＊ 에베소서 *Ephesians*

일생을 바쳐 교회를 위해 일했던 바울이 로마에서 가택 연금된 상태로 갇혀 있을 때 보낸 옥중서신 중 하나입니다. 바울은 에베소 교회에 보낸 이 편지를 통해 교회가 무엇인지를 정의해주고 있습니다.

바울은 하나님의 섭리, 곧 성령의 역사하심을 찬양하며, 교회란 '예수 그리스도의 몸이며, 하나님께서 온 세상을 창조하시며 만물 가운데 충만하게 하시는 이의 충만함'이라고 정의합니다.

＊ 빌립보서 *Philippians*

로마 감옥에 갇힌 바울이 지금 기뻐하고 있습니다. 그의 기쁨은 그의 고난과 함께 묶여 있는 기쁨입니다. 복음을 위해 고난 받는 기쁨, 이 기쁨은 바울의 기쁨이었고 또한 그의 전도를 받은 빌립보 교회의 기쁨이었습니다. 자신이 감옥에 갇혀 있음에도 불구하고, 자신을 걱정하는 빌립보 성도들의 마음을 도리어 위로하며 사랑의 편지를 한 글자 한 글자 적어 보내는 바울의 마음이 〈빌립보서〉를 통해 뭉클하게 다가옵니다.

＊ 골로새서 *Colossians*

바울은 〈에베소서〉에서 교회가 무엇인가를 정의했습니다. 그리고 비슷한 시기에 기록한 〈골로새서〉를 통해서는 예수님이 누구신지에 관해 설명하고 있습니다.

바울이 처음 만난 예수님은 다메섹으로 가는 어리석고 죄 많은 자신을 친히 만나주신 분이었습니다. 그 후로 예수님을 섬기는 삶을 살았던 바울은 예수님께서 세상의 모든 것을 만드신 창조주 하나님이라는 사실을 확신하게 되었고, 그 사실을 골로새 성도들에게도 전해주고 싶었던 것입니다.

* 빌레몬서
Philemon

〈빌레몬서〉는 바울이 만난 한 종과 그의 주인과의 관계를 회복하려는 노력의 산물입니다. 자신의 제자인 빌레몬의 집에서 도망 나온 종 오네시모에게 복음을 전한 바울은 오네시모를 빌레몬에게 돌려보내면서, 그리스도 안에서 그를 종이 아닌 형제로 받아주라고 부탁하기 위해 이 편지를 썼습니다. 당시 시대 상황에서는 상상도 할 수 없는 충격적인 생각입니다.

예수 그리스도를 믿는 바울이 예수 그리스도를 믿는 오네시모를 위해, 예수 그리스도를 믿는 빌레몬에게 보낸 '기적'의 편지입니다.

* 디모데전서
Timothy 1

바울은 약한 몸을 돌보지 않고 복음을 전하는 데 최선을 다하는 디모데를 격려하고 믿음의 선한 싸움을 싸우라고 힘을 북돋아줍니다. 〈디모데전서〉는 〈디도서〉와 함께 목회서신으로 불리기도 합니다. 목회자로서 교회를 어떻게 돌보아야 할 것인지에 관해, 그리고 교회 안의 각 직분자들을 어떻게 세우고 함께 협력할 것인지 등에 관해 자세히 적고 있습니다.

* 디도서 *Titus*

바울은 디도에게도 디모데와 같이 '나의 참 아들'이라는 칭호를 붙이고 있습니다. 복음의 어려움이 있는 곳에 바울이 직접 갈 수 없는 경우에는 디도를 보낼 정도로 바울과 디도는 신뢰가 깊은 사이였습니다. 감옥에 갇힌 바울은 오히려 디도를 격려하고 바른 교훈을 주기 위해 정성껏 편지를 써서 보냈습니다. 이때 쓴 편지가 그레데 교회를 섬기는 디도에게 보낸 목회서신 〈디도서〉입니다.

* 디모데후서
Timothy 2

로마 감옥에 갇혀 있던 바울이 잠시 풀려났다가, 다시 로마 네로 황제에 의해 감옥에 갇히게 됩니다. 바울이 자신의 생애가 끝나감을 직감하고 믿음의 아들 디모데에게 유언처럼 쓴 편지가 〈디모데후서〉입니다. 바울은 자신이 복음을 전하며 받았던 고통이 얼마나 큰 것인지를 경험으로 알면서도 그 일이 복된 일이기에 자신을 이어 복음 전하는 일을 디모데에게 부탁한 것입니다.

46과 바울의 예루살렘 여행
– 5차 산헤드린 공회 재판 | 사도행전 20~23장, 로마서

 큰글자 일년일독 통독성경

335일 : 모든 길은 예수로 336일 : 아담의 불순종과 예수님의 순종 337일 : 장차 나타날 영광
338일 : 산 제물과 영적 예배 339일 : 복음의 제사장 직분 340일 : 바울의 5차 산헤드린 공회 재판

🔖 통通으로 외우세요

① 바울은 에베소의 두란노 서원에서 제자들을 길러낸 후, 고린도로 건너가 그곳에서 석 달 정도 머무릅니다. 그 기간에 바울은 로마 교회에 <로마서>를 보냅니다. 이 기록이 있는 사도행전 20:1~6과 <로마서>를 함께 통독합니다.

② 바울은 예루살렘으로 떠나기 전 드로아를 거쳐 밀레도에 이릅니다. 이곳에서 바울은 에베소 장로들과 만나 마지막 이별을 합니다. 그리고 예루살렘에 도착해 교회 지도자들에게 그동안의 전도 보고를 합니다. 이 모든 이야기는 사도행전 20:7~21:26에 담겨 있습니다.

③ 이후 사도행전 23장까지 이어지는 내용은 바울이 예루살렘에서 로마 군인들에 의해 체포된 후 5차 산헤드린 공회 재판을 받는 이야기, 가이사랴로 이송되는 이야기입니다.

💭 통通으로 읽는 센스

바울은 이제 마지막으로 예루살렘을 들른 후, 서바나(스페인)에 가려 합니다. 그전에 바울은 당시 땅끝 중 하나라고 생각했던 서바나로 가기 위한 계획을 진행시켜 갔습니다. 이를 위해 바울은 3차 전도여행 끝 무렵, 고린도를 방문해서 석 달간 머무르는 사이(A.D.58년경)에 <로마서>를 써서 겐그레아 교회의 뵈뵈의 손에 들려 로마로 보냈습니다.

계획한 대로 바울이 마지막으로 예루살렘에 도착했지만 붙잡히게 되고, 5차 산헤드린 공회 재판에 서게 됩니다. 재판은 무산되나 바울을 기필코 죽이겠다고 결심한 40여 명의 암살단이 그를 기다립니다. 하지만 그 암살단의 결심보다 예수 그리스도를 향한 바울의 열정이 훨씬 더 강했기에 바울은 담대히 앞으로 나아갈 수 있었습니다.

▸ **땅끝 비전과 받음직한 섬김**
3차 전도여행 후 예루살렘으로 향하는 바울의 여행 경로는 다음과 같습니다.
에베소 → 고린도 → 빌립보 → 드로아 → 앗소 → 미둘레네 → 기오 → 사모 → 밀레
도 → 고스 → 로도 → 바다라 → 두로 → 돌레마이 → 가이사랴 → 예루살렘
〈사도행전〉 후반부는 바울의 복음을 향한 뜨거운 열정과 빈틈없는 계획을 담은 보석
같은 책으로 〈로마서〉와 함께 읽습니다.

1. 로마 교회에 보낸 편지 행 20:1~6/ 롬 1장~15:13

#큰글자 일년일독 통독성경 | 355~356p/ 356~383p

바울은 에베소를 떠나서 고린도에 도착한 후, 그곳에서 석 달 정도 머무
릅니다. 그는 이 기간에 〈로마서〉를 썼습니다.

먼저 바울은 자기 자신을 '예수 그리스도의 종'으로 소개하고 있습니다.
그리고 자신이 만난 예수님에 대해 알리면서 은혜를 나누면 좋겠다는 내용
으로 이 편지를 쓴 이유를 밝힙니다. 또한 자신이 여러 번 로마에 가고자 했
으나 뜻대로 되지 않았던 것도 밝힙니다. 이렇게 인사말을 나눈 이후, 바울
은 로마서 15장 중반 정도에 이르기까지 구원의 도리, 예수 그리스도로 인
한 구원받음, 칭의(稱義)의 내용에 대해 차분하게 써 내려갑니다. 모든 사람은
죄인이며, 의인은 없나니 하나도 없다는 것입니다. 따라서 죄의 형벌을 면할
자는 없습니다. 죄를 해결할 수 있는 유일한 길은 하나님께서 이 땅에 보내
신 예수 그리스도를 믿음으로 말미암는 의의 길뿐입니다. 이 의란 하나님께
서 화목제물로 세우신 예수 그리스도를 믿음으로써 모든 믿는 자에게 미치
는 의를 의미합니다. 바울은 이전에 〈갈라디아서〉에서 말했듯이, 오직 믿음
으로 구원을 받는다는 것을 강조합니다.

더 나아가 바울은 세상에 있는 어떤 것도 하나님의 사랑에서 우리를 끊
을 수 없다고 말합니다. 죄로부터, 사망으로부터, 율법으로부터 자유하게
하시는 성령의 능력을 받은 바울은 하나님의 놀라운 사랑이 그의 택하신 백
성에게 결코 끊어질 수 없음을 찬양합니다. 하지만 이 확신을 가슴에 담고
풍성한 삶을 살아가는 바울에게도 큰 고민이 있었습니다.

"내가 그리스도 안에서 참말을 하고 거짓말을 아니하노라 나에게 큰 근
심이 있는 것과 마음에 그치지 않는 고통이 있는 것을 내 양심이 성령 안에

이신칭의(以信稱義)
• **칭의** : 그리스도를 믿는 자는 그 믿
음으로써 거룩하신 하나님께 의롭
다 칭함을 받게 되었다.
• **구속** : 그리스도께서는 믿는 자들이
죄에서 종노릇하는 것으로부터 해
방되고 죄의 형벌로부터 자유하도
록 당신의 보혈로 속죄의 값을 치
르셨다.
• **화해** : 그리스도의 피는 죄를 간과
하지 않으시는 의로우신 하나님의
공의를 만족시켰다.

서 나와 더불어 증언하노니 나의 형제 곧 골육의 친척을 위하여 내 자신이 저주를 받아 그리스도에게서 끊어질지라도 원하는 바로라"(롬 9:1~3).

숲에서 볼 때, 이방인들을 향해 복음을 전했던 바울의 가슴속에는 이방인에게 복음을 전하려는 간절한 마음과 아울러, 자기 민족 유대인들이 그리스도의 풍성한 은혜를 누릴 수 있기를 바라는 마음 또한 가득 차 있었던 것입니다. 그렇게 자신을 쫓아다니며 괴롭히고 방해하는 유대인들을 향해서도 바울은 뜨거운 사랑을 품고 있는 하나님의 사람이었습니다.

2. 로마서를 쓴 이유 롬 15:14~16장
#큰글자 일년일독 통독성경 | 383~386p

로마서 15장 후반부부터 바울은 로마에까지 가고 싶은 이유, 가야 하는 이유를 설명하기 시작합니다.

바울은 로마 성도들에게 자기를 소개하고 그들의 후원을 받아 서바나(스페인)에 가기 위해 〈로마서〉를 썼습니다. 지금까지 복음 전도하는 일은 안디옥 교회의 도움으로 충분했습니다. 그런데 좀 더 멀리 가서 복음을 전하려면 로마에 사는 그리스도인들로부터 지원을 받는 것이 효과적이므로 바울은 로마 성도들의 후원을 받으려 한 것입니다. 그렇다면 왜 바울은 서바나에 가려고 하는 것입니까? 당시 1세기의 지정학적 지식으로는 서바나, 지금의 스페인이 바로 '땅끝'이었습니다. 바울은 지금, "너희는 예루살렘과 유대와 사마리아, 그리고 땅끝까지 가서 내가 모든 사람을 사랑한다는 것을 전해다오."(행 1:8)라는 예수님의 유언을 붙들고 자기 당대에 그 예수님의 유언을 실현하고 싶었던 것입니다. 지금 그의 나이는 50대 중반을 넘어 60세에 가깝습니다. 그런 그가 서바나까지 가겠다는 것입니다. 정말 놀라운 열정이 아닐 수 없습니다.

그리고 바울은 로마 성도들에게 기도를 부탁합니다. 바울은 지금 마지막으로 예루살렘에 가려 하는데, 순종하지 아니하는 유대인들이 바울을 암살할 계획을 세우고 있다는 소식을 접한 것입니다. 이 사실을 듣게 된 바울이 생명의 위협으로부터 건짐을 받도록 기도해달라고 부탁합니다. 땅끝 서바나까지 가서 복음 전도를 해야 한다는 그의 꿈 때문입니다. 아브라함 때부터 시작된 하나님의 '모든 민족'의 꿈은 바울의 '이방 선교'의 땀으로 실현됩니다.

서바나
로마 제국 시대 유럽 반도의 맨 서쪽으로, 현재의 포르투갈과 스페인 지역을 가리킨다. 또한 요나가 욥바에서 배를 타고 도망치려 했던 다시스로 추정되는 곳이기도 하다.

두 번째 기도 제목은 "예루살렘에 대하여 내가 섬기는 일을 성도들이 받을 만하게 하고"(롬 15:31)입니다. 바울이 예루살렘에 방문하는 여러 가지 목적 가운데 한 가지는 예루살렘 교회의 어려운 성도들을 돕기 위해 이미 모아놓은 헌금을 예루살렘 교회에 전달하는 것입니다. 그런데 헌금을 전달하는 과정에서 예루살렘 성도들이 부담으로 받는다든지 혹시 자존심이 상할까봐, 이 전달이 하나님께서 주신 것을 나누는 것으로, 받는 쪽에서 받을 만하게 받게 되기를 기도하는 것입니다.

그리고 긴 편지의 말미에(롬 16장) 바울은 여러 사람에게 문안하고 있습니다. 이를 통해 바울의 인간관계, 동역자 관계를 잘 알 수 있습니다. 바울은 혼자 일하지 않았습니다. 하나님과의 관계는 물론 이웃과의 관계까지 잘해야 진정한 그리스도인임을 배우게 됩니다.

이방인의 사도
바울은 이방인의 사도이지만, 동족 유대인들의 구원도 염두에 두고 있다. <로마서>를 꼼꼼히 읽어보면 동족이 구원받기를 소원하는 바울의 마음이 잘 느껴진다. 바울은 유대인과 이방인에 대한 뜨거운 구원 열정을 함께 지닌 하나님의 사람이었다. 하나님께서는 이런 바울을 충성된 종이요 일꾼으로 들어 쓰셨다.

3. 예루살렘으로 떠나는 길 행 20:7~21:16

#큰글자 일년일독 통독성경 | 386~389p

고린도에서 석 달간 머물면서 <로마서>를 쓴 바울은 이제 마지막으로 예루살렘을 방문한 후 서바나로 갈 계획을 세웁니다. 그런데 바울을 향한 유대인들의 방해는 도를 넘어 바울을 죽이려 한다는 소식까지 들려옵니다. 하지만 바울은 어떤 방해에도 불구하고 복음 전파에 있어서는 타협하려 하지 않습니다.

바울은 예루살렘에 가기 전 에베소의 장로들을 밀레도로 오라고 청합니

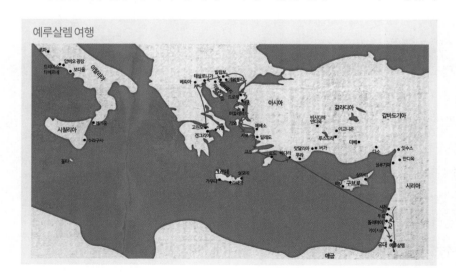

예루살렘 여행

다. 바울과 에베소 장로들은 이제 다시 만나기 어려울 것을 서로 알고 있습니다. 바울은 에베소의 장로들에게 간곡히 교회를 부탁하고 함께 무릎을 꿇고 기도합니다. 바울이 떠날 시간이 되자, 다 크게 울며 바울의 목을 안고 웁니다. 자기 목숨을 해하려는 자들이 있다는 것을 알면서도 길을 떠나고, 그것을 알면서도 떠나보내는 것을 보면 바울도, 에베소 장로들도, 모두 다 예수 그리스도의 사랑의 흔적을 품은 사람들이었습니다.

바울과 에베소 장로들의 고별 _ 루이 가로슈 作

바울은 예루살렘에 들어가기 위해 가이사랴 항구에 도착합니다. 그때 가이사랴에는 초기교회 일곱 일꾼 가운데 한 사람이었던 빌립이 그의 가족과 함께 살고 있었습니다. 빌립은 사마리아에 복음을 전했고, 에디오피아 내시에게 성경을 가르쳤으며, 아소도와 여러 지역에서 복음을 전했습니다. 그 이후 가이사랴에 정착해 살던 빌립이 이곳에 온 복음 전도자 바울을 집에 초대해 공궤했습니다. 성경은 빌립을 성경으로 네 명의 딸을 잘 양육해 멋진 믿음의 가정을 세운 월등한 하나님의 사람으로 증언합니다.

4. 예루살렘에서 붙잡힌 바울 행 21:17~22장
큰글자 일년일독 통독성경 | 389~393p

고린도에서 바로 로마로 갈 수도 있음에도 불구하고 바울이 굳이 예루살렘을 거쳐서 가려고 했던 것은 로마와 서바나로 가기 전, 예루살렘 교회 공동체와 마지막 인사를 하고 싶었기 때문입니다. 앞날을 기약할 수 없는 전도여행을 떠나기 전, 지난 오랜 세월 동안 자기가 해오던 이방 선교의 일을 예루살렘 교회에 보고하고, 예루살렘 교회와 이방인 교회들을 잘 연결해주고자 했던 것입니다.

예루살렘에 도착한 바울은 하나님께서 자신을 통해 어떻게 이방인들로 하여금 예수님을 믿게 하셨는지 증거합니다. 모여 있던 예루살렘 교회 장로들은 바울의 보고를 듣고 하나님께 영광을 돌립니다.

예루살렘의 큰 소동
• 예수님께서 예루살렘에 입성하시고 십자가에 못 박히셨을 때
• 초기교회 일꾼 스데반이 돌에 맞아 처음 순교했을 때
• 3차 전도여행을 마친 바울이 예루살렘에 돌아왔을 때

며칠 후 장로들의 권면대로 바울은 네 명의 디아스포라 유대인 서원자들과 함께 유대 민족의 정결예식대로 결례를 행하기로 합니다. 이를 위해 성전에 들어가자, 이 서원자들을 이방인으로 여긴 유대교 유대인들이 바울을 성전 모독자로 오해하고 삽시간에 달려들어 바울을 성전에서 끌어내 죽이려 합니다. 그 상황에서 예루살렘의 치안을 담당하고 있던 로마 군인들이 바울을 죽음 직전에서 건져냅니다.

그런데 로마 군인들의 손에 끌려가던 바울이 갑자기 돌아서서 천부장에게 한 가지 부탁을 합니다. 유대 백성에게 말할 수 있는 기회를 달라는 것이었습니다. 천부장으로부터 허락을 받은 바울은 자기 동족들을 설득하기 위해 발언을 시작합니다. 먼저 지난 30여 년 동안 자신이 어떻게 지내왔는지 설명합니다. 가말리엘이라는 훌륭한 율법학자 밑에서 수제자로 공부했던 사실부터 밝힙니다. 스승이 자신을 인정할 뿐더러, 대제사장들과 그 세력들이 그의 장래를 인정해주었다고 말합니다. 그리고 예수를 믿는 이들을 박해했던 자신의 과거를 밝힙니다. 이어서 그랬던 자신을 바꾼 '다메섹 그 순간'을 증언했습니다. 자신이 만난 예수 그리스도, 그분이 진정한 길이었다는 것입니다.

바울은 혼신의 힘을 쏟아 그들을 마지막으로 설득합니다. 그러나 바울의 말을 듣고 있던 그들은 "더 이상 들을 필요 없다. 죽이자!"라고 나옵니다. 이 급한 상황에서 천부장은 바울을 빼내서 일단 피신시켜 놓습니다.

5. 5차 산헤드린 공회 재판 행 23장
#큰글자 일년일독 통독성경 393~395p

바울이 로마 시민임을 알게 된 천부장은 무슨 일로 유대인들이 그처럼 바울의 말을 들으려고 하지도 않고 무조건 죽이려고만 하는지 알고 싶었습니다. 그런데 천부장에 의해 일단 몸을 피신한 바울이 자신의 무죄를 증명하겠다고 산헤드린 공회를 열어달라고 부탁을 합니다. 그러자 4차 산헤드린 공회가 끝난 지 30여 년 만에 로마 제국의 천부장이 로마 시민 바울을 위해 '5차 산헤드린 공회' 열도록 주선해줍니다.

산헤드린 공회 〈위키피디아〉

30여 년 전, 4차 산헤드린 공회 재판 때에 산헤드린 공회원들은 즉결심판으로 스데반을 돌로 쳐 죽였고, 그 자리에 바울도 있었습니다. 그런데 이번에는 바울이 요청한 재판이기는 했으나 어쨌든 바울이 피고가 되어 5차 산헤드린 공회 재판을 받게 되었습니다. 바울은 마치 30여 년 전의 스데반처럼 재판정이 예수 그리스도를 증거하는 자리가 되게 했습니다. 그런데 바울이 입을 열어 말을 시작하자 공회원 가운데 한 사람이 "바울의 입을 치라."라고 말했습니다. 그 말을 한 사람은 산헤드린 공회의 의장인 대제사장 아나니아였습니다. 그러자 바울이 "회칠한 담이여, 하나님이 너를 치시리로다. 네가 율법대로 심판한다고 앉아서 율법을 어기고 나를 치려 하느냐."라고 대항했습니다. 이 말을 듣고 있던 사람들이 바울에게 "하나님의 대제사장을 네가 욕하느냐?"라며 율법에 따라 대제사장을 욕하면 처벌받는다는 것을 모두가 기억나게 말했습니다.

그러자 바울이 자신은 그 말을 한 사람이 대제사장인지 모르고 했다며 죄를 인정하지 않았습니다. 그러면서 바리새파 출신인 바울은 자신의 입을 치라고 말한 대제사장이 사두개파임을 간파하고 '5차 산헤드린 공회'에서 의도적으로 사두개파와 바리새파를 두 쪽으로 나누는 발언을 합니다. 원래 사두개파와 바리새파는 헬라 제국 때부터 사이가 좋지 않았습니다.

사두개파는 '모세오경'만을 그들의 정경으로 받아들이며, 천사와 영과 부활을 믿지 않는 자들이었습니다. 반면 바리새파는 '구약 39권'을 모두 그들의 정경으로 받아들이며, 천사와 영과 부활을 믿는 자들이었습니다. 한마디로 사두개파와 바리새파는 그들이 각자 추구하는 '이데아'(?)가 다른 사람들이었습니다. 그런데 서로 다른 그 두 파가 하나가 된 것은 예수님을 죽이는 일에 서로 뜻을 하나로 모았기 때문입니다.

바울은 5차 산헤드린 공회가 30여 년 전 4차 산헤드린 공회와 같은 방향으로 나아갈 낌새가 보이자 한마디로 사두개파와 바리새파의 사이를 갈라 놓습니다. 이는 예수님 이전 원래 그들의 모습으로 그들을 둘로 나누어놓는 것이었습니다. 피고 바울이 말합니다. "여러분 형제들아 나는 바리새인이요 또 바리새인의 아들이라 죽은 자의 소망 곧 부활로 말미암아 내가 심문을 받노라"(행 23:6). 그러자 순식간에 산헤드린 공회 70여 명의 재판관들은 사두개파와 바리새파로 나뉘어 바울을 재판하는 일을 잊고 그들끼리 부활과 영과 천사 문제를 가지고 다투며 난장판을 만들고 맙니다. 이렇게 공회에서

헌신의 방향
열심 하나로만 따지면, 바울을 해하려는 이들의 종교적 열심 또한 대단했다. 그러나 하나님께서 우리에게 바라시는 것은 복음에 대한 올바른 이해를 바탕으로 한 분별 있는 헌신이다.

조차도 바울의 목숨이 위태로워지자 그 틈에 천부장은 다시 바울을 영내 안전한 곳으로 다시 피신시킵니다.

산헤드린 공회 공회원들은 그 다음 날 정신을 차리고 그들이 바울의 꾀에 넘어가 자신들끼리 자중지란(自中之亂)을 일으켜 싸우느라 바울을 놓쳤다는 것을 깨닫게 됩니다. 그리고 강경한 유대교 유대인들 가운데 바울을 죽이기 전에는 먹지도 마시지도 않겠다는 대단한(?) 결심을 한 40명의 암살단이 조직됩니다. 그들은 산헤드린 공회의 의장인 대제사장을 찾아가 자신들의 뜻을 밝힙니다. 그러자 이번에는 산헤드린 공회 측에서 천부장에게 6차 산헤드린 공회를 열 것이니 바울을 내어달라고 말합니다. 그러면 재판정으로 나오는 바울을 암살단이 죽이려는 계획이었습니다.

결국 이 계획을 알게 된 천부장은 더 이상 예루살렘에서는 로마 시민 바울의 안전을 지켜줄 수 없다는 판단하에 보병 200명, 기병 70명, 창병 200명, 총 470명의 로마 군인들을 동원해 밤중에 로마 군단과 총독이 머물고 있는 가이사랴로 바울을 안전하게 이송시킵니다. 예수님을 만나서 30여 년 동안 예수 그리스도의 복음을 전하는 일에 최선을 다했던 바울은 이날 밤 이렇게 예루살렘을 떠난 후, 다시는 예루살렘에 돌아오지 못합니다.

흔들리지 않는 사랑
바울은 어떤 상황 속에서도 당황하거나 두려워하지 않았다. 수백, 수천 명의 군중들이 달려들어 그를 죽이려 해도, 40여 명의 결사대가 자신의 목숨을 노리고 있어도 그는 흔들리지 않았다. 그에게 단 한 가지 걱정이 있다면 그것은 복음을 전하지 못하게 되는 것이다. 즉 로마 그리고 땅끝까지 가서 예수님을 전해야 하는데, 그 꿈을 이루지 못하는 것이 염려될 뿐이다. 바울, 그는 가야 할 길을 흔들리지 않고 당당하게 달려가는 사람이었다.

🔗 이 과의 내용을 통通 이야기(Tong story)로 적어보고 이야기해 보세요.

_____

_____

_____

_____

👤 이 과의 내용을 자녀에게 가르칠 수 있도록 통성기도(Tongsung Gido)합시다.

• 너희의 자녀에게 가르치며 집에 앉아 있을 때에든지, 길을 갈 때에든지, 누워 있을 때에든지, 일어날 때에든지 이 말씀을 강론하고 … 너희의 날과 너희의 자녀의 날이 많아서 하늘이 땅을 덮는 날과 같으리라 (신명기 11:19~21)
• 너는 네가 누구에게서 배운 것을 알며 또 어려서부터 성경을 알았나니 (디모데후서 3:14~15)

47과 죄수 바울 로마 도착

사도행전 24~28장

큰글자 일년일독 통독성경

341일 : 바울의 로마 황제 재판 청구　　　342일 : 죄수 바울의 로마 도착

통通으로 외우세요

① 사도행전 24장에서 26장에는 바울이 예루살렘에서 잡혀서 가이사랴 감옥에서 2년 간 머무를 때까지의 이야기와 바울이 로마 시민권자로서 황제 재판을 청구하여 로마 행이 결정되는 이야기가 담겨 있습니다.

② 사도행전 27장에서 28장에는 로마 황제 재판을 청구한 바울이 로마로 압송되는 과정 과 로마 셋집에서 2년 동안 황제 재판을 기다리며 복음을 전하는 내용이 자세히 기록 되어 있습니다.

③ <사도행전> 이야기는 로마 셋집 가택 연금 상태에서 복음을 전하는 바울의 모습에서 끝이 납니다.

통通으로 읽는 센스

바울은 비록 로마 황제의 재판을 받기 위해 죄수의 몸이 되었지만, 고린도에서 계획했던 대로 로마로 가게 됩니다. 로마로 가는 여정에는 <사도행전>의 저자 누가도 함께했습니 다. 위험천만한 항해 끝에 로마에 도착한 바울은 드디어 로마 교회 성도들을 만납니다. 로 마에서 바울은 가택 연금 상태로 2년을 머무르게 됩니다. 이 기간에 바울은 자유롭게 다 니며 사람들을 만날 수는 없었지만, 자신을 찾아오는 사람들과는 만날 수 있었습니다. 이 일은 전 세계를 향한 복음 전파의 중요한 통로가 됩니다.

통通포인트

'전도인'의 모범 바울

바울은 1, 2, 3차 전도여행을 마치고 그 당시 사람들에게 '땅끝'이라고 알려져 있던 서 바나(스페인) 전도를 위해 마지막으로 예루살렘을 방문합니다. 그런데 많은 사람이 염려했던 대로 바울은 예루살렘에서 잡히게되고 가이사랴에서 2년간 갇혀 있다가 황제 재판을 청구하면서 로마로 가게 됩니다. 우여곡절 끝에 로마에 도착한 바울은

로마 황제 앞에서 자신의 무죄를 증명하고 이제 서바나로 전도여행을 계속하려 합니다. 이처럼 '전도인 사도 바울'의 앞길을 막는 어떤 장애물도 예수 그리스도의 복음을 전하려는 바울의 열정을 막을 수 없었습니다.

1. 가이사랴에서의 2년 – 벨릭스 총독 재판 행 24장
큰글자 일년일독 통독성경 | 395~397p

바울은 예루살렘보다는 안전한 로마 총독이 있는 가이사랴로 이송되었습니다. 바울은 이후 로마로 가게 될 때까지 가이사랴에서 약 2년 정도 머물게됩니다. 가까스로 유대인들의 위협을 피해 가이사랴에 이송된 바울은 그곳에서까지 유대인들의 공격을 받게 됩니다.

바울이 가이사랴로 옮겨간 지 5일 후 예루살렘 성전의 대제사장 아나니아가 장로들과 변호사 더둘로를 데리고 로마 총독 벨릭스에게 바울을 고소하고 재판을 청구한 것입니다. 대제사장 아나니아의 고소로 인해 벨릭스 총독 재판이 열리게 되고, 벨릭스 총독 앞에 선 바울은 다시 한번 자신을 변론할 수 있는 기회를 얻게 됩니다. 변호사 더둘로는 바울을 전염병 같은 자로 유대교 중심으로 본다면 이단의 우두머리라고 말합니다. 그러면서 변호사 더둘로는 벨릭스 총독이 직접 바울을 심문하면 바울의 죄를 바로 발견할 수 있을 것이라고 제안합니다.

그런데 벨릭스 총독은 바울을 심문하기보다 변호사도 없이 혼자 재판에 임하는 바울이 스스로를 변론할 수 있게 해줍니다. 바울이 자신을 변론하자 벨릭스 총독은 변호사 더둘로가 말한 바울의 죄를 발견하지 못하고, 예루살렘의 천부장 루시아가 오면 그의 증언도 들어보아야 한다며 재판을 연기하고 바울을 구류합니다. 그후 벨릭스는 2년 동안 시간을 끌며 바울을 보호해주고 때때로 바울을 불러 아내 드루실라와 함께 예수 그리스도에 대해 듣기도 했습니다. 또 한편으로는 구제헌금으로 동원한 그의 재력을 알고 있었기에 바울로부터 뇌물도 기대했습니다.

2. 베스도 총독 재판 행 25~26장
#큰글자 일년일독 통독성경 | 397~401p

바울이 가이사랴 감옥에 갇힌 지 2년이 지난 후, 벨릭스 총독 후임으로 베스도 총독이 부임합니다. 베스도의 태도 역시 이전 총독 벨릭스와 크게 다르지 않았습니다. 지난 2년간 호시탐탐 바울을 죽일 기회만 엿보던 산헤드린 공회는 새로 부임한 베스도 총독에게 또다시 바울을 고소합니다. 산헤드린 공회는 예루살렘에서 재판을 열고자 했고, 그때에 길에서 바울을 죽일 계획이었습니다. 하지만 베스도 총독 재판은 가이사랴에서 열리게 됩니다. 바울은 베스도 총독 재판에서 자신의 무죄를 증명하고, 더 나아가 로마 황제 재판을 청구해 가이사랴를 떠날 수 있는 길을 만듭니다. 그러자 베스도 총독은 바울의 서류를 만들기 위해 아그립바 왕에게 조언을 구합니다. 이때 바울은 아그립바 왕 앞에서도 자신의 무죄를 증명할 기회를

헤롯 아그립바 앞에 선 바울 _ Nikolai Bodarevsk 作

얻게 됩니다. 아그립바 왕도 바울의 죄없음을 알게 되어 바울을 풀어주고자 하지만 바울은 유대에 머무는 것이 더 위험함을 알고 있었기에 죄수의 신분을 유지하며 황제 재판을 받으러 로마로 가는 길을 택합니다.

> **전도의 기회**
> 벨릭스에 이어 새 총독이 된 베스도에게 문안하러 온 아그립바 왕과 버니게가 바울에 관한 이야기를 전해 듣고 만나고자 한다(행 25:13, 22). 비록 죄인처럼 매인 몸이었지만, 바울은 하나님께서 예비하신 또 다른 경로를 통해서 복음을 증거하는 기회를 얻었다.

3. 바울의 로마행 – 황제 재판을 받기 위해 행 27장~28:15
#큰글자 일년일독 통독성경 | 401~405p

바울의 로마행도 평탄하지는 않았습니다. 바울이 로마 제국의 시민으로서 '로마 시민의 권리'인 황제 재판을 청구해 로마로 가게 되었지만, 일단 그의 신분은 재판을 받는 죄수였습니다. 그래서 바울은 다른 죄수들과 함께 가이사랴 항구에서 배를 타고 로마 제국의 백부장인 율리오의 관할하에 로마로 출발했습니다.

바울과 함께 죄수 이송선을 탄 누가는 가이사랴에서 로마까지의 폭풍치는 항해를 자세히 기록합니다. 그런데 항해 경험이 많은 바울이 중간 도착지인 그레데섬의 미항에서 백부장에게 이번 절기에는 항해가 위험할 것 같으니 여기서 겨울을 지내고 난 후 떠날 것을 건의합니다. 만약 항해를 중단하지 않고 강행하게 된다면 배뿐 아니라 모두의 생명에 타격과 손해를 끼치

게 되리라는 것입니다. 그러나 백부장 율리오는 바울의 말 대신 선장과 선주의 말을 듣고 항해를 강행하다가 결국 '유라굴로'라는 무서운 광풍을 만나 배에 탄 모든 사람이 죽을 위기를 겪게 됩니다. 그때서야 백부장이 바울의 말을 따르게 됨으로 배 안에 있는 모든 사람이 생명을 건지게 되고 멜리데 섬을 거쳐 로마에 도착하게 됩니다.

그때에 바울의 〈로마서〉를 이미 읽은 로마의 많은 그리스도인이 사도 바울의 로마 도착을 환영합니다. 그리고 바울은 로마에서 가택 연금 상태로 2년간 황제의 재판(당시 로마의 5대 황제 네로의 재판)을 기다리게 됩니다. 이처럼 '사도행전 30년'은 '복음 전도'와 '여러 재판'에 관한 기록이 그 중심을 이룹니다.

4. 로마에 도착한 죄수 바울 행 28:16~31
#큰글자 일년일독 통독성경 | 405~406p

드디어 바울이 로마에 도착해서 로마 성도들을 직접 만나게 됩니다. 바울은 그렇게 황제의 재판을 기다리며 로마에서도 부지런히 하나님 나라를 증거합니다.

"바울이 온 이태를 자기 셋집에 머물면서 자기에게 오는 사람을 다 영접하고 하나님의 나라를 전파하며 주 예수 그리스도에 관한 모든 것을 담대하게 거침없이 가르치더라"(행 28:30~31)라는 말로 누가가 기록한 〈사도행전〉은 끝을 맺습니다. 그러나 바울이 여기서 그의 복음 사역을 중단한 것은 아

끝나지 않은 행전(行傳)
바울은 네로 황제 치하에서 순교했을 것으로 추측되지만, 누가는 〈사도행전〉을 바울의 죽음으로 끝맺지 않는다. 바울이 다른 사도들과 함께 예수 그리스도의 사역을 계승했던 것처럼, 바울의 사역은 또 다른 사람들에 의해서 여전히 계승되어야 할 사역이기 때문이다. 〈사도행전〉은 아직 끝나지 않은 성령의 행전이다. 성경은 땅끝을 향한 제자들의 행진에 오늘도 우리를 초청하고 있다.

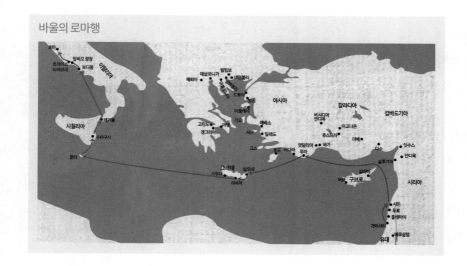

바울의 로마행

닙니다. 바울은 비록 매인 몸이었지만, 자유롭게 찾아오는 사람들을 만날 수 있었고, 또 여러 통의 편지를 써서 많은 교회 성도들을 격려하고 교훈하는 데 바쁜 날들을 보냅니다.

🔗 **이 과의 내용을 통通 이야기**(Tong story)**로 적어보고 이야기해 보세요.**

_____

_____

_____

_____

_____

_____

👥 **이 과의 내용을 자녀에게 가르칠 수 있도록 통성기도**(Tongsung Gido)**합시다.**

• 너희의 자녀에게 가르치며 집에 앉아 있을 때에든지, 길을 갈 때에든지, 누워 있을 때에든지, 일어날 때에든지 이 말씀을 강론하고 … 너희의 날과 너희의 자녀의 날이 많아서 하늘이 땅을 덮는 날과 같으리라 (신명기 11:19~21)
• 너는 네가 누구에게서 배운 것을 알며 또 어려서부터 성경을 알았나니 (디모데후서 3:14~15)

48과 교회론과 기독론

에베소서, 빌립보서, 골로새서, 빌레몬서

🔖 通통으로 외우세요

① 바울은 로마에서 가택 연금 상태로 머무는 가운데 많은 편지를 썼습니다. 이때 쓴 <에베소서>, <빌립보서>, <골로새서>, <빌레몬서>를 4대 옥중서신이라고 합니다.
② 갇힌 자 되었으나 복음 안에서 자유로웠던 바울의 심정으로 이 편지들을 읽어봅시다.
③ <에베소서>는 에베소 교회에, <빌립보서>는 빌립보 교회에, <골로새서>는 골로새 교회에 보내는 옥중서신입니다.
④ <빌레몬서>는 바울의 제자이며 골로새 교회를 섬기고 있는 빌레몬에게 바울이 빌레몬의 종 오네시모를 돌려보내며 쓴 개인적인 서신입니다. 성경은 66권 전체가 기적의 책입니다. 특히 <빌레몬서>는 로마 제국에서 하나님 나라를 실현하는 1장으로 된 기적의 책입니다.

💡 通통으로 읽는 센스

성경 66권이 한 권이듯이 바울의 옥중서신 4권도 한 권입니다. <에베소서>와 <골로새서>는 바울이 전하는 '복음의 이론편'이라 할 수 있고, <빌립보서>와 <빌레몬서>는 바울이 전하는 '복음의 실천편'이라 할 수 있습니다. <에베소서>와 <빌립보서>는 주의 몸 된 교회에서 어떻게 기쁜 삶을 살 수 있는지를 다룬 '교회론'과 '사랑의 편지'로 한 권입니다. <골로새서>와 <빌레몬서>는 주의 몸 된 교회에서 그리스도인들은 서로 형제라는 것을 가르쳐준 '기독론'과 '기적의 편지'로 한 권입니다.

➕ 通통포인트

몸 된 교회를 위한 기쁨의 고난
'감옥 안에서 편지를 쓴다?!' 예수님과 교회를 향한 진심어린 사랑이 없었다면 가능한 일이었을까요? 바울의 심정을 헤아리며 옥중서신을 읽어봅시다.

1. 에베소 교회에 보낸 편지 엡 1~6장

#큰글자 일년일독 통독성경 | 406~416p

일찍이 바울은 에베소의 두란노 서원에서 2년여 동안 머물며 집중적으로 제자들을 키웠기에 에베소 교회에 대해 특별한 사랑을 가지고 있었습니다. 지금은 바울의 제자 디모데가 에베소에서 사역을 하고 있습니다. 바울은 디모데에게 교회가 무엇인지 자세히 가르쳐주고 싶었습니다. 일생을 바쳐 교회를 위해 일했던 바울이 디모데가 사역하는 에베소 교회에 〈에베소서〉를 보내 교회에 대한 정의를 내리고 있습니다.

기독교와 유대교를 비교해보면, 기독교는 뭔가 부족해보였습니다. 회당도 없고, 율법과 같은 오랜 전통도 없습니다. 유대교에는 눈에 보이는 그 무엇이 많은데, 교회에는 오로지 예수님밖에 없습니다. 그러나 바울은 교회는 예수님 한 분이면 충분하다고 강조합니다. 또한 믿는 자들의 구원과 관련하여, 천지를 창조하시기 전에 우리 하나님의 예비하심이 있었다는 놀라운 선언을 합니다. 그가 지금까지 걸어온 발자취를 더듬어보니 그 모든 여정 가운데 하나님의 섭리가 있었다는 것입니다. 그렇게 하나님의 손길을 더듬어 올라가다 보니 그 시작은 창세전이었다는 것입니다(엡 1:3~5).

바울은 〈에베소서〉에서 '교회란 예수님의 몸으로, 하나님께서 온 세상을 창조하시며 만물 가운데 충만하게 하시는 하나님의 충만함'이라고 정의합니다. 그리고 바울은 교회에 네 가지의 요청을 합니다.

첫째, 교회의 일치를 증진할 것을 당부합니다. 이러한 목적을 추구하려면 겸손, 사랑, 평화의 실천이 요구됩니다.

둘째, 그리스도인의 덕을 세울 것을 당부합니다. 거짓을 행하지 않고, 수고하며 선한 일을 하는 것이 그리스도인의 행할 바입니다.

셋째, 그리스도인의 가정을 세울 것을 당부합니다. 남편과 아내, 부모와 자녀뿐만 아니라 상전과 종들까지도 서로 사랑하는 가정을 만들라는 것입니다.

넷째, 하나님께서 주시는 전신 갑주를 입을 것을 당부합니다. 진리, 의, 복음, 믿음, 구원, 하나님의 말씀이 악한 날에 우리들로 하여금 능히 대적하고 바로 서게 할 힘이 될 것입니다.

교회
당시 그리스도인이 되는 사람에게 힘들었던 일은 유대인 공동체와의 결별, 곧 출교이다. 출교란 무서운 것이었다. 그러므로 바울은 그동안 기독교가 무엇이며, 왜 유대교가 아닌 기독교에 참 진리가 있는지 등 많은 질문을 받았을 것이다. 이에 바울이 '교회란 무엇인가'의 질문에 대해 대답한 것이 〈에베소서〉고, '예수님은 어떤 분이신가'에 대해 대답한 것이 〈골로새서〉이다.

전신 갑주
• 진리의 허리띠
• 의의 호심경
• 복음의 신
• 믿음의 방패
• 구원의 투구
• 성령의 검 (하나님의 말씀)

⊕ 통通포인트

빌립보 교회
2차 전도여행 도중 바울은 '마게도냐인의 부름'(행 16:8~10)으로 인해 빌립보에서 사역하게 되었고, 그때 루디아와 몇 사람들이 그리스도를 영접하게 되었습니다. 바울과 실라는 매를 맞고 감금되었지만, 이 일로 인해 빌립보의 간수가 변화받게 되었습니다. 바울은 3차 전도여행 때 다시 빌립보를 방문하기도 했습니다. 이후 바울의 로마 감금 소식을 들은 빌립보 교회는 바울에게 에바브로디도를 보내면서 경제적인 도움을 주었습니다(빌 4:18).

2. 빌립보 교회에 보낸 편지 빌 1~4장
#큰글자 일년일독 통독성경 | 416~423p

바울은 그가 사역한 모든 교회를 자기 몸처럼 아꼈지만, 특히 빌립보 교회는 다른 교회들에 비해 바울과 사적 관계가 깊은 교회라고 볼 수 있습니다. 바울은 자비량 사역을 했기에 교회들로부터는 사례비를 받지 않았습니다. 그러나 빌립보 교회와는 달랐습니다. 빌립보 교회가 바울에게 사적으로 약간의 경제적 지원을 해도 바울이 이를 기쁘게 받을 만큼의 관계가 형성되어 있었습니다.

지금 바울은 자신의 로마 셋집에 갇혀 있습니다. 때문에 그의 경제적 형편은 더욱 어려워졌습니다. 이때 빌립보 교회가 목회자인 에바브로디도를 보내 그들이 모은 헌금을 전하자, 바울이 감사한 마음으로 헌금을 받습니다. 그만큼 바울과 빌립보 교회의 성도들은 가족과 같은 관계였습니다.

교인들이 정성을 다해 모은 헌금을 가지고 로마에 온 에바브로디도는 바울과 교회에 대한 이런저런 일을 이야기하던 중에 교회에서 유오디아파와 순두게파가 대립하고 있다는 등의 사정을 털어놓습니다. 그런데 목회하는 기간에 쌓인 피로와 여행의 피곤이 겹쳐서인지, 에바브로디도가 그만 그곳에서 몸이 아프고 맙니다. 바울이 그로 인해 많은 걱정을 합니다. 다행스럽게도 에바브로디도가 건강을 회복하여 빌립보로 돌아가게 되자, 바울은 기쁨으로 〈빌립보서〉를 써서 그의 편에 보내게 됩니다.

바울은 이 편지에서 기쁨을 이야기합니다. 어떤 이들은 남들에게 자랑하려는 경쟁심으로 예수 그리스도를 전파하고, 또 어떤 이들은 정직한 마음으로 복음을 전파합니다. 바울은 이 상황을 보면서 외모로 하나 참으로 하나, 어떤 방식으로든 예수님의 복음이 전파되는 것이 기쁘다고 말합니다. 바울

〈빌립보서〉가 묘사하는 예수님
• 의의 열매의 근원 (1:11)
• 기쁨의 이유 (1:18)
• 내 몸에서 존귀하게 되실 분 (1:20)
• 내 안에서 사시는 분 (1:21)
• 종의 형체를 가지신 분 (2:6~7)
• 모든 이름 위에 뛰어난 이름 (2:9)
• 가장 고상한 지식의 본체 (3:8)
• 내게 능력 주시는 자 (4:13)

은 자신이 갇혀 있음에도 불구하고 에바브로디도가 건강을 회복하여 기쁘고, 빌립보 성도들이 정성을 다해서 헌금을 보내준 것이 기쁘고, 빌립보 교회가 하나님과 이웃을 생각하고 있는 것이 참 기쁘다고 말합니다. 이 기쁨을 이야기하면서 바울은 그리스도께서 낮아지신 것처럼 유오디아와 순두게가 서로 낮은 마음으로 그리스도의 충만한 믿음의 분량에 이르기를 권합니다.

또한 일부이긴 하나 빌립보 교회를 어지럽게 하며 바울을 비방하는 무리들 가운데 할례를 받았다고 자랑하며 스스로를 높이는 이들이 있었습니다. 이에 대해 바울은 오히려 예수 그리스도 안에서 모든 것을 배설물로 여기는 자신의 신앙 고백으로 저들에게 대응합니다. "또한 모든 것을 해로 여김은 내 주 그리스도 예수를 아는 지식이 가장 고상하기 때문이라 내가 그를 위하여 모든 것을 잃어버리고 배설물로 여김은 그리스도를 얻고 그 안에서 발견되려 함이니"(빌 3:8~9). 바울은 철저히 그리스도 중심의 사람이었습니다. 예수님을 위해서라면 모든 것을 버릴 각오가 되어 있었습니다.

바울은 "주 안에서 항상 기뻐하라 내가 다시 말하노니 기뻐하라"(빌 4:4)라고 말합니다. 그리고 모든 근심을 기도로 하나님께 아뢰면 하나님께서 주시는 평강이 임할 것이라고 권면합니다.

사도 바울 _ 렘브란트 作

○ 통通포인트

오직 예수 한 분만으로
바울의 특사였던 두기고는 바울의 형편과 사정을 동역자들에게 알리고 전하는 일을 했습니다. 덕분에 바울이 이 많은 내용을 편지를 통해서 주고받을 수 있었던 것입니다. 바울의 서신서들을 바울의 마음이 담긴 사랑과 기쁨의 편지로 생각하면서 읽어봅시다.

3. 골로새 교회에 보낸 편지 골 1~4장
큰글자 일년일독 통독성경 | 423~429p

골로새는 소아시아의 한 작은 수도로, 주변에 라오디게아, 히에라볼리 등의 소도시들이 있는 곳입니다. 당시 골로새에는 영지주의라는 철학을 비롯하여 공리주의, 신비주의, 금욕주의 등 온갖 철학과 이단들이 만연하고 있었습니다. 이런 골로새 교회에 바울의 제자 에바브라가 목회를 하고 있었습니다.

바울은 아직 직접 대면하지 못한 골로새 교회의 성도들에게 자신의 사랑과 관심을 담아 두기고를 통해 편지를 보냅니다. 이때 보낸 〈골로새서〉를 통해 예수님이 어떤 분이신지 설명하고 있습니다. "그는 보이지 아니하는 하나님의 형상이시요 모든 피조물보다 먼저 나신 이시니 … 그는 몸인 교회의 머리시라 그가 근본이시요 죽은 자들 가운데서 먼저 나신 이시니 이는 친히 만물의 으뜸이 되려 하심이요"(골 1:15~18). 예수 그리스도 한 분만으로도 부족함이 없으므로 다른 헛된 규례나 철학들은 필요하지 않다는 것입니다. 또한 바울은 골로새 성도들이 '믿음에 거하고 터 위에 굳게 서도록' 권면하며, '하나님을 아는 것에 있어서도 그 지식이 자라게' 되기를 격려합니다.

우리는 여기서 '두기고'라는 한 사람을 만납니다. 바울은 편지 말미에 끝인사를 남기며 "두기고가 내 사정을 다 너희에게 알려 주리니 그는 사랑 받는 형제요 신실한 일꾼이요 주 안에서 함께 종이 된 자니라"(골 4:7)라고 전합니다. 두기고는 어느 교회를 맡아 목회를 하지는 않았지만, 바울의 사정을 교회들에게 전달하고, 교회들의 사정을 바울에게 전달하는 우체부 역할을 했던 고마운 사람입니다.

에바브라
바울은 3차 전도여행 때 거의 3년을 에베소를 중심으로 보냈습니다. 에바브라는 이때 바울을 만나 그리스도인이 되어 골로새 교회를 세웠다고 한다(골 1:4~8; 2:1). 그는 수년 후에 바울이 로마에 가택 연금되어 있을 때 바울을 방문하며 골로새 교회 소식을 전했다(골 4:12~13; 몬 1:23).

〈골로새서〉가 말하는 그리스도
• 그는 보이지 아니하는 하나님의 형상(1:15)
• 모든 피조물보다 먼저 나신 이시니(1:15)
• 그는 몸인 교회의 머리시라 (1:18)
• 비밀의 영광, 곧 영광의 소망 (1:27)
• 하나님의 비밀인 그리스도 (2:2)
• 그는 모든 통치자와 권세의 머리시라 (2:10)
• 우리 생명이신 그리스도 (3:4)
• 오직 그리스도는 만유시요 (3:11)

◆ 통通포인트

▮ 한 영혼을 위한 편지
예수님을 믿는 바울이 예수님을 믿는 빌레몬에게 예수님을 믿는 오네시모와 하나님 나라 안에서 한 형제가 되자고 편지를 씁니다. 로마 제국의 제도하에서 주인과 도망나간 종과의 관계를 하나님 나라 틀 안에서 형제 관계로 재조정하자는 기적의 편지를 쓴 것입니다. 한마디로 〈빌레몬서〉는 하나님 나라 이야기입니다.

4. 빌레몬에게 보낸 편지 몬 1장
#큰글자 일년일독 통독성경 | 429~430p

바울이 로마 감옥에 있을 때 만난 사람 중 오네시모라는 청년이 있었습니다. 바울은 그와 대화하며 주 안에서 교제하던 중 그가 매우 영특한 사람이라는 것을 알 수 있었습니다. 그런데 어느 날, 오네시모가 바울을 찾아와 지난 과거를 고백하는데, 들어보니 그의 신분이 종이라는 것입니다. 그것도 바울의 제자인 빌레몬의 종이었습니다. 빌레몬은 바울이 에베소에 있을 때 두란노 서원에서 가르쳤던 제자인데, 그 제자의 종이 도망 나와 로마까지 온 것입니다. 그리고 우연히 바울을 만나 복음을 받아들이고 그리스도인이 된 것입니다.

바울은 고민 끝에 오네시모를 빌레몬에게 돌려보내기로 합니다. 오네시모도 바울의 설득을 듣고 주인에게 돌아가기로 합니다. 죽을 각오를 했다는 뜻입니다. 오네시모가 빌레몬에게 돌아갔을 때 빌레몬이 그를 죽인다고 해도 당시 로마 제국에서는 아무런 법적 문제가 되지 않았기 때문입니다. 바울이 그런 오네시모를 돌려보내면서, 비록 짧지만 정말 기도하며 정성을 다해 쓴 편지 한 장을 함께 들려 보냅니다. 그것이 바로 〈빌레몬서〉입니다.

〈빌레몬서〉를 읽어 내려가면, 바울이 얼마나 정성을 다해서 한 자 한 자 썼는지를 느낄 수 있습니다. 바울의 입장에서, 두기고 편에 오네시모를 돌려보냈는데 빌레몬이 오네시모를 죽이기라도 하면 큰일인 것입니다. 그래서 바울이 빌레몬에게 간절히 부탁하고 있습니다. 그러나 한편으로 바울은 빌레몬의 인격을 신뢰했기 때문에 오네시모를 돌려보냈을 것입니다.

"이러므로 내가 그리스도 안에서 아주 담대하게 네게 마땅한 일로 명할 수도 있으나 도리어 사랑으로써 간구하노라 나이가 많은 나 바울은 지금 또 예수 그리스도를 위하여 갇힌 자 되어 갇힌 중에서 낳은 아들 오네시모를 위하여 네게 간구하노라"(몬 1:8~10).

최대한 자신의 처지를 설명하고, 오네시모 이름 앞에 '아들'이라는 단어를 붙입니다. "전에는 도망 나온 종이니 네게 무익했다는 것을 안다. 그러나 이제 그가 복음 안에서 변화되었고, 너와 나에게 유익하다. 이제 종이 아닌 형제로 여기면 어떻겠느냐?" 이는 로마 제국 당시엔 혁명적인 이야기였습니다. 구전에 의하면 오네시모는 초기교회의 훌륭한 지도자가 되었다고 합니다.

한마디로 〈빌레몬서〉는 빌레몬과 오네시모 사이에 로마 제국이 끼어든 이야기입니다. 이를 사도 바울이 하나님 나라 관점으로 빌레몬에게 오네시모를 형제로 받으라는 이야기입니다.

오네시모
히브리어로 '오네시모'는 '유익한 자'라는 뜻. 바울이 "그가 전에는 네게 무익하였으나 이제는 나와 네게 유익하므로"(몬 1:11)라고 했는데, 이 말은 원어로 보면 오네시모의 이름을 이용한 언어 풀이였다. 도망친 종이 되돌아온 긴장 상황에서 이 편지를 읽을 것을 생각한 바울은 분위기를 배려하며 편지를 쓰고 있다. 오네시모를 위해 애쓰는 바울의 마음이 느껴진다.

이 과의 내용을 통通 이야기(Tong story)**로 적어보고 이야기해 보세요.**

....

....

....

....

....

....

이 과의 내용을 자녀에게 가르칠 수 있도록 통성기도(Tongsung Gido)**합시다.**

• 너희의 자녀에게 가르치며 집에 앉아 있을 때에든지, 길을 갈 때에든지, 누워 있을 때에든지, 일어날 때에든지 이 말씀을 강론하고 … 너희의 날과 너희의 자녀의 날이 많아서 하늘이 땅을 덮는 날과 같으리라 (신명기 11:19~21)
• 너는 네가 누구에게서 배운 것을 알며 또 어려서부터 성경을 알았나니 (디모데후서 3:14~15)

49과 믿음의 아들에게 남긴 편지
-로마 대화재 사건 │ 디모데전서, 디도서, 디모데후서

큰글자 일년일독 통독성경

348일 : 사역자의 자세 349일 : 지도자를 세우라 350일 : 복음 2세대

통通으로 외우세요

① 로마 감옥에서 2년 만에 잠시 자유의 몸이 된 바울은 또다시 전도여행을 떠날 계획을 세웁니다.

② 이즈음 기록한 편지가 목회서신이라 불리는 <디모데전서>와 <디도서>입니다.

③ 바울은 갑자기 로마의 네로 황제가 로마 대화재 사건의 범인으로 기독교인들을 지목하여 다시 감옥에 갇히게 되자 자신의 죽음이 임박했음을 알게 됩니다. 그러자 바울은 믿음의 아들 디모데에게 유언과 같은 <디모데후서>를 써 보냅니다.

④ 신약성경 전체의 숲에서 보면 '로마 대화재 사건'을 계기로 복음 1세대와 복음 2세대가 나뉩니다.

통通으로 읽는 센스

디모데는 바울이 2차 전도여행에서 만나 동행한 후, 믿음의 아들로 여길 만큼 깊은 관계를 맺어온 제자입니다. 디모데는 지금 바울 곁이 아닌 에베소에서 목회를 하고 있습니다. 그런데 에베소에는 영지주의를 비롯한 거짓 교훈으로 목회에 여러 어려움이 있었습니다. 이를 알게 된 바울이 젊은 목회자 디모데에게 거짓 교훈을 물리치고, 에베소 교회를 잘 감독할 수 있도록 돕기 위해 편지를 써 보냅니다.

또한 디도는 고린도 교회에 바울의 편지(고린도후서)를 전하러 가는 일, 예루살렘 교회를 위해 헌금을 모으는 일을 맡는 등 바울의 신뢰를 받는 제자 중 하나였습니다. 그는 그레데에서 사역을 하고 있었는데, 바울은 그레데 교회를 돌보는 데에 있어 도움이 되는 교훈을 전하기 위해 <디도서>를 써 보냅니다.

마침내 바울이 네로 황제의 명령에 의해 다시 감옥에 갇힙니다. 이때 시대의 흐름을 직감한 바울이 자신의 인생이 거의 끝나가고 있다는 것을 알고 디모데에게 유언과도 같은 편지를 남깁니다. 바울은 그의 인생을 마감하는 시점에 <디모데후서>를 통해 믿음의 아들인 디모데에게 "복음과 함께 고난을 받으라"(딤후 1:8)라고 당부합니다.

▶ **최후 승리를 꿈꾸는 동역자들에게**
신앙이 계승되듯 '복음을 전하는 일'은 계승되어야 합니다. 유대인의 방해와 로마 제국의 지독한 박해도 신앙과 함께 '복음'이 계승되는 것은 결코 막을 수 없기 때문입니다. 복음 전도자로 한길을 걸어온 복음 1세대 바울이 최후 승리를 꿈꾸며 복음 2세대들에게 편지를 건네는 심정을 헤아리며 살펴봅시다.

1. 디모데에게 보낸 편지 딤전 1~6장

큰글자 일년일독 통독성경 | 431~438p

디모데는 바울이 '믿음의 아들'이라고 말할 만큼 아끼는 제자입니다. 〈디모데전서〉는 디모데의 목회 사역을 돕기 위한 여러 가지 조언을 기록하고 있어서 〈디도서〉와 함께 '목회서신'이라고 불리고 있습니다.

〈디모데전서〉는 에베소 교회에서 목회를 하고 있는 디모데 개인에게 보낸 편지로, 교회 안에서의 리더십과 조직에 관해 세심하게 기록하고 있습니다. 또한 교회가 무엇인가에 대한 두 가지 내용이 담겨 있습니다. 첫째는 하나님의 사랑을 받은 자, 그리스도인의 몸이 '교회'라는 것입니다. 바울은 이에 대해 〈에베소서〉에서 더욱 자세히 쓴 바 있습니다. 그리고 둘째는 직제로서의 교회, 즉 감독이나 집사를 세우는 일을 통해 '교회'에 대해 가르치고 있습니다. 교회를 대표하여 섬겨야 하는 감독이나 집사의 자질은 매우 중요합니다. 먼저는 자기 집안을 잘 다스리며 존경받는 인물이어야 합니다. 또한 지도자는 교회 안에서뿐만 아니라 교회 밖에서도 좋은 평판을 들어야 합니다. 여러 가지 지도자의 자격을 논하는 항목이 많겠지만 중요한 것은 하나님과 사람들 앞에서 부끄러움이 없는 모범된 삶을 사는 것이라 하겠습니다.

그 외에도 바울은 사역자의 자세와 관련하여, 첫째, 거짓 교훈을 경계하고, 둘째, 복음과 교회의 일꾼으로서 선한 교훈으로 양육받고 경건을 연습하라고 충고합니다. 또한 거짓 선생들을 잘 구분하는 일, 나이 많은 성도들, 과부들, 장로들을 대하는 법 등을 소상히 알려줍니다.

마지막으로, 자족과 경건의 생활을 하라고 당부하며 믿음의 선한 싸움을 싸우라고 독려합니다. 바울은 죄인 중의 죄인이었던 자신을 부르시고 귀한 사역을 맡겨주신 하나님께서 디모데 또한 부르셨고 사명을 맡겨주셨으니,

〈디모데전서〉와 〈디도서〉
〈디모데전서〉와 〈디도서〉는 연도, 상황, 목적에 있어서 유사한 점이 많다. 지도자의 자격, 거짓 교훈을 다루는 법, 올바른 교리와 행위의 필요성에 대해 두 서신서 모두 교훈을 담고 있다. 또한 두 서신서는 모두 격려와 권고를 포함하고 있으나, 〈디도서〉는 성도들의 행위에 더 초점을 두고 있고, 〈디모데전서〉보다 더 간결하며, 보다 공적이며, 덜 개인적이다.

열심을 내어 헌신하며 최선을 다하라고 당부합니다.

2. 디도에게 보낸 편지 딛 1~3장
큰글자 일년일독 통독성경 | 438~441p

바울은 여러 교회에게 많은 편지를 써서 보냈는데 특히 어려움에 처해 있거나 문제가 생겨 흔들리고 있는 교회에 더욱 마음을 다해 편지를 써서 보냈습니다. 복음 2세대의 젊은 지도자 디도에게 쓴 편지 〈디도서〉는 흔들리고 있는 그레데 지역의 교회 공동체를 안정시키라는 특명을 전하고 있습니다.

먼저 그레데인들 사이에 팽배했던 도덕적 타락을 아는 바울은 이 편지에서 그리스도인들의 의의 필요성을 강조합니다. 거짓 선생들, 특히 '할례당'들이 헛된 말을 하며 사람들을 속였기 때문입니다. 기독교 초기에 생겨난 많은 이단 중 하나가 할례당입니다. 이들은 율법주의자들로서 예수 그리스도를 믿는 믿음으로 말미암는 구원에 '율법 준수'라는 조건을 추가했습니다. 이런 주장은 예수 그리스도의 십자가의 은혜가 구원을 이루기에 부족하다는 주장입니다.

바울은 이런 자들을 일컬어 "허탄한 이야기를 하는 자들이요 진리를 배반하는 자들이며, 입으로는 하나님을 시인하나 행위로는 부인하는 가증한 자들"이라고 말합니다(딛 1:14~16). 그들의 거짓 가르침을 폐하고 교회를 바로 세우기 위해, 바울은 목회자인 디도가 "범사에 네 자신이 선한 일의 본을 보이며 교훈에 부패하지 아니함과 단정함과 책망할 것이 없는 바른 말을 하게 하라 이는 대적하는 자로 하여금 부끄러워 우리를 악하다 할 것이 없게"(딛 2:7~8) 해야 한다고 충고합니다.

또한 바울이 전하는 가르침의 핵심은 관용과 온유였습니다. 그가 보기에 고린도 교회가 그러했듯이 그레데 교회 역시 서로를 존중받아야 할 인격체로 받아들이는 관용이 필요했습니다. 이는 지도자에게도 중요한 덕목이지만 개개인에게도 더없이 필요한 덕목입니다.

바울은 지금 로마 감옥에서 잠시 풀려나 전도여행 중입니다. 세나와 아볼로로 하여금 고린도에서 출발하여 그레데를 지나는 여행길에 이 편지를 전하도록 한 것 같습니다. 바울은 그해 겨울을 니고볼리에서 보낼 계획이었고(딛 3:12), 이듬해 봄에 니고볼리를 떠나 서바나로 떠날 계획이어서 든든한

그레데섬
베드로가 오순절에 예루살렘에서 설교를 했을 때, 거기에는 그레데섬에서 온 유대인들이 몇 명 있었다(행 2:11). 이들 중 일부가 예수님을 믿었을 수 있고, 그들이 복음을 그 섬 사람들에게 전했을 가능성이 높다. 분명한 것은 바울이 로마로 가는 도중 그레데섬에 잠시 들렀을 때는(행 27:7~13), 아마 복음을 전할 기회를 갖지 못했을 것이라는 점이다.
그레데섬은 '크레타섬'으로 B.C. 2000년대에 석조 건물이 있었던 문명의 도시로 본토 그리스보다 앞선 문화의 도시였다. B.C.1350년경 대지진과 본토 그리스의 공격으로 쇠퇴했으며 심각한 할례당 때문에 교회 내의 갈등이 고조되어 있을 때 디도가 목회자로 이곳에 파송되어 교회의 문제들을 해결했다.

동역자인 디도와 동행하길 원했던 것 같습니다.

3. A.D.64년 로마 대화재 사건과 복음 1세대

바울은 로마 감옥에서 2년 동안 황제 재판을 기다리다가 잠시 자유를 얻게 됩니다. 그러자 바울은 전도 집회를 계획하며 중단되었던 전도 사역을 재개합니다. 그런데 A.D.64년 여름 로마에 대화재 사건이 발생합니다.

화재로 수많은 로마 시민이 집과 재산을 잃었고, 네로 황제에 대한 불만이 하늘을 찌를 정도로 치솟았습니다. 왜냐하면 노래를 좋아하는 네로 황제가 작곡을 위해 로마 시내에 불을 질렀다는 소문과 더 넓은 황궁을 짓기 위해 만들었다는 황궁 설계도가 발각되면서 네로에 대해 로마 시민들이 불신임을 표하기 시작했기 때문입니다. 거기에 더해 방화범이 누구인지도 밝혀지지 않고 있었습니다.

그러자 정치적 위기를 느낀 네로 황제가 로마 대화재 사건의 방화범으로 기독교 유대인들을 지목해 죄를 뒤집어씌웁니다. 그리고 복음 1세대 지도자 200여 명을 체포해 '서커스'를 원하는 로마 시민들을 위해 가장 잔인한 퍼포먼스를 보여주며 이들을 죽였습니다. 이때 바울이 체포되어 감옥에 다시 들어가게 된 것입니다. "전제와 같이 내가 벌써 부어지고 나의 떠날 시각이 가까웠도다"(딤후 4:6)라는 바울의 말은 바울이 처한 박해 상황을 잘 말해주고 있습니다. 바울의 죽음이 다가온 것은 너무나 당연한 상황이었습니다.

기독교인들의 화형을 지시하는 네로 _ 헨릭 지미라즈키 作

4. 디모데에게 보낸 마지막 편지 딤후 1~4장

#큰글자 일년일독 통독성경 | 441~446p

바울은 이제 곧 죽게 될 것을 직감하고 유언에 가까운 편지를 하나 쓰는데, 그것이 〈디모데후서〉입니다. 복음 2세대 대표 주자인 디모데에게 보낸 유언의 내용은 한마디로 "복음과 함께 고난을 받으라"(딤후 1:8)입니다.

복음과 고난, 이것은 뗄 수 없는 관계입니다. 그런데 보통 사람들은 복음과 함께 고난을 받으라고 하면, 고난이 싫어서 복음까지 던져버립니다. 그러나 그 고난이 복이기에 바울은 복음과 함께 고난을 받으라는 것입니다. 그러면서 바울은 군사로 다니는 자는 자기 생활에 얽매이지 않는다는 것, 경기하는 자는 법대로 경기해야 면류관을 얻는다는 것, 농부의 수고가 있어야 열매를 얻을 수 있다는 것 등을 예로 듭니다. 바울에게 디모데와 디도는 아들이나 다름없었습니다. 아들에게 고생시키고 싶은 아버지는 없을 것입니다. 바울이 육신의 부모가 아니라서 디모데에게 고난을 권하는 것이 아닙니다. 그는 영적 아들이 진정한 기쁨의 길을 걸어갈 수 있도록 조언하는 진정한 아버지였습니다. 바울은 그동안 수많은 고난과 함께한 날들을 통해 연단을 받았고, 이제 디모데에게 그 삶의 방식을 가르치고 있는 것입니다.

"너는 말씀을 전파하라 때를 얻든지 못 얻든지 항상 힘쓰라 범사에 오래 참음과 가르침으로 경책하며 경계하며 권하라"(딤후 4:2).

때를 얻든지 못 얻든지 복음을 전파하라는 바울의 이 유언과 같은 강한 부탁은 오직 자신이 전도인으로 한길을 걸어왔듯이 디모데에게도 전도인으로서의 삶의 자세를 가르치며 부탁하고 있는 것입니다. 감옥에서 그의 인생을 정리하는 모습은 고난을 뛰어넘은 전도인의 위대함입니다. 바울은 넓은 영역을 뛰어다니며 그의 인생을 살아낸 후에, 그의 사랑하는 영적 아들 디모데에게 예수 그리스도의 복음을 남기고 떠납니다. 복음 1세대 사도 바울이 복음 2세대 디모데에게 복음 3세대를 키우라고 부탁한 것입니다. 이렇게 복음 전파의 사명이 바울에게서 디모데에게로 이어지고 있습니다.

소중한 것 남기기
소중히 이루어온 것을 누군가에게 남겨야 할 때가 있다. 사도 바울은 자신에게 그때가 다가오자 디모데에게 가장 중요한 복음 전파의 사명을 남긴다. 그렇게 해서 남겨지고 이어진 교회가 오늘 우리의 교회인 것이다.

❀ 이 과의 내용을 통通 이야기(Tong story)**로 적어보고 이야기해 보세요.**

....

....

....

....

....

❀ 이 과의 내용을 자녀에게 가르칠 수 있도록 통성기도(Tongsung Gido)**합시다.**

• 너희의 자녀에게 가르치며 집에 앉아 있을 때에든지, 길을 갈 때에든지, 누워 있을 때에든지, 일어날 때에든지 이 말씀을 강론하고 … 너희의 날과 너희의 자녀의 날이 많아서 하늘이 땅을 덮는 날과 같으리라 (신명기 11:19~21)
• 너는 네가 누구에게서 배운 것을 알며 또 어려서부터 성경을 알았나니 (디모데후서 3:14~15)

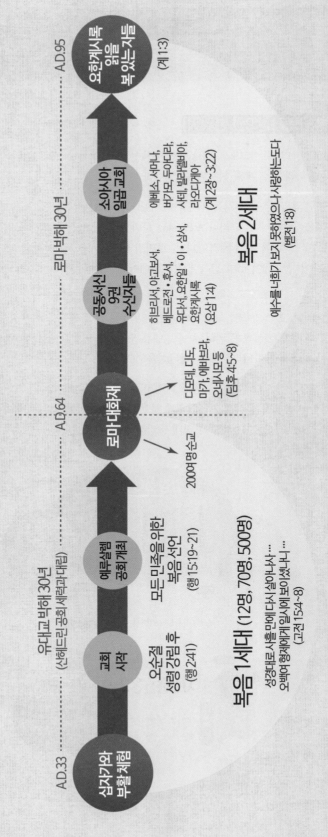

복음 1세대와 복음 2세대

FIRST AND SECOND GENERATION EVANGELISTS

A.D.33

유대교 박해 30년
(산헤드린 공회 세력과 대립)

십자가와 부활 체험

교회 시작
오순절 성령 강림 후
(행 2:41)

예루살렘 공회 개최
모든 민족을 위한 복음 선언
(행 15:19~21)

A.D.64

로마 박해 30년

로마 대화재
2000여 명 순교

디모데, 디도,
마가, 에바브라,
오네시모 등
(딤후 4:5~8)

A.D.95

공동서신 9권 수신자들
히브리서, 야고보서,
베드로전·후서,
유다서, 요한일·이·삼서,
요한계시록
(요삼 1:4)

소아시아 일곱 교회
에베소, 서머나,
버가모, 두아디라,
사데, 빌라델비아,
라오디게아
(계 2장~3:22)

요한계시록 읽을 줄 알며 듣는 자들
(계 1:3)

복음 1세대 (12명, 70명, 500명)
성경대로 사흘 만에 다시 살아나사……
오백여 형제에게 일시에 보이셨나니……
(고전 15:4~8)

복음 2세대
예수를 너희가 보지 못하였으나 사랑하는도다
(벧전 1:8)

공동서신 9권

복음 2세대들이 로마 제국의 박해 속에서 전파한 하나님 나라

[통으로 본 공동서신 9권 분위기]

'공동서신 9권'(히브리서, 야고보서, 베드로전·후서, 유다서, 요한일·이·삼서, 요한계시록)은 '로마 제국의 박해 속에서 하나님 나라를 실현'해가는 분위기입니다.

'사도행전 30년'의 기간 동안 기독교는 주로 유대교에 의한 기독교 전도 방해, 즉 유대교와 기독교의 대립이 주된 어려움이었습니다. 그러나 A.D.64년 로마 대화재 사건을 계기로 기독교는 유대교를 넘어 이제 로마 제국으로부터 박해를 받기 시작합니다. 로마가 대화재 사건의 방화범으로 기독교인들을 지목했기 때문입니다. 바로 이때 바울이 로마 감옥에서 디모데에게 편지를 보내는 시점으로부터 또 다른 분위기가 시작됩니다.

"내가 벌써 부어지고 나의 떠날 시각이 가까웠도다 나는 선한 싸움을 싸우고 나의 달려갈 길을 마치고 믿음을 지켰으니 이제 후로는 나를 위하여 의의 면류관이 예비되었으므로 주 곧 의로우신 재판장이 그 날에 내게 주실 것이며 내게만 아니라 주의 나타나심을 사모하는 모든 자에게도니라"(딤후 4:6~8).

바울을 비롯해 복음 1세대 지도자들은 오히려 더욱 힘써서 로마 제국의 박해와 영지주의를 비롯한 이단 사상들과의 선한 싸움에서 승리를 이끌어내게 하는 원동력을 만듭니다. 결국 A.D.313년, 기독교는 250여 년간의 로마 제국의 박해를 이겨내고 마침내 승리하게 됩니다.

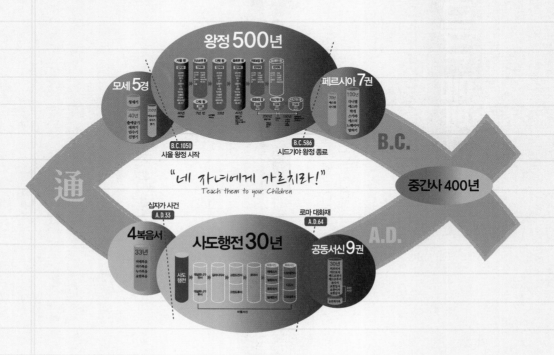

19 마당

선한 싸움을 위한 편지
Letters for the Righteous Fight

📍 **통通Map** 19마당 전체의 구조와 흐름을 한눈에 담아봅시다.

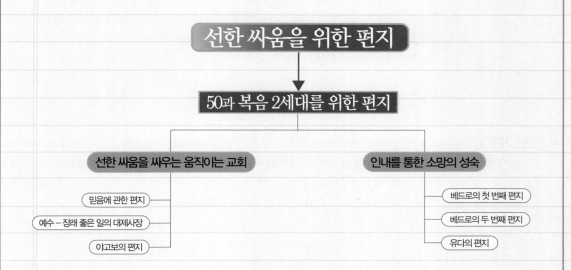

🎓 **19마당-통通 Concept**

선한 싸움을 위한 편지, 공동서신!

교회 공동체의 큰 시련 속에서, 복음을 위해 고난 받고 때로는 순교까지 이르는 상황을 믿음으로 바라볼 수 있도록 그 관점을 열어준 공동서신을 살펴봅니다.

＊ 숲 둘러보기

기독교가 A.D.64년 로마 대화재 사건의 방화범으로 지목된 이후, 성도들을 향한 로마 제국의 핍박과 박해가 점점 더 강해져 갔습니다. 게다가 거짓 교사들이 교회에 들어와 믿음이 연약한 성도들을 혼란하게 하는 일까지 더해졌습니다. 그래서 복음 1세대 지도자들은 성도들을 위로하고 격려하며 용기 있게 신앙을 지키도록 가르쳐야 하는 사명을 감당해야 했습니다.

〈히브리서〉와 〈야고보서〉 그리고 〈베드로전서〉와 〈베드로후서〉, 〈유다서〉, 〈요한일 · 이 · 삼서〉, 이 모든 서신은 사도들의 이러한 혼신의 노력과 수고와 땀이 들어 있는 서신들입니다. 이 서신서들을 '공동서신'이라고 부릅니다. 〈요한이 · 삼서〉를 제외하고는 수신자가 특정 인물이 아닌 광범위한 독자이기 때문입니다.

＊ 터와 나이테

기독교에 대한 로마 제국의 박해가 심해지자, 많은 기독교인이 유대교로 돌아가려고 하거나 심지어 기독교에 대한 배교를 결심하는 사람들까지 생겨났습니다. 거기에 더해 여러 이단들까지 등장해 혼란이 가중되는 시대였습니다. 당시 교회를 책임지고 있던 복음 1세대 지도자들이 이 문제들을 해결하기 위해 '편지'를 쓰기 시작했습니다.

＊ 바람과 토양

초기교회 당시에 많은 이단과 거짓 선생들이 거짓 교훈을 가지고 교회를 유혹했습니다. 당시 이단 중에 대표적으로 영지주의가 있습니다. 영지주의는 물질은 악하고 영은 선한 것으로 양분하는 사상이었습니다. 영지주의자들은 만약 예수님께서 육체를 가지고 계셨다면 육체는 악한 것이므로 예수님의 육체는 실제가 아닌 외형뿐이었다고 주장했습니다. 그러나 이것은 성경에 위배되는 것입니다. 예수님께서는 완전한 하나님이시자 완전한 인간이십니다.

* **히브리서** *Hebrews* 〈히브리서〉는 구약에서부터 예수 그리스도까지, 예수 그리스도에서부터 그 시대의 사람들에게까지 이르는 역사를 더듬으며 신앙의 뿌리가 어디에서부터 시작되었는지를 알려줍니다. 저자가 확실하지 않은 책이지만, 아마도 바울이 기록했을 것이라는 의견이 다수 있습니다.

* **야고보서** *James* 〈야고보서〉를 비롯한 공동서신에는 큰 박해가 전제되어 있습니다. 기독교를 향한 박해 속에서 예수 그리스도를 부인하라는 배교의 유혹이 늘 있었습니다. 이런 시대 상황에서는 신앙을 잃지 않고 끝까지 인내하는 믿음, 곧 실천하는 믿음이 필요했습니다. 이 세상의 풍파에 떠밀려 다니는 인생이 아닌 굳건한 믿음과 구체적인 실천을 겸비한 그리스도인들로 말미암아 이 땅에 하나님의 나라가 임한다고 야고보는 주장합니다.

* **베드로전서** *Peter 1* 〈베드로전서〉는 고난과 핍박을 견디고 있는 성도들에게 힘과 격려를 주기 위해 쓴 편지입니다. 미래에 대한 강한 소망과 비전이 있는 사람에게는 현재의 시련과 고난을 기쁨으로 바꿔낼 수 있는 힘이 있다고 말합니다. 베드로는 이 사실을 강조하며 소아시아 교회를 향해 예수님 안에 있는 참 소망에 대해 이야기합니다.

* **베드로후서** *Peter 2* 성경 전체의 숲에서 볼 때 사탄은 유혹과 훼방으로 하나님께 대한 믿음을 가진 모든 사람을 흔들었습니다. 이처럼 수많은 유혹과 시험 가운데서 믿음을 지키는 사람들을 향해 베드로는 하나님의 도우심이 함께하심을 강조합니다. 그리고 끝까지 믿음을 지켜나갈 것을 격려하며 복음 2세대에게 〈베드로후서〉를 건넵니다.

* **유다서** *Jude* 〈유다서〉는 교회가 박해를 받고, 성도들 가운데 배교하는 이들이 생기는 영적 싸움의 현장 가운데에서 어떻게 굳은 믿음을 지켜야 하는지를 교훈하는 귀한 말씀입니다.

50과 복음 2세대를 위한 편지

히브리서, 야고보서, 베드로전 · 후서, 유다서

큰글자 일년일독 통독성경

351일 : 하나님의 아들 예수
352일 : 대제사장 예수, 새 언약의 보증
353일 : 예수를 바라보며 경주하라
354일 : 믿음과 더불어 행함을
355일 : 하나님 나라의 성도
356일 : 재림에 대한 가르침
357일 : 믿음의 도를 위하여

통通으로 외우세요

① <히브리서>, <야고보서>, <베드로전서>, <베드로후서>, <유다서>, 각 편지가 전하고 있는 메시지와 편지의 발신자와 수신자의 상황에 대해 생각해가며 통독합니다.

② <야고보서>는 야고보가 순교하기 전에 집필된 것으로 A.D.64년 로마 대화재 사건 이전으로 추정합니다. 그러나 유대교의 방해와 로마 제국으로부터 점점 조여오는 압박에 맞서 쓴 편지로 '공동서신 9권'에 포함하여 함께 통독합니다.

통通으로 읽는 센스

<히브리서>에는 구약성경에 대한 해박한 지식이 바탕이 되어 있음을 볼 수 있습니다. <야고보서>는 마치 구약의 잠언을 보는 듯한 느낌의 서신서입니다. <베드로전서>는 당시 로마 제국 안에서 업신여김을 받고 오해받고 핍박받는 모든 성도를 위로하고자 쓴 베드로의 편지입니다. 이어지는 <베드로후서>는 베드로 사도의 유언장과 같습니다. 당시 교회에 일어나기 시작한 신비철학 종교인 영지주의의 폐단을 지적하고, 거짓 교사들을 조심하도록 경고하기 위해 이 편지를 썼습니다. <유다서> 또한 당시 성행했던, 물질은 악하고 영은 선한 것으로 양분하는 영지주의에 대한 경고이며, 예수님은 완전한 하나님이시자 완전한 인간 되심을 강력하게 주장하고 있습니다.

통通포인트

◢ **선한 싸움을 싸우는 움직이는 교회**
십자가 사건 이후 30여 년 동안 유지해오던 분위기가 이제 크게 바뀝니다. A.D.64년 로마 대화재 사건의 방화범으로 몰린 기독교는 지도자들이 대거 순교하는 상황에 놓이게 됩니다. 또한 교회 공동체 안팎에서 거짓 교사와 이단 사상이 등장합니다. 이때 박해와 이단의 거짓 사상의 유혹을 이기기 위해 쓰인 '공동서신'은 말 그대로 '선한 싸움을 위한 편지'였습니다. '공동서신'은 이러한 내용들을 전제로 두고 읽어야 합니다.

1. 믿음에 관한 편지 히 1~6장

#큰글자 일년일독 통독성경 | 447~454p

예수 그리스도가 구주이심을 믿고 고백하여 기독교인이 된 초기교회의 성도들에게 핍박과 고난이 점점 심하게 다가오자, 기독교를 포기하고 유대교로 되돌아가는 사람들이 생겨나기 시작했습니다. 그래서 교회의 지도자들은 이들을 설득하고 격려해서 예수 그리스도를 믿는 믿음을 더욱 굳게 해야 했습니다. 그렇다면 왜 유대교는 핍박 받지 않는데 기독교는 핍박을 받는가에 대해 생각해보아야 합니다.

선민의식을 가지고 있는 유대교는 전도하지 않았습니다. 하나님께서 이스라엘 백성을 제사장 나라 삼으신 것은 이스라엘 백성이 다른 민족에 비해 뛰어나기 때문이 아닙니다. 유대교는 그들을 선택해 먼저 하나님에 대해 알고 경험하게 한 후, 모든 민족을 섬기게 하시려는 하나님의 생각을 편협하게 오해한 것입니다. 유대교는 자신들의 민족의 우월성에 집착하고, 율법 지식과 전통을 중요하게 생각합니다. 그러나 기독교는 예수 그리스도께서 인류의 죄를 담당하고 십자가 위에서 죽으심으로 모두가 구원받았음을 땅끝까지 알려야 함이 핵심입니다. 그래서 고난과 박해 속에서도 전도하며, 유대교와 달리 변화를 강조하는 것입니다. 유대교는 세상을 변화시킬 이유가 없기 때문에 세상 밖으로 나가지 않고, 자기들끼리 회당 중심 공동체를 이루고 삽니다. 그래서 유대교는 외부에 위협이 되지 않고, 그래서 박해 받지 않았습니다. 그러나 기독교는 세상을 변화시킬 의무가 있고, 세상 밖으로 나가기 위해 도전합니다. 그래서 기독교는 기존 틀에 위협이 되고 따라서 박해를 받을 수밖에 없었던 것입니다.

히브리서 기자는 진정한 것을 찾았다가 외부적인 위험 때문에 다시 옛날

믿음 (히 11:1)
'믿음'의 헬라어인 '피스티스'는 '지속적인 신실함', '신뢰', '충성' 등 신약성경에서 여러 가지 의미로 다양하게 해석된다. 여기서는 히브리서 기자가 하나님을 전적으로 믿는 믿음을 강조하기 위해 여러 차례 사용하고 있다. 히브리서 기자는 믿음이 없이는 하나님을 기쁘시게 할 수 없다고 말했다(히 11:6).

로 돌아가는 어리석음을 경계하라고 이야기합니다. 그래서 유대교와 기독교를 비교해서 가르쳐줍니다. 유대교에서 중요하게 여기는 것들을 열거하고 그 모든 것 위에 예수님이 계심을 말해주어 신앙을 굳게 하려 했습니다.

◆ 통通포인트

유대교 vs. 기독교

유대교	전통과 예식을 중시	선민 의식	구성원들끼리의 결속력 강화 중시	정체된 공동체	주위에서 환영받음	전도하지 않음
기독교	변혁과 생명을 중시	평등 사상	전도를 통한 공동체의 확장 중시	역동적인 공동체	주위에서 핍박받음	생명을 걸고 전도함

유대교는 선민의식으로 인해 전도하지 않았지만, 기독교는 예수 그리스도의 복음을 땅끝까지 전하기 위해 온 열정을 다했습니다.

● 유대교의 선지자와 예수님: 구약의 선지자들이 이스라엘 백성에게 영향력을 주면서 때를 따라 말씀을 전했지만, 그들이 전한 말씀은 완결된 말씀이 아니었습니다. 오직 하나님의 아들 예수 그리스도만이 말씀의 완성자이십니다.

● 천사와 예수님: 천사는 유대인들이 익숙히 알고 있는 존재입니다. 바로 그 천사보다도 훨씬 뛰어나신 분이 예수님입니다.

● 모세와 예수님: 모세는 유대인들에게 위대한 지도자이자 스승으로 존경받고 있습니다. 그러나 모세는 하나님의 집의 종이었고, 더 위대한 분은 그 집을 지으신 분입니다. 예수 그리스도는 그 집의 건축가이자 그 집의 주인이십니다.

● 여호수아와 예수님: 가나안 정복 전쟁을 주도한 여호수아가 이스라엘을 가나안 땅으로 인도했다고 해서 그들이 진정한 안식을 누린 것은 아니었습니다. 그러나 예수님 안에서는 우리의 수고로운 짐들을 내려놓고 참된 쉼을 누릴 수 있습니다.

2. 예수 - 장래 좋은 일의 대제사장 히 7~13장
#큰글자 일년일독 통독성경 | 454~468p

히브리서 기자는 예수님을 대제사장으로 소개합니다. 예수님께서는 아론으로부터 시작해 예수님 당시의 대제사장까지 약점을 가진 제사장이 아니라, 멜기세덱 반차의 대제사장으로 더러움이 없고 죄인에게서 떠나 계신 하늘보다 높이 되신 대제사장입니다.

대제사장이신 예수님께서는 그 이전에 창조에 속한 모세 시대의 성막(회막)과 다윗과 솔로몬 시대의 성전이 아닌, '창조에 속하지 않은 하늘 지성소'에 단번에 들어가신 대제사장입니다. 이는 다시 말해 원래 창조에 속하지 않은, 즉 사람들이 손으로 짓지 아니한 성소가 하늘에 있고, 그것의 그림자로 창조에 속한, 즉 사람들이 손으로 지은 성소가 모세 시대 성막(회막)과 다윗과 솔로몬 시대의 성전이라는 것입니다.

그리고 아론 이후 대제사장들은 사람들이 손으로 지은 성막과 성전에 수도 없이 들어갔지만, 진정한 대제사장이신 예수님께서는 하늘 지성소인 십자가에 오르심으로 사람이 손으로 짓지 아니한 성소에 단번에 들어가셔서 모든 사람의 죄를 대속해주셨습니다. 즉, 손으로 만든 '예루살렘 성전 지성소'는 십자가 지성소의 그림자였던 것입니다.

● 정통성 있는 제사장과 예수님: 하나님께서는 유대인들이 절대시하는 레위 서열의 제사장보다 아브라함을 축복한 멜기세덱을 더 높이셨습니다. 그러므로 히브리서 기자는 그 멜기세덱의 서열을 따른 예수님은 율법을 초월하신 분이며, 제사장의 권위보다 높으신 분이라고 설명합니다. 이제 옛 언약인 율법으로 온전하게 되지 못하는 것이 새 언약인 예수 그리스도를 통해서 온전한 구원으로 완성됩니다.

● 성전과 예수님: 참 성전은 이 땅에 있지 않고 영원한 하나님의 세계에 있는 것입니다. 예수님은 손으로 짓지 아니한 더 크고 온전한 장막, 즉 십자가 하늘 지성소에서 죄인들을 위하여 당신의 피를 속죄제물로 단번에 드리신 분입니다.

● 제사와 예수님: 예수님은 하나님께서 세우신 최후의 대제사장입니다.

<히브리서>가 묘사하는 그리스도
<히브리서>는 그리스도를 신인(神人), 예언자, 제사장, 왕으로 묘사하고 있다. 그리스도의 신성과 인성을 동등하게 강조하고 있으며, 사도와 대제사장, 중보자 등 20개가 넘는 직위를 사용하여 그리스도의 속성과 성취를 설명하고 있다.

이전의 대제사장들은 절기 때마다, 백성의 요구가 있을 때마다 제사를 드렸으나, 예수님은 단 한 번에 온 인류의 죄를 속하는 제사를 드리셨습니다. 이는 모든 인간을 완전하게 구원하시려는 하나님의 절대적인 사랑의 표현 방식이었습니다.

● **휘장과 예수님:** 예수님의 육신이 휘장이 되어서 십자가에서 찢기신 일은 성전의 휘장이 위로부터 아래로 찢겨 나뉘게 된 것과 같은 것입니다. 성전의 휘장이 찢어지기 전에 사람들은 휘장 앞까지만 갈 수 있었지만, 휘장이 찢어진 후에는 누구나 하나님 앞에 나아갈 수 있게 되었습니다. 예수님께서 십자가에서 죽으심으로 우리가 하나님 앞에 나아가게 된 것입니다.

이처럼 조목조목 비교해보니 예수님 한 분만으로도 모든 것을 다 포괄할 수 있는 것입니다. 히브리서 기자는 그러므로 유대교가 아닌 기독교가 진리이며 고난과 박해를 받는 것이 당연하다고 이야기합니다. 그러나 감사한 것은, 이 선한 싸움은 혼자 싸우는 것이 아니고 우리의 연약한 무릎을 일으켜 세우시는 예수 그리스도와 함께 싸우는 것이며 수많은 믿음의 증인이 함께하는 것입니다.

〈히브리서〉는 믿음을 강조합니다. "믿음은 바라는 것들의 실상이요 보이지 않는 것들의 증거니 선진들이 이로써 증거를 얻었느니라"(히 11:1~2). "믿음이 없이는 하나님을 기쁘시게 하지 못하나니 하나님께 나아가는 자는 반드시 그가 계신 것과 또한 그가 자기를 찾는 자들에게 상 주시는 이심을 믿어야 할지니라"(히 11:6).

배교의 유혹과 핍박을 이겨내려 애쓰는 성도들에게 권면과 격려를 주는 긴 서신 〈히브리서〉는 예수님을 따르는 자들에게 견디기 어려운 고난의 끝에는 부활의 승리가 있을 것이라는 소망의 말씀과 당부로 끝을 맺고 있습니다.

완전한 제사장 그리스도
구약성경에 나타난 제사 제도는 신약시대 예수 그리스도를 통해 이루어질 구원 사역의 '모형'이다.
구약의 제사와 제사장 제도, 그 외에 눈에 보이는 수많은 내용은 완전한 구원을 이루어주지 못한다. 그러나 예수 그리스도께서 오셔서 완전한 구원을 베푸셨다. 인간에게 완전한 용서와 완전한 구원을 베푸신 예수님은 완전하신 제사장이다. 우리는 예수님을 믿는 믿음으로 영원한 승리를 얻을 수 있다.

3. 야고보의 편지 약 1~5장
#큰글자 일년일독 통독성경 | 468~475p

〈야고보서〉는 마치 구약의 〈잠언〉과 같은 글로, 예수님의 형제 야고보

사도의 편지입니다. 야고보는 여러 곳에 흩어져 박해를 받고 시험을 당하고 있는 성도들에게 그 고난을 기쁘게 여기라고 말합니다. 야고보도 바울처럼 믿음의 시련이 인내를 만들고 고난도 복임을 아는 사람인 것입니다. 야고보는 많은 박해와 시련을 겪는 이들에게 하나님께서 생명의 면류관을 주시리라는 희망의 약속을 확인시켜주고 있습니다. "시험을 참는 자는 복이 있나니 이는 시련을 견디어 낸 자가 주께서 자기를 사랑하는 자들에게 약속하신 생명의 면류관을 얻을 것이기 때문이라"(약 1:12).

또한 야고보는 "행함이 없는 믿음은 죽은 것이니라"(약 2:26)라고까지 말하면서 행함을 강조합니다. 이러한 내용은 언뜻 보기에 〈로마서〉나 〈갈라디아서〉에서 말했던 "오직 믿음으로 구원을 받는다."라는 말씀과 상반되는 것 같습니다. 그러나 성경 전체의 숲에서 보면 결코 그렇지 않습니다. 바울은 예수 그리스도의 복음을 안으로 받아들이라고 가르칩니다. 반면에 야고보는 복음을 밖으로 나타내라고 가르칩니다. 바울은 신앙의 근원을 말합니다. 야고보는 신앙의 결실에 대해 말합니다. 이미 구원받은 성도들에게 신앙의 열매로 행함을 보이라고 말하는 것입니다.

행함이 우리를 구원하지는 않습니다. 그러나 또한 우리가 예수님의 삶과 사역을 머리로만 알아서는 안 될 것입니다. 예수님 앞에는 눈물과 피땀을 쏟으며 걸어가신 십자가의 길이 있듯이, 그를 따르는 자들도 역시 삶의 구체적인 자취가 있어야 합니다. 말뿐인 섬김과 사랑은 이웃에게 아무런 도움도 줄 수 없으며, 행함 없는 그리스도인은 이 세상에서 아무런 빛도 향기도 낼 수 없기 때문입니다.

야고보는 믿음과 더불어 행함의 중요성을 계속 강조했습니다. 공동서신의 말씀은 오늘을 사는 그리스도인들에게도 동일한 믿음을 요구합니다. 이 세상의 풍파에 떠밀려 다니는 인생이 아닌, 굳건한 믿음과 구체적인 실천을 겸비한 그리스도인들, 이들로 말미암아 오늘 이 땅에 하나님 나라가 임하는 것입니다.

야고보

〈야고보서〉의 저자 야고보는 예수님께서 태어나신 후에 요셉과 마리아 사이에 태어난 예수님의 남동생이다. 그는 예수님께서 부활하셔서 자신에게 직접 나타나시기 전까지는 예수님의 말씀을 받아들이지 않았다(고전 15:7). 야고보와 형제들은 오순절 날 성령의 오심을 간절히 소망하던 성도들 중에 있었다(행 1:14). 이후 야고보는 예루살렘 교회의 존경받는 지도자가 되었다. 예루살렘 공회에서는 중심인물로 나온다(행 15장).

〈야고보서〉에 인용된 구약성경

- 시험을 참는 자는 복이 있나니 (약 1:12; 욥 5:17).
- 네 이웃 사랑하기를 네 몸과 같이 하라 (약 2:8; 레 19:18).
- 간음하지 말라 하신 이가 또한 살인하지 말라 하셨은즉 (약 2:11; 출 20:13~14).
- 아브라함이 하나님을 믿으니 이것을 의로 여기셨다 (약 2:23; 창 15:6).

> **인내를 통한 소망의 성숙**
> 베드로는 <베드로전·후서>에서 '고난'과 '소망'을 묶어서 이야기합니다. 고난 가운데 내일의 영광을 생각할 때 지혜가 나옵니다. 고난 속에서 성숙해지고, 영광 중에서 교만하지 않고 발전될 가능성을 꿈꿔야 합니다. 고난 가운데서 행동을 절제하고 참고 인내할 수 있어야 하며 영광 가운데서도 사명과 눈물, 수고와 고난을 생각할 수 있어야 합니다.

4. 베드로의 첫 번째 편지 벧전 1~5장

#큰글자 일년일독 통독성경 | 475~483p

　　A.D.64년, 네로 황제가 로마 대화재 사건의 책임을 그리스도인들에게 돌리면서 기독교 박해가 급속히 심해졌습니다. 박해는 잔인하고 가혹했습니다. 이런 상황 속에서 베드로는 교회의 장래를 염려하지 않을 수 없었습니다.

　　베드로의 편지는 고난과 핍박을 견디고 있는 성도들에게 힘과 격려를 주기 위해 기록되었습니다. 고난은 성도들에게 분명 감당하기 어려운 일이지만, 동시에 믿음을 더욱 강하게 만들기도 합니다. 소망에는 인내가 필요합니다. 내일이 있는 사람에게는 인내가 필요한 것입니다. 미래에 대한 강한 소망이 있는 사람에게는 현재의 시련과 고난을 오히려 기쁨으로 바꿔낼 수 있는 힘이 있습니다. 그래서 베드로는 예수 안에서의 소망을 근거로 그리스도인의 바른 삶의 자세에 대해 이야기합니다.

　　● **사랑하라:** 원수까지도 사랑하라는 예수 그리스도의 말씀, 그것은 오직 하나님의 사랑으로만 설명됩니다. 죽을 수밖에 없는 우리들을 위해 대신 죽으신 예수님의 그 크신 사랑을 이미 받았기에 우리는 그분의 사랑에 빚진 자들입니다.

　　● **선한 모범을 보이라:** 먼저 은혜 입은 자들이 빚진 마음과 책임을 가지고 제사장의 역할을 감당해야 합니다. 먼저 구원을 얻었다고 세상과 완전히 분리되어 자기들만의 울타리 안에 갇혀 살 것이 아니라, 사회에서 더욱 모범을 보여야 함을 말합니다.

베드로
베드로는 예수님의 수제자였다. "주는 그리스도시요, 살아 계신 하나님의 아들이시니이다"(마 16:16)라는 신앙 고백을 했다. 나중에 그는 "사랑은 허다한 죄를 덮느니라"(벧전 4:8)라고 고백한다. 예수님께서 그의 모든 죄를 덮어주신 경험이 있었기 때문이다. 고넬료와의 관계에서 벽을 넘었던 베드로, 그는 이방인과 선민의 벽을 넘게 하는 데 일조했고, 초기교회의 지도자로서 복음 1세대의 대표였다.

기독교 순교자들의 마지막 기도 _ 장 레옹 제롬 作

● **말을 조심하라:** 사람이 살아가면서 복을 받는 비결 중 하나가 입술의 말을 잘 다스리는 것입니다. 베드로는 다른 사람의 허물을 들추어내는 말보다는 축복하고 칭찬하는 말로 화평과 긍휼로 의의 열매를 맺는 삶을 살라고 권합니다.

● **양 무리의 본이 되라:** 교회에서 봉사하는 모든 이가 갖추어야 할 자세는 부득이함으로 하지 말고 자원하는 마음으로 하며, 더러운 이(利)를 위해서 하지 말고 오직 즐거운 뜻으로 하는 것입니다. 그리고 교회의 일을 맡은 자들이 서로 자신의 주장만 내세우는 자세를 취하지 말고 오직 양 무리의 본이 되라고 말합니다.

5. 베드로의 두 번째 편지 벧후 1~3장
#큰글자 일년일독 통독성경 | 483~488p

〈베드로후서〉는 성도들의 신앙을 흔드는 거짓 교훈을 경계할 것을 당부하는 내용입니다. 거짓 교사들은 하나님의 말씀을 알려준다고 하면서 성도들을 거짓으로 인도합니다. 베드로는 그런 거짓 교사들의 가르침에 대해서 경고하고 있습니다.

또한 교회에는 예수님의 사역을 의심하는 이들이 생겨났습니다. 그러나 베드로는 예수님의 사역과 십자가 죽음, 그리고 부활이 누군가의 거짓말로 만들어진 이야기가 결코 아니라고 확실히 말합니다. "우리 주 예수 그리스

잠깐의 고통일 뿐
베드로는 박해는 잠깐 있는 고통이라고 보았다. 베드로는 성도들에게 박해를 참고 인내하며 견디라고 권면한다. 무엇보다도 강조하는 것은 맹렬한 시련 앞에서 두려움과 염려에 빠지기보다는 오직 기도와 간구로 하나님을 의지해야 한다는 것이다. 박해를 이길 수 있는 힘은 오직 하나님으로부터 주어지는 것이기 때문이다.

도의 능력과 강림하심을 너희에게 알게 한 것이 교묘히 만든 이야기를 따른 것이 아니요 우리는 그의 크신 위엄을 친히 본 자라"(벤후 1:16). 또한 베드로는 "성경을 억지로 풀다가 잘못되기 쉬우니 억지로 성경의 예언을 사사로이 풀지 말라."라고 충고합니다(벤후 1:20~21; 3:16).

하나님의 약속을 바라보며 하루하루를 인내하는 사람들에게 거짓 교사들은 "재림은 오지 않는다."라고 속입니다. 그 말을 듣는 사람들 중에는 힘들고 고통스러운 삶으로 인해 약속이 더디 오는 것처럼 느껴지는 경우도 있었을 것입니다. 그러나 베드로는 하나님께서 약속하신 구원의 날이 반드시 임할 것이라고 다시 일깨워줍니다. "사랑하는 자들아 주께는 하루가 천 년 같고 천 년이 하루 같다는 이 한 가지를 잊지 말라 주의 약속은 어떤 이들이 더디다고 생각하는 것 같이 더딘 것이 아니라 오직 주께서는 너희를 대하여 오래 참으사 아무도 멸망하지 아니하고 다 회개하기에 이르기를 원하시느니라"(벤후 3:9~10)라고 권면합니다. 약속은 더디더라도 반드시 이루어집니다. 하나님께서 약속하셨고, 하나님께서 이루실 것이기 때문입니다.

하나님의 본심은 하나님을 따르는 이들을 힘들게 하시려는 것이 아닙니다. 단 한 사람이라도 더 멸망하지 않게 하시려고 참고 기다리시는 것입니다. 믿는 자들뿐만 아니라 믿지 않는 자들까지도 사랑하고 아끼시며 하루하루를 참아 기다리시는 하나님의 사랑의 깊이는 한이 없습니다.

<베드로전 · 후서>의 주제
베드로전서
- 고난
- 생명의 말씀을 통해
  새로운 탄생을 설명
- 소망
베드로후서
- 지식(경험적인 인식)
- 그리스도의 은혜와 지식 속에서
  성장하는 것의 필요성 강조
- 이단퇴치

6. 유다의 편지 유 1장

 # 큰글자 일년일독 통독성경 | 488~490p

〈유다서〉는 베드로후서 2장과 내용이 비슷하며, 사도 야고보의 동생인 유다가 자신을 예수 그리스도의 종이라고 소개하며 쓴 편지입니다. 〈유다서〉는 교회가 박해를 받고 성도들 가운데 배교하는 이들이 생기는 어려운 때에 더욱 믿음을 굳게 하기 위해 교훈하는 귀한 말씀입니다. 성도들에게 닥친 고난과 핍박이 이제는 순교를 각오해야 할 만큼 더욱 큰 위협으로 다가오고 있었습니다. 교회가 어려움에 처하게 되었고, 그들이 힘든 싸움을 싸우고 있다는 소식이 유다에게 들려왔습니다. 이에 유다는 믿음의 도를 지키기 위해 악한 세력과 힘써 싸우라고 권면합니다.

유다는 거짓 교사들에게 화가 있을 것을 경고하며, 그들의 죄가 이전에

유혹을 이기는 믿음
인류가 시작된 이래, 사탄은 아담을 유혹했고, 노아 시대 백성을 넘어뜨렸으며, 발람을 미혹했다. 그러나 하나님께서는 노아를 구원하셨고, 이스라엘을 가나안으로 인도하셨다. 오늘날에도 역시 수많은 유혹이 있다. 그러나 끝까지 믿음과 의를 지키며, 성경을 기준으로 거짓을 분별하는 지혜를 갖춘 이들을 하나님께서는 영원한 구원과 안식으로 인도하실 것이다.

시기와 질투로 동생 아벨을 죽인 가인, 불의의 삯을 탐하였던 발람, 모세에게 대항하였던 고라의 패역함과 같다고 이야기합니다. 이들은 원망하는 자들이며 불만을 토하는 자들이며 그 정욕대로 행하는 자들이며 아첨하고 자랑하는 말이 가득한 자들입니다. 유다는 이미 예수 그리스도의 사도들이 했던 말들을 기억함으로 거짓 교사들을 따라 잘못된 길로 들어서지 말라고 당부합니다.

예수 그리스도의 부활 사건은 이를 믿는 모든 사람이 이미 승리했다는 중요한 의미를 가지고 있습니다. 그러나 싸움이 완결된 것은 아닙니다. 그래서 서로의 격려와 기도가 필요하고 자신의 의지와 노력이 필요합니다. 그렇지만 아무리 싸움이 치열해도 변할 수 없는 사실은 모든 그리스도인이 결국에는 예수 그리스도의 승리에 동참할 것이라는 사실입니다.

🔗 **이 과의 내용을 통通 이야기**(Tong story)**로 적어보고 이야기해 보세요.**

👤 **이 과의 내용을 자녀에게 가르칠 수 있도록 통성기도**(Tongsung Gido)**합시다.**

• 너희의 자녀에게 가르치며 집에 앉아 있을 때에든지, 길을 갈 때에든지, 누워 있을 때에든지, 일어날 때에든지 이 말씀을 강론하고 … 너희의 날과 너희의 자녀의 날이 많아서 하늘이 땅을 덮는 날과 같으리라 (신명기 11:19~21)
• 너는 네가 누구에게서 배운 것을 알며 또 어려서부터 성경을 알았나니 (디모데후서 3:14~15)

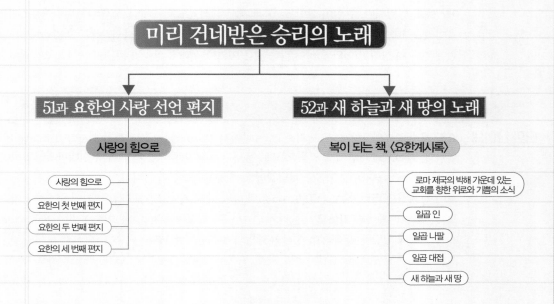

20마당 미리 건네받은 승리의 노래
Song of Victory Pre-received

통通Map 20마당 전체의 구조와 흐름을 한눈에 담아봅시다.

미리 건네받은 승리의 노래

51과 요한의 사랑 선언 편지

사랑의 힘으로
- 사랑의 힘으로
- 요한의 첫 번째 편지
- 요한의 두 번째 편지
- 요한의 세 번째 편지

52과 새 하늘과 새 땅의 노래

복이 되는 책, 〈요한계시록〉
- 로마 제국의 박해 가운데 있는 교회를 향한 위로와 기쁨의 소식
- 일곱 인
- 일곱 나팔
- 일곱 대접
- 새 하늘과 새 땅

🎓 20마당-통通 Concept

·하나님 사랑 이웃 사랑, 요한 서신!

〈요한일서〉를 통해 '하나님은 사랑'이심을, 〈요한이서〉를 통해 '사랑과 진리의 조화'를, 〈요한삼서〉를 통해 '칭찬받을 만한 사람, 가이오'를 살펴봅니다.

·미리 건네받은 승리의 노래, 〈요한계시록〉

로마 제국의 서슬 퍼런 칼날 앞에서 순교를 각오하기까지 신앙을 지키려는 초기교회 성도들에게 결국엔 새 하늘과 새 땅이 선물로 주어질 것입니다. 이 내용을 담은 계시의 말씀이 〈요한계시록〉입니다. 문자 그 자체의 해석보다는 궁극적인 승리의 날을 소망하는 마음으로 공부해봅시다.

* 숲 둘러보기 〈요한계시록〉의 배경이 되는 시대는 로마 제국의 박해가 극심했던 때입니다. 로마 제국 초기에는 이방 종교에 대해 너그러운 정책이 펼쳐졌습니다. 그러나 네로 황제가 실권을 잡은 이후, 국가의 기강이 흔들리자 네로는 '황제 숭배'라는 형태로 종교를 탄압하기 시작합니다.

네로의 박해는 무서운 것이었지만 그것은 일시적이었습니다. 그러나 〈요한계시록〉이 쓰일 당시 도미티아누스 황제의 박해는 조직적이고 지속적이었습니다. 죽은 황제들을 숭배하는 것은 예전에도 있었지만, 본인이 살아 있을 때 자신을 섬기도록 명령한 황제는 도미티아누스가 처음이었습니다. 그리스도인들은 황제 숭배를 거부한 결과로 더욱 큰 박해를 받았습니다. 〈요한계시록〉에 상징 언어와 환상이 많은 것은 이러한 시대적 상황과 깊은 연관이 있습니다.

* 터와 나이테 요한 서신 중 〈요한일서〉를 제외하고 〈요한이서〉와 〈요한삼서〉는 특정한 사람에게 보낸 편지입니다. A.D.85~95년에 쓰였을 것으로 봅니다. 〈요한계시록〉은 기독교에 대한 로마의 박해가 공공연해졌을 때인 A.D.95~96년경에 기록됐을 가능성이 큽니다.

로마 황제인 도미티아누스(A.D.81~96년)의 통치 때에 기독교인에 대한 핍박이 극심했는데, 이로 인해 로마 제국과 기독교인들 간에 큰 대립이 형성됩니다. 이때 요한은 로마 제국의 소아시아 지역에 있던 일곱 교회를 향하여 예언의 말씀을 전합니다.

* 바람과 토양 도미티아누스의 박해 이후에 기독교인에 대한 박해를 지속적으로 시행한 로마 황제는 트라야누스(A.D.98~117년)이었습니다. 트라야누스의 통치 체제에서는 이미 기독교인이 유대인과 분명하게 구별되었으며, 기독교는 하나의 비밀 집단으로 간주되었습니다.

그런데 누군가가 그리스도인이라는 것이 드러났다고 해서 로마 제국이 그를 바로 죽이는 것은 아니었습니다. 로마는 일단 신앙을 부인하고 취소할 기회를 부여했습니다. 이는 황제의 신상을 숭배할 것을 맹세하고 그리스도를 저주해야 함을 의미했습니다. 이것은 기독교인들에게는 절대로 동의할 수 없는 조건이었습니다. 당시에 이 조건을 거부한 기독교인들은 바로 순교해야 했습니다.

＊ 요한일서 *John 1*
요한은 〈요한복음〉에서는 예수님께서 어떻게 세상의 빛으로 사셨는지를 알려주었고, 〈요한일서〉에서는 세상의 빛 되시는 예수님을 따르는 그리스도인들이 세상의 빛으로서의 삶을 어떻게 살아가야 하는가를 설명했습니다.
사도 요한은 "하나님은 사랑이심이라"(요일 4:8)라고 정의하며, 하나님의 사랑을 알 것과 하나님의 사랑을 실천하며 살 것을 강조하고 있습니다.

＊ 요한이서 *John 2*
〈요한이서〉는 그리스도인이 마땅히 형제를 사랑해야 한다는 것과 함께, 바른 진리를 따르지 않고 예수 그리스도를 부인하는 이들에게는 단호하게 대처하라고 당부합니다. 이는 교회 안에 있는 사람과 밖에 있는 사람들을 구분하라는 뜻은 아닙니다.
교회는 믿는 사람이든, 믿지 않는 사람이든 온 세상 사람을 그리스도의 마음으로 품어 안아야 합니다. 하지만 잘못된 교리로 믿는 자들을 넘어뜨리려 하는 거짓 교사들로부터는 돌아서라고 경고하고 있습니다.

＊ 요한삼서 *John 3*
〈요한삼서〉는 당시 여러 곳을 옮겨 다니며 복음을 전하는 복음 전도자들에게 집을 공개하고 음식을 제공해 그들이 새 힘을 얻어 다시 복음을 전하도록 도와준 가이오에게 사도 요한이 보낸 감사의 편지입니다.
가이오를 향한 간절한 기도 속에는 그의 영혼이 잘됨 같이 범사가 잘되고 강건해지는 복을 받기를 바라는 마음이 잘 표현되어 있습니다.

＊ 요한계시록 *Revelation*
〈요한계시록〉은 많은 환상으로 가득 차 있는데, 이는 2천 년 전 초기교회 성도들이 이해할 수 있는 비유와 상징을 가지고 기록했기 때문입니다. 고난의 현장 속에서 신앙을 포기하고 배교의 길로 돌아서는 사람들이 늘어나고 있는 위기의 상황 가운데 〈요한계시록〉의 말씀은 현재의 고난을 인내하며 기다리는 자에게 궁극적인 소망이 있음을 이야기하는 책입니다.

51과 요한의 사랑 선언 편지

요한일서, 요한이서, 요한삼서

📖 큰글자 일년일독 통독성경

358일 : 하나님은 사랑이시다   359일 : 가이오처럼

🔖 通으로 외우세요

① 예수님의 열두 제자 가운데 가장 나이 어린 제자였던 사도 요한이 A.D.64년 로마 대화
재 사건 이후 복음 1세대 지도자로서 당시 박해받고 있던 복음 2세대 성도들에게 편지
를 써 보냅니다. 그 내용의 핵심은 하나님의 사랑을 전하는 것입니다.

💡 通으로 읽는 센스

예수님의 열두 제자 가운데 가장 나이 어린 제자였던 요한은 예수님의 십자가 아래에서
예수님의 어머니를 부탁받았고, 예수님께서 부활 승천하신 후 자신의 형인 야고보가 가
장 먼저 순교하는 것을 지켜보게 됩니다. 그리고 오순절 성령강림 이후부터 사도가 되어
초기교회를 책임졌습니다. 그 후 A.D.64년 로마 대화재 사건으로 복음 1세대 지도자 대
부분이 순교하는 와중에 목숨을 건지게 된 요한은 그때부터 복음 2세대를 책임지며 로마
제국의 박해 가운데 있는 성도들을 돌보는 일을 감당합니다. 사도 요한이 <요한일·이·삼
서>를 기록한 이유는 로마 제국의 박해로 인해 고통당하고 있던 성도들을 위로하며 권면
하고자 함이었으며, 당시 생겨난 많은 이단과 거짓 교사들로부터 성도들을 지키고 보호
하기 위함이었습니다.

⊕ 通포인트

사랑의 힘으로
요한 서신이 기록될 당시의 교회들은 많은 잘못된 가르침으로 인해 거듭된 혼란 가운
데 있었습니다. 이방 사회의 세계관, 인생관, 사고방식으로 기독교를 해석하면서 기
독교의 진리를 파괴하는 경우도 있었고, 또 복음을 가감하여 기독교의 순수성을 흐리
는 경우도 있었습니다. 사도 요한은 이런 거짓 선지자들의 가르침을 철저히 배격하
고, 하나님의 사랑을 받은 성도로서 사랑의 능력으로 모든 것을 이겨내라고 역설합니
다(요일 4:1~4).

1. 사랑의 힘으로

로마 제국의 다섯 번째 황제인 네로가 A.D.64년 로마 대화재 사건의 방화범으로 기독교인들을 지목하며 억울하게 죄를 뒤집어씌움으로 베드로와 바울을 비롯한 복음 1세대 지도자 200여 명이 한꺼번에 순교했습니다. 그 와중에 목숨을 건진 사도 요한은 풍비박산(風飛雹散)난 초기교회를 다시 일으켜 세우며 '복음 2세대'를 키워내는 일에 전념합니다. 그러므로 〈요한일서〉는 사도 요한이 복음 2세대들에게 아버지의 마음으로 쓴 편지입니다. 과거 예수님의 가장 나이 어린 제자였던 요한은 노년에 이르게 되면서 예수님에 대해 더 깊이 생각하다가 놀라운 결론에 도달하게 됩니다. 그것은 바로 '하나님은 사랑이시다'는 것입니다. 요한은 하나님의 사랑을 받은 하나님의 사람으로 그의 남은 사역에 최선을 다합니다. 그 사랑의 열매가 요한이 쓴 다섯 권의 책이었습니다. 구약성경의 시작이 모세가 쓴 다섯 권(창, 출, 레, 민, 신)의 책이라면, 신약성경은 사도 요한이 쓴 다섯 권(요, 요일, 요이, 요삼, 계)의 책으로 끝을 맺습니다.

2. 요한의 첫 번째 편지 요일 1~5장
큰글자 일년일독 통독성경 | 490~498p

요한은 "하나님은 사랑이심이라"(요일 4:8)라고 하나님에 대해 선언합니다. 〈요한일서〉의 주제는 하나님과의 사귐, 이웃과의 사귐입니다. 요한은 신앙을 하나님과 사람과의 교제, 사람과 사람과의 교제라고 말합니다. 교제의 완성은 사랑이라는 것입니다. 그리고 진정한 하나님과의 사귐은 우리 죄를 대신 구속하신 예수 그리스도를 통해서만 가능한 것입니다.

그런데 이 사랑에는 수고가 따릅니다. 사랑은 단순한 말이 아니라 행동으로 나타나야 합니다. 그리스도를 믿는 것은 형제들에 대한 사랑을 실천할 때 드러나게 됩니다. 예수님의 사람 사랑에도 수고가 따랐습니다. 우리들의 사랑에도 수고가 있어야 할 것입니다. 요한은 사랑하지 않으면 하나님을 알지 못한 것이라고 말하고 있습니다(요일 4:8).

요한은 편지 말미에서 하나님으로부터 난 자마다 세상을 이긴다고 선언합니다. 요한은 당시 잘못된 교훈들이 많은 혼란스런 상황에서 거짓 교사들의 가르침을 철저히 배격하고, 하나님의 사랑을 받은 성도로서 사랑의 능력

사도 요한
- 예수님의 사랑을 받은 자.
- 형제애가 좋았다 (형 야고보).
- 예수님의 공생애 때 베드로, 야고보와 함께 특별한 경험을 많이 했다.
- 예수님께서는 요한에게 어머니 마리아를 맡기셨다.
- 〈요한복음〉, 〈요한일·이·삼서〉, 〈요한계시록〉의 저자.
- 열두 제자 중에서 가장 오래 살았다.

으로 모든 것을 이겨내라고 말합니다. 하나님의 사랑의 힘이면 어떤 유혹도 이겨낼 수 있기 때문입니다.

〈요한일서〉에서 분명히 보여주는 성경의 주제는 예수님을 믿는 자는 구원을 얻는다는 것, 즉 영생이 주님께 있다는 것입니다. 하나님의 아들을 믿는 자는 영생을 얻고, 믿지 않는 자에게는 영생이 없습니다. 세상에는 많은 사상과 신념이 넘쳐나지만 정작 우리에게 구원과 영생을 주는 방도는 오직 예수님뿐입니다.

〈요한일서〉의 개념 대조
빛 ——————— 어두움
진리 ——————— 거짓
사랑 ——————— 미움
아버지를 사랑함 — 세상을 사랑함
그리스도 ——————— 적그리스도
하나님의 자녀들 — 마귀의 자녀들
의 ——————— 죄
하나님의 영 —— 적그리스도의 영
생명 ——————— 죽음

3. 요한의 두 번째 편지 요이 1장
큰글자 일년일독 통독성경 | 498~499p

〈요한이서〉는 어느 부녀와 그의 자녀들에게 보내는 요한의 개인적인 서신으로 보입니다. 그러나 이는 어느 특정인을 지칭했다기보다는 성도들을 일컫는 것으로 보는 것이 타당합니다. 당시 초기교회에는 영지주의자들의 가르침이 유행하여 그리스도인들을 넘어지게 하고 있었습니다. 그들은 예수님께서 하나님의 아들임을 너무 강조한 나머지, 인간으로 오신 예수님의 피땀 흘린 사역에 대해서 귀히 여기지 않는 자들입니다. 예수님의 성육신을 부인하는 것입니다. 우리 예수님과 함께 3년을 지내며, 가장 가까이에서 예수님과 친밀한 사랑을 주고받았던 요한은 이런 거짓된 가르침을 따르지 말 것을 강조합니다. 이미 택함을 받아 주의 자녀가 된 성도들에게 이런 거짓 가르침으로부터 자신을 지켜야 한다고 당부하고 있습니다.

심지어 요한은 이단들에 대해서 경고하고 그들을 집에 들이지도 말라고 말합니다. "누구든지 이 교훈을 가지지 않고 너희에게 나아가거든 그를 집에 들이지도 말고 인사도 하지 말라"(요이 1:10). 그래야 진리의 능력이 교회 안에 지속될 수 있기 때문입니다.

● 영지주의 (靈智主義, Gnosticism)
로마 시대에 가짜 돈이 나온 날을 살펴보면 놀랍게도 국가가 돈을 발행한 바로 그 다음 날이었다고 합니다. 이처럼 사람들은 가짜를 만드는 데 놀라울 정도로 탁월합니다, 이는 역사가 증명하는 것입니다. 이단(異端) 또한 마찬가지입니다. '이단(異端)'이란, 한문으로 '다를 이, 끝 단' 즉, 시작은 같은 것 같은데 끝이 다른 것입니다. 즉, 진품 같은데 실상은 완전히 가짜라는 것입니다. 오늘날 이단의 심각성은 누구나 다 알고 있습니다. 그런데 이단이 생겨난 것은 최근의 일이 아니라 예수 그리스도의 복음이 퍼져 나가기 시작한 1세기부터였고, 오늘날 이단의 모든 이론은 이미 1세기에 그 기초가 다 세워진 것들입니다.

1세기에 생겨난 이단들 가운데 가장 큰 파괴력을 가진 이단은 '영지주의'였습니다. 영지주의는 인간은 참 지식, 즉 그노시스를 얻음으로 구원된다는 종교적, 철학적 이원론을 표방하는 이단이었습니다. 영지주의는 첫째, 지식은 덕보다 우월하다는 이단입니다. 둘째, 구원은 물질세계와 직접적으로 관련이 없는 미지의 하나님에 의해 선택된 일부 사람들에게만 주어진다고 주장하는 이단입니다. 셋째, 신성은 육체와 같은 물질과 연합할 수 없으므로 예수님의 성육신은 믿을 수 없다는 이단입니다. 넷째, 육체의 부활과 같은 것은 믿을 수 없다는 이단입니다.

영과 육에 관한 영지주의의 이원론적 사상은 서로 다른 두 가지 형태로 나타났습니다. 첫째는 모든 육식과 육체의 욕구를 금하는 '극단적 금욕주의' 형태로, 둘째는 정반대로 영만 중요하고 육체는 전혀 쓸모없는 것이기에 음란한 짓을 해도 아무 상관없다는 '윤리적 방탕주의'로 나타나 그리스도인들을 미혹했습니다.

4. 요한의 세 번째 편지 요삼 1장
큰글자 일년일독 통독성경 | 499~500p

"사랑하는 자여 네 영혼이 잘됨 같이 네가 범사에 잘되고 강건하기를 내가 간구하노라"(요삼 1:2).

이 아름다운 축복의 말씀은 가이오라는 한 사람에게 사도 요한이 적어 보낸 편지 중에 있는 말씀입니다. 당시 전도인들은 로마 제국의 박해 속에서 많은 어려움을 겪어야 했습니다. 오늘날처럼 숙박 시설이 발달되지 않았을 때이니, 여행 중 먹고 자는 문제는 보통 어려운 일이 아니었습니다. 그런데 가이오가 자신의 집을 개방해서 전도인들이 오갈 때 초대하여 먹이고 재우고, 여비도 보태주고 쉴 수 있도록 도움을 베풀었던 것입니다. 가이오는 주님의 복음을 위해서 나그네 된 전도자들을 힘껏 섬기고 환대했습니다. 이

<요한삼서>의 목적
1. 진리를 수호하며 요한이 보낸 전도자들을 대접했던 가이오를 칭찬하기 위하여
2. 전도자 형제들을 계속해서 가이오가 후원하도록 격려하기 위하여
3. 디오드레베의 교만과 나쁜 행실을 책망하기 위하여
4. 데메드리오를 추천하기 위하여
5. 요한이 직접 방문하여 여러 문제를 직접 처리할 것을 가이오에게 통보하기 위하여

모든 일은 교회에 큰 덕을 세웠고, 더군다나 복음을 전하는 일에 큰 도움을 주었습니다. 가이오 집에 머문 경험이 있는 전도인들이 모두 가이오를 칭찬했습니다. 그 이야기를 들은 요한이 가이오에게 축복을 기도하며 쓴 편지가 〈요한삼서〉입니다. 사실 손님 치르는 일은 참 귀찮은 일입니다. 그런데 나그네 대접하는 일을 즐겁게 하는 사람이라면, 영혼이 잘되고 범사가 잘되고 강건하기를 바라는 축복을 받을 만합니다.

🔗 이 과의 내용을 통通 이야기(Tong story)로 적어보고 이야기해 보세요.

🔥 이 과의 내용을 자녀에게 가르칠 수 있도록 통성기도(Tongsung Gido)합시다.

- 너희의 자녀에게 가르치며 집에 앉아 있을 때에든지, 길을 갈 때에든지, 누워 있을 때에든지, 일어날 때에든지 이 말씀을 강론하고 … 너희의 날과 너희의 자녀의 날이 많아서 하늘이 땅을 덮는 날과 같으리라 (신명기 11:19~21)
- 너는 네가 누구에게서 배운 것을 알며 또 어려서부터 성경을 알았나니 (디모데후서 3:14~15)

52과 새 하늘과 새 땅의 노래

요한계시록

🔒 큰글자 일년일독 통독성경

360일 : 복음 2세대와 일곱 교회   361일 : 일곱 인 환상   362일 : 일곱 천사의 일곱 나팔

363일 : 14만 4천 명의 노래   364일 : 큰 성 바벨론의 멸망과 준비된 미래   365일 : 만물에 깃든 하나님의 기쁨

📖 통通으로 외우세요

① 성경 66권의 마지막 책인 <요한계시록>을 통독합니다. 곧바로 잘 이해가 가지 않아도 <요한계시록>은 '읽는 자들과 듣는 자들과 지키는 자들'에게 모두 복이 되는 말씀입니다.

② 그리스도인들의 '최후 승리의 노래'인 <요한계시록>을 기쁨으로 통독한 후 "아멘! 주 예수여 오시옵소서!"라고 믿음의 고백을 함께 나눕니다.

💡 통通으로 읽는 센스

안타깝게도 수많은 이단이 출현하게 된 이유는 <요한계시록>의 자의적인 엉뚱한 해석 때문입니다. <요한계시록>은 여타 다른 책들과는 달리 문학적이거나 문자적으로 해석해서 알 수 있는 그런 책이 아닙니다. 특히 <요한계시록>에 등장하는 14만 4천 명은 '상징적인 것'이며, 하나님의 선택을 받은 사람들은 능히 셀 수 없는 큰 무리가 될 것입니다. 성경은 <창세기>에서 '태초'를 말하고 있으며, <요한계시록>에서 '종말'을 말하고 있습니다. 그 종말은 오직 하나님께서 하실 일입니다. 그런데 인간이 종말에 대해 인간 수준으로 예견과 예상이 가능한 시나리오를 만들겠다고 하는 것은 매우 어리석고 교만한 생각입니다.

하나님께서 우리에게 <요한계시록>을 선물로 주신 이유는 <요한계시록>을 읽는 자와 듣는 자와 그 가운데에 기록한 것을 지키는 자에게 복을 주시기 위함입니다. 그러므로 <요한계시록>을 읽고 공부하는 이유는 믿음 위에 굳게 서서 하나님께서 그리스도인들과 교회의 승리를 위해 주시는 말씀을 '아멘'으로 받기 위해서입니다. 성경은 '예화주의'와 '요절주의'와 '권별주의'를 극복하고 전체를 통(通)으로, 그리고 하나님의 마음으로 읽어야 하는 가장 소중한 책입니다.

▶ 복이 되는 책, <요한계시록>
<요한계시록>의 모든 내용을 곧장 이해하기에는 어려움이 따를 수 있습니다. 그러나 하나님께서는 이것을 읽는 자와 듣는 자와 그 가운데에 기록한 것을 지키는 자는 복이 있다고 말씀하십니다(계 1:3). 믿음을 굳게 지키는 자들에게 위로와 힘이 되는 말씀이요, 그리스도인과 교회의 승리를 위해 주신 말씀이기 때문입니다. <요한계시록>은 '그리스도인의 최후 승리의 찬가'라고 할 수 있습니다.

1. 로마 제국의 박해 가운데 있는 교회를 향한 위로와 기쁨의 소식
계 1~3장

\# 큰글자 일년일독 통독성경 | 500~506p

예수님께서 사도 요한이 홀로 밧모섬에 있을 때에 요한에게 나타나셔서 환상을 보이시며 놀라운 말씀을 주십니다. 요한은 갈릴리에서 만났던 예수님을 60여 년 후 밧모섬에서 다시 만난 것입니다. 예수님께서는 요한을 통해 당시 로마 제국의 박해 가운데 있는 소아시아 일곱 교회를 향한 위로와 격려의 말씀을 주시고, 최후 승리를 위한 미래 계획을 알려주십니다.

요한은 밧모섬까지 자신을 찾아오신 예수님을 만나 뵙고 너무나 놀라 땅에 엎드렸습니다. 과거 요한이 변화산에서 예수님의 모습을 보고 땅에 엎드린 지 60년 만에 다시 엎드린 것이었습니다. 예수님의 말씀을 듣고 요한은 소아시아 지역 교회 곧 복음 2세대들에게 편지를 씁니다. 로마 제국의 박해를 이겨내고, 끝까지 믿음을 지켜 마침내 승리하실 예수 그리스도와 함께 새 하늘과 새 땅에서 살아갈 놀라운 소망을 가지라고 격려하며 위로하는 편지였습니다. 이 놀라운 편지가 바로 <요한계시록>입니다.

밧모섬
<요한계시록>을 기록한 장소로 보이는 밧모섬은 로마 시대에 정치범들이 유배되었던 곳으로 주변의 둘레가 약 27km 정도 되는 섬이다. 로마 시대에는 이곳에 채석장이 있어서 정치범들이 그곳에서 강제 노동을 하며 혹사당했던 것으로 보인다.

밧모섬의 사도 요한 _ 야코포 비냘리 作

2. 일곱 인 계 4~7장

\# 큰글자 일년일독 통독성경 | 506~510p

하늘에서 요한에게 올라오라고 명하시는 음성이 들립니다. 그러자 요한은 성령에 이끌리어 환상 중에 보좌에 앉으신 하나님을 보게 됩니다. 그리고 요한이 본 하늘에는 십자가에 죽으시고 부활하셔서 하늘로 올라가신 이가 보좌에 앉으셨고, 그 주변에는 네 생물과 이십사 장로들이 있었습니다.

그들은 밤낮 쉬지 않고 하나님께 찬양을 드리고 있었습니다. "거룩하다 거룩하다 거룩하다 주 하나님 곧 전능하신 이여 전에도 계셨고 이제도 계시고 장차 오실 이시라"(계 4:8).

보좌에 앉으신 하나님의 오른손에는 일곱 인으로 봉한 두루마리가 있습니다. 천사가 누가 그 두루마리를 펴고 인을 떼기에 합당하냐고 물으나, 이 세상의 그 누구도 그 두루마리를 펴거나 볼 수 있는 사람이 없습니다. 그 누가 하나님의 섭리와 계획을 완전히 이해할 수 있겠습니까? 책을 펴기에 합당한 자가 없자 요한이 웁니다. 그러나 장로 중에 하나가 "다윗의 뿌리가 이겼으니 그 두루마리와 그 일곱 인을 떼시리라"(계 5:5)라고 말합니다. 다윗의 뿌리는 바로 하나님의 어린 양 예수 그리스도이십니다. 예수님만이 일곱 인을 떼기에 합당하신 분입니다.

요한계시록 6장부터는 요한이 본 미래에 관한 환상들이 길게 이어집니다. 〈요한계시록〉 전반에 걸쳐 '7'이라는 숫자가 자주 등장합니다. 마침내 어린 양이 심판을 부르는 일곱 인을 떼기 시작합니다. 인이 하나씩 떼어질 때마다 거대한 규모의 환난이 몰아칩니다. 놀랍게도 일곱 인 환상은 예수님께서 60여 년 전 말씀해주신 마지막 때의 징조와 같습니다. 대체로 첫째 인은 전쟁을, 둘째 인은 내란을, 셋째 인은 기근을, 넷째 인은 역병을, 다섯째 인은 종교적 박해를, 여섯째 인은 천지 이변을 상징하는 것으로 봅니다. 봉인이 떼어져 온 세계가 환난 가운데 놓이나 그 권세를 막을 자가 없습니다.

이어서 일곱째 인이 떼어질 때의 상황이 기록됩니다. 일곱째 인이 떼어지고 처음 반 시간은 폭풍 전야처럼 고요하기만 합니다. 그러나 그 고요함은 뒤이어 올 큰 재앙의 전조입니다.

어린 양 찬양
하나님 보좌에 앉으신 어린 양과 하나님께 주어지는 찬미의 노랫소리가 아름답다. 오직 역사의 주관자이신 하나님과 어린 양 예수에게 보내는 이 찬양은 웅장하게 울려퍼진다.

일곱째 인과 금향로
금향로를 든 천사는 단 위의 불을 담아 땅에 쏟는다(계 8:1~5). 이로써 일곱째 재앙이 시작된다. 금향로의 향연은 믿는 성도들의 기도이다. 이 향로가 종말의 재앙을 일으킨다는 것은, 금향로에 담긴 성도들의 기도가 예수 그리스도와 천사의 나팔 소리가 속히 임하기를 구하는 간절한 기도였다는 것이다. 예수 그리스도의 임재를 구하는 우리의 기도는 고이 향로에 모아져 마지막 날에 이 땅에 내려질 것이다.

3. 일곱 나팔 계 8~14장

#큰글자 일년일독 통독성경 | 511~520p

일곱째 인은 일곱 나팔로 이어지고 준비된 일곱 천사가 일곱 개의 나팔을 붑니다. 일곱 천사가 각각 나팔을 불 때마다 세상에는 재앙이 닥쳐옵니다(계 8~9장). 첫 번째 나팔을 부니 피가 섞인 우박과 불이 땅의 1/3을 태웁니다. 두 번째 나팔을 부니 바다의 1/3이 피가 됩니다. 세 번째 나팔을 부니 쓴 쑥이라는 이름의 별이 하늘에서 떨어져 물의 1/3이 쓰게 됩니다. 네 번째 나팔을 부니 해와 달 그리고 별의 1/3이 어두워져서 낮과 밤의 1/3이 빛이 없어집니다. 다섯 번째 나팔을 부니 하늘에서 떨어진 별 하나가 무저갱을 엽니다. 무저갱에서 올라온 황충이 사람을 해하는 권세를 받아 오직 이마에 하나님의 인침을 맞지 않은 사람만을 괴롭게 합니다. 여섯 번째 나팔을 부니 불, 연기, 유황의 재앙으로 사람의 1/3이 죽임을 당합니다.

어두운 세상 역사 속에도 하나님의 오래 참으심과 긍휼이 차고 넘칩니다. 교회가 세상 환난 가운데에서 괴로움을 당하나 그 안에는 믿음의 역사, 순교의 역사가 함께 있습니다. 택하신 성도들에 대한 하나님의 은혜는 마지막 때까지 변함없이 이어져 갑니다.

요한계시록 12장에는 하나님의 대적자들이 등장합니다. 용으로 대변되는 대적자들은 하나님의 계획에 따라 만국을 다스릴 아기를 훼방하기도 하고, 해산한 여인을 핍박하기도 합니다. 하나님께서는 천사들을 보내셔서 훼방자들을 하늘에서 땅으로 쫓아내십니다. 당시 그리스도인들에게 로마 제국의 박해는 견디기 어려운 것이었습니다. 믿음을 지켜나간다는 것은 때론 죽음을 각오해야 할 만큼 힘든 일이었습니다. 하나님께서 반드시 악의 세력을 심판하실 것이라는 환상은 믿음을 지키는 성도들에게 위로와 격려가 됩니다.

<요한계시록>에 나타난 예수님
• 일곱 인을 떼시기에 합당하신 분 (5:5)
• 일곱 뿔과 일곱 눈이 있는 어린 양 (5:6)
• 능력과 부와 지혜와 힘과 존귀와 영광과 찬송을 받으시기에 합당하신 분 (5:12)
• 알파와 오메가요, 처음과 마지막이요, 시작과 마침이 되시는 분 (22:13)
• 다윗의 뿌리요, 자손이신 분 (22:16)
• 광명한 새벽 별 (22:16)

4. 일곱 대접 계 15~20장
큰글자 일년일독 통독성경 | 520~529p

일곱 인, 일곱 나팔을 지나 일곱 대접에 이를수록 심판에 따른 재앙은 점점 확대되고 있습니다. 하나님께서는 자신의 독생자를 내어주시기까지 인간을 향한 아낌없는 사랑을 베풀기도 하시지만, 동시에 하나님을 외면하고 죄 가운데 빠져 어리석게 살아가는 이들을 심판하시는 분입니다. 하나님을 훼방하는 사탄은 무저갱에 던져져 천 년 동안 인봉될 것이요, 악의 근원이 사로잡힌 그때에 하나님의 백성은 예수 그리스도와 더불어 천 년 동안 왕 노릇할 것입니다. 또한 천 년이 흐르고 난 후 사탄은 불과 유황 못에 던져져 세세토록 괴로움을 받을 것입니다. 사탄의 권세는 결국 하나님의 심판 앞에 무력해질 것이며 결국에는 하나님의 통치하심이 이루어질 것입니다.

모든 인간 역시 심판을 피할 수 없습니다. 죽음 후에는 정하신 이치대로

<요한계시록>에 나오는 악한 형상들
• 황충 (9:3~11)
• 큰 붉은 용 (12:3~4)
• 열 뿔, 일곱 머리의 짐승 (13:1~8)
• 어린 양같이 두 뿔 달린 짐승 (13:11)
• 개구리 같은 세 더러운 영 (16:13)
• 물 위에 앉은 큰 음녀 (17:1)
• 큰 성 바벨론 (18:2)

심판이 기다리고 있습니다. 심판의 근거는 사람들의 모든 행위가 빠짐없이 기록된 '책들'입니다. 자기 행위가 기록되는 책으로 심판받을 것을 기억한다면, 비록 힘겨운 상황 속에서도 성도들은 인내하며 신앙을 지켜나갈 수 있을 것입니다.

5. 새 하늘과 새 땅 계 21~22장

\# 큰글자 일년일독 통독성경 | 529~532p

마침내 보좌에 앉으신 이가 "내가 만물을 새롭게 하노라"(계 21:5)라고 말씀하십니다. 과연 세상의 어느 누가 이런 말을 할 수 있겠습니까? 오직 하나님 한 분만이 만물을 새롭게 하실 수 있습니다. 하나님께서 아름답게 지으신 작품인 새 예루살렘의 광경이 펼쳐집니다. 요한이 보기에 새 예루살렘은 마치 신부가 신랑을 위하여 단장한 것과 같이 보였습니다. 이 광경은 태초에 천지를 창조하시고 기뻐하셨던 하나님의 그 마음이 온전히 성취되고 회복되는 순간입니다. 온갖 우주 만물에 깃든 하나님의 기쁨을 상상할 수 있으십니까?

소망은 우리 안에서 만들어지는 것이 아닙니다. 하나님께서 주시는 언약, 즉 어린 양 예수 그리스도께서 이 땅에 오셔서 모든 것을 새롭게 하신다는 약속에서 시작되는 것입니다. 하나님께서 〈요한계시록〉의 마지막 부분에 보여주시는 새 하늘과 새 땅에 대한 예언은 이미 구약의 예언자들을 통해 주셨던 환상입니다. 하나님께서는 이 오랜 약속을 반드시 지키실 것입니다.

새 하늘과 새 땅, 그곳 새 예루살렘에는 더 이상 볼 수 없는 것들이 있습니다. 성전이 그러하고, 해와 달도 그러합니다. 바로 하나님과 어린 양 되신 예수님께서 성전이 되실 뿐만 아니라, 영광으로 비취는 등불이 되시기 때문입니다. 이제 더 이상 하나님에 대한 비유나 상징은 필요 없습니다. 하나님에 대해서 오해하거나 모르는 척할 수도 없습니다. 하나님께서 우리가 거하는 곳에 함께하시기 때문입니다. 하나님과 영원히 함께하는 삶, 그것이 하나님 나

<창세기> vs. <요한계시록>

<창세기>의 처음 창조	<요한계시록>의 새 창조
천지 창조 (창 1:1~2:3)	새 하늘과 새 땅 창조 (계 21~22장)
아담이 에덴동산을 다스림 (창 1:26)	예수 그리스도께서 다스리심 (계 21:5)
생명나무와 격리됨 (창 2:9; 3:22)	생명나무를 볼 수 있음 (계 22:2)
죄로 인해 저주를 받음 (창 3:17~19)	눈물, 저주, 사망이 없음 (계 21:4; 22:3~5)
사탄이 인간을 미혹함 (창 3:13)	사탄이 영원히 멸망함 (계 20:10)
하나님의 낯을 피하여 숨음 (창 3:8)	하나님을 섬기며 하나님의 얼굴을 봄 (계 22:4)
고생과 수고가 동반되는 삶 (창 3:18~19)	세세토록 왕 노릇하는 승리의 삶 (계 22:5)

라의 기쁨입니다.

고난을 이기고 승리한 성도들은 이곳에서 하나님의 영광을 보며 하나님의 권세를 가지고 존귀한 삶을 살게 될 것입니다. 하나님을 사랑하는 마음 하나로 신앙의 절개를 지킨 사람들에게 하나님께서는 새 하늘과 새 땅을 선물로 주실 것입니다. 하나님께서 사도 요한에게 보여주신 하나님 나라의 새 창조는 에덴 동산의 회복이었습니다.

마지막으로 이 모든 것을 증거하신 이가 말씀하십니다.

"내가 진실로 속히 오리라!"

우리는 기쁨으로 이렇게 화답합니다.

"아멘, 주 예수여 오시옵소서!"

기다리는 자의 사명

예수님께서 속히 오시리라 말씀하시며 우리에게 기대하시는 것은 아무 것도 하지 않는 소극적인 기다림이 아니다. "너희는 가서 모든 민족을 제자로 삼아 아버지와 아들과 성령의 이름으로 세례를 베풀고 내가 너희에게 분부한 모든 것을 가르쳐 지키게 하라"(마 28:19~20). 이는 예수님께서 다시 오심을 약속하시며 하늘로 오르실 때 제자들에게 하셨던 마지막 당부였다. 성경을 읽고 성령을 선물로 받은 우리들 역시 예수님께서 다시 오실 때까지 예수님을 증거하는 삶을 살아야 할 것이다.

바울의 전도여행 지도

1차 전도여행

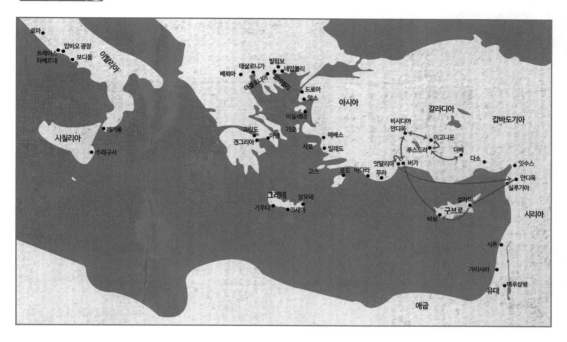

• 핵심 인물 : 바울과 바나바   • 주요 여행 지역 : 소아시아 지방   • 총 여행 기간 : 약 2년

수리아 안디옥(13:1, 안디옥 교회가 중요한 선교센터로 역할하여 바울과 바나바를 소아시아 지역 선교사로 파송)→ **실루기아** (13:4)→ **구브로 섬의 살라미**(13:5, 유대인의 여러 회당에서 말씀을 전하고, 총독 서기오 바울을 전도)→ **바보**(13:6)→ **밤빌리아 의 버가**(13:13, 마가가 전도여행 팀에서 빠지고 예루살렘으로 회항)→ **비시디아 안디옥**(13:14, 세 안식일을 보냄, 안식일에 회당 에서 전도, 청함을 받아 다음 안식일에도 전도, 세 번째 안식일에는 크나큰 무리가 모임, 이를 시기한 유대인들로부터 핍박을 받아 이동)→ **이고니온**(13:51, 유대인의 회당에서 전도, 불순종하는 유대인들로부터 생명의 위협을 받고 이동)→ **루스드라**(14:6, 바울 이 나면서 걷지 못하게 된 사람을 일으킴, 이 일을 보고 들은 무리가 바나바를 제우스, 바울을 헤르메스로 여기며 섬기려 하자 두 사 람이 옷을 찢으며 말림, 불순종한 유대인들이 무리를 충동질하여 무리의 마음이 변하자 신으로 섬기려 했던 바울과 바나바를 오히려 돌로 쳤는데, 바울을 죽은 줄로 알고 성 밖으로 끌어냄)→ **더베**(14:20, 복음을 전하여 많은 사람을 제자 삼음, 이곳을 기점으로 다시 수리아 안디옥으로 돌아가는 여정이 시작됨)→ **루스드라**(14:21, 돌아오는 길에 들러 제자들을 격려하며 기도를 부탁)→ **이고니온** (14:21, 돌아오는 길에 들러 제자들을 격려하며 기도를 부탁)→ **비시디아 안디옥**(14:21, 돌아오는 길에 들러 제자들을 격려하며 기 도를 부탁)→ **밤빌리아의 버가**(14:25)→ **앗달리아**(14:25)→ **수리아 안디옥**(14:26)→ **예루살렘**(15:4, 교회와 장로들에게 전도 여행 보고)

2차 전도여행

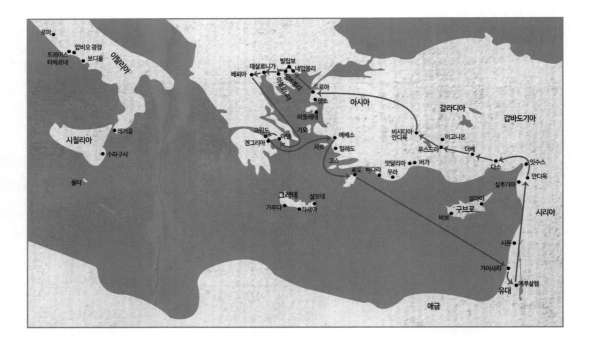

- 핵심 인물 : 바울과 실라   • 주요 여행 지역 : 성령의 인도하심으로 유럽(마게도냐) 지역으로 건너감
- 총 여행 기간 : 약 3년 (그중 고린도에서 1년 6개월 머묾)   • 기록된 서신서 : 살전, 살후, 갈

예루살렘→ **수리아 안디옥**(15:41, 바울이 실라와 함께 2차 전도여행 출발)→ **길리기아의 다소**(15:41)→ **더베**(16:1)→ **루스드라**(16:1, 디모데의 고향, 이곳에서 디모데 합류)→ **비시디아 안디옥**(16:6, 루스드라에서 무시아로 가는 길목에 비시디아 안디옥이 위치함)→ **무시아**(16:7)→ **드로아**(16:8, 바울이 밤에 환상으로 마게도냐로 가라는 성령의 지시를 받음, 이곳에서 누가 합류)→ **사모드라게의 네압볼리**(16:11, 바울이 성령의 지시를 따라 배를 타고 마게도냐 지역으로 건너감)→ **빌립보**(16:12, 마게도냐 지경의 첫 성, 자색 옷감 장사 루디아 만남, 귀신 들린 여종을 고쳐줌, 귀신 들린 여종이 점을 치면서 돈을 벌게 했던 여종의 주인이 바울 일행을 핍박하고 옥에 가둠, 바울 일행이 옥에서 기도하는 중 지진이 일어나 옥문이 열리는 사건을 계기로 간수가 그리스도를 영접함)→ **암비볼리**(17:1)→ **아볼로니아**(17:1)→ **데살로니가**(17:1, 유대인의 회당에서 많은 수를 전도, 이를 시기한 유대인들의 위협으로 이동)→ **베뢰아**(17:10, 신사적인 베뢰아 사람들은 성경을 상고, 그러나 데살로니가의 불순종한 유대인들이 회동하여 베뢰아까지 따라오자 바울이 먼저 이동)→ **아덴**(16:16, 바울이 실라와 디모데를 기다리며 복음을 전하나 몇 사람이 믿음)→ **고린도**(18:1, 브리스길라와 아굴라 만남, 실라와 디모데와 합류, 1년 6개월 거하며 말씀을 가르침, 이 기간 동안 갈라디아서, 데살로니가전서, 데살로니가후서를 써서 보낸 것으로 봄, 이곳을 기점으로 다시 수리아 안디옥으로 돌아오는 여정이 시작됨)→ **겐그레아**(18:18)→ **에베소**(18:19, 회당에서 유대인들과 변론, 머물러 주기를 청함 받았으나 이동)→ **로도**(에베소에서 예루살렘으로 가는 항해로 사이에 위치한 섬)→ **가이사랴**(18:22)→ **예루살렘**(18:22)→ **수리아 안디옥**(18:22)

3차 전도여행과 예루살렘 여행

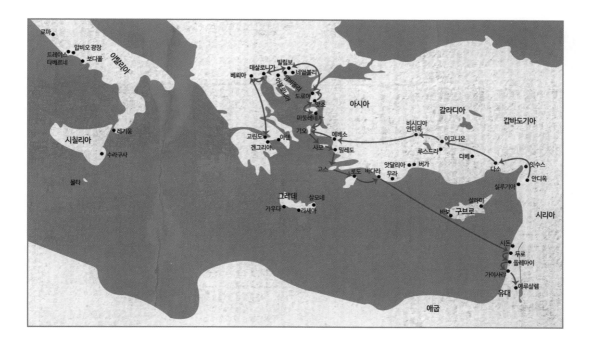

- 핵심 인물 : 바울과 누가   - 주요 여행 지역 : 1, 2차 전도여행지를 돌며 돌봄
- 총 여행 기간 : 약 4년 (그중 에베소의 두란노 서원에서 2년 머묾)   - 기록된 서신서 : 고전, 고후, 롬

안디옥(18:23)→ **에베소**(19:1, 두란노 서원을 세워 2년간 머묾, 이때 고린도전서, 고린도후서를 써서 각각 디모데와 디도를 통해 보낸 것으로 봄, 서원에서 하나님 나라를 강론하자 많은 무리가 믿고 모임, 우상의 신상을 만들어 팔던 장사꾼들의 훼방, 소동이 그치고 작별)→ **고린도**(20:1, 석 달 머묾, 이때 로마서를 써서 뵈뵈를 통해 보낸 것으로 봄, 배를 타고 수리아로 가려 했으나 유대인의 훼방 소식을 듣고 마게도냐로 돌아가기로 함)→ **빌립보**(디모데, 두기고, 가이오, 아리스다고, 소바더, 드로비모는 고린도에서 바로 배를 타고 먼저 드로아로 가 있는 상황, 바울과 누가는 불순종한 유대인을 피해 빌립보로 올라와서 배를 탐)→ **드로아**(20:6, 일행 합류, 일주일을 머물며 말씀 강론, 2층에서 말씀을 듣다 졸던 유두고가 떨어져 죽었다가 살아남)→ **앗소**(20:14 바울만 육로를 통해 앗소로 행하고, 다른 일행은 배를 타고 앗소로 와서 바울을 기다렸다가 합류)→ **미둘레네**(20:14)→ **기오**(20:15)→ **사모**(20:15)→ **밀레도**(20:15, 오순절 안에 예루살렘으로 가기 위해 직접 에베소로 가지 않고 에베소 장로들을 밀레도로 초청하여 위로와 격려, 밀레도에서 배를 탐)→ **고스**(21:1)→ **로도**(21:1)→ **바다라**(21:2)→ **두로**(21:3)→ **돌레마이**(21:7)→ **가이사랴**(21:8, 일곱 집사 중 하나인 빌립의 집에서 유함, 여러 사람의 만류에도 예루살렘 행 결정)→ **예루살렘**(21:15)

통通성경 노래
The Song of TongBible

Lyrics Byoungho Zoh(작사: 조병호)
Composition Tong Orchestra(작곡: 통오케스트라)

『성경통독』 20마당의 제목으로 만든 노래입니다.

God ex-pre-sses his heart Dream for all na - tions Manna gene-ra - tion Suc-ce-ssion of - faith
하 나 님 의 마 음 열 방 을 향 한 꿈 만 나 세 대 신 앙 계 승
창세기 출애굽기, 레위기 민수기, 신명기 여호수아, 사사기, 룻기

Model for a thousand years Mind and - wis - dom Line of love line of mi - ssion
천 년 모 범 마 음 과 지 혜 사 랑 의 줄 사 명 의 줄
삼상, 삼하, 왕상 1~2장 왕상 3~11장, 잠, 아, 전, 욥, 시 왕상 12~22장, 왕하 1~20장, 암, 호, 욘, 사, 미

Hope - stan-ding be-fore des - pair Punishment a ste-pping - stone of hope
절 망 앞 에 선 희 망 징 계 희 망 의 디 딤 돌
왕하 21~25장, 습, 합, 나, 욜, 렘, 애, 옵, 대상, 대하 에스겔, 다니엘

A co-mmuni-ty of re-cons-truc-tion A blank page - full of his-to-ry A
재 건 공 동 체 어 떻 게 와 이 렇 게 사 이
스, 학, 슥, 에, 느, 말 신구약 중간사

joy - ful - bir - th Love for - one - soul Pa - ssion to-wards for give - ness
기 쁨 위 한 탄 생 한 영 혼 사 랑 용 서 를 향 한 열 정
마태복음 마가복음 누가복음

In - vi - ta - tion to glo - ry and pea - ce The dis - ci - ple e - ra
영 광 과 평 화 로 의 초 대 열 리 는 제 자 시 대
요한복음 사도행전 1~12장

Extension of the gos-pel with no - boun-da-ries E-ter-nal - crown and - han-ded-down re-quest
경 계 를 넘 어 선 복 음 의 확 장 준 비 된 면 류 관 남 겨 진 부 탁
행 13~19장, 살전, 살후, 갈, 고전, 고후 행 20~28장, 롬, 엡, 빌, 골, 몬, 딤전, 딛, 딤후

Le - tters for the - righ-teous fight and Song of vic-to-ry - pre-re-ceived
선 한 싸 움 을 위 한 편 지 미 리 받 은 승 리 의 노 래
히, 약, 벧전, 벧후, 유 요일, 요이, 요삼, 계